普及类古籍整理图书专项资助项目

中华经典名著
全本全注全译丛书

黄铭　曾亦◎译注

春秋公羊传

中華書局

目　录

前 言

案,《汉书·艺文志》云:"《春秋古经》十二篇,《经》十一卷。"则《春秋古经》与《经》不同。盖《经》即《公羊》、《穀梁》所据之《春秋经》,记载鲁隐元年至哀十四年间之事,凡二百四十二年;至于《春秋古经》,疑为《左氏》学者所称之古文经,所载史事至哀十六年"孔丘卒"为止,凡二百四十四年事。

一 "春秋"之名

相传孔子作《春秋》。然孔子之前,旧有"春秋"之目。盖上古时,凡记事之书,俱可名为《春秋》也。

孔颖达《左传正义》云:

> "春秋"之名,经无所见,唯传记有之。昭二年,韩起聘鲁,称"见《鲁春秋》"。《外传·晋语》司马侯对晋悼公云:"羊舌肸习于《春秋》。"《楚语》申叔时论傅太子之法云:"教之以《春秋》。"《礼·坊记》云:"《鲁春秋》记晋丧曰'杀其君之子奚齐'。"又《经解》曰:"属辞比事,《春秋》教也。"凡此诸文所说,皆在孔子之前,则知未修之时旧有"春秋"之目。其名起远,亦难得而详。

可见,迄至先秦时,诸国史书已颇名为"春秋"矣。

除孔氏所引书外，先秦古书已颇有言及“春秋”之书者。庄公七年《公羊传》云：“不修《春秋》曰：‘雨星不及地尺而复。’”《礼记·坊记》云：“《鲁春秋》犹去夫人之姓，曰‘吴’，其死曰‘孟子卒’。”此言鲁国有《春秋》也。又据《墨子·明鬼下》，周、燕、宋、齐俱有《春秋》。又，诸家多引《墨子》“吾见百国《春秋》”之说。可见，此时诸国俱有《春秋》。

此外，先秦时又颇有泛称《春秋》者。《管子·法法》云：“故《春秋》之记，臣有弑其君，子有弑其父者矣。”《管子·山权数》云：“《春秋》者，所以记成败也。”《韩非子·内储说上》云：“《春秋》之记曰‘冬十二月霣霜不杀菽’，何为记此？”《战国策·燕策》载苏代语云：“今臣逃而纷齐、赵，始可著于《春秋》。”载乐毅语云：“臣闻贤明之君，功立而不废，故著于《春秋》。”《国语·楚语上》载申叔时语云：“教之《春秋》，而为之耸善而抑恶焉，以戒劝其心。”《国语·晋语七》载司马侯语云：“羊舌肸习于《春秋》。”据此，当时凡言诸国史记者，俱名“春秋”矣。

盖“春秋”本国史之名，然其时私家著述，乃至后世史家，亦颇取“春秋”以名其书。先秦已有《虞氏春秋》、《吕氏春秋》、《晏子春秋》、《李氏春秋》等，此后，又有西汉陆贾《楚汉春秋》、东汉赵晔《吴越春秋》、晋司马彪《九州春秋》、习凿齿《汉晋阳秋》、孙盛《晋阳秋》（阳秋即春秋，避晋简文帝皇后郑春讳而改）与《魏氏春秋》、檀道鸾《续晋阳秋》、魏崔鸿《十六国春秋》、清吴任臣《十国春秋》等，则后世学者犹以“春秋”名诸史也。

先秦时，诸国史记不独以“春秋”为通名，又别有专名者。《孟子·离娄下》云：“晋之《乘》，楚之《梼杌》，鲁之《春秋》，一也。”至于魏，则有《竹书纪年》。杜预《春秋经传集解》序云：“‘春秋’者，鲁史记之名也。”则“春秋”者，又似为鲁史之专名也。

孔颖达《左传正义》云：

> 案《外传》，申叔时、司马侯乃是晋、楚之人，其言皆云“春秋”，不言“乘”与“梼杌”。然则“春秋”是其大名，晋、楚私立别号，鲁无别号，故守其本名。

孔氏盖以“春秋”为通名耳。刘知幾亦曰：“然则《乘》与《纪年》、《梼杌》，其皆《春秋》之别名者乎！”（《史通·六家》）据此，则诸国史记皆有《春秋》之大名，至于《梼杌》、《乘》、《纪年》之名，不过别号耳。

可见，先秦时“春秋”之名，实兼有二义，盖既为鲁史记之专名，又为诸国史记之通名也。

其一，鲁史记之名。孔子因鲁史以作《春秋》，其名或因其旧。《汉书·艺文志》云：“以鲁周公之国，礼文备物，史官有法，故与左丘明观其史记，据行事，仍人道，因兴以立功，就败以成罚，假日月以定历数，藉朝聘以正礼乐。有所褒讳贬损，不可书见，口授弟子，弟子退而异言。”《汉书·司马迁传》云：“孔子因鲁史记而作《春秋》，而左丘明论辑其本事以为之传。”俱谓孔子前本有《鲁春秋》，孔子盖因之而作《春秋》也。其后，赵岐、卢钦、《隋书·经籍志》、陆德明、颜师古、苏轼、吕大奎、家铉翁、邵宝、王阳明等，皆从此说。

其二，诸国史记之名。《公羊传》徐彦疏引闵因叙云：“昔孔子受端门之命，制《春秋》之义，使子夏等十四人求周史记，得百二十国宝书。九月经立。《感精符》、《考异邮》、《说题辞》具有其文。”盖自公羊家立场而言，孔子修《春秋》，乃祖述尧舜，宪章文武，损益四代，而为通天下万世之新制，故不当独据鲁史，亦据诸国之史也。是以《春秋》据一国之史，亦足以施于万国也；虽取于二百四十二年断代之事，犹足以通诸万世也。

然不论《春秋》为鲁史记，抑或为诸国史记，俱记事之书也。洎乎孔子据旧史记而成《春秋》，“春秋”遂成一专名矣。且孔子作《春秋》，因史事而加王心，大异于记事之史，故公羊家谓《春秋》为经，实以《春秋》非仅详于史事者，实别有微言大义存焉。

是以孔子所成《春秋》，固为专名也。然其得名为《春秋》，当有不同于史记之义者。后世论孔子《春秋》之得名，大致有如下数说：

其一，错举四时为名。杜预《春秋经传集解序》云：

> “春秋”者，鲁史记之名也。记事者，以事系日，以日系月，以月系时，以时系年，所以纪远近、别同异也。故史之所记，必表年以首事，年有四时，故错举以为所记之名也。

孔颖达疏云：

> 年有四时，不可遍举四字以为书号，故交错互举，取“春秋”二字，以为所记之名也。春先于夏，秋先于冬，举先可以及后，言春足以兼夏，言秋足以见冬，故举二字以包四时也。“春秋”二字是此书之总名，虽举“春秋”二字，其实包冬夏四时之义。四时之内，一切万物生植孕育，尽在其中。《春秋》之书，无物不包，无事不记，与四时义同，故谓此书为《春秋》。

杜预虽张古学门户，然其“错举”说，则似平实近理，故皮锡瑞《春秋通论》亦谓“此说得之”。

其二，春生而秋成。《公羊传》徐彦疏云：

> 问曰：案《三统历》云：“春为阳中，万物以生；秋为阴中，万物以成，故名《春秋》。”贾、服依此以解“春秋”之义，不审何氏何名《春秋》乎？答曰：《公羊》、何氏与贾、服不异，亦以为欲使人君动作不失中也。而《春秋说》云“始于春，终于秋，故曰《春秋》”者，道春为生物之始，而秋为成物之终，故云“始于春，终于秋，故曰《春秋》”也。

案《左传》孔疏引贾逵语云：“取法阴阳之中，春为阳中，万物以生，秋为阴中，万物以成，欲使人君动作不失中也。”此说本出于刘歆《三统历》。《汉书·律历志》云：“歆究其微眇，作《三统历》及《谱》以说《春秋》，推法密要，故述焉。夫历春秋者，天时也，列人事而因以天时。传曰：民受天地之中以生，所谓命也。是故有礼谊动作威仪之则，以定命也。能者养以之福，不能者败以取祸。……故春为阳中，万物以生，秋为阴中，万物以成。”刘歆、贾逵、服虔之说，似与杜预不同。然徐彦以《公羊》、何氏之说与贾、服不异，而谓《春秋说》亦然。盖春生秋成，万物受中以生，而人君动作亦当不失中，此先民共有之世界经验，宜乎今古文家所同也。

若此二说，则孔子以“春秋”名其制作，取义殆同于诸国史记，似未见别有深义焉。故后世颇有学者别考“春秋”之深义者，有如下数说：

其一，以《春秋》当一王之法，其命名有赏刑、褒贬之义。董仲舒《春秋繁露·四时之副》云：“庆为春，赏为夏，罚为秋，刑为冬。”郑樵则曰：“取赏以春夏，刑以秋冬。”又曰：“一褒一贬，若春若秋。”此义盖出于襄二十年《左传》与《周礼·春官》。

其二，与《春秋》成书时间有关，即春作而秋成。徐彦疏引《春秋说》云：“哀公十四年，春，西狩获麟，作《春秋》。九月，书成。以其书春作秋成，故云《春秋》。”然徐彦本人不同意此说，庄七年疏云：“旧解云‘孔子修之，春作秋成，谓之《春秋》’者，失之远矣。”此说专以“春秋”得名系于孔子，然孔子前实有“春秋”之通名，则此说甚狭，尤未必合于旧史之义。此说虽出公羊家言，然与《公羊传》引“不修《春秋》”之文不合。

其三，“奉始养终”之说。此说出于《论衡·正说篇》，云：“春者，岁之始；秋者，其终也。《春秋》之经可以奉始养终，故号为《春秋》。”

其四，“与日月并行而不息”之义。此徐彦疏之另一说也。

> 哀十四年传：制《春秋》之义以俟后圣，以君子之为，亦有乐乎此也。
>
> 何注：待圣汉之王以为法，乐其贯于百王而不灭，名与日月并行而不息。
>
> 徐疏：制作《春秋》之义，谓制《春秋》之中赏善罚恶之义也。……《春秋》者，赏善罚恶之书，有国家者最所急务，是以贯通于百王而不灭绝矣，故孔子为后王作之。云“名与日月并行而不息”者，谓名之曰《春秋》，其合于天地之利，生成万物之义，凡为君者不得不尔，故曰“名与日月并行而不息”也。

盖《春秋》之义，圣王之法也。斯义斯法，虽因春秋三世之诸国史记旧文，历春至秋，三时而成，然其“赏善罚恶”之功，则流播于千秋万世，春去秋来，生生不息，故君子所乐在乎此也。此说既得“春秋”通名之义，又深探圣心，得孔子制作专名之义。是以诸说中，此说虽有扬高凿深之嫌，然亦属近理。

近人于省吾《岁时起源初考》别有一说，谓上古时仅春、秋二时，而无冬、夏二时，故古人以春秋总括一年。古史以“春秋”为名，良以此焉。

二 孔子与《春秋》

《春秋》本为旧史，不过记事之书而已，后经孔子之笔削，遂得为经矣。盖经虽承旧史，然非为记事而作，以其别有圣人之义例存焉。此说实为今、古文家所共许，自古皆然，非若今日治孔子者，专据《论语》，而不知有《春秋》，适自狭陋耳。

庄七年，夏四月，辛卯，夜，恒星不见。夜中，星霣如雨。《公羊传》云：

> 如雨者何？如雨者，非雨也。非雨，则曷为谓之如雨？不修《春秋》曰“雨星不及地尺而复”，君子修之曰“星霣如雨”。

可见，《公羊传》明谓《春秋》有“修”与“不修”之别。盖“不修”之《春秋》，即孔子所据旧史也；若今《春秋》所见“星霣如雨”一语，实出孔子所修也。

不修《春秋》有二。其一，鲁史记也。杜预《春秋经传集解序》云：“仲尼因鲁史策书成文。”即此说也。且《春秋》上记隐，下至于哀之获麟，所记史事全以鲁为主，则《春秋》显与鲁史记最有关系。

其二，百二十国宝书。司马迁《十二诸侯年表序》云：“是以孔子明王道，干七十余君，莫能用。故西观周室，论史记旧闻，兴于鲁而次《春秋》，上记隐，下至哀之获麟。”又，《公羊传》徐疏引闵因叙云：“昔孔子受端门之命，制《春秋》之义，使子夏等十四人求周史记，得百二十国宝书。

九月经立。”孔颖达《左传正义》引沈文阿语云：“《严氏春秋》引《观周篇》云：孔子将修《春秋》，与左丘明乘，如周，观书于周史，归而修《春秋》之经，丘明为之传，共为表里。”此数说皆以孔子兼采诸国史记，至有百二十国书之多。

至于君子修《春秋》，亦有二说：

其一，孔子作《春秋》。此说最为普遍，无论今、古文家，俱无异辞。如《春秋繁露·俞序》云：“仲尼之作《春秋》也，上探正天端。”《春秋纬·考异邮》云：“孔子受端门之命，制《春秋》之义。”《握诚图》云：“孔子作《春秋》，陈天人之际，记异考符。”《元命苞》云：“孔子曰：丘作《春秋》，始于元，终于麟，王道成也。”《演孔图》云：“丘作《春秋》，天授《演孔图》。”《说题辞》云：“孔子作《春秋》，一万八千字，九月而书成。”《史记·孔子世家》云孔子“因史记作《春秋》”。《盐铁论·相刺》云：“孔子曰：……东西南北七十说而不能用，然后退而修王道，作《春秋》，垂之万世之后，天下折中焉。”《说苑·贵德》云：“于是退作《春秋》，明素王之道。”《至公》云：“（夫子）退而修《春秋》，采毫毛之善，贬纤芥之恶，人事浃，王道备，精和圣制，上通于天而麟至。”扬雄《剧秦美新》云：“仲尼不遭用，《春秋》因斯发。”《论衡·超奇》云：“孔子得史记以作《春秋》。”又云：“孔子作《春秋》，以示王意。”《定贤》云：“孔子不王，作《春秋》以明意。”《书虚》云：“使孔子得王，《春秋》不作。”《齐世》云：“至周之时，人民久薄，故孔子作《春秋》。”《效力》云：“孔子，周世多力之人也。作《春秋》，删五经，秘书微文，无所不定。”可见，汉人莫不视《春秋》出于孔子也。

今人尚信《孟子》，其中有谓“孔子作《春秋》”之语。至于《公羊传》，其中实有明文。如上引庄七年《公羊传》所言“君子”，汉人多以为指孔子。王充曰：

> 不修《春秋》者，未修《春秋》时鲁史记，曰“雨星不及地尺而复”。君子者，谓孔子也。孔子修之，“星賈如雨”。（《论衡·艺增》）

则《公羊传》尚未明言孔子修《春秋》，而王充乃申言之矣。

又，昭十二年，齐高偃帅师纳北燕伯于阳。《公羊传》云：

> 伯于阳者何？公子阳生也。子曰："我乃知之矣。"在侧者曰："子苟知之，何以不革？"曰："如尔所不知何？《春秋》之信史也，其序则齐桓、晋文，其会则主会者为之，其词则丘有罪焉尔。"

前言孔子削旧史而成《春秋》，此则言孔子以《春秋》为信史而笔其旧也。据此，"孔子作《春秋》"，《公羊传》可谓言之确凿矣。近人熊十力亦云："是孔子自明述作之怀，为七十子之徒转相传授，《孟子》、《公羊》并见称引，绝不容疑。"

又，哀十四年，西狩获麟。《公羊传》云：

> 西狩获麟，孔子曰："吾道穷矣！"……君子曷为为《春秋》？拨乱世，反诸正，莫近诸《春秋》。则未知其为是与？其诸君子乐道尧舜之道与？末不亦乐乎尧舜之知君子也？制《春秋》之义以俟后圣，以君子之为，亦有乐乎此也。

此谓孔子作《春秋》甚明，且谓孔子《春秋》，非详于记事，乃制义也。

其二，周公成《春秋》之书法。杜预《春秋经传集解》序云：

> 仲尼因鲁史策书成文，考其真伪，而志其典礼，上以遵周公之遗制，下以明将来之法。……盖周公之志，仲尼从而明之。……其发凡以言例，皆经国之常制，周公之垂法，史书之旧章。仲尼从而修之，以成一经之通体。其微显阐幽，裁成义类者，皆据旧例而发义，指行事以正褒贬。

今文家尊孔子，以《春秋》义例悉出于孔子。然古文家欲尊《左氏》，乃有周公发凡之说，盖以义例之大端归于周公也，是以孔子虽修《春秋》，不过遵循"周公之垂法，史书之旧章"而已。

可见，三传唯《公羊传》有"孔子作《春秋》"之明文，又谓获麟为异，盖天示以周之将亡也，是以孔子因以伤“吾道穷矣”，遂作《春秋》。据此，孔子作《春秋》之时间，当在哀十四年。何休注云：

> 麟者，太平之符，圣人之类，时得麟而死，此亦天告夫子将没之征，故云尔。

盖麟本圣人之类，而孔子以麟自比，乃伤斯文将坠，此道不行，遂作《春秋》以垂法后世焉。故徐彦疏云：

> 《公羊》以为哀公十四年获麟之后，得端门之命，乃作《春秋》，至九月而止笔。

然公羊家尚有一说。晋孔衍(369－423)另有《公羊传》本，其中有云：

> 十有四年，春，西狩获麟。何以书？记异也。今麟非常之兽，其为非常之兽，奈何有王者则至，无王者则不至？然则孰为而至？为孔子之作《春秋》。(《左传正义》孔疏引)

显然，此传本与何休所据《公羊传》不同，其对“获麟”之解释，亦与何休不同。盖此本以孔子作《春秋》，成素王之功，故麟为瑞应而至也。据此，孔子实前于获麟而作《春秋》也。

范宁亦同此说。其《穀梁传》序谓“先王之道既弘，麟感化而来应。因事备而终篇，故绝笔于斯年”。杨士勋伸其说云：“杜预解《左氏》，以为获麟而作《春秋》。今范氏以作《春秋》然后麟至者，以麟是神灵之物，非圣不臻。故《论语》云：‘凤鸟不至，河不出图，吾已矣夫。’《礼器》云：‘升中于天，而凤皇降，龟龙假。’《公羊传》曰：‘麟有王者则至。’《援神契》曰：‘德至鸟兽则麒麟臻。’是非有明王，则五灵不至也。当孔子之世，周室陵迟，天下丧乱，岂有神灵之物无故而自来？明为仲尼修《春秋》，麟应而至也。然则仲尼并修六艺，何故不致诸瑞者？”

然此说与汉代《左氏》说同。案哀十四年孔疏云：“贾逵、服虔、颍容等皆以为孔子自卫反鲁，考正礼乐，修《春秋》，约以周礼，三年文成致麟，麟感而至。”又，杜序孔疏云：“服虔云：‘夫子以哀十一年自卫反鲁而作《春秋》，约之以礼，故有麟应而至。’”徐彦疏亦云：“《左氏》以为鲁哀十一年夫子自卫反鲁，十二年告老，遂作《春秋》，至十四年经成。”盖徐氏据《左传》推定孔子于哀十一年反鲁，十二年告老，遂作《春秋》，至十四年经成。故杨士勋云：“先儒郑众、贾逵之徒，以为仲尼修《春秋》，约之以《周礼》，修母致子，故独得麟也。”可见，贾、服之徒，盖以孔子先作《春秋》而致麟也。（司马迁尚有一说，盖以孔子厄于陈、蔡时作《春秋》，则在哀六年，而与获麟绝无关系。）

对此，杜预颇不谓然，其《春秋经传集解》序云：

> 或曰：《春秋》之作，《左传》及《穀梁》无明文。说者以为仲尼自卫反鲁，修《春秋》，立素王，丘明为素臣。言《公羊》者，亦云黜周而王鲁，危行言孙，以辟当时之害，故微其文，隐其义。《公羊》经止获麟，而《左氏》经终孔丘卒，敢问所安？
>
> 答曰：异乎余所闻！仲尼曰：“文王既没，文不在兹乎？”此制作之本意也。叹曰：“凤鸟不至，河不出图。吾已矣夫！”盖伤时王之政也。麟凤五灵，王者之嘉瑞也。今麟出非其时，虚其应而失其归，此圣人所以为感也。绝笔于获麟之一句者，所感而起，固所以为终也。……子路欲使门人为臣，孔子以为欺天。而云仲尼素王，丘明素臣，又非通论也。先儒以为制作三年，文成致麟，既已妖妄。又引经以至仲尼卒，亦又近诬。据《公羊》经止获麟，而《左氏》小邾射不在三叛之数，故余以为感麟而作。作起获麟，则文止于所起，为得其实。至于“反袂拭面”，称“吾道穷”，亦无取焉。

盖汉魏人习于孔子素王之说，不独今文家，虽古文家亦然。贾逵《春秋序》云：“孔子览史记，就是非之说，立素王之法。”郑玄《六艺论》云：“孔子既西狩获麟，自号素王，为后世受命之君制明王之法。”（《春秋经传集解》序孔疏引）此诚杜预所讥也。今文家谓孔子伤麟死而作《春秋》，则孔子以麟自况也；而古文家谓孔子成《春秋》而麟来，麟为书成之瑞应。麟死，则周为新矣，故孔子作《春秋》；麟来，则《春秋》成，而为新王矣。二说实同，皆以孔子为素王也。

故杜预谓二说俱非。盖孔子伤周政之衰，“文王既没，文不在兹乎”，其欲制作久矣；其后感麟之至，自叹圣人生非其时，道无所行，功无所济，与麟死相类，乃作《春秋》矣。是则杜预犹取《公羊》“感麟而作”之说，至于《左氏》之汉师旧说，则以为妖妄近诬矣。

《春秋》文辞简约，若不通以传，则不过流水账簿而已，别无深意可寻，焉能以经视之哉！至于释经之传，则有《公》、《穀》、《邹》、《夹》等，其中以《公羊》陈义最高，且书法曲折，思辨入微，遂得先立于学官矣。观乎有汉一代之政治施设，虽颇仍秦旧，然其大纲，毕竟由《公羊》绎出。其后两千年间，《公羊》虽未尽为独尊，学者亦不尽为颛门之学，然上至朝廷之议论，至于政治之规摹，下及百姓之日用，概莫不见《公羊》施化之溥博矣。

三　口说与载籍

孔子据鲁史旧文作《春秋》，而其微言大义，则口授之，至汉乃著于竹帛，斯为《公羊传》也。徐彦疏云：

> 孔子至圣，却观无穷，知秦无道，将必燔书，故《春秋》之说口授子夏。度秦至汉，乃著竹帛。

盖孔门弟子中，传经最有功者，莫过于子夏。《孝经钩命决》谓孔子“以《春秋》属商”，而此后传此经者，主要在公羊氏一门。故后儒将《公羊传》溯源于子夏，尚属近理。

至于孔子口传而不载籍者，徐疏犹据谶说，以为孔子避秦燔书之祸故也。然此说实出于何休《解诂》。隐二年，纪子伯、莒子盟于密。《公羊传》云：“纪子伯者何？无闻焉尔。”《解诂》云：

言无闻者，《春秋》有改周受命之制，孔子畏时远害，又知秦将燔《诗》、《书》，其说口授相传，至汉公羊氏及弟子胡毋生等，乃始记于竹帛，故有所失也。

又，定元年，春，王。《公羊传》云："定、哀多微辞，主人习其读而问其传，则未知己之有罪焉尔。"《解诂》亦云：

此孔子畏时君，上以讳尊隆恩，下以辟害容身，慎之至也。

《公羊传》说甚明，而何邵公"辟害容身"之说，实可从中衍出。则自传、注、疏以下，皆以《公羊传》本于孔子口说，至于其中缘由，则因孔子避祸故也。即便揆诸今人之情，此说亦属近理也。

考《公羊传》一书，何休以为"齐人语"者，凡二十四处，唯"是月"一条为"鲁人语"。可见，汉人以《公羊传》为齐学，则未为诬也；且以口说故，乃杂有齐人之语。如隐五年注云："登，读言得。得来之者，齐人语也。齐人名求得为得来，作登来者，其言大而急，由口授也。"庄二十八年注云："伐人者为客，读伐长言之，齐人语也。见伐者为主，读伐短言之，齐人语也。"盖《公羊传》若早著于竹帛，当不若是杂有齐人语也。

又，《春秋经》多有阙文，而《公羊传》常以"无闻焉尔"释之，此亦口说之证。故襄二年疏云："《公羊》之义，口授相传，五世以后方著竹帛，是以传家数云无闻焉尔。"盖《公羊传》文体采用问答形式，足为口说之确证，其有阙者，不过弟子无闻于师故也。

徐疏又引戴宏序云：

子夏传与公羊高，高传与其子平，平传与其子地，地传与其子敢，敢传与其子寿。至汉景帝时，寿乃共其弟子齐人胡毋子都著于竹帛。

戴序叙述《公羊传》传授次第，最为明白。公羊家颇乐引其说，盖以师徒授受之确，足以证《公羊传》之真也；至于《左氏》，则"则师徒相传，又无其人"，故不得不尚文字也。

《汉书·艺文志》著录《公羊传》十一卷，班固自注曰："公羊子，齐人。"颜师古注曰："名高。"此说至宋罗璧始有异论。罗璧《拾遗》云："公羊、穀梁自训高、赤作传外，更不见有此姓。万见春谓皆姜字切韵脚，疑为姜姓假托。"然《四库提要》驳其说云："邾为邾娄，披为勃鞮，木为弥牟，殖为舌职，记载音讹，经典原有是事。至弟子记其先师，子孙述其祖父，必不至竟迷本字，别用合声。璧之所言，殊为好异。"又云："程端学《春秋本义》竟指高为汉初人，则讲学家臆断之词，更不足与辨矣。"廖平因谓公、穀俱为卜之双声，羊、梁又商之迭韵，以为齐、鲁同音异字，实均子夏一人。

其实，《礼记·杂记》中即有"公羊贾"之人，或疑公羊贾即《论语》之公明贾，而公羊高即《孟子》之公明高也。公明高，盖曾子弟子也，亦从子夏受经。盖羊与明音近，此说或可通。《汉书·古今人表》有公羊、穀梁列四等，必实有其人可知。可见，旧说未可轻议也。

至于口说之载籍，徐疏据戴宏序，以为景帝时始著于竹帛。此说于《公羊传》文亦有证焉。哀三年，《公羊》之经作"季孙斯、叔孙州雠帅师城开阳"，而《左氏》作"启阳"，徐疏以为，"开者，为汉景帝讳也"。可见，《公羊》著于竹帛，当在景帝时，或在景帝后也。又，案《汉书·外戚传》，景帝六年，立太子荣母为皇后，大行奏疏引《公羊》云："'子以母贵，母以子贵。'今太子母号宜为皇后。"段熙仲以为，大行非博士，无与于口授，其所称引必据载籍也。可见，《公羊》著于竹帛，当在景帝六年前。又，《韩诗外传》文字多有与《公羊》同者，而韩婴与董子同时，则知《公羊》著于竹帛当不晚于此时。

《四库提要》以为，《公羊传》不尽出于公羊高，至于著竹帛，则悉本注、疏之说，以为"《传》确为寿撰，而胡毋子都助成之"也。

四　授受源流

1. 先秦

《春秋》诸传中，《公羊》最早行于世。其授受源流，最初盖出于子夏。《史记·孔子世家》云:“至于为《春秋》,笔则笔,削则削,子夏之徒不能赞一辞。”《孝经钩命诀》云:“以《春秋》属商。”商,子夏字也。董子《春秋繁露·俞序》载子夏语云:“有国家者,不可不学《春秋》。”史迁《太史公自序》亦引子夏此语。徐彦谓孔子以《春秋》口授子夏,又引戴宏序云:“子夏传与公羊高。”可见,子夏不独为《公羊》先师,实传《公羊》之初祖也。

子夏之后,善言《春秋》者莫过于孟子。孟子以后,荀子论六经要旨,亦及《春秋》。刘师培尝考二书同异,谓“何邵公所作《解诂》,亦多用《荀子》之文”。其后,董子《繁露》之文,颇有同于《荀子》者。如《循天之道》言古人“霜降而逆女,冰泮而杀内”,又言“新牡十日而一游于房”,与《荀子·大略》霜降逆女、冰泮杀内、十日一御之说合;《玉杯》言三年之丧二十五月,与《荀子·礼论》“三年之丧,二十五月而毕”之文同;又,《竹林》言“先王之制,有大丧者三年不呼其门,顺其志之不在事也”,亦与《荀子·大略》“父母之丧,三年不事”之义合。董子乃《公羊》先师,其说丧礼、昏礼与荀子俱合,而荀子之学出于子夏,则荀子抑或传《公羊》之先师欤?

徐彦引戴宏《春秋说》序云:“子夏传与公羊高,高传与其子平,平传与其子地,地传与其子敢,敢传与其子寿。至汉景帝时,寿乃共其弟子齐人胡毋子都著于竹帛。”又,隐二年何休注云:“《春秋》有改周受命之制,孔子畏时远害,又知秦将燔《诗》、《书》,其说口授相传,至汉公羊氏及弟子胡毋生等,乃始记于竹帛。”皆以先秦传《公羊传》者,皆公羊氏一门。然《公羊传》中又颇记子沈子、子司马子、子女子、子北宫子、高子、鲁子之语。其中,沈子语见隐十一年、庄十一年及定元年传文;司马子语见庄三十年传文;子女子语见闵元年传文;子北宫子语见哀四年传文;高子语见文四年传文。而“鲁子”凡六见,即庄三年、二十三年、僖五年、十九年、二十四年、二十八年传文,远较其余先师为多,似不合常理。对此,黄开国以为,“鲁子”非指一人,实为“鲁地治《春秋》的学者的通称，应该主要是对《穀梁》学的先师的尊称”(参见黄开国:《公羊学发展史》，第47页)。可见，先秦传授《公羊》者，殆未必尽出于公羊氏也。

2. 西汉

汉景时，《公羊传》由公羊寿与其弟子胡毋子都著于竹帛。《史记·儒林列传》云：

> 胡毋生，齐人也。孝景时为博士，以老归教授。齐之言《春秋》者多受胡毋生，公孙弘亦颇受焉。

胡毋生老归教授于齐地，受其学者必夥，然唯公孙弘以取汉相而显于世耳。

公孙弘，菑川薛人。武帝初，弘年已六十，以贤良征为博士，后病免归。元光五年，复以贤良文学征，以策对擢为第一，拜为博士。后位至丞相，爵平津侯。《汉书·儒林传》谓弘受胡毋生《公羊春秋》，本传则谓弘“年四十余，乃学《春秋杂说》”。《汉志》著录有《公羊杂记》八十三篇，不知即《杂说》否？

其时明《春秋》者，又有董仲舒。仲舒，赵人，少治《春秋》，景帝时为博士。《汉书·五行志》云：“汉兴，承秦灭学之后，景、武之世，董仲舒治《公羊春秋》，始推阴阳，为儒者宗。”则胡毋生与董仲舒，俱以治《春秋》而为博士，而仲舒尤为儒者宗矣。

然董仲舒之学，授受不明。汉人以胡毋生、董仲舒平列，如《汉书·儒林传》谓二人“同业”，郑玄《六艺论》亦以胡、董并称。然至徐彦，乃以仲舒为胡毋生弟子，“胡毋生本虽以《公羊》经、传传授董氏，犹自别作《条例》”。胡毋生之书，既有《公羊章句》，又有《条例》，而仲舒受于子都者，盖《章句》耳，至于《条例》，至汉末何休乃远绍之。观乎董书，有“《春秋》无达辞”之说，殆疏于条例之学耳。

其后治《公羊》者，多出于仲舒之门。《汉书·儒林传》云：

> 胡母生，字子都，齐人也。治《公羊春秋》，为景帝博士。与董

> 仲舒同业，仲舒著书称其德。年老，归教于齐，齐之言《春秋》者宗事之，公孙弘亦颇受焉。而董生为江都相，自有传。弟子遂之者，兰陵褚大、东平嬴公、广川段仲、温吕步舒。大至梁相，步舒丞相长史，唯嬴公守学不失师法，为昭帝谏大夫，授东海孟卿、鲁眭孟。

班固此说，极易致人误会。盖仅据此段文字，褚大、嬴公、段仲、吕步舒等，既可视为胡毋生弟子，亦可作董仲舒弟子。若如前说，整个两汉公羊博士官学，悉为胡毋生之传矣。范晔即持此说，曰：

> 齐胡母子都传《公羊春秋》，授东平嬴公，嬴公授东海孟卿，孟卿授鲁人眭孟，眭孟授东海严彭祖、鲁人颜安乐。（《后汉书·儒林传》）

其后，《隋书·经籍志》亦祖范说。

案，《史记·儒林列传》云："仲舒弟子遂者：兰陵褚大、广川殷忠、温吕步舒。"又云："董仲舒弟子吕步舒不知其师书，以为下愚。"可见，史公明以吕步舒等为仲舒弟子也（《史记》之殷忠与《汉书》之段仲，当是一人。《史记集解》引徐广曰："殷，一作段，又作瑕也。""殷"与"段"，殆字形相近而误）。又，《汉书·眭弘传》云："先师董仲舒有言，虽有继体守文之君，不害圣人之受命。"可见，《汉书·儒林传》所叙次诸弟子，当承"董生为江都相，自有传"一语而来。又，郑玄《六艺论》云："治《公羊》者胡毋生、董仲舒。董仲舒弟子嬴公，嬴公弟子眭孟，眭孟弟子严彭祖及颜安乐，安乐弟子阴丰、刘向、王彦。"陆德明《释文序录》云："兰陵褚大、东平嬴公、广川段仲、温吕步舒，皆仲舒弟子。"皆直谓褚大、嬴公以下为仲舒弟子，足见范晔误读班书也。

仲舒弟子颇众。据《汉书》本传，仲舒"下帷讲诵，弟子传以久次相授业，或莫见其面"，可见其弟子之夥。弟子遂者，有兰陵褚大、东平嬴公、广川段仲、温吕步舒，唯嬴公"守学不失师法"。嬴公传孟卿与眭弘。（《史记》、《汉书》以孟卿、眭弘俱为嬴公弟子，《后汉书》则以嬴公传孟卿，孟卿传眭弘，亦误。）

孟卿，东海人。从萧奋学礼，又从嬴公受《春秋》。弟子有后苍、疏广等，世传《后氏礼》、《疏氏春秋》，皆出孟卿也。后苍说《礼》数万言，号曰《后苍曲台记》。疏广，字仲翁，东海兰陵人。《汉书》本传称其“少好学，明《春秋》，家居教授，学得自远方至。征为博士、太中大夫。”广授管路。孟卿子孟喜，从田王孙学《易》。

眭弘，字孟，鲁国薛人。据《汉书》本传，弘“少时好侠，斗鸡走马，长乃变节，从嬴公受《春秋》。以明经为议郎，至符节令”。昭帝时，弘推《春秋》之义，以为“汉家尧后，有传国之运。汉帝宜谁差天下，求索贤人，禅以帝位，而退自封百里，如殷、周二王后，以承顺帝命”，因受诛焉。其后，宣帝即位，以应弘“从匹夫为天子”之说，乃征弘子为郎。又据《儒林传》，弘有弟子百余人，唯严彭祖、颜安乐为明，然质问疑谊，各持所见。弘曰：“《春秋》之意，在二子矣！”弘死，彭祖、安乐各颛门教授，由是《公羊》有严、颜之学，俱立于学官，而董学亦因分为二矣。

严彭祖，字公子，东海下邳人。宣帝时为博士，尝为河南、东郡太守，以高第入为左冯翊，迁太子太傅。《汉书·儒林传》称其“廉直不事权贵”。严氏之著述，《汉志》未见著录，《隋志》则著录有《春秋公羊传》十二卷，新、旧《唐志》犹著录有五卷。《隋志》又著录其《春秋左氏图》十卷，两《唐志》则作《春秋图》七卷。

颜安乐，字公孙，一字翁孙。鲁国薛人。眭弘姊子。安乐家贫，为学精力，官至齐郡太守，后为仇家所杀。《汉志》著录其《公羊颜氏记》十一篇，然未见于《隋志》，疑此时已佚矣。

彭祖以后，据《汉书·儒林传》，“授琅邪王中，为元帝少府，家世传业。中授同郡公孙文、东门云。云为荆州刺史，文东平太傅，徒众尤盛”，则彭祖传王中，而中授公孙文、东门云也。

至于安乐一系，据《汉书·儒林传》，“安乐授淮阳泠丰次君（泠丰，或作阴丰。据毕沅《传经表》：“《六艺论》‘泠’作‘阴’，诸书皆本之，未知谁误。”)、淄川任公。公为少府，丰淄川太守，由是颜家有泠、任之学。始贡禹事嬴公，成于眭孟，至御史大夫。疏广事孟卿，至太子太傅，皆自有传。广授琅邪管路，路为御史中丞。禹授颍川堂溪惠，惠授泰山冥都，都为丞相史。都与路又事颜安乐，故颜氏有管、冥之学。路授孙宝，为大司农，自有传。丰授马宫、琅邪左咸。咸为郡守九卿，徒众尤甚。宫至大司徒，自有传”。又据郑玄《六艺论》，安乐弟子尚有刘向与王彦。

马宫，字游卿，东海戚人，历官太守、大司徒、太师等职，与王莽相善。王莽篡汉，马宫为太子师。《汉书》本传称其“治《严氏春秋》”，然《儒林传》又称其为泠丰弟子，则属颜氏安乐一系也，二说未知孰是。

孙宝，字子严，颍川鄢陵人。据《汉书》本传，宝奏疏多用《礼》、《论语》，用《春秋》者仅一处。

左咸，与王莽相友善。据《汉书・王莽传》，王莽立六经祭酒，而咸为《春秋》祭酒。

3. **东汉**

东汉建武初，立五经博士，各以家法教授，而《春秋》有严、颜二博士，然以严氏为盛。据范晔《后汉书・儒林传》，习《严氏春秋》者有丁恭、周泽、钟兴、樊儵、张霸、甄宇、楼望、程曾、郅恽、徐稺等。

丁恭，字子然，山阳东缗人。习《公羊严氏春秋》。建武初，为谏议大夫、博士，封关内侯。诸生自远方至者，著录数千人，当世称为大儒。太常楼望、侍中承宫、长水校尉樊儵等，皆受业于恭。

樊儵(？—67)，字长鱼，南阳湖阳人，以外戚封侯。父宏，为光武之舅，封长罗侯。《后汉书》本传谓儵“就侍中丁恭受《公羊严氏春秋》”，又谓其“删定《公羊严氏春秋》章句，世号‘樊侯学’”。门徒前后有三千余人，其中，颍川李修、九江夏勤，皆位至三公。

张霸，字伯饶，蜀郡成都人。《后汉书・张霸传》谓其“七岁通《春秋》”，后师樊儵，受《严氏春秋》，遂博览五经。又以樊氏所删《严氏春秋》犹多繁辞，更加删减，定为二十万言，更名为“张氏学”。年七十，以疾卒。其子楷，字公超，张霸中子。《张霸传》称其“通《严氏春秋》、《古文尚书》，门徒常百人”，然“隐居弘农山中，学者随之，所居成市”。撰有《尚书注》。年七十，卒于家。（按：前汉又有东莱张霸，据《汉书·儒林传》，世所传《百两篇》者，即出于张霸，盖霸析合《尚书》二十九篇以为数十，又采《左氏传》、《书叙》为作首尾，凡百二篇。篇或数简，文意浅陋。成帝时求其古文者，霸以能为《百两》征，以天子所藏中书校之，非是。）

周泽，字稚都，北海安丘人。少习《严氏春秋》，隐居教授，门徒常数百人。建武末，征试博士。中元十年，拜太常。

钟兴，字次文，汝南汝阳人也，少从丁恭受《严氏春秋》。光武时，“诏令定《春秋》章句，去其复重，以授皇太子。又使宗室诸侯从兴受章句”。封关内侯，兴自以无功，固辞不受。

甄宇，字长文，北海安丘人。习《严氏春秋》，教授常数百人。建武中，征拜为博士。甄传业于子普，普传子承。承尤笃学，未尝视家事，讲授常数百人。诸儒以承三世传业，莫不归服之。其后，子孙传学不绝。

楼望(20—100)，字次子，陈留雍丘人。官至大司农。少习《严氏春秋》，教授不倦，世称儒宗，诸生著录九千余人。《儒林传》称其卒时“会葬者数千人，儒家以为荣”。

程曾，字秀升，豫章南昌人。受业长安，习《严氏春秋》，积十余年，还家讲授。著书百余篇，皆五经通难，又作《孟子章句》。

郅恽，字君章，汝南西平人。《后汉书》本传谓其“及长，理《韩诗》、《严氏春秋》，明天文历数”。

徐稺，字孺子，南昌人，学《严氏春秋》、《京氏易》、《欧阳尚书》，兼综风角、《河图》、《七纬》诸学，与陈蕃相友善，朝廷屡征不就，耕稼而食。

刘佑，字伯祖，中山安国人。学《严氏春秋》、《小戴礼》、《古文尚书》。

间葵班，字宣高，处士，治《严氏春秋》。

祝睦(96—164)，字符德，济阴己氏人，治《韩诗》、《严氏春秋》，官山阳太守。

孔宙(102—163),字季将,为孔子十九世孙孔融之父,治《严氏春秋》。其子融,《隋志》著录有《春秋杂议难》五卷。

樊敏,字仲达,巴郡太守,治《严氏春秋》。

严䜣,字少通,东牟侯相,习《严氏春秋冯君章句》。《冯君章句》之名,仅见于《严䜣碑》及杜佑《通典》。杜佑《通典》云:“冯君八万言章句。”(引自朱彝尊:《经义考》卷一七一。)

习《颜氏春秋》者较少,仅有张玄、唐檀数人而已。

张玄,字君夏,河内河阳人。《后汉书·儒林传》称其“少习《颜氏春秋》,兼通数家法。……清净无欲,专心经书,方其讲问,乃不食终日。及有难者,辄为张数家之说,令择从所安。诸儒皆伏其多通,著录千余人”。会《颜氏》博士缺,玄试策第一,拜为博士。后以兼说《严氏》、《冥氏》,乃罢其《颜氏》博士。

唐檀,字子产,江西南昌人。《后汉书·方术传》谓其“少游太学,习《京氏易》、《韩诗》、《颜氏春秋》,尤好灾异星占。后还乡里,教授常百余人”,著有《唐子》二十八篇。

此外,东汉尚有一些公羊学者,师承不明,似不属严、颜二家。

李育,字符春,扶风漆人。《后汉书·儒林传》谓其“少习《公羊春秋》。沉思专精,博览书传,知名太学,深为同郡班固所重。……常避地教授,门徒数百”。李育虽为今文学者,然亦颇涉猎古文学,曾读《左传》,“虽乐文采,然谓不得圣人深意”。传惟称习《公羊春秋》,不名严、颜。《儒林传》谓其“以为前世陈元、范升之徒,更相非折,而多引图谶,不据理体,于是作《难左氏义》四十一事”。章帝建初元年,举为议郎,后拜为博士。四年,诏与诸儒论五经于白虎观,李育以《公羊》义难贾逵,往返皆有理证,最为通儒。汉末何休与其师博士羊弼追述李育意以难二传,作《公羊墨守》、《左氏膏肓》与《穀梁废疾》。李育、羊弼既为博士,当不出严、颜二家之外,然邵公作《解诂》,乃追述胡毋生条例,而对严、颜深致不满，则何氏或别有所受焉。康南海则以为，“董子之学见于《繁露》，胡毋生之说传于何休”（张伯桢：《南海师承记》，见于《康有为全集》附录），亦以邵公宗胡毋生也。

班超（32—102），字仲升，扶风平陵人，班彪子。李贤注引《东观汉记》云：“超持《公羊春秋》，多所窥览。”而其兄班固汇辑《白虎通义》，其中《春秋》义多引《公羊》说，至其所撰《汉书》之《律历志》、《五行志》亦十数次称引董仲舒之说。

杨终（？—100），字子山，蜀郡成都人。《后汉书》本传谓其“年十三，为郡小吏，太守奇其才，遣诣京师受业，习《春秋》”。当时唯《公羊春秋》立于学官，则杨终于京师所学，自当为《公羊春秋》也。杨终尝上书章帝，谓“宣帝博征群儒，论定五经于石渠阁。方今天下少事，学者得成其业，而章句之徒，破坏大体。宜如石渠阁故事，永为后世则”。其后白虎观会议，盖起于杨终之议也。其时终因事系狱，博士赵博、校书郎班固、贾逵等，乃谓终深晓《春秋》，学多异闻，终乃得与于白虎观会议。著有《春秋外传》十二篇，改定章句十五万言。其本传略载其论议，颇用公羊义。

王充（27—约97），字仲任，会稽上虞人。《后汉书》本传称其“受业太学，师事扶风班彪。好博览而不守章句”。班氏父子皆习《春秋》，充受业于太学，则亦受《公羊春秋》也。观其《论衡》，多用《公羊》义可知。不过，充亦颇用《左传》、《穀梁》说，此盖其“好博览而不守章句”也。

冯绲，字鸿卿，巴郡宕渠人。《后汉书》本传谓其“少学《春秋》、《司马兵法》”，李贤注引《谢承书》云：“绲学《公羊春秋》。”唐晏《两汉三国学案》叙述《韩诗》派时，谓有冯绲碑云：“少耽学问，习父业，治《春秋》严氏、《韩诗》仓氏。”

公沙穆，字文乂，北海胶东人。《后汉书·方术传》谓穆“长习《韩诗》、《公羊春秋》，尤锐思河洛推步之术”。

第五元先，京兆人，通《京氏易》、《公羊春秋》、《三统历》、《九章算术》。郑玄尝师事之。

徐淑，字迫进，广陵海西人。习《孟氏易》、《公羊春秋》、《礼记》、《周官》。

荀爽(128—190)，字慈明，一名谞，颍州颍阴人。荀子十二代孙，荀淑子。幼而好学，年十二，能通《春秋》、《论语》，耽思经书，至于庆吊不行，征命不应。延熹九年(166)，拜郎中。《后汉书》本传谓其"后遭党锢，隐于海上，又南遁汉滨，积十余年，以著述为事，遂称为硕儒"。董卓时，为司空，与司徒王允等谋诛董卓。著《礼》、《易传》、《诗传》、《尚书正经》、《春秋条例》，又集汉事成败可鉴戒者，谓之《汉语》。又作《公羊问》及《辩谶》，并它所论叙，题为《新书》。凡百余篇，今多所亡缺。延熹九年对策，爽引《春秋》经传，多用《公羊》义，亦稍涉《左氏》，而《穀梁》则不用一条。其《公羊问》，阮孝绪《七录》及两《唐志》著录为《春秋公羊问答》五卷，《隋书·经籍志》云："《春秋公羊传问答》五卷，荀爽问，魏安平太守徐钦答。"故从其著述及对策来看，爽应为公羊学者。

李咸，字符章，汝南西平人，习《鲁诗》、《春秋公羊传》、《三礼》。

綦母君，东莞人，治《公羊春秋》。

赵昱，字符达，琅邪人。从綦母君学《公羊春秋》，至历年潜思，不窥园圃。

尹宙(115—177)，字周南，《尹宙碑》谓其"治《公羊春秋经》，博通书传"。

戴宏，字符襄，济北刚县人。生于桓、灵之季，然不见于《后汉书·儒林传》，唯《吴祐传》有云："(佑)迁胶东侯相，时济北戴宏父为县丞，宏年十六，从在丞舍。祐每行园，尝闻讽诵之音，奇而厚之，亦与为友，卒成儒宗，知名东夏，官至酒泉太守。"案祐与梁冀、李固、马融同时，则宏亦当与陈蕃、何休同时也。徐彦疏引戴宏《春秋说》序，此为《公羊传》在先秦传承之最早记载。何休《公羊解诂》序云："恨先师观听不决，多随二创。"徐彦以为，"此先师，戴宏等也。……今戴宏作《解疑论》而难《左氏》,不得《左氏》之理,不能以正义决之,故云‘观听不决’、‘多随二创’者,上文云‘至有背经、任意、反传违戾’者,与《公羊》为一创;又云‘援引他经失其句读’者,又与《公羊》为一创。今戴宏作《解疑论》,多随此二事,故曰‘多随二创’也。”由此可见,戴宏尝撰《解疑论》,以攻《左氏》,然不得《左氏》之理也。玉函山房辑有《解疑论》一卷,仅三条,一则述《公羊》源流,一则可略见其《春秋》学。

刘睦,袭封北海靖王,少好学,博通书传,光武爱之。著有《春秋旨义终始论》。

五 大义与微言

“微言”与“大义”之名,最初见于刘歆《移让太常博士书》。其言曰:

> 夫子没而微言绝,七十子终而大义乖。

其后,《汉书·艺文志》亦云:“昔仲尼没而微言绝,七十子丧而大义乖。”(微言者,《汉书》李奇注云:“隐微不显之言也。”颜师古注云:“精微要妙之言耳。”皆未达清人说“微言”之旨。)盖用刘歆之说也。可见,微言与大义二词,本出于古文家言。范宁《穀梁传》“序”云:“盖九流分而微言隐,异端作而大义乖。”其说稍不同,然俱以微言与大义不同也。

且据刘歆之说,唯孔子及身始有微言,至其没而微言遂绝;若七十子者,唯能传孔子大义而已,至七十子之后,则大义亦相乖离矣。可见,微言高于大义也。是以后世公羊家以微言、大义别三传高下,亦未始不出于刘歆之言也。

然“微言”与“大义”之内涵,至清人乃得明确界说。皮鹿门《春秋通论》云:

> 《春秋》有大义,有微言。所谓大义者,诛讨乱贼以戒后世是也;所谓微言者,改立法制以致太平是也。

自公羊家而言,《春秋》之义,既有大义,又有微言,二者不同。

皮氏又云：

> 惟《公羊》兼传大义、微言，《穀梁》不传微言，但传大义，《左氏》并不传义，特以记事详赡，有可以证《春秋》之义者，故三传并行不废。

其先，班固有“汉初学《左氏》者，惟传训诂”之语，皮氏据此，乃谓《左氏》“初不传微言、大义可知”，以《左氏》本不过记事之书而已。至于《穀梁》，但传大义，不传微言。盖自公羊家视之，《公羊》优于《穀梁》、《左氏》，而为《春秋》之传者，正在此也。

“微言”与“大义”此种内涵，或可溯源于孟子。《孟子·离娄下》云：

> 王者之迹熄而《诗》亡，《诗》亡，然后《春秋》作。晋之《乘》，楚之《梼杌》，鲁之《春秋》，一也。其事则齐桓、晋文，其文则史。孔子曰：“其义则丘窃取之矣。”

则《春秋》不专记齐桓、晋文之事，又别有义焉，实出于孔子王心所加也。

又，《孟子·滕文公下》云：

> 世衰道微，邪说暴行有作，臣弑其君者有之，子弑其父者有之。孔子惧，作《春秋》。《春秋》，天子之事也。是故孔子曰：“知我者其惟《春秋》乎！罪我者其惟《春秋》乎！”

按公羊家旧说，“罪我者”，以孔子无位，而托二百四十二年南面之权，行天子褒贬进退之事，此所谓微言也；“知我者”，《春秋》诛讨乱臣贼子，大义凛然，人所共见，此所谓大义也。

盖大义者，犹今人所谓“普世价值”也。天不变，道亦不变，君臣父子之纪纲，数千年以来，莫之能易，此即大义也。故孔子持之以褒贬进退当世大人，直陈其事，张大其义而已。唯以讳尊隆恩、避害容身之故，又不得不为此“微似之语”。此为微言一也。《春秋》据鲁而叙齐桓、晋文之事，然“隐公人臣而虚称以王，周天子见在上而黜公侯”，此“王鲁”

之说，乃书法之尤可怪者。此为微言二也。孔子当晚周之衰敝，欲拨乱反正，遂损周文而用殷质，然以无位之故，不得不托《春秋》以明制作之本意，且垂法于后世也。是则“素王改制”者，为微言三也。何休“三科九旨”之说，独《公羊》能发之，而《穀梁》、《左氏》唯明大义，不达斯旨，故“三科九旨”者，亦微言之四也。

以上诸项，皆公羊家之旧说。此外，清孔广森尚有一说。

桓二年，三月，公会齐侯、陈侯、郑伯于稷，以成宋乱。《传》曰：“内大恶讳，此其目言之？远也。所见异辞，所闻异辞，所传闻异辞。”孔氏《春秋公羊通义》释云：

> 复发传者，与益师义异。彼为详略例，近辞详，远辞略；此为讳例，近辞微，远辞显。各有所施也。

又，哀十四年，春，西狩获麟。《传》曰：“所见异辞，所闻异辞，所传闻异辞。”孔氏释云：

> 世疏者其恩杀。若桓之无王，庄之不复雠、纳鼎、归宝，文姜淫泆，皆得质言之以立其义。移于所见之世，则义有所尊，恩有所讳。定公受国于季氏，不敢明其篡；昭公取同姓，不忍斥其恶。是以《春秋》正名分、诛乱贼之大用，必托始于所传闻世而后可施也。近者微辞，远者目言，以义始之，以仁终之，别其世而不乱，斯异其辞而不糅。

孔氏盖以《春秋》之义为一，即正名分、诛乱贼也。然恩有隆杀，尊有远近，三世自当异辞。故此义得申于所传闻世，无所忌讳，斯为大义；而屈于所见之世，“不敢明其篡”，“不忍斥其恶”，斯为微言。《春秋》当一王之法，虽常抑于所见世，然犹得伸于所传闻世也。

是以孔氏所谓微言者，即《传》所谓“微辞”也。定元年，春，王。《传》云：“定、哀多微辞，主人习其读而问其传，则未知己之有罪焉尔。”

至于司马迁言孔子著《春秋》，不切论当世而微其词也，“为其切当世之文而罔褒，忌讳之辞也”(《史记·匈奴传赞》)、“为有所刺讥褒讳挹损之文辞”(《十二诸侯年表序》)，亦微辞也。又，《十二诸侯年表序》谓铎椒为《铎氏微》，司马贞《索隐》释云：“名《铎氏微》者，《春秋》有微婉之辞故也。”则微辞者，微婉之词也。董子《春秋繁露》有言“婉词”者，亦与此义同。

又，荀子谓“《春秋》之微也”，“《春秋》约而不速”(《荀子·劝学》)，“《春秋》言是其微也”(《荀子·儒效》)，皆以《春秋》之微在其言辞也。而史公《十二诸侯年表序》谓孔子作《春秋》，“约其辞文，去其烦重，以制义法”，其义亦同。凡此，又以《春秋》“一字褒贬”之文为微言也。

苏舆《春秋繁露义证·玉杯篇》释“微”有二义：一为微言，如逐季氏言又雩、逢丑父宜诛、纪季可贤，及诡词移词之类，即史公所谓“忌讳之辞”也。另一为微旨，如劝忠则罪盾、劝孝则罪止之类，盖事别善恶之细，行防纤芥之萌，寓意微眇，使人湛思反道，比贯连类，以得其意，所以治人也。《荀子》杨倞注云：“微，谓儒之微旨。一字为褒贬，微其文，隐其义。”则微旨者，即“一字褒贬”之法也。苏氏颇嫉清季诸儒之说“微言”，曰：“近人好侈微言，不知微言随圣人而徂，非亲炙传受，未易有闻，故曰‘仲尼没而微言绝’。若微旨则固而推而得之，而一以进善绝恶为主，非必张皇幽渺，索之隐怪也。”则苏氏以为，后世治《春秋》者，只可推求微旨，不可妄道微言也。

本书底本采用1980年中华书局影印阮元校勘《十三经注疏》之《春秋公羊传注疏》的经、传文本；经文、传文之前加【经】、【传】标识，以清眉目；因《公羊传》为专门之学，必须依靠何休之《春秋公羊经传解诂》的解释，方能彰显其中的微言大义，故在注释中尽量保留何氏的见解；《公羊传》素来重视“以例解经”，故而在注释中尽量详细说明《公羊传》之条例；《公羊传》对于史实记录相对简单，有关的历史背景的阐释，主要依据注疏的说法，兼采《榖梁》与《左氏》，二传说法与《公羊》不符之处，则不采用，以避免枝蔓；因注释比较详细，故而白话译文但求简洁，以直译为主。

曾亦序于沪上

隐公第一

【题解】

隐公为鲁惠公庶子，据何休《春秋公羊经传解诂》的讲法，其母子氏为左媵。隐公之弟桓公，为右媵之子，本当继位，因其年幼，故隐公摄政代立。隐公在位十一年，后被桓公与公子翚所弑。隐公在位时晋、楚等大国尚未崛起，诸侯中郑庄公率先扩张势力并与周王室发生矛盾，《春秋公羊传》在隐公元年著名的"郑伯克段于鄢"事件中表达了谴责立场。

按照传统的讲法，《春秋》为孔子所作。孔子借着评判春秋二百多年的历史，彰显王道，为后王立法。《公羊传》之问答，即为揭示《春秋》中的微言大义。进一步讲，《公羊传》重视的并非是事实本身，而是事件背后体现的义理。隐公一篇，重要的义理有：以"正五始"明"大一统"，见"元年，春，王正月"条。《春秋》"王鲁"，见元年"三月，公及邾娄仪父盟于眛"、三年"宋公和卒"、七年"滕侯卒"诸条。"三世异辞"，见元年"公子益师卒"条。"夷夏之辨"，见七年"戎伐凡伯于楚丘以归"条。此外还有隐公之让国、讥世卿、疾始、立嗣之礼制、母以子贵等问题，散见于经传之中。

【经】元年，春，王正月。

【传】元年者何[①]？君之始年也[②]。春者何[③]？岁之始也。王者孰谓？谓文王也[4]。曷为先言王，而后言正月？王正月也[5]。何言乎王正月？大一统也[6]。公何以不言即位[7]？成公意也[8]。何成乎公之意？公将平国而反之桓[9]，曷为反之桓？桓幼而贵，隐长而卑。其为尊卑也微[10]，国人莫知，隐长又贤，诸大夫扳隐而立之[11]，隐于是焉而辞立，则未知桓之将必得立也；且如桓立[12]，则恐诸大夫之不能相幼君也[13]，故凡隐之立，为桓立也。隐长又贤，何以不宜立？立適以长不以贤[14]，立子以贵不以长[15]。桓何以贵？母贵也。母贵则子何以贵？子以母贵[16]。母以子贵[17]。

【注释】

①元年：此为鲁隐公之元年，当周平王四十九年。案礼制，唯天子乃得改元立号，鲁隐公为诸侯，而得称元年者，《春秋》是借事明义之书，孔子假借评判春秋两百多年的历史来彰显王道，故而托王于鲁，假借鲁隐公为受命之王，故得称元年。

②君：谓鲁隐公。传文不言“王之始年”而言“君之始年”，是因为鲁隐公是诸侯，并非真正的王者；按照礼制，有地者皆可称君，故天子、诸侯皆为君；所以书“君之始年”，可以“通其义于王者”，表明假托鲁隐公为王者之意。

③春：春为四时之首，《春秋》以之为天地开辟之端。就历法而言，每年的一、二、三月为春季，四、五、六月为夏季，七、八、九月为秋季，十、十一、十二月为冬季。夏商周三代所使用的历法不同，然都以各自历法中的一、二、三月为春季。

④文王：指周文王，周文王姓姬名昌，“文”是死后的谥号。《公羊传》认为经文中的“王”指的是周文王，因为“王”字在“春”字之下，“春”代表天地之端，“春”下之“王”应该是受天命、定制度之

王，就周代而言，应该是周文王。另一方面，孔子作《春秋》，是为后世立定法度，故而《公羊传》只看重周文王受命改制的层面，并未将文王坐实为周文王，故而此文王亦是假托的，可以理解为文明之王。

⑤王正月：即王之正月。《春秋》以正月代表政教之始，故王者受命，必改正朔，表明政权受之于天，非受之于人，故而正月一直在变化。如夏以斗建寅之月为正，即现在农历正月；殷以斗建丑之月为正，即农历十二月；周以斗建子之月为正，即农历十一月。需要指出的是，王者改正月的范围，仅限于农历的十一、十二、一月，循环往复，秦朝以农历十月为正，便被视为不合法。同时历法中四季的时间亦随之而改，这就是清人所说的“改正亦改时”。另一方面，依照改制的顺序，《春秋》应该“行夏之时”，然而孔子谦逊，不显改周正，仍沿用周代的历法。“行夏之时”的具体表述参见哀公十四年的注释。

⑥大一统：“大”是动词，即张大之意。“统”，始也，即开端之意。正月为王者政教的开端，张大这一开端，使得政教遍及天下。这里需要指出的是，《公羊传》是从“正五始”的角度讲“大一统”，较我们通常理解的“统一”有更深层次的含义。“五始”指的是：元年、春、王、正月、公即位。元年是天之始，春是岁之始，王是人道之始，正月是政教之始，公即位是一国之始。何休云：“《春秋》以元之气正天之端，以天之端正王之政，以王之政正诸侯之即位，以诸侯之即位正竟内之治。诸侯不上奉王之政，则不得即位，故先言正月，而后言即位。政不由王出，则不得为政，故先言王，而后言正月也。王者不承天以制号令，则无法，故先言春，而后言王。天不深正其元，则不能成其化，故先言元，而后言春。五者同日并见，相须成体，乃天人之大本，万物之所系，不可不察也。”可见王者要合乎天道施政，且自上而下有效地推行，“五始”皆正，才

能算是“大一统”。

⑦公何以不言即位：公指的是鲁隐公，姬姓，名息姑，鲁惠公之子，隐为谥号。按照上条所言“大一统”及“正五始”之义，“公即位”是一国政教之始，隐公秉政，应该书“公即位”，此处不书，故而发问。

⑧成公意：成，成全，成全隐公要让国于鲁桓公的意愿。

⑨平国而反之桓：平，治也。反，通“返”。桓，指鲁桓公，名允，鲁惠公之子，桓为谥号。将国家治理好，返还给桓公。

⑩其为尊卑也微：隐、桓皆是鲁惠公媵妾所生，按照礼制，嫡夫人无子，先立右媵之子，右媵无子，立左媵之子。桓公之母为右媵，子以母贵，故桓公尊于隐公，然其尊卑差异不如嫡子与庶子之间的差异大，故云“其为尊卑也微”。

⑪扳：引也。

⑫且如：假设之辞。

⑬相：辅佐。按照继位次序，桓公当立，诸大夫却欲立隐公，隐公据此认为，即便立桓公，诸大夫也未必能真心辅佐。

⑭立適以长不以贤：適，同“嫡”。嫡夫人之子尊卑相同，故以年齿为序，立长子为继承人。

⑮立子以贵不以长：这是在嫡夫人无子的情况下，依据媵妾地位的高低确定诸子之次序，不依诸子的年齿为序，因为有可能同时而生。媵妾间的尊卑关系详见下条。

⑯子以母贵：诸子之尊卑依母亲的尊卑为序。按照礼制，诸侯一娶九女：嫡夫人及其姪（嫡夫人兄之子，即侄女）、娣（嫡夫人的妹妹）；右媵及其姪、娣；左媵及其姪、娣。具体的尊卑，何休云：“嫡夫人无子，立右媵，右媵无子，立左媵，左媵无子，立嫡姪娣，嫡姪娣无子，立右媵姪娣，右媵姪娣无子，立左媵姪娣；质家亲亲先立娣，文家尊尊先立姪；嫡子有孙而死，质家亲亲先立弟，文家尊尊

先立孙;其双生也,质家据见立先生,文家据本意立后生。"之所以定立如此详细的次序,是为了"防爱争"。

⑰母以子贵:此指妾子即位为君,可尊其母为夫人。然而妾母为夫人,地位还是低于嫡夫人,《五经异义》云:"今《春秋公羊》说:妾子立为君,母得称夫人。故上堂称妾屈于適;下堂称夫人,尊行国家。"而且在宗庙中亦不得配夫,只能由其子单独立庙祭祀。

【译文】

【经】(鲁隐公)元年,春,王正月。

【传】元年是什么?是君主即位起始的年份。春是什么?一年的开始。王指的是谁?指的是周文王。为什么先说"王",后说"正月"?这是王制定的正月。为什么说是王的正月?为张大王者政教的开端。为什么不说"公即位"?为成全隐公的意愿。什么是成全隐公的意愿?隐公将治理好国家后,把君位返还给桓公。为什么要返还给桓公?桓公年幼而尊贵,隐公年长而卑微,但是他们之间的尊卑差异很微小,国人不能明了,隐公年长又有贤德,大夫们都要拥立隐公为国君。在这个时候,隐公如果推辞,则不能确保桓公一定能立为国君;假设姑且立桓公为君,唯恐大夫们不能真心辅佐幼君。所以考虑到以上两点,隐公即位,是为了桓公将来能即位。隐公年长又有贤德,为什么不宜立为国君?立嫡夫人之子为继承人,是依据年齿,而不是贤德为标准;立妾的儿子为继承人,是依据妾的贵贱,而不是年齿为标准。桓公为什么尊贵?因为他的母亲尊贵。母亲尊贵,为什么儿子也尊贵?儿子因母亲而尊贵。儿子被立为国君之后,母亲因儿子而尊贵。

【经】三月,公及邾娄仪父盟于眜①。

【传】及者何?与也②。会、及、暨,皆与也。曷为或言会,或言及,或言暨?会犹最也③。及犹汲汲也④,暨犹暨暨也[5]。及，我欲之[6]。暨，不得已也。仪父者何？邾娄之君也。何以名[7]？字也[8]。曷为称字？褒之也[9]。曷为褒之？为其与公盟也。与公盟者众矣，曷为独褒乎此？因其可褒而褒之[10]。此其为可褒奈何？渐进也[11]。眛者何？地期也[12]。

【注释】

①三月，公及邾娄仪父盟于眛（miè）：公，指鲁隐公，案礼制，鲁国为侯爵，称“公”者，臣子欲尊荣其君，故以五等爵位最尊之“公”称其君，《春秋》依臣子之辞而称其为公。盟，结盟，杀生歃血，诅命相誓，以盟约束也。案时月日例，盟例书日，小信书月，大信书时。此处书“三月”，为小信辞，因隐公推让以立，仪父慕义而来。

②与：和也。

③最：聚也，像平时的聚会，没有其他附加的意义。

④及犹汲汲：及，表明心情迫切，主动（结盟）。

⑤暨犹暨暨：暨，表明不得已，被动（结盟）。《春秋》原心定罪，故分别主动与被动，主动为善则功大，被动为善则功小；主动为恶则恶重，被动为恶则恶轻。

⑥我：指代鲁国。《春秋》托王于鲁，以鲁为内。

⑦名：此处作动词用，即称名。这是《公羊传》针对经文书“仪父”发问，问“仪父”是否是邾娄国君的名？按照礼制，诸侯生时称爵，失爵、遭到贬绝，或卒时才称名，如齐桓公生时称齐侯，卒时称齐侯小白卒。

⑧字：古人有名有字，名是出生三月，父亲所取，字是在冠礼时所取。古人的字有三个部分组成，一为排行，如伯仲叔季；一为与名相关的文字；一为“父”字。如孔子名丘，字仲尼父，亦可简称

仲尼，或尼父。此处经文“仪父”二字，即为邾娄国君之字。孔广森认为，仪父即庄公十六年卒的邾娄子克，则克为仪父之名。

⑨褒之：《春秋》有“州、国、氏、人、名、字、子”七等进退之法，称州不如称国，国不如氏，氏不如人，人不如名，名不如字，字不如子（子即“公侯伯子男”之“子”，指代诸侯之爵位）。邾娄国在春秋前失爵，本应该称名，而经文称字，则是褒奖之辞。

⑩因其可褒而褒之：《春秋》托隐公为始受命王，邾娄仪父最先与隐公结盟，假借褒奖邾娄仪父，见王者褒赏之法。

⑪渐进：案俞樾之说，《春秋》有“州、国、氏、人、名、字、子”七等进退之法，仪父因与隐公盟，由称“名”进为称“字”，并未一下子进为“子”，故为渐进。

⑫地期：期，约会。地，地点。地期即约会之地点。

【译文】

【经】三月，隐公与邾娄仪父在眜地结盟。

【传】“及”是什么意思？是“与”的意思。会、及、暨都是与的意思。为什么有时候说会，有时候说及，有时候说暨？会，就像普通聚集一样。及，表明有迫切之意。暨，则有被迫之意。及，是我方主动欲求。暨，是不得已。仪父是谁？是邾娄国国君。为什么称他的名？那是他的字。为什么称他的字？是褒奖他。为什么褒奖他？因为他与隐公结盟。与隐公结盟的人很多，为什么独独在此处褒奖？因为他可以褒奖，所以褒奖他。说他可以褒奖是为何？因为他是进入春秋后第一个与鲁国结盟的，因有首善之功，由称名变为称字，是渐进。眜是什么？是结盟的地点。

【经】夏，五月，郑伯克段于鄢①。

【传】克之者何②？杀之也。杀之则曷为谓之克？大郑伯之恶也。曷为大郑伯之恶？母欲立之，已杀之，如勿与而已矣[3]。段者何？郑伯之弟也。何以不称弟[4]？当国也[5]。其地何[6]？当国也。齐人杀无知何以不地[7]？在内也[8]。在内，虽当国不地也。不当国，虽在外亦不地也[9]。

【注释】

①郑伯克段于鄢：郑伯，即郑庄公，名寤生。段，郑庄公同母弟，段为其名。郑庄公之母爱其少子，欲立段为君，向郑庄公索要段的封地。郑庄公养成其恶，待段叛乱时，将其杀死。在这件事情中，《春秋》对郑庄公与段都有谴责。鄢，郑国之邑。

②克：案传文，克为杀之意，而且比杀更加恶劣。其原因是，克可以训为胜，可以训为能，郑伯能够处心积虑，忍心亲自杀死同母弟，比单纯的杀更加恶劣，故经文用“克”字，张大郑伯之恶。

③如勿与：如，即不如。与，指给与段封地。《公羊传》认为，郑庄公若不给与段封地，则不会养成其恶。

④何以不称弟：案《春秋》之义，同母的兄弟要亲于异母兄弟，反映在名例上，“母弟称弟，母兄称兄”。此条应如“天王杀其弟年夫”一样，称“其弟段”，但经文不称弟，《公羊传》据此发问。

⑤当国：当，掌管，主持。当国即主持、掌管国家，想要谋夺君位。当国之辞的具体书法是，去掉公子或公孙之氏，冠以国氏。如公子小白（即齐桓公）当国，则去掉“公子”之氏，冠以国氏“齐”，称“齐小白”。此处段欲篡位当国，本应去掉公子之氏，称“郑段”。现仅称“段”者，因为段不称“弟”，前面又有“郑伯”之文，此“郑”字即是段的氏，何休称为“氏上郑”。当国为篡辞，《春秋》借此谴责段的谋反行为。值得注意的是，只有公子、公孙这些依照血缘，可以立为国君的人才可以当国，普通大夫不可以当国。

⑥地：地点，即经文之“鄢”，此处作动词用，即书写地点。

⑦齐人杀无知：无知，即齐国之公孙无知，在庄公八年当国弑齐襄

公，庄公九年被杀，经书“齐人杀无知”，同是当国，却未书地点。

⑧内：孔广森以为指国都之内。

⑨外：在国都之外，国境之内。如经文中的“鄢”为郑国之邑，属于“在外”的情况，当国在外之所以书地，何休云：“交连邻国，复为内难，故录其地，明当急诛之。”

【译文】

【经】夏，五月，郑伯克段于鄢邑。

【传】“克之”是什么意思？是“杀之”的意思。“杀之”为什么称为“克”？是张大郑伯的罪恶。为什么张大郑伯的罪恶？母亲想立段为国君，自己却杀了段，不如不给段封地就好了。“段”是什么人？郑伯的同母弟。为什么不称弟？因为他想要把持国政。为什么记录地点？因为段想要把持国政。“齐人杀无知”为什么不记录地点？因为事情发生在国都之内。在国都之内，虽然他把持了国政，也不记录地点。不把持国政，事情发生在国都之外，也不记录地点。

【经】秋，七月，天王使宰咺来归惠公、仲子之赗①。

【传】宰者何？官也。咺者何？名也。曷为以官氏②？宰，士也③。惠公者何？隐之考也④。仲子者何⑤？桓之母也。何以不称夫人？桓未君也。赗者何⑥？丧事有赗，赗者盖以马，以乘马、束帛⑦。车马曰赗，货财曰赙⑧，衣被曰襚⑨。桓未君，则诸侯曷为来赗之⑩？隐为桓立，故以桓母之丧告于诸侯。然则何言尔？成公意也⑪。其言“来”何？不及事也⑫。其言惠公、仲子何？兼之。兼之，非礼也⑬。何以不言“及”仲子⑭？仲子微也。

【注释】

①天王：即周王，当时为周平王。之所以称“天王”，何休云：“言天王者，时吴、楚上僭称王，王者不能正，而上自系于天也。”所以“天王”是时王之正称，此外有称“天子”、“王”者，则有讥刺。

②官氏：即以官为氏。宰咺之“宰”，是具体的官名，又以官名为氏。

③宰，士也：宰属于天子之士这一阶层。天子有上士、中士、下士。天子上士以名氏通，如石尚。中士以官录，即此处之宰咺。下士称王人。

④考：父亲死后之称。何休云：“生称父，死称考，入庙称祢。”

⑤仲子：鲁桓公之母。仲是字，子是姓，称仲子者，妇人以姓配字。按照礼制，若妾子立为国君，其母得称夫人，死后当有谥号，如僖公之母成风，成为谥号，风为姓。此处仲子不称谥号，则不为夫人，原因是当时桓公还没有即位。

⑥赗：以车马束帛助主人送葬，士以束帛两马，大夫以上以束帛四马。赗可施于死者，亦可施于生者，即死者家属。

⑦乘马：一车四马为一乘。束帛：五匹帛，其中玄色三匹，纁色二匹。

⑧赙：以财货补助丧家。赙专施于生者。

⑨襚：赠送死者衣被。襚专施于死者。

⑩之：指代仲子。

⑪成公意：成就隐公将欲返国于桓公之意。仲子虽然未为夫人，但隐公以仲子之丧赴告天子、诸侯，以此彰显桓公当立，表明自己有返国之意。

⑫不及事：未赶上葬礼，赗无所施用，故为不及事。经文书“来”字表明不及事，若去掉“来”字，则表明及事，如文公五年“王使荣书归含且赗”。

⑬兼之，非礼也：何休云：“礼不赗妾，既善而赗之，当各使一使，所以异尊卑也。”

⑭及：和也。《春秋》用“及”来区分尊卑相近者，故公与夫人言“及”，上大夫与下大夫言“及”。但是，如果两者尊卑悬殊，则不能用“及”字。此处仲子是妾，与惠公尊卑悬绝，不能用“及”字。

【译文】

【经】秋，七月，天王派宰咺来送惠公、仲子助葬的车马束帛。

【传】宰是什么？是官名。咺是什么？是宰咺的名。为什么以官名作为氏？因为宰是中士。惠公是谁？是隐公的父亲。仲子是谁？是桓公的母亲。为什么不称其为夫人？因为桓公还没有当国君。赗是什么？丧事有致赗的礼仪，赗一般用马，大夫以上用四马一车和五匹帛。助葬的礼仪中，送车马的叫赗，送货财的叫赙，送衣被的叫禭。桓公未为国君，诸侯为什么来赗仲子？隐公为了桓公而即位，所以将桓公母亲的丧事赴告诸侯。那么为什么要记录这件事呢？为了成全隐公的意愿。经文为什么要用“来”字？因为没有赶上葬礼。经文为何写“惠公、仲子”？因为宰咺一人兼送惠公、仲子两人的赗。兼送是非礼的。经文为什么不说“及仲子”？因为仲子地位卑微。

【经】九月，及宋人盟于宿①。

【传】孰及之②？内之微者也③。

【注释】

①宋人：宋，诸侯国国名，子姓，殷商之后，公爵。宋人，即宋国的士。宿：诸侯国国名，男爵，庄公十年为宋所灭，此处指宿国的国都。盟于宿国国都，则宿国也参与了结盟。

②孰及之：经文“及”字之前没有主语，故《公羊传》发问。

③内之微者：内，指鲁国。微者，即士也。诸侯之士称人，如宋人、齐人等。鲁国之士则不称人。经文“及”字之前的主语应是鲁国

之士，因其不称人，故而省略。案时月日例，微者结盟例时，因为微者不能自主。此处结盟书月，是因为鲁隐公是贤君，虽然派微者结盟，也有可取之处，故为小信之辞，书月。

【译文】

【经】九月，我国的士和宋人在宿国都城结盟。

【传】谁和宋人结盟？是我国地位低微的人。

【经】冬，十有二月，祭伯来①。

【传】祭伯者何？天子之大夫也。何以不称使②？奔也。奔则曷为不言奔？王者无外③，言奔，则有外之辞也④。

【注释】

①祭(zhài)伯：天子之上大夫。祭为其采邑，并以采邑为氏。伯为其字。天子之上大夫氏采称字。

②使：祭伯如果奉天子之命出使鲁国，则应书“天王使祭伯”，此处经文不称“使”，《公羊传》据此发问。

③王者无外：周天子是天下共主，普天之下莫非王土，无所不包，故曰“王者无外”。

④言奔，则有外之辞：言出奔，则有离开国土的意味，故曰“有外之辞”。祭伯为天子之臣，王者无外，不能用“有外之辞”，故不言“奔”，而言“来”。奔例时，此处书月，针对的是下一条经文“公子益师卒”。何休云：“一月二事，月当在上。”即一月发生两件事情，月份应该记在上一件事情上，这件事情是否蒙月，则需比较事情的轻重。徐彦云：“一月有数事，重者皆蒙月也。若上事轻，下事重，轻者不蒙月，重者自蒙月。若上事重，下事轻，则亦重者蒙月，轻者不蒙月。”此处“祭伯来”轻于“公子益师卒”，故前者不

蒙月，后者蒙月。

【译文】

【经】冬，十二月，祭伯来。

【传】祭伯是谁？是周天子的大夫。为什么不称周天子派遣他来？他是出奔。他出奔，那么经文为什么不书“奔”？王者没有境外，如果书“奔”，就有境外的意思了。

【经】公子益师卒①。

【传】何以不日②？远也③。所见异辞，所闻异辞，所传闻异辞④。

【注释】

①公子益师：鲁国大夫，公子为氏，益师是名。

②不日：“公子益师卒”应该蒙上月，而未具体到哪一天。

③远也：时代久远，孔子所不见。

④所见异辞，所闻异辞，所传闻异辞：这句话体现了《公羊传》“张三世”的思想。孔子作《春秋》，将鲁国十二公两百多年的历史分为三个阶段：传闻世（隐桓庄闵僖）、所闻世（文宣成襄）、所见世（昭定哀）。这个划分是根据孔子的经历，昭定哀时期是孔子及其父亲生活的年代，很多事情孔子亲眼所见，故为所见世。文宣成襄时期是孔子祖父生活的年代，期间发生的事情，孔子能够听闻到，故为所闻世。隐桓庄闵僖时期是孔子高祖、曾祖生活的年代，期间发生的事情，是孔子辗转听闻到的，故为传闻世。三世中对于相似的事件，《春秋》的书法是不同的，此为“异辞”。具体来说，异辞体现在两个方面：第一，何休云：“异辞者，见恩有厚薄，义有深浅。”时代越近，恩情越深，就本条经文而言，所传闻

世，大夫卒，无论有罪无罪，皆不书日；所闻世，大夫卒，有罪者不书日，无罪者书日；所见世，大夫卒，有罪无罪皆书日。第二，以三世的分期，揭示王者治理天下的先后次序，何休云："于所传闻之世，见治起于衰乱之中，用心尚麤觕（粗粗），故内其国而外诸夏，先详内而后治外，录大略小，内小恶书，外小恶不书。……于所闻之世，见治升平，内诸夏而外夷狄。……至所见之世，著治大平，夷狄进至于爵，天下远近小大若一。"

【译文】

【经】十二月，公子益师死了。

【传】为什么不记载具体的死亡日期？年代太久远了。孔子作《春秋》，对于自己亲身经历的时代、听闻的时代、辗转听闻的时代，用的文辞是不一样的。

【经】二年，春，公会戎于潜①。

【注释】

①会：会见，《礼记·曲礼下》云："诸侯相见于隙地曰会。"细分之，三国以上相会称为"会"，两国相会称为"离会"，此条是鲁与戎两国相会，故属于"离会"。按照礼制，诸侯平时不出国境，只有在朝覲天子时，才在间隙之地相会。《春秋》认为，诸侯之私自出会，是"虚内务，恃外好"，故书"会"以责之。同时，谴责也有先后之别，先正己后正人，结合"三世异辞"的观点，在传闻世，仅书鲁国的离会，不书诸夏的离会；至所闻世，方书诸夏的离会。又案时月日例，会例时。戎：夷狄之国名，此为内夷杂处中国者，故得与鲁交接。对于夷狄，《春秋》的态度是，来者勿拒，去者勿追。潜：鲁国近戎之地。

【译文】

【经】二年，春，公与戎在潜地相会。

【经】夏，五月，莒人入向[①]。

【传】入者何？得而不居也[②]。

【注释】

①莒：诸侯国名，己姓，子爵。向：姜姓小国，后为莒国吞并。

②入者得而不居：军队侵入他国国都，后撤出，不占为己有。案时月日例，入例时，伤害多则月，此条书月，见其伤害多。

【译文】

【经】夏，五月，莒国军队进入了向国国都。

【传】入是什么意思？是取得别国国都，但不占为己有的意思。

【经】无骇帅师入极[①]。

【传】无骇者何？展无骇也。何以不氏[②]？贬[③]。曷为贬？疾始灭也[④]。始灭昉于此乎[⑤]？前此矣[⑥]。前此则曷为始乎此？托始焉尔[⑦]。曷为托始焉尔？《春秋》之始也。此灭也，其言入何？内大恶讳也[⑧]。

【注释】

①极：靠近鲁国之附庸小国，为鲁所灭。此条书“入极”，与上条“夏，五月，莒人入向”不同，“入向”是得而不居，“入极”实为灭国，书“入”是为鲁国讳大恶。

②何以不氏：按照名例，大国大夫以名氏通。此处“无骇”为名，

"展"为氏，本应书"展无骇"，而经书"无骇"，故《公羊传》发问。

③贬：贬损。《春秋》贬损的方式有很多种，最常见的是通过"名例"来贬损。如大夫应书名氏，若不名或不氏，即是贬损大夫。诸侯应称爵，却书"人"，是贬损诸侯。孔广森以为，贬损即黜降，"大夫贬去氏者，言宜夺其卿位，诸侯贬称人，若曰宜降为小国。"

④疾：犹恶也，痛恨之意。始灭：在《春秋》中，这是第一次灭国，故云始灭。灭国为大恶，故贬展无骇，不氏。同时因为这是"始灭"，罪恶更大，故无骇终身被贬，终身不氏，详见隐公八年传文。

⑤昉（fǎng）：适也，开始之意。

⑥前：谓春秋之前，已有灭国行为，如宋灭郜国。

⑦托始：假托为开始。焉：于是。托始焉尔，即托始于是尔。《春秋》为拨乱反正之书，孔子以《春秋》假托王者之赏罚。王者之赏罚，不追求前事，但需定立一个开端，无骇灭极为《春秋》中第一起灭国事件，故假托为灭国之始，表明灭国者当诛。托始有两方面的含义：第一，见王者之赏罚之开端。第二，对于灭国，《春秋》仅疾始，之后的灭国行为则可参照此条，不必一一贬斥，以此省文。

⑧内：指鲁国，《春秋》托王于鲁，故以鲁为内。大恶：灭国为大恶，相比之下，"入"为小恶。无骇灭极，而书"入极"是为内讳大恶。然而《春秋》的避讳，并非是完全掩盖事实，会在文辞留下线索，从中探寻事实的真相，这个线索称为"起文"。以此条为例，内大恶讳，故变"灭"为"入"，然入为小恶，不需要贬去无骇之氏，无骇不氏，就表明"入极"实为灭极。同时，这又是"始灭"，故无骇终其身不氏，参见隐公八年"无骇卒"条。又案时月日例，灭例月，此条宜蒙上条之"五月"。

【译文】

【经】无骇率军进入了极国都城。

【传】无骇是谁？是展无骇。为什么不写他的氏？是贬损他。为什么贬损？因为痛恨灭国的开端。灭国从这里开始吗？之前就有了。之前就有，那么为什么说这是灭国的开端呢？这是假托的开端。为什么要假托开端？这是《春秋》中灭国的开端。这是灭国，为什么说“入”？本国的大恶，需要避讳。

【经】秋，八月，庚辰，公及戎盟于唐①。

【注释】

①庚辰：案时月日例，盟例书日，小信书月，大信书时。唐之盟后，鲁国与戎未曾相犯，应是有信义之盟，然而《春秋》书日，为不信之辞，其原因是戎“背隐善桓”。鲁桓公弑隐公，而在桓公二年，戎与桓公结盟，则是背叛隐公的行为，故为不信之辞而书日。

【译文】

【经】秋，八月，庚辰，公与戎在唐邑结盟。

【经】九月，纪履緰来逆女①。

【传】纪履緰者何？纪大夫也②。何以不称使③？婚礼不称主人④。然则曷称？称诸父兄师友⑤。宋公使公孙寿来纳币⑥，则其称主人何？辞穷也。辞穷者何？无母也。然则纪有母乎？曰有。有则何以不称母？母不通也。外逆女不书⑦，此何以书？讥。何讥尔？讥始不亲迎也⑧。始不亲迎昉于此乎？前此矣。前此，则曷为始乎此？托始焉尔⑨。曷为托始焉尔？《春秋》之始也。女曷为或称女，或称妇，或称夫人？女在其国称女，在涂称妇，入国称夫人⑩。

【注释】

①逆女:逆,迎也。纪国国君娶鲁女为妻,使其大夫履緰来迎亲,然依礼,本应由国君亲迎。又案时月日例,亲迎例时,不亲迎例月。

②纪大夫:履緰为纪国大夫的名,此处未书其氏。按照三世异辞,在传闻世,小国无大夫,略而称人,纪为小国,本应书"纪人",因其与鲁国交接,又《春秋》重视婚礼,故书其名。

③使:履緰并非为自己迎亲,而是为国君迎亲,按照常理,应书纪侯"使"履緰来逆女。此书无"使"文,故《公羊传》发问。

④婚礼不称主人:主人,即新郎本人。婚礼有六个仪节,纳采、问名、纳吉、纳征、请期、亲迎。亲迎之前的仪节,男方派遣使者与女方交接,使者在言辞中,要说明是受谁的指派。一般是称受新郎父亲的指派,而不是新郎本人。因为在古人看来,婚礼的基础是"合二姓之好",并非是个人的感情,如果称受新郎指派,则新郎有自专嫁娶之嫌,违背了"合二姓之好"的初衷。故而婚礼不称主人,以此"养廉远耻"。

⑤称诸父兄师友:这是在新郎之父去世之后,由母亲主婚,然则"妇人无外事",不能通于四方,故母先命诸父兄师友,诸父兄师友再命使者,使者在婚辞中说受诸父兄师友的指派。对于这种母命不通的情况,《春秋》在书法上,不书"纪侯之母使履緰来逆女",直接不称"使",而仅书"纪履緰来逆女"。值得注意的是,称诸父兄师友,仅限于有母母命不通的情况,若无母,则诸父兄师友不得主婚。

⑥宋公使公孙寿来纳币:见成公八年。宋公父母双亡,无人能替他主婚,辞穷,故而只能自命使者。

⑦外逆女:即鲁国之外的国家的逆女,包括其他国家迎娶鲁女,亦为外逆女。按照《春秋》之例,内逆女常书,外逆女仅因"疾始"而书,即此处"纪履緰来逆女",因其为《春秋》不亲迎之始而书,其

他外逆女则不书。之所以有内外的分别，也体现《春秋》先正己，后正人的精神。

⑧亲迎：婚礼六礼之一，新郎到女家去迎接新娘。据《白虎通·嫁娶》，亲迎的意义有两点：一为“以阳下阴也，欲得其欢心，示亲之也”；一为“男率女，女从男，夫妇刚柔之义自此始”，两者皆是为了正夫妇之道，夫妇是人道之始，父子君臣之本，故而《春秋》重亲迎之礼。公羊家认为，自天子至于庶人，皆要亲迎，只不过大夫、诸侯、天子不能越境以逆女。

⑨托始：在春秋之前，已有不亲迎的行为，此条是《春秋》中不亲迎之始，故《春秋》假托为开始，对此进行讥刺。之后的不亲迎行为，都依此条，不另行讥刺，若有其他失礼行为，则另当别论。

⑩女在其国称女，在涂称妇，入国称夫人：此言女子在嫁为诸侯夫人的过程中名称的变化。女子在其国则称“女”，是“未离父母之辞”，如纪履緰来逆“女”。在前往夫家途中则称“妇”，“妇”相对“夫”而言，意味着有服从丈夫之意，如“公子结媵陈人之妇”。进入夫家之国，则见群臣，有君臣之义，故称“夫人”，如“夫人姜氏入”。

【译文】

【经】九月，纪国的履緰来为纪君迎接新娘。

【传】纪履緰是谁？是纪国的大夫。为什么不写国君派遣他来？婚礼不用主人（新郎）的名义派遣使者。那用谁的名义？用新郎叔伯兄弟师友的名义。“宋公使公孙寿来纳币”，怎么就用了主人的名义？辞穷，只能这么说了。辞穷是为何？宋公的母亲已经过世了。那么纪君有母亲吗？有的。有母亲，为什么不以母亲的名义派遣使者？母亲不能与外国交接。鲁国之外的迎亲一般不记录，这里为什么记录？这是讥刺。讥刺什么呢？讥刺这是不亲迎的开端。不亲迎之事开始于此吗？之前就有了。之前就有，为什么说这里是开端？假托这里是开端。为什么假托于此？这是《春秋》中不亲迎的开始。为什么有时称新娘为“女”，有时称为“妇”，有时称为“夫人”？新娘在本国称“女”，在去夫家的途中称“妇”，进入夫家之国称“夫人”。

【经】冬，十月[①]，伯姬归于纪。

【传】伯姬者何[②]？内女也。其言归何？妇人谓嫁曰归[③]。

【注释】

①十月：据时月日例，内女归例月。

②伯姬：鲁女，伯是女子的排行，姬是姓。上文纪履緰所逆之女就是伯姬。

③归：何休云：“妇人生以父母为家，嫁以夫为家，故谓嫁曰归。”另外，女子有“二归之道”：一，女子谓嫁曰归；二，妇人虽出嫁，然总有被出之可能，故本宗必有可归之处，此为归宗。

【译文】

【经】冬，十月，伯姬嫁去了纪国。

【传】伯姬是谁？是我国国君的女儿。经文中“归”字是什么意思？女子嫁人称为“归”。

【经】纪子伯、莒子盟于密[①]。

【传】纪子伯者何[②]？无闻焉尔[③]。

【注释】

①密：莒国之邑。

②纪子伯：《公羊传》已经弄不清楚“纪子伯”的含义了。刘逢禄《解

诂笺》以为“纪子伯”是纪国之君，以此表明纪国本为子爵，后嫁女于周天子，故被加封为侯爵。然而“伯”字是何意，仍就不清楚，因为诸侯在世时不直称其名，不可能是纪君之名。《左传》作“纪子帛”，杜预以为“子帛”为上“履緰”之字，若如此，则“纪子帛”为臣子，排序先于莒子，颠倒尊卑，不可为训，故不取杜说。

③无闻焉尔：按照传统的说法，孔子作《春秋》，将《春秋》精义口授子夏，后世师徒口耳相传，到西汉时才写定，故内容有遗失之处，此处之“纪子伯”即是。同时公羊学有家法，在无师传之处，不妄加揣测，故而阙疑，云“无闻焉尔”。焉，于是。

【译文】

【经】纪子伯、莒子在密邑结盟。

【传】“纪子伯”是什么意思？没听老师说起过。

【经】十有二月，乙卯①，夫人子氏薨②。

【传】夫人子氏者何？隐公之母也。何以不书葬③？成公意也。何成乎公之意？子将不终为君④，故母亦不终为夫人也⑤。

【注释】

①乙卯：案时月日例，公及夫人薨，例日。

②夫人子氏：子，姓。诸侯之妻称夫人。此为鲁隐公之母，本为媵妾，因母以子贵之义，得称夫人。薨：去世。《春秋》之中，不同身份的人去世，所用的文辞不同，天子曰崩，鲁国国君及夫人曰薨，诸侯国君、鲁国之大夫曰卒。

③不书葬：案《春秋》之例，公与夫人，书薨又书葬，妾母为夫人亦如之。此处夫人子氏书薨，但不书葬，故而《公羊传》发问。

④子将不终为君：隐公为桓公而立，有让国之志，故云“子将不终为君”。

⑤母亦不终为夫人：隐公代桓公而立，不以夫人之礼葬其母，以妾礼葬之，故云“母亦不终为夫人”，以此表明隐公的让国之志。《春秋》成全隐公之意，故不书其母之葬。

【译文】

【经】十二月，乙卯，夫人子氏去世了。

【传】夫人子氏是谁？是隐公的母亲。为什么不记录她的葬礼？成全隐公的心意。什么是成全隐公的心意？儿子不始终做国君，所以母亲也不始终为夫人。

【经】郑人伐卫[1]。

【注释】

①卫：国名，姬姓，侯爵，始封君为周文王之子康叔。

【译文】

【经】郑人伐击卫国。

【经】三年，春，王二月[1]，己巳，日有食之。

【传】何以书？记异也[2]。日食则曷为或日或不日，或言朔或不言朔？曰：某月某日，朔，日有食之者，食正朔也[3]；其或日或不日[4]，或失之前，或失之后[5]。失之前者，朔在前也。失之后者，朔在后也。

【注释】

①王二月：按照《春秋》书法，正月、二月、三月均可以书“王”，若正

月有事,则书“王正月”;若二月方有事,则书“王二月”;三月方有事,则书“王三月”;若春三月均无事,则仍书“王正月”。四月以下不书“王”。按照“大一统”之义,“王”是人道之始,“正月”是王者政教之始,如此则唯有正月方能书“王”,而《春秋》二月、三月均可以书“王”,是为了表示“通三统”之义。何休云:“二月、三月皆有王者,二月,殷之正月也,三月,夏之正月也,王者存二王之后,使统其正朔,服其服色,行其礼乐,所以尊先圣,通三统,师法之义,恭让之礼,于是可得而观之。”“通三统”有两个意思:首先表明“天命所受者博,非独一姓”。其次,前两朝与本朝,都是得天命者,王者封二王之后为大国,是其在境内保留原来的制度,以供取法。之所以仅取法前两代,因为“尊贤不过二代”。

②异:怪异之相,但未造成损害。古人有天人感应的观念,《春秋》假借天相言政治,神道设教,以此警戒君王。“灾”与“异”不同,何休云:“灾者,有害于人物,随事而至者。……异者,非常可怪,先事而至者。”

③食正朔:正,当也。朔,每月的第一天。食正朔,即日食发生在初一日,具体的书法是书日又书朔,即传文所云“某月某日,朔,日有食之”。

④或日或不日:日,此处作动词,即书日。

⑤或失之前,或失之后:之,指代日食。失之前,即朔日在日食之前,日食发生在初二日,二日食的书法是,“某月某日,日有食之”。失之后,即朔日在日食之后,日食发生在晦日(上月最后一日),晦日食的书法是“某月,日有食之”。古人认为,朔日食是日食之正;二日食是“日行疾,月行迟,象君行暴急”;晦日食是“日行迟,月行疾,象君行懦弱”。

【译文】

【经】三年,春,王二月,己巳,发生了日食。

【传】为什么要记录日食？是记录异常的事情。日食的记录，为什么有的记录日期，有的不记录日期？有的说明是朔日，有的不说是朔日？说"某月某日，朔，日有食之"的，是朔日发生日食。那些只记录了日期的，或没记录日期的，是朔日错在前面，或错在后面。错在前面的，是朔日在日食之前。错在后面的，是朔日在日食之后。

【经】三月，庚戌，天王崩①。

【传】何以不书葬？天子记崩不记葬，必其时也②。诸侯记卒记葬，有天子存，不得必其时也③。曷为或言崩，或言薨？天子曰崩，诸侯曰薨，大夫曰卒，士曰不禄④。

【注释】

①天王：即周平王。对于周天子，其正称为"天王"，经文中又有称"天子"、"王"者，则有贬损，非其正称。

②必其时也：据礼制，天子七月而葬，因为天子至尊无敌，不受他人丧葬的影响，一定能按时下葬，故云必其时也。正因为如此，《春秋》对于天子，记崩不记葬。

③不得必其时：按照礼制，诸侯五月而葬，然而诸侯卑于天王，若遇到天王、王后之丧，嗣君必须去奔丧，故而诸侯不一定能够按时下葬。正因"不得必其时"，故而《春秋》对于诸侯，书卒又书葬。

④天子曰崩，诸侯曰薨，大夫曰卒，士曰不禄：礼制中，不同身份的人去世，有不同的文辞，天子称崩，崩是大毁坏之辞。诸侯称薨，薨是小毁坏之辞。大夫称卒，卒，终也。士称不禄，即不终其禄。值得注意的是，这是周代礼制的规定，并非是《春秋》的礼制。《春秋》中天子曰崩，鲁君曰薨，其他诸侯曰卒。这是因为《春秋》王鲁，鲁国虽为王者，但属于假托的王，不能完全等同于周天子，

故不能称崩；同时又不能与其他诸侯一样，故而将其他诸侯降一等称卒，以此彰显鲁国的特殊地位。

【译文】

【经】三月，庚戌，天王驾崩。

【传】为什么不记录天王的下葬？对于天子，只记录驾崩，不记录下葬，因为天子至尊，一定能在礼制规定的时间下葬。对于诸侯，既书卒又书葬，是因为有天子在，不一定能够在礼制规定的时间下葬。同样是去世，为什么有的说崩，有的说薨？天子死称崩，诸侯死称薨，大夫死称卒，士死称不禄。

【经】夏，四月，辛卯，尹氏卒。

【传】尹氏者何？天子之大夫也。其称尹氏何？贬①。曷为贬？讥世卿②。世卿，非礼也。外大夫不卒③，此何以卒？天王崩，诸侯之主也④。

【注释】

①贬：案天子大夫之名例，上大夫氏采称字，中大夫氏采称且字，下大夫系官氏名且字，未有称某氏者。此处称“尹氏”而不书名或字，一是彰显尹氏世代为卿，二是贬抑尹氏。

②讥世卿：世卿，父死子继，世代为卿。《春秋》认为，卿、大夫、士之职，皆应选贤而用之，若世代为卿，一则阻塞贤者之路，一则剥夺君主之权威，容易造成以下犯上的恶果，如尹氏世，至昭公二十三年拥立王子朝作乱，齐国崔氏世，至襄公二十五年，崔杼弑君。《春秋》讥世卿，就是要在根源上杜绝此类事情。

③外大夫不卒：《春秋》假托鲁国为王者，则鲁国之外的大夫皆为外

大夫，天子大夫亦不例外。按照一般的书法，《春秋》只记录内大夫之卒，不记录外大夫之卒，此为外大夫不卒。若有记录，则别有用意。

④诸侯之主：天子崩，诸侯奔丧，天子之卿充当傧相，辅佐诸侯行礼，此即是“天王崩，诸侯之主”。前周平王崩，鲁隐公奔丧，尹氏作为傧相，与隐公交接，则有恩于隐公。《春秋》假托鲁为王者，尹氏有恩于王者，尹氏卒，王者亦当恩痛之，故书其卒。另外，尹氏之卒，在周平王崩后一年之内，王者恩录之，故书日；若在一年之外，则不书日，参见文公三年，王子虎卒条。

【译文】

【经】夏，四月，辛卯，尹氏死了。

【传】尹氏是谁？是周天子的大夫。称他为尹氏，是为什么？是贬损。为什么贬损他？是讥刺他家世代为卿。世代为卿，是不合礼的。鲁国之外的大夫死亡，按例不记录，这里为什么记录？是因为天王驾崩的时候，尹氏是接待诸侯的傧相。

【经】秋，武氏子来求赙。

【传】武氏子者何？天子之大夫也。其称武氏子何①？讥。何讥尔？父卒，子未命也②。何以不称使？当丧未君也③。武氏子来求赙何以书？讥。何讥尔？丧事无求④，求赙非礼也，盖通于下⑤。

【注释】

①武氏子：即武氏的儿子。这是非常奇怪的书法，按照天子大夫的名例，上大夫氏采称字，如南季；中大夫氏采称且字，如家父；下

大夫官氏名且字,如宰渠伯纠。未有称某氏之子的,《春秋》以此来讥刺武氏子。另外,同样是天子大夫之“子”,称“武氏子”,表明父亲已经去世,儿子未命为大夫;若称“仍叔之子”,则是父老,子代从政,两者不同。

②父卒,子未命:父亲去世,儿子未被策命为大夫。当时周代虽然是世大夫(《春秋》是“讥世卿”,与此不同),但是照顾到儿子思慕父亲,不忍马上就替代父亲,故而“先试一年”,然后由周天子策命为大夫。当时武氏子之父新卒,周天子也在父丧之中,故未能策命。这里体现了两个意思,一是子不忍当父位,一是臣无自爵之义。

③当丧未君:这里指的是周天子。按照礼制,嗣君为先王守丧三年,三年期间,不称王,不发号施令。周平王于三月驾崩,嗣君此时尚在丧中,不得称王发号令。

④丧事无求:丧事所需财物,不应向外求取。何休云:“礼本为有财者制,有则送之,无则致哀而已,不当求,求则皇皇伤孝子之心。”

⑤盖通于下:盖,皆也。丧事无求,自天子以下皆同。

【译文】

【经】秋,武氏子来求取助葬周平王的货财。

【传】武氏子是谁?是天子的大夫。经文称他为“武氏子”是为什么?是讥刺他。为何讥刺他?他的父亲刚去世,他还未被任命为大夫。为什么不称天子派遣他?此时周天子正在守丧,未能称君施号令。为什么要记录武氏子来求取助葬的财货?是讥刺。讥刺什么呢?办丧事是不能主动索取助葬之物的,主动索要是非礼的,对于这一点,自上而下都是如此。

【经】八月,庚辰①,宋公和卒②。

【注释】

①庚辰:案时月日例,大国之君卒,例书日。

②宋公和卒:宋为殷之后,在《春秋》中属于二王后,故爵称公。和,为宋缪公之名。诸侯卒,须赴告天子,故称其本爵与名。按上传“天子曰崩,诸侯曰薨,大夫曰卒”,宋公不称薨而称卒者,是因为《春秋》王鲁。鲁国虽为王者,但属于假托的王,不能完全等同于周天子,故不能称崩;同时又不能与其他诸侯一样,故而将其他诸侯降一等称卒,以此彰显鲁国的特殊地位。

【译文】

【经】八月,庚辰,宋公和去世了。

【经】冬,十有二月,齐侯、郑伯盟于石门[①]。

【注释】

①石门:为齐地。

【译文】

【经】冬,十二月,齐侯、郑伯在石门结盟。

【经】癸未,葬宋缪公[①]。

【传】葬者曷为或日,或不日[②]?不及时而日,渴葬也[③]。不及时而不日,慢葬也[④]。过时而日,隐之也[⑤]。过时而不日,谓之不能葬也[⑥]。当时而不日,正也[⑦]。当时而日,危不得葬也[⑧]。此当时,何危尔?宣公谓缪公曰[⑨]:“以吾爱与夷[⑩],则不若爱女;以为社稷宗庙主,则与夷不若女,盍终为君矣。”宣公死,缪公立,缪公逐其二子庄公冯与左师勃[⑪],

曰："尔为吾子，生毋相见，死毋相哭。"与夷复曰："先君之所为不与臣国，而纳国乎君者，以君可以为社稷宗庙主也。今君逐君之二子，而将致国乎与夷，此非先君之意也。且使子而可逐，则先君其逐臣矣。"缪公曰："先君之不尔逐，可知矣⑫。吾立乎此，摄也。"终致国乎与夷，庄公冯弑与夷。故君子大居正⑬，宋之祸，宣公为之也。

【注释】

①宋缪公：即上条之"宋公和"。

②日：此处作动词，即书日。按照《春秋》之例，诸侯五月而葬，大国卒日葬月。然而现实中有很多异常的情况，《春秋》有不同的书法，详下。

③不及时而日，渴葬也：不及时，即不满五个月，五个月的计算，是连带诸侯去世之月的。渴葬，急急下葬，孔广森认为渴葬的原因是遭遇变故。

④不及时而不日，慢葬也：怠慢不依礼而葬，孔广森认为，慢葬是"无故不用葬时之正，不日者，从失礼略也"。

⑤过时而日，隐之也：过时，即超过五个月。隐，痛也。何休以为过时而日，是"痛贤君不得以时葬，丁亥葬齐桓公是也"。此种情况，亦因突遭变故。详见僖公十八年。

⑥过时而不日，谓之不能葬也：不能葬，何休云："解缓不能以时葬"。孔广森以为，不能葬亦属无故怠慢。

⑦当时而不日，正也：大国卒日葬月，是礼之正法。

⑧当时而日，危不得葬也：有危难而险些不能下葬。孔广森云："水火兵寇，危之小者也。適嗣不定，国有争祸，危之大者也。"此处宋国的情况，即属于危之大者，故当时而日。

⑨宣公：宋缪公之兄。

⑩与夷：宋宣公之子。

⑪庄公冯与左师勃：二人皆为宋缪公之子，即公子冯、公子勃。后公子冯弑君自立，为庄公，此处“庄公冯”之称，是据后而言。孔广森以为左师勃之称，亦是如此。

⑫可知矣：缪公认为宣公不逐与夷，就是暗示缪公当传位给与夷，故云“可知矣”。

⑬君子大居正：君子，即作《春秋》之孔子。大，此处作动词，以之为大。正，即嫡长子即位之正。继嗣之法，有“兄终弟及”与“父死子继”两种。“父死子继”，强调嫡长子继承，若嫡子死，更立嫡孙，次序明晰。“兄终弟及”，则有很大的问题，传到最年幼之弟后，接下来兄之子与弟之子便会相争。为了从源头上避免这种情况，故而必须以嫡长子继承为正。

【译文】

【经】癸未，葬宋缪公。

【传】下葬之事，为什么有的记录到日，有的不记录到日？不到五个月就下葬，且《春秋》记录到了日的，是遭变故而急于下葬。不到五个月就下葬，且《春秋》未记录到日的，是无故而草率下葬。超过五月才下葬，且《春秋》记录到日的，是伤痛贤君遭变故而不能按时下葬。超过五月才下葬，且《春秋》不记录到日的，是无故懈怠不按时下葬。按期下葬而不书到日，是正常的。按期下葬而书日的，是表明国家有危难，国君险些不能下葬。此处宋缪公正好是按时下葬，却书日，有什么危难呢？当初宋宣公对缪公说：“以我爱与夷，则不如爱你。作为社稷宗庙之主，则与夷不如你。你何不就作国君吧。”宣公死后，缪公立为国君。缪公驱逐了他的两个儿子，即之后的庄公冯与左师勃，并对他们说：“你们作为我的儿子，我在世的时候不再相见，死后不要相哭。”与夷说：“先君之所以不把国家交给臣下，而交给国君您，是因为您可以作为社稷宗庙之主。现在您驱逐了两个儿子，是要把国家交给我，这不是先君的意思。况且假如可以驱逐儿子，先君早应该驱逐臣下了。”缪公说：“先君不驱逐你的意思，我是知道的。我立于君位，只是摄政而已。”最终将国家交给了与夷，而庄公冯杀了与夷。所以君子认为，国君之继嗣，应该遵守嫡长子即位的正法，宋国的祸患，是宋宣公造成的。

【经】四年，春，王二月①，莒人伐杞，取牟娄。

【传】牟娄者何？杞之邑也。外取邑不书②，此何以书？疾始取邑也③。

【注释】

①二月：按照时月日例，取邑例时。此处之二月，按照徐彦的讲法，是为下文“戊申，卫州吁弑其君完”而书，故此条不蒙月。

②外取邑不书：即不记录鲁国之外的取邑行为。取邑是贪利的行为，在《春秋》中属于小恶，在传闻世，内小恶书，外小恶不书，故外取邑不书。这是彰显王者先正己，后正人的精神。外取邑仅仅因“疾始”而书，之后便不常书。

③疾始取邑：疾，痛恨。这是《春秋》中第一次取邑行为，故而破例书了外取邑。此处值得注意的是，在春秋之前，肯定有取邑行为，这里的“始取邑”，也属于“托始”的情况，而《公羊传》并未发托始之传文，原因是，之前灭国已经托始，不嫌之前没有取邑的行为，故而省文。

【译文】

【经】四年，春，王二月，莒人伐击杞国，攻取了牟娄邑。

【传】牟娄是什么地方？是杞国的城邑。鲁国之外的国家夺取城邑,《春秋》不记录,此处为何记录?是痛恨开始攻取他国城邑。

【经】戊申[①],卫州吁弑其君完[②]。

【传】曷为以国氏[③]?当国也。

【注释】

①戊申:蒙上月,为二月十六日。弑君例书日。

②州吁:即公子州吁,卫庄公庶子,卫桓公异母弟。完:即卫桓公。

③国氏:州吁,本应称“公子州吁”,此处去其“公子”之氏,冠以国氏“卫”,见其当国。当国之解释,详隐公元年“郑伯克段于鄢”条。

【译文】

【经】戊申,卫州吁弑杀了他的国君完。

【传】为什么州吁以国号为氏?因为他把持国政。

【经】夏,公及宋公遇于清[①]。

【传】遇者何?不期也[②],一君出,一君要之也[③]。

【注释】

①宋公:即宋殇公与夷。遇:遇礼。按照礼制,诸侯朝觐天子,方出国门;朝罢天子,方朝诸侯,此称为“朝罢朝”。在朝天子或“朝罢朝”的途中,两君猝然相遇,则用遇礼,称先君以相接。遇礼详细的仪节仅见于《公羊传》昭公二十五年“齐侯唁公于野井”条传文。两君相遇,之所以要用遇礼,为的是“崇礼让,绝慢易”,到了春秋时,诸侯出入无度,途中多有不测,故《春秋》谨而书之。案时月日例,遇例时。清:卫国之邑。

②不期:即事先未约定时间地点。

③一君出，一君要之：要，邀请，此处为临时之邀请。遇礼虽是猝然相逢，施礼时亦有宾主之分，礼制上是“近者为主，远者为宾”，而《春秋》中的遇礼，多为一方邀请另一方，被邀请的一方恐有不虞之祸，故《春秋》在书写时，以见要者为主，明当戒慎之，如隐公八年，“宋公、卫侯遇于垂”，是卫侯邀请宋公，以宋公为主。鲁国的情况则不同，若鲁君主动邀请，则言“公及某君”，因“及”有汲汲之义，此条即是；若鲁君被要，依照孔广森的说法，就书“某君会公于某地”，如“郑伯会公于斐”。

【译文】

【经】夏，公与宋公在清地相遇。

【传】遇是什么意思？是不事先约好时间地点的会面。一位国君外出，另一位国君临时邀请他。

【经】宋公、陈侯、蔡人、卫人伐郑。

【经】秋，翚帅师会宋公、陈侯、蔡人、卫人伐郑①。

【传】翚者何？公子翚也②。何以不称公子？贬。曷为贬？与弑公也③。其与弑公奈何？公子翚谄乎隐公，谓隐公曰：“百姓安子，诸侯说子，盍终为君矣。”隐曰：“吾否。吾使修涂裘④，吾将老焉。”公子翚恐若其言闻乎桓，于是谓桓曰：“吾为子口隐矣⑤，隐曰：吾不反也。”桓曰：“然则奈何？”曰：“请作难，弑隐公。”于钟巫之祭焉弑隐公也。

【注释】

①翚帅师会宋公、陈侯、蔡人、卫人伐郑：此条先是宋陈蔡卫四国伐郑，后公子翚率师加入。

②公子翚：按照名例，鲁国之命大夫称名氏，未命大夫仅称名，而桓

公三年有“公子翚如齐逆女”之文，此处仅称“翚”，故而发问。

③与：参与。公子翚参与弑杀隐公，故贬称“翚”。案弑君为大恶，《春秋》弑君之贼不复见，在诛绝之科。此处公子翚弑君，仅仅被贬，未遭诛绝，是有原因的。因为《春秋》内大恶讳，内不言弑君，如鲁隐公实被弑，而《春秋》书“公薨”，如此，则弑君之人亦不见诛绝，故而通过贬损以起翚之弑君。另外，公子翚在隐公十年亦被贬，至桓公篇方称公子，以“终隐之篇贬”，知其与弑君。

④涂裘：鲁国之邑。鲁隐公打算让位之后，在涂裘终老，以避桓公。之所以如此，是因为“故南面之君，势不可复为臣”。

⑤口：即叩，发动也，此处是探口风之义。隐：即隐公。此处称“隐”、“桓”等谥号，均是作传者所加。

【译文】

【经】宋公、陈侯、蔡国人、卫国人伐击郑国。

【经】翚率师会同宋公、陈侯、蔡国人、卫国人伐击郑国。

【传】翚是谁？是公子翚。为什么不称公子？是贬损他。为什么要贬损？他参与了弑杀隐公。他参与弑杀隐公是怎么回事？公子翚谄媚于隐公，对隐公说：“百姓都爱戴您，诸侯都满意您，何不将国君做到底呢？”隐公说：“我不这样。我使人去修葺涂裘，我将在那里归老。”公子翚害怕他的话会传到桓公那里，就对桓公说：“我已经为您打探隐公的口风了。隐公说：‘我不返还君位了。’”桓公说：“那怎么办？”公子翚说：“请起兵发难，弑杀隐公。”于是在钟巫之祭的时候杀了隐公。

【经】九月[①]，卫人杀州吁于濮[②]。

【传】其称人何？讨贼之辞也[③]。

【注释】

①九月：按照时月日例，讨贼例时，此处书月，何休云：“久也。”案二

月，州吁弑卫桓公，至九月方讨贼，故为“久也”。然而杀州吁亦属不易，按照《左传》的讲法，卫大夫石碏不能讨贼，借陈侯之手方才成功，此处言“久也”，是责备贤者之义。

②濮：陈地水名。

③讨贼之辞：《春秋》之义，弑君贼人人能讨，故经文书卫“人”杀州吁，是讨贼之辞。

【译文】

【经】九月，卫国人在濮水边杀了州吁。

【传】为什么经文称“人”？这是讨贼的文辞。

【经】冬，十有二月，卫人立晋。

【传】晋者何？公子晋也①。立者何？立者不宜立也②。其称人何？众立之之辞也。然则孰立之？石碏立之③。石碏立之，则其称人何？众之所欲立也。众虽欲立之，其立之非也④。

【注释】

①公子晋：即卫宣公。公子晋为卫庄公之子，卫桓公之弟。

②立者不宜立：《春秋》书“立”、“纳”、“入”都是篡辞，故云“立者不宜立”。案时月日例，大国篡例月，小国例时。

③石碏：卫国大夫。石碏诛杀州吁，并主张拥立公子晋，故传云石碏立之。经文不言“石碏立晋”者，晋得众心，立晋非石碏一人之愿。

④立之非也：公子晋是卫桓公之弟，非卫桓公之子，非第一继承人，又无先君之命。虽得众人之心，在礼制上，亦属篡位。此处可见《春秋》对于国君合法性的认定，是依据礼制而言，并非是民众的

认可，所谓“立君非以尚贤”。之所以这样，国君之继嗣，依礼制的次序，方能安定，若以贤德为标准，则易起争端，所造成的祸患远比不尚贤为重。另一方面，如果将“得众”作为君王的合法性依据，则是“下可立上，亦可废上”，给后世权臣废立君王以口实。

【译文】

【经】冬，十二月，卫人拥立晋为君。

【传】晋是谁？是公子晋。经文书“立”是什么意思？书“立”是表明不应当立的意思。经文为什么要称卫“人”？这是众人拥立晋的修辞。然而具体是谁拥立晋呢？是石碏拥立晋。石碏拥立晋，为什么还称“人”？因为晋是众人想要拥立的对象。即使是人人想要拥立晋，晋被拥立，仍是非法的。

【经】五年，春，公观鱼于棠。

【传】何以书？讥。何讥尔？远也。公曷为远而观鱼？登来之也①。百金之鱼②，公张之③。登来之者何④？美大之之辞也⑤。棠者何⑥？济上之邑也。

【注释】

①登来：即得来，齐地方言语急，读为登来。何休云：“登来读言得来，得来之者，齐人语也。齐人名求得为得来，作登来者，其言大而急，由口授也。”此言隐公是得鱼，并非是观鱼。

②百金之鱼：价值百金之鱼。金，青铜制的货币。

③张：张网。

④登来之者何：上文“得来”因语急而言“登来”，不知语急之由，故再次发问。

⑤美大之之辞：美大，即以……为美，此有夸耀之义。孔广森云：

“公自美大其能得百金之鱼。”是鲁隐公以能得利为美。案礼制，尊者不为卑事，打渔图利是匹夫所为，隐公张鱼，与民争利，与匹夫无异，是大恶。《春秋》内大恶讳，故不直书隐公与民争利，而以远观为讥。然而远观尚且讥刺，与民争利自不待言。又案时月日例，观例时，何休云：“从行贱略之。”

⑥棠：鲁国之邑，在济水边上，离国都较远。

【译文】

【经】五年，春，公到棠邑观鱼。

【传】为什么记录这件事？是讥刺。讥刺什么呢？太远了。公为什么要远出观鱼？实际上鱼是公得来的。价值百金的鱼，公张网捕得。说“登来之者”是什么意思？这是公自己夸耀能得百金之鱼的言辞。棠是什么？是济水边的城邑。

【经】夏，四月，葬卫桓公①。

【注释】

①卫桓公：名完，于隐公四年二月为州吁所弑。至此方下葬，超过了诸侯五月而葬的期限，又书月，是属于“过时而不日，谓之不能葬也”。

【译文】

【经】夏，四月，安葬卫桓公。

【经】秋，卫师入盛①。

【传】曷为或言率师，或不言率师？将尊师众称某率师②，将尊师少称将③，将卑师众称师④，将卑师少称人⑤，君将不言率师⑥。书其重者也⑦。

【注释】

①盛:姬姓之国,庄公八年,为鲁、齐所灭。

②将尊:即大夫为将。师众:二千五百人为一师,师众即超过此数。若将尊师众,《春秋》书"某率师",如"无骇率师入极"。

③师少:即不满二千五百人。称将:即仅称大夫之名,如"卫孙良夫伐廧咎如"。

④将卑:即军队统帅为士。将卑士众称师,即此条。

⑤将卑师少称人:如"郑人伐卫"。

⑥君将:即国君亲自将兵,仅称国君,如"公伐邾娄"。

⑦书其重者:此条是归纳《春秋》书兵之例。大夫之重同于一师,士则轻于师,国君则重于师,故而在书兵之时,要突出所重。另外,战争就意味着死伤,《春秋》分别兵之轻重,是谨而书之。同时,亦可据此定功恶之大小,将尊师众则功小恶大,将卑师少则功大恶小。

【译文】

【经】秋,卫师攻入了盛国都城。

【传】为什么经文中有的称"率师",有的不称"率师"?将领地位尊贵,而且军队人数众多,就称"某率师"。将领尊贵,但军队人数少,就只称"将"(将领之名)。将领卑微,但军队人数多,就称"师"。将领卑微,且军队人数少,就称"人"。国君亲自带兵,就不称"率师"。以上都是据重者记录。

【经】九月,考仲子之宫①。

【传】考宫者何?考犹入室也②,始祭仲子也③。桓未君,则曷为祭仲子④?隐为桓立,故为桓祭其母也。然则何言尔?成公意也。

【注释】

①考：落成。活人居住的宫室落成，或鬼神居住的庙落成，均称为考，此处专指后者。仲子：鲁隐公之妾，桓公之母。仲子之丧在春秋之前，至此方祭祀者，因为前有鲁惠公之丧，后又有周平王之丧，吉凶不相干，故至此方祭祀。

②考犹入室：无论是活人居住的宫室落成，或是鬼神居住的庙落成，都有一定的仪式。生人初入宫室，则有饮食之事。鬼神初入宫庙，则有衅礼。故云考犹入室。

③始祭仲子：按照礼制，诸侯嫡夫人方能配夫入庙，庶子为君，其母亦不能入诸侯之庙。然而“母以子贵”，妾子能为其母单独立庙祭祀，仲子之庙，即为此种“特庙”。“特庙”之祭祀只有一代，妾子死，则废之。

④桓未君，则曷为祭仲子：妾母能立“特庙”，是“母以子贵”之义，前提是其子成为国君。仲子是桓公之母，此时桓公并未成为国君，不能立“特庙”。隐公之所以为仲子立庙，是据此彰显桓公应当为君，以此表明自己的让国之意。

【译文】

【经】九月，举行仲子之庙的落成祭典。

【传】庙落成的祭典是什么？庙的落成，与初入宫室一样，都有祭典，从此开始祭祀仲子。桓公此时还没成为国君，为什么要祭祀仲子？隐公是为了桓公而暂时立为国君，所以为桓公祭祀他的母亲。那么为什么记录这件事呢？是为了成全隐公的意愿。

【经】初献六羽[①]。

【传】初者何？始也。六羽者何？舞也。初献六羽何以书？讥。何讥尔？讥始僭诸公也[②]。六羽之为僭奈何？天子八佾[3]，诸公六[4]，诸侯四。诸公者何，诸侯者何？天子三公称公[5]，王者之后称公[6]，其余大国称侯[7]，小国称伯、子、男[8]。天子三公者何？天子之相也[9]。天子之相则何以三？自陕而东者[10]，周公主之[11]；自陕而西者，召公主之[12]；一相处乎内。始僭诸公昉于此乎？前此矣。前此则曷为始乎此[13]？僭诸公犹可言也，僭天子不可言也[14]。

【注释】

①初献六羽：羽，羽舞，舞者执羽毛而舞，此为文舞。六羽，即羽舞有六佾，详下传。此处"初献六羽"发生在仲子之庙中，与"考仲子之宫"是同一天之事。加"初"字，表明之后仲子庙羽舞的规格就定为六羽。

②僭：僭越，何休云："僭，齐也，下效上之辞。"

③八佾：舞者之人数，佾，列也，八佾即每列八人，共八列。

④诸公六：六，六佾，何休云："六人为列，六六三十六人。"按何休之意，下四佾为十六人。

⑤天子三公称公：三公，官爵之第一等，指的是太师、太傅、太保。案《春秋》之名例，天子三公氏采称公，如经中之"周公"，周为采邑，公为三公。

⑥王者之后称公：此处之公，指的是五等诸侯之第一等，为大国。王者之后，即前两朝王者之后裔。《春秋》中宋国为殷商之后，爵称公。值得注意的是，杞国为夏之后裔，对于周来说，亦属于二王后，当为公爵，然而据"《春秋》当新王，黜杞"之义，杞国实为小国，详庄公二十七年，"杞伯来朝"条。

⑦大国称侯：大国，方百里之国。侯，五等诸侯之第二等，《春秋》中，陈、蔡、卫、晋、齐、鲁为侯爵，连同称公之宋国，为大国。

⑧伯、子、男：五等诸侯最末之三等，其中伯为方七十里之国，子、男方五十里。伯、子、男为小国，值得注意的是，郑虽为伯爵，亦属于大国。

⑨相：助也，三公为天子之助。三公各有分工，有两人为东西二伯，分治陕东、陕西诸州，出巡黜陟诸侯；一人在中央。这就是下文所说的"自陕而东者，周公主之；自陕而西者，召公主之；一相处乎内"。

⑩陕：地名，周成王时，周公与召公分治管辖地的分界处，在今河南陕县。

⑪周公：周文王之子，武王之弟，名旦。武王死后，相成王，平定内乱，制礼作乐，有大功劳于周，受封鲁国，因欲使"天下一于周"，故未就封，由其子伯禽受封鲁国；另有一子在成周辅佐周天子。主：主黜陟诸侯。此处所言周公、召公东西分治，为周成王时之事，后定为"二伯"之制。

⑫召公：周文王之子，名奭。

⑬前此则曷为始乎此：《公羊传》之所以发问，是针对之前"始不亲迎"、"始灭"都有"托始"之传文，此处也是"始僭诸侯"，却不"托始"，故而发问。

⑭僭天子不可言：仲子为妾母，所用六羽，僭越了诸公；何休认为，之前鲁惠公之庙已用八佾，僭越了天子。可见鲁国之僭越，不止于"僭诸公"，如此则当托始者为"僭天子"，而非"僭诸公"。然而《春秋》内大恶讳，僭天子之大恶不能明言，故此处不能托始。值得注意的是，鲁国的情况比较复杂，周公有大功劳于周，故周天子许之以王礼，故而祭周公可用天子礼，祭伯禽以下历代国君，则只可用侯爵之礼。

【译文】

【经】初次在仲子庙进献六羽之舞。

【传】"初"是什么意思？是开始的意思。"六羽"是什么？是乐舞。初次进献六羽，为什么要记录？是讥刺。讥刺什么呢？讥刺开始僭越诸公。六羽为什么是僭越呢？天子用八佾，诸公用六佾，诸侯用四佾。诸公是什么人？诸侯是什么人？天子的三公称为"公"，王者的后裔称为"公"，其余大的诸侯国称为"侯"，小诸侯国称"伯""子""男"。天子的三公是什么人？是天子的相。天子的相，为什么有三个？陕县以东的地方，由周公主管；陕县以西的地方，由召公主管；剩余的一相留在朝廷中。开始僭越诸公，发端于此吗？之前就有了。之前就有，那么为什么以这里为开端？僭越诸公还是可以说的，僭越天子就不能说了。

【经】邾娄人、郑人伐宋①。

【注释】

①邾娄人、郑人：邾娄是小国，郑是大国，先言邾娄者，是伐宋由邾娄国发起。《春秋》恶战伐，邾娄序上者，主兵为首恶。

【译文】

【经】邾娄人、郑人伐击宋国。

【经】螟①。

【传】何以书？记灾也②。

【注释】

①螟（míng）：食苗心之害虫。此处云螟，表示鲁国有螟灾。

②灾：灾害，何休云："灾者有害于人物，随事而至者。先是，隐公张百金之鱼，设苛令急法以禁民之所致。"

【译文】

【经】有螟灾。

【传】为什么记录？是记录灾害。

【经】冬，十有二月，辛巳，公子彄卒。

【译文】

【经】冬，十二月，辛巳，公子彄去世了。

【经】宋人伐郑，围长葛[①]。

【传】邑不言围[②]，此其言围何？强也[③]。

【注释】

①长葛：郑国之邑。

②邑不言围：《春秋》之例，唯有国都被包围，方书"围"，若城邑被围，则仅书"伐某国"。故长葛虽被围，依常例则仅书"伐郑"而已。

③强：强横无道义，必以得邑为目标。案"伐"，仅有伐击之意，服则引兵而去，不以得邑为目的。此处宋欲必得长葛，书"伐"不足以见其强横，故书"围"以见之。

【译文】

【经】宋国人伐击郑国，包围了长葛。

【传】包围城邑，《春秋》是不书"围"的，这里书"围"是为何？表明宋国强横不义。

【经】六年，春，郑人来输平[①]。

【传】输平者何？输平犹堕成也。何言乎堕成？败其成也[②]，曰：“吾成败矣[③]，吾与郑人末有成也[④]。”吾与郑人则曷为末有成？狐壤之战，隐公获焉。然则何以不言战？讳获也[⑤]。

【注释】

①郑人来输平：平训为成，是议和、讲和之义。输训为堕，即破坏之意。郑人来输平，字面上的意思，即郑人来破坏之前的和议之约。依何休之意，事实上，鲁隐公与郑伯在狐壤打了一仗，鲁隐公被获。国君被获是大恶，《春秋》内大恶讳，故以“郑人来输平”为辞。就时月日例而言，狐壤之战发生在正月，而经文仅书时，何休云：“见隐终无奉正月之意。”即以不书“正月”，表明隐公让国之意，详参隐公十年“公薨”条传文。

②成：隐公四年，翚帅师会宋公、陈侯、蔡人、卫人伐郑，之后翚与郑国讲和，此为鲁、郑先前之“成”。

③吾：指鲁国。

④末：无也。又此处言“吾与郑人末有成”，而不言“吾与郑末有成”，何休以为称“人”是“共国辞”。即经文中的“人”既指“郑人”，也指“鲁人”。因为国君被俘、与擅获诸侯都有罪，“称人共国辞”则表明《春秋》既谴责鲁君之被获，又谴责郑伯之擅获诸侯，二君均被贬称人。若不用“称人共国辞”，则嫌仅谴责郑擅获诸侯。

⑤讳获：既然“郑人来输平”的真相是鲁郑战于狐壤，且鲁隐公被获，依据事实，当书“战”。然而《春秋》不书“战”，是为鲁隐公避讳被获。具体来说，若书“战”，则需遵守两个法则：一，“内不言战，言战则败矣”，《春秋》王鲁，诸侯不配与王者“战”，一旦书

"战",就表明鲁国败了。二,"君获不言师败绩",一般来说,两军交战,要书"某师败绩",表明胜败,若国君被获,则书"君获",而不书"师败绩"。所以狐壤之战,若仅是鲁国战败,则可书"战",然国君被俘,就不得不书"君获",故而只能以"输平"讳之。

【译文】

【经】六年,春,郑国人来破坏和议之约。

【传】经文"输平"是什么意思?输平和堕成是一个意思。为什么有堕成?是毁坏之前的和约,也就是说:"我们鲁国的和约毁坏了,我们与郑国已经没有和约了。"我们与郑人为什么会没有和约?这其实是狐壤之战,隐公被郑国俘虏了。那么为什么不说这是战?是为隐公被俘避讳。

【经】夏,五月,辛酉[①],公会齐侯盟于艾[②]。

【注释】

①辛酉:案时月日例,盟例日,小信月,大信时。齐鲁两国之后未相犯,而仍书日者,徐彦以为,八年两国有争邴之事,故不予信辞。

②艾:地名,疑在齐鲁之间。

【译文】

【经】夏,五月,辛酉,公与齐侯会于艾地结盟。

【经】秋,七月。

【传】此无事,何以书?《春秋》虽无事,首时过则书[①]。首时过则何以书?《春秋》编年,四时具,然后为年。

【注释】

①首时：春夏秋冬为四时，四时第一个月为首时，即春之一月，夏之四月，秋之七月，冬之十月。孔子作《春秋》，例一时无事，则书首时，以天道正人事；若有事，则不必书首时。此是《春秋》编年之常法，经中亦有去时以见褒贬者，如桓公四年，无秋冬二时。

【译文】

【经】秋，七月。

【传】这里没有事发生，为什么要记录时间呢？《春秋》即使一个季度没有事情，第一个月过去了，就要记录这第一个月。每个季度的第一个月过去了，为什么要记录？《春秋》按年来记录，四季齐备，然后成为一年。

【经】冬，宋人取长葛。

【传】外取邑不书，此何以书？久也①。

【注释】

①久也：古制，行役不得超过一个季度，以此重民之命，爱民之财。此处宋人上年十二月围长葛，至今年冬方取之，行役逾时，不仁之甚，故书之。知宋人经年围长葛者，若宋人去年罢兵，今年再度兴兵取长葛，则《春秋》应书“宋人伐郑，取长葛”，此处不书“伐郑”，见其间未罢兵。

【译文】

【经】冬，宋人夺取了长葛。

【传】鲁国之外的取邑，《春秋》照例不记录，此处为何记录？因为围攻的时间太久了。

【经】七年,春,王三月,叔姬归于纪[1]。

【注释】

①叔姬:伯姬从嫁之媵。伯姬嫁于纪国,即上二年冬,伯姬归于纪。叔姬至此方归于纪者,案古制,“妇人八岁备数,十五从嫡,二十承事君子”,叔姬因不满十五岁,故待年于父母之国。媵之所以年少,是因诸侯只有一次婚娶,故嫡与媵之年龄有一定的差距。另一方面,《春秋》例不书媵,此处书者,因为之后伯姬去世,叔姬被立为嫡,又有贤行,故书之。可参考庄公二十九年“纪叔姬卒”条,以及庄公三十年,“葬纪叔姬”条。

【译文】

【经】七年,春,王三月,叔姬嫁到了纪国。

【经】滕侯卒[1]。

【传】何以不名[2]?微国也。微国则其称侯何[3]?不嫌也[4]。《春秋》贵贱不嫌同号[5],美恶不嫌同辞[6]。

【注释】

①滕:姬姓之国,本为子爵。

②何以不名:大国之君卒时称名,如蔡侯考父卒,此处滕虽称侯,实为微国,故卒而不名。

③微国则其称侯何:滕本为子爵,因此条之滕侯之子,于隐公十年朝鲁隐公,《春秋》褒之,并依“使人子者必使子”之义,连带褒奖滕侯,故此处称侯而卒。“使人子者必使子”,参见襄公二十九年,“吴子使札来聘”条传文。

④不嫌:没有嫌疑,即不嫌滕实为侯爵。案,滕虽褒为侯爵,然此处

卒不称名，又桓公二年后仍称子爵，故不嫌。

⑤贵贱不嫌同号：即若贵贱之间没有嫌疑，则可用相同之称号。如齐侯称侯，为其本爵，此条滕侯称侯，是因褒奖之故，齐大滕小，没有嫌疑，故可同称侯。

⑥美恶不嫌同辞：即若美恶之间没有嫌疑，则可用相同之文辞。如嗣子正常即位，则书“即位”，弑君上台者亦称“即位”。值得注意的是，“贵贱不嫌同号，美恶不嫌同辞”前提是“有起文”。如此处之滕侯，卒不称名，后恒称子，就是滕实为微国之“起文”；国君正常去世，书去世之地点，此为嗣君正常即位的“起文”；国君被弑，则不书地点，此为弑君上台者即位之“起文”，若无“起文”，“不嫌”无从谈起，“同号”、“同辞”亦无从谈起。

【译文】

【经】滕侯去世了。

【传】为什么不记录滕侯的名字？因为滕是微小的国家。微小的国家为什么称侯爵？因为没有嫌疑。《春秋》之中，如果贵与贱没有嫌疑，则可用相同的称号；如果美与恶没有嫌疑，则可用相同的文辞。

【经】夏，城中丘①。

【传】中丘者何？内之邑也。城中丘何以书？以重书也②。

【注释】

①中丘：鲁国之邑。案时月日例，城邑例时。

②以重书：古者重民力，不轻易大兴土木，若城有小毁坏，就需及时修缮。此处中丘城年久失修，至大崩坏，方发众城之，功重，与始作城无异，故书“城中丘”。

【译文】

【经】夏,修葺中丘城。

【传】中丘是什么地方?是我们鲁国的城邑。修筑中丘为什么要记录?因功重而记录。

【经】齐侯使其弟年来聘[①]。

【传】其称弟何[②]?母弟称弟,母兄称兄[③]。

【注释】

①聘:《礼记·曲礼》云:“诸侯使大夫问于诸侯曰聘。”天子使大夫问于诸侯亦曰聘。聘受之于太庙,故经言“来聘”,不言“来聘公”,之所以如此,何休云:“聘受之于太庙,孝子谦,不敢以己当之,归美于先君,且重宾也。”

②其称弟何:案常例诸侯之子当称“公子”。

③母弟称弟,母兄称兄:母弟、母兄,即同母弟、同母兄。笼统来说,《春秋》之名例,天子、诸侯之同母兄弟称“兄”、“弟”,其余兄弟则称“王子”、“公子”(详细之名例,参见文公元年“天王使叔服来会葬”条)。突出同母兄弟,是《春秋》改制之内容。周代尚尊尊之义,及其末世,文胜则离,人莫知亲亲,《春秋》纠其偏,尚亲亲之情,而同母兄弟,是“人情所易亲者,而先示之亲”。

【译文】

【经】齐侯派遣他的弟弟年来我国聘问。

【传】经文称弟是为什么?同母之弟称弟,同母之兄称兄。

【经】秋,公伐邾娄。

【译文】

【经】秋，公伐击邾娄国。

【经】冬，天王使凡伯来聘。戎伐凡伯于楚丘以归①。

【传】凡伯者何？天子之大夫也②。此聘也，其言伐之何？执之也。执之则其言伐之何？大之也③。曷为大之？不与夷狄之执中国也④。其地何⑤？大之也⑥。

【注释】

①楚丘：据何休之意，楚丘为卫国之邑。此处之史实是，周天子派遣凡伯聘问鲁国，凡伯归，途经楚丘时被戎俘虏。以归：即凡伯被戎带了回去。

②天子之大夫：案《春秋》名例，天子上大夫氏采称字，此处“凡”是以采邑为氏，“伯”为字，故知凡伯为天子之大夫。

③大之：凡伯被俘虏，本应书“执”，而“伐”的对象是国家，经文变“执”为“伐”，将凡伯等同于一国，故传云“大之”。另外一方面，既然尊王命，将凡伯等同于一国，则凡伯应当死位。

④不与夷狄之执中国：与，许也，即不许夷狄执中国。之所以如此，因为“执”有“治”之意，陈立云：“《春秋》之例，诸侯有罪，执归京师，以京师治诸夏也。”则“执”有处置裁决之意，中国是有礼义者，夷狄是无礼义者，不可使夷狄治中国，故不书“执”而书“伐”。

⑤地：此处作动词，记录地点，即经文书“于楚丘”。

⑥大之：案楚丘是卫国之邑，按照常例，“伐”的对象是国，而邑不言伐，只有国君在邑中时，才“变邑为国”而言伐，详见庄公二年，“公子庆父帅师伐于余丘”条传文。此处将凡伯等同于国家，故变邑为国，故书地以“大之”。同时楚丘实为卫邑，书地，又谴责

卫侯未能营救凡伯。虽然传文两言“大之”，将凡伯等同于一国，但是“以归”之文，则见凡伯实被“执”。

【译文】

【经】冬，天王派遣凡伯来聘问。戎在楚丘伐击了凡伯，并俘虏了凡伯回去。

【传】凡伯是什么人？是天子的大夫。凡伯此行是聘问鲁国，经文说“伐”是怎么回事？是被俘虏了。既然是被俘，那经文说“伐”，是为何？是张大这件事情。为什么张大这件事？不许夷狄执中国。经文写明地点是为什么？是张大这件事。

【经】八年，春①，宋公、卫侯遇于垂②。

【注释】

①春：案时月日例，遇例时，故经文“春”下即书“宋公、卫侯遇于垂”。然根据“正五始”的理论，“春”为岁之始，“王”为人道之始，“月”为政教之始，每年当书“春王月”，表明王者承天以制号令。此处未书“王”，是因辞穷之故。具体说来，“王”字如果“置上”，即书“春王宋公卫侯遇于垂”，则嫌周天子与宋卫之君相遇；“王”字如果“置下”，即下条书“王三月郑伯使宛来归邴”，则“嫌无天法可以制月”，故不书“王”字。

②垂：卫邑。

【译文】

【经】八年，春，宋公、卫侯在垂地相遇。

【经】三月，郑伯使宛来归邴。

【传】宛者何？郑之微者也①。邴者何？郑汤沐之邑也[②]。天子有事于泰山[③],诸侯皆从,泰山之下,诸侯皆有汤沐之邑焉。

【注释】

①郑之微者:即郑国之士,其名为“宛”。按照名例,士称人,此处称名者,因重汤沐邑之故。若一般之地,则不名,如哀公八年,齐人归讙及僤。

②汤沐之邑:诸侯从天子祭祀泰山,在泰山之下有一块封地,以便住宿沐浴斋戒,此为汤沐邑,此处邴即为郑国之汤沐邑。此外,诸侯朝觐天子,在王畿之内亦有供舍止之地,为朝宿邑,鲁国之朝宿邑为许田。后周天子微弱,不能巡守,诸侯亦很少朝觐天子,故而汤沐邑、朝宿邑已无意义。且邴在泰山之下,离郑国很远,许田离郑国较近,郑伯想与鲁国进行领土交换,以邴易许田,故使宛来归邴。然而,汤沐邑、朝宿邑均为天子之地,仅供诸侯使用而已,郑伯私自将汤沐邑与人,则为大恶,鲁隐公受之,亦为大恶,故经书“郑伯使宛来归邴”,两责之。值得注意的是,郑鲁之交易,至桓公元年方完成,据此而言,鲁隐公仅是接受了邴,鲁桓公则将许田与郑,虽均为“专地”之大恶,然桓公之恶更甚。

③有事:即巡守祭天告至之礼。

【译文】

【经】三月,郑伯派宛来送邴地给鲁国。

【传】宛是什么人?郑国地位卑微的人。邴是什么地方?是郑国的汤沐邑。天子巡守祭祀泰山,诸侯跟随助祭,在泰山脚下,诸侯都有汤沐邑。

【经】庚寅,我入邴。

【传】其言入何[①]？难也[②]。其日何[③]？难也。其言我何[④]？言我者，非独我也。齐亦欲之[⑤]。

【注释】

①其言入何：案常例，上条言"郑伯使宛来归邴"，则鲁国取邑已明，不需别言"入邴"，故而发问。

②难：困难，为难。《穀梁传》云："入者，内弗受也。"鲁国去接受邴，邴人不从，故鲁国取邴有困难。

③其日何：案时月日例，取邑例时，故发问。此处书日，是为鲁国讳，好像三月郑归邴，鲁国为擅受天子之邑而感到为难，故至庚寅日方入邴，故《公羊传》云："难也。"

④其言我何：《公羊义疏》云："我者，对人之辞，故有他人，则言我以起之。"若仅有鲁一国，则只需言"入邴"即可。

⑤齐亦欲之：案邴在泰山之下，亦近齐，且齐国多次与郑、鲁聘会，故知齐亦欲之。之所以书"我"以明"齐亦欲之"，也是为鲁国避讳，好像是欲受天子之邑的国家不只是鲁国，此相较鲁国独受邑，性质要轻一些。

【译文】

【经】庚寅，我国军队进入了邴邑。

【传】经文书"入"，是为什么？因为很困难。经文书日，是为什么？因为很为难。经文书"我"，是为什么？书"我"就表明不单单是我鲁国，齐国也想要得到邴邑。

【经】夏，六月，己亥，蔡侯考父卒[①]。

【注释】

①蔡：姬姓之国，始封君为周武王弟叔度，侯爵，为大国。案时月日

例，大国卒日葬月。

【译文】

【经】夏，六月，己亥，蔡侯考父去世了。

【经】辛亥，宿男卒①。

【注释】

①宿男卒：宿为男爵，是小国。按照《春秋》之例，传闻世不书小国之卒葬，至所闻世方录之。此处书宿男之卒，是因为《春秋》托鲁隐公为始受命之王，宿国慕贤，与鲁国交接，故书其卒以褒之。交接之事指的是隐公元年，"九月，及宋人盟于宿"，鲁、宋、宿三国的士在宿都结盟。由于士属于微者，与微者盟功小，故宿男不名、不书葬，亦不像滕国那样，由子爵褒为侯爵。

【译文】

【经】辛亥，宿男去世了。

【经】秋，七月，庚午，宋公、齐侯、卫侯盟于瓦屋。

【译文】

【经】秋，七月，庚午，宋公、齐侯、卫侯在瓦屋结盟。

【经】八月，葬蔡宣公①。

【传】卒何以名，而葬不名？卒从正②，而葬从主人③。卒何以日，而葬不日④？卒赴，而葬不告。

【注释】

①蔡宣公：即上文之蔡侯考父。

②卒从正：卒时称名，是从君臣之正礼言之。因诸侯卒当赴告天子，依“君前臣名”之礼，则当称诸侯之名，并称其本爵。

③葬从主人：主人，即臣子。因葬为生者之事，故在诸侯下葬时，依臣子之意定称谓。案周代礼制，诸侯有公、侯、伯、子、男五等，然臣子之心，莫不欲尊荣其君父，故在葬时，五等诸侯都称“公”，又称谥不名，此为“葬从主人”。

④卒何以日，而葬不日：案礼制，诸侯五月而葬，葬有常时，所以卒之日需赴告天子，葬之日不需赴告，故不日。值得注意的是，卒日葬月，为大国卒葬之常法；小国则到所闻世方录卒葬，且卒月葬时，至哀公时，小国方卒日葬月；传闻世记录的小国之卒，皆非常例。

【译文】

【经】八月，安葬蔡宣公。

【传】为什么在诸侯卒时书名，而葬时不书名？卒时遵从赴告天子时，君前臣名的正法，而葬时则遵从臣子的意愿。为何卒时书日，而葬时不书日？诸侯卒，当赴告天子，下葬则不赴告天子。

【经】九月，辛卯，公及莒人盟于包来。

【传】公曷为与微者盟[①]？称人则从不疑也[②]。

【注释】

①公曷为与微者盟：经文书“莒人”，就字面上看，是莒国的士，属于卑微者。《春秋》之常例，国君不与臣下结盟，否则就是君臣无别。若鲁君与他国大夫结盟，需要避讳，如庄公二十二年，鲁庄公与齐国大夫高傒盟，《春秋》讳之曰：“及齐高傒盟。”此处公与

莒国之士盟而不讳，故而发问。

②称人则从不疑：鲁君与“莒人”盟，而《春秋》不讳，则此“莒人”实为莒子。之所以称莒子为“莒人”，是为鲁隐公避讳。包来之会，经书“及”，则表明隐公汲汲于会盟。但是隐公之前有恶行，六年狐壤之战，被俘不能死位，八年又擅受郑国之汤沐邑，不尊王，无廉耻。若书“公及莒子盟”，则二君地位相等，嫌隐公汲汲于莒子，而莒子不肯盟。故书“公及莒人盟”，则诸侯与士地位悬绝，不嫌莒人不肯，此为“称人则从不疑”。

【译文】

【经】九月，辛卯，公和莒国人在包来结盟。

【传】公为什么要和卑微的人结盟？称莒子为“人”，则莒子听从公是没有疑问的。

【经】螟。

【译文】

【经】发生了螟虫之灾。

【经】冬，十有二月，无骇卒。

【传】此展无骇也，何以不氏①？疾始灭也②，故终其身不氏③。

【注释】

①何以不氏：案《春秋》名例，鲁国命大夫称名氏，此处仅称“无骇”，而不书“展”氏，故发问。

②疾始灭：见隐公二年，“无骇帅师入极”条。

③终其身不氏：隐公二年，无骇不氏，至其卒，亦不氏，则是终其身不氏。之所以如此，是“疾始灭”的缘故。上二年无骇灭极，因讳内大恶，故书“入极”，则嫌无骇之不氏，仅是“起入为灭”，而“始灭”之恶不见，故以“终其身不氏”见之。

【译文】

【经】冬，十二月，无骇去世了。

【传】这是展无骇，为什么不称氏？是痛恨无骇灭极是灭国的开端，故终其身不称氏。

【经】九年，春，天王使南季来聘①。

【注释】

①南季：南是以采地为氏，季为字。案名例，氏采称字，为天子之上大夫。

【译文】

【经】九年，春，天王派遣南季来鲁国聘问。

【经】三月，癸酉，大雨震电。

【传】何以书？记异也。何异尔？不时也①。

【注释】

①不时：不合时令。周历之三月，相当于农历正月，不应该有雷电，故云不时。何休以为，雷电代表阳气，三月而有雷电，“此阳气大失其节，犹隐公久居位，不反于桓，失其宜也”。故天降异以警示之。

【译文】

【经】三月，癸酉，下大雨，雷电交加。

【传】为什么记录这事？是记录奇异之象。有什么奇异之处？不合时令。

【经】庚辰，大雨雪[①]。

【传】何以书？记异也。何异尔？俶甚也[②]。

【注释】

①雨雪：雨为动词，落下之意，雨雪即下雪。

②俶(chù)：王引之训为厚。何休以为，有平地七尺之雪，是盛阴之气大怒，桓公将怒而杀隐公之象，天以异象警示隐公。

【译文】

【经】庚辰，下大雪。

【传】为什么记录这事？是记录奇异之象。有什么奇异之处？雪太厚了。

【经】侠卒。

【传】侠者何？吾大夫之未命者也[①]。

【注释】

①未命：命即策命，《礼记·王制》云："大国三卿，皆命于天子。……次国三卿，二卿命于天子，一卿命于其君。小国二卿，皆命于其君。"此处侠是未受天子策命、亦未受鲁君策命，然地位高于士，故为未命大夫。案《春秋》之例，未命大夫书名，不称氏；又未命大夫不书卒，此处书侠之卒，是因隐公为贤君，宜有恩礼于

大夫。

【译文】

【经】佚去世了。

【传】佚是什么人？是我国的未命大夫。

【经】夏，城郎[1]。

【注释】

①郎：鲁国之邑，近于国都。

【译文】

【经】夏，修葺郎邑之城。

【经】秋，七月。

【译文】

【经】秋，七月。

【经】冬，公会齐侯于邴[1]。

【注释】

①公会齐侯于邴：邴原为郑国之汤沐邑，隐公八年，郑伯以邴归鲁。此处鲁隐公与齐僖公在邴邑相会，以及下十年，“公会齐侯、郑伯于中丘”，印证了八年“齐亦欲之”的传文。

【译文】

【经】冬，公与齐侯在邴邑相会。

【经】十年，春，王二月[①]，公会齐侯、郑伯于中丘。

【注释】

①二月：案时月日例，会例时，此处书月，因鲁隐公于六年被郑国俘虏，如今始与郑伯相见，故“危录之”。

【译文】

【经】十年，春，王二月，公与齐侯、郑伯在中丘相会。

【经】夏，翚帅师会齐人、郑人伐宋。

【传】此公子翚也，何以不称公子？贬。曷为贬？隐之罪人也[①]，故终隐之篇贬也[②]。

【注释】

①隐之罪人：即隐公之罪人。公子翚参与弑杀鲁隐公，故为隐之罪人，详见隐公四年传文。

②终隐之篇贬：隐公之篇，公子翚出现两次：一为四年“秋，翚帅师会宋公、陈侯、蔡人、卫人伐郑”；一即此条，均不称“公子翚”，而贬称“翚”，此为终隐之篇贬。至桓公三年，“秋，公子翚如齐逆女”，复称“公子”而不贬。之所以如此，原因有二：一，弑君为大恶，内大恶讳，故翚之弑君不可直书；二，翚虽是隐公之罪人，但非桓公之罪人，故不能贬于桓公之篇。如此，则必须以“终隐之篇贬”，见翚为隐公之罪人，起其弑君；至桓公篇不贬，见桓公与翚同罪。

【译文】

【经】夏，翚率领军队，会同齐人、郑人伐击宋国。

【传】这是公子翚，为什么不称“公子”？是贬损。为什么要贬损？

翚是隐公的罪人,所以终隐公之篇都要贬损他。

【经】六月,壬戌,公败宋师于菅[①]。

【经】辛未,取郜。辛巳,取防[②]。

【传】取邑不日[③],此何以日?一月而再取也。何言乎一月而再取?甚之也[④]。内大恶讳,此其言甚之何[⑤]?《春秋》录内而略外,于外大恶书,小恶不书,于内大恶讳,小恶书[⑥]。

【注释】

①壬戌,公败宋师于菅:案《春秋》之中,战争分为两类,一为偏战,一为诈战。偏战是两军各据一边,约定时间,堂堂正正厮杀;诈战则是偷袭。《春秋》对此有不同的书法,对于外诸侯,若偏战则书"某日,某及某战于某地,某师败绩";若诈战则书"某败某师于某地",不书日期。对于鲁国而言,《春秋》王鲁,"内不言战,言战则败矣",若鲁国胜,偏战则书"某日,败某师于某地";若诈战则书"败某师于某地",不书日期。若鲁国战败,偏战则书"某日,及某师战于某地";诈战则书"及某师战于某地",不书日期。此条即鲁国偏战而胜之书法。

②郜、防:均为宋国之邑,鲁国因战胜而夺取之。

③取邑不日:案时月日例,取邑例时。

④甚之也:以之为甚。甚,过分。

⑤内大恶讳,此其言甚之何:一月而取宋国二邑,是贪利不足,故甚之。然直言"甚之",不是避讳之辞,按照"内大恶讳"原则,不讳即非大恶,又取邑为小恶,故一月再取邑,是小恶中之甚者,非大恶也。

⑥于外大恶书,小恶不书,于内大恶讳,小恶书:此为《春秋》内外之

例,《春秋》托王于鲁,以内外之别彰显王者治世之次序。何休云:“于内大恶讳,于外大恶书者,明王者起,当先自正,内无大恶,然后乃可治诸夏大恶;因见臣子之义,当先为君父讳大恶也。内小恶书,外小恶不书者,内有小恶,适可治诸夏大恶,未可治诸夏小恶,明当先自正,然后正人。”

【译文】

【经】六月,壬戌,公在菅地击败宋国军队。

【经】辛未,夺取郜邑。辛巳,夺取防邑。

【传】夺取城邑不记录到日,这里为什么书日?因为这是一月之内两次夺取城邑。为什么要说明一月内两次取邑?这太过分了。鲁国的大恶是要避讳的,为什么这里直说太过分了?《春秋》详细记录鲁国之事,简略记录外国之事,记录外国的大恶行,不记录外国的小恶行;避讳鲁国的大恶行,记录鲁国的小恶行。

【经】秋,宋人、卫人入郑。

【译文】

【经】秋,宋国人、卫国人攻入了郑国都城。

【经】宋人、蔡人、卫人伐载①。郑伯伐取之。

【传】其言伐取之何②?易也。其易奈何?因其力也。因谁之力?因宋人、蔡人、卫人之力也③。

【注释】

①载:国名。

②其言伐取之何:案《春秋》之例,国言灭,邑言取,此处实为郑灭载

国，却用“伐取”之文，故发问。

③因宋人、蔡人、卫人之力：宋、蔡、卫三国先伐载，郑伯因其困而灭之，如取邑一般容易。“伐取之”，即表明郑因三国伐载之力，故能灭载如取邑。案时月日例，灭例月，此处书时，何休云：“移恶上三国。”

【译文】

【经】宋国人、蔡国人、卫国人伐击载国。郑伯伐取了载国。

【传】经文说“伐取之”是什么意思？表明灭国容易。怎么容易了？是借助了其他的力量。借助谁的力量？借助宋国人、蔡国人、卫国人的力量。

【经】冬，十月，壬午[①]，齐人、郑人入盛。

【注释】

①壬午：案时月日例，入例时，伤害多则月。此处书日，是因盛与鲁同姓，而盛国在隐公之篇中，两次被人攻入了国都：一为五年，卫师入盛；一即此条。书日，是因亲亲之义而忧录之。

【译文】

【经】冬，十月，壬午，齐国人、郑国人攻入了盛国都城。

【经】十有一年，春，滕侯、薛侯来朝。

【传】其言朝何[①]？诸侯来曰朝，大夫来曰聘。其兼言之何[②]？微国也[③]。

【注释】

①其言朝何：案常理，国与国之间的外交，诸侯来曰朝，大夫来曰

聘，然《春秋》假托鲁国为王者，涉及鲁国的外交有内外之别：外诸侯、大夫来称朝聘，鲁君或大夫出访他国，一律言“如”，因“王者无朝诸侯之义”。

②兼言之：即并言来朝，若分别言之，当书“滕侯来朝，薛侯来朝”。

③微国：案滕本子爵，薛本伯爵，《春秋》中伯子男为小国，故传称其为“微国”。经书“滕侯、薛侯”，而不书其本爵，是因《春秋》假托鲁隐公为始受命王，滕、薛二君慕义先朝，故褒为侯爵；然“兼言之”，见其实为微国。

【译文】

【经】十一年，春，滕侯、薛侯来朝。

【传】经文为什么称“朝”？诸侯来访称朝，大夫来访称聘。经文为何将两君来朝之事并起来说？因为都是微小之国。

【经】夏，五月①，公会郑伯于祁黎。

【注释】

①五月：案时月日例，会例时，此处书月，因鲁隐公曾被郑伯俘虏，不应再与之交接，故危录之。

【译文】

【经】夏，五月，公与郑伯在祁黎会面。

【经】秋，七月，壬午①，公及齐侯、郑伯入许。

【注释】

①壬午：案时月日例，入例时，伤害多则月，此处书日，何休云：“日者，危录隐公也，为弟守国，不尚推让，数行不义，皇天降灾，谄臣

进谋，终不觉悟，又复构怨入许，危亡之衅，外内并生，故危录之。”

【译文】

【经】秋，七月，壬午，公和齐侯、郑伯攻入了许国都城。

【经】冬，十有一月，壬辰，公薨。

【传】何以不书葬？隐之也[①]。何隐尔？弑也[②]。弑则何以不书葬？《春秋》君弑，贼不讨，不书葬，以为无臣子也。子沈子曰[③]："君弑，臣不讨贼，非臣也，子不复仇[④]，非子也。葬，生者之事也，《春秋》君弑贼不讨不书葬，以为不系乎臣子也[⑤]。"公薨何以不地[⑥]？不忍言也。隐何以无正月[⑦]？隐将让乎桓，故不有其正月也。

【注释】

①隐：痛也。

②弑：隐公为桓公所弑。

③子沈子：《公羊传》著于竹帛前的先师，加“子”冠于“沈”氏之上，一是为了与单称孔子为“子”区别开来；二是表明是著于竹帛者自己的老师，除此之外，还有子司马子、子公羊子、子女子，若非己师，则不冠子于氏上，如北宫子。

④子不复仇：案“子”字原无，今据阮校补入。

⑤系：系属。若臣子不为君父报仇，则皆当绝，故云“不系乎臣子”。

⑥公薨何以不地：不地，即不书死亡的地点。案《春秋》之例，鲁君正常去世，皆书地点，一般是路寝，高寝、小寝亦可。若国君被弑，则不地。

⑦隐何以无正月：自此以下传文，不为经文“公薨”而发，是总论隐

公之篇。隐无正月，即除了元年之外，二年至十一年均不书正月。案“建五始”之义，“正月”为王者政教之始，隐无正月，表明隐公不自正为君，终无有国之心。值得注意的是，二年至十一年皆无正月，并非是巧合，因六年“春，郑人来输平”，为正月之事，且输平例月，因“隐无正月”，故不书月。

【译文】

【经】冬，十一月，壬辰，公去世了。

【传】为什么不记录隐公的葬礼？因为痛惜他。因为什么痛惜他？他是被弑杀的。被弑杀，为什么不记录葬礼？《春秋》之例，君被弑杀，如果弑君贼不受到诛讨，就不记录君王的葬礼，认为该国没有臣子。子沈子认为：“君王被弑杀，臣下不诛讨弑君贼，就不是臣下；儿子不为父亲复仇，就不是儿子。葬礼，生者的事情。《春秋》之例，君被弑杀，弑君贼不受诛讨，不记录君王的葬礼，以为君与臣、父与子不相系属。”隐公去世，为何不记录去世的地点？不忍心说地点。隐公之篇为什么没有记录“正月”？隐公将让国于桓公，所以没有正月。

桓公第二

【题解】

桓公为鲁惠公庶子，隐公之弟。据何休《解诂》，其母仲子为右媵。惠公薨，桓公本当即位，因其年幼，故隐公代立。后桓公听信公子翚谗言，弑兄上位。娶齐襄公之妹文姜为夫人，后至齐国，被齐襄公所杀。在位共十八年。鲁桓公有四子：嫡长子同、季友、庆父、叔牙，公子同后来即位为鲁庄公，后三子的后代则逐渐演化成后来掌握鲁国政权的贵族“三桓”。

桓公篇重要的义理有：桓公弑君自立，而元年书“公即位”，如其意以著其恶。桓公藐视周天子，无王而行，见元年“郑伯以璧假许田”条。谨男女之防，诛绝外淫，见六年“蔡人杀陈佗”条。经权之义，见十一年“宋人执郑祭仲”“突归于郑”“郑忽出奔卫”，十五年“郑伯突出奔蔡”“郑世子忽复归于郑”“郑伯突入于栎”诸条。“三世异辞”，复见于二年“公会齐侯、陈侯、郑伯于稷，以成宋乱”条。此外还有祭祀、阅兵、婚姻等礼制，散见于经传。

【经】元年，春，王正月，公即位。

【传】继弑君不言即位[①]，此其言即位何？如其意也[②]。

【注释】

①继弑君不言即位：即先君被弑，则于嗣君之元年不书“公即位”三字，此为《春秋》常例，庄公、闵公、僖公皆因此不书即位。其中之原因，《穀梁传》云：“先君不以其道终，则子弟不忍即位也。”

②如其意：顺遂桓公之心意。桓公弑君欲即位，故《春秋》书即位，有两层含义：第一，顺遂桓公欲即位之意，以彰显其弑君之恶；第二，《春秋》内大恶讳，桓公弑君不直书，通过继弑君而书即位，表明桓公为弑君贼，此种书法，何休称为“直而不显，讳而不盈”。

【译文】

【经】元年，春，王正月，鲁桓公即位。

【传】继承被弑杀的先君，就不记录嗣君的即位，这里记录桓公的即位，是为什么？是顺遂桓公的心意。

【经】三月①，公会郑伯于垂。

【注释】

①三月：案时月日例，会例时，而鲁桓公之会皆书月，危之也。桓公与诸侯会，之所以有危，何休云：“桓弑贤君，篡慈兄，专易朝宿之邑，无王而行，无仁义之心，与人交接，则有危也，故为臣子忧之。”此外，《春秋》书鲁君出会，至回国时，一般都要书“公至自某”，是为“致文”，表明“臣子喜其君父脱危而至”。然鲁桓公无“致文”，是《春秋》夺其“臣子辞”，原因有二：第一，鲁桓公弑君而立，又无王而行（见下条），宜受诛杀，今不致之，若其已受诛杀。第二，鲁桓之臣皆为鲁隐之臣，桓公弑君，鲁臣子不能讨贼，反而君事之，皆当绝，故桓公无臣子也，既无臣子，则无“臣子辞”，故无“致文”。

【译文】

【经】三月,公在垂地与郑伯相会。

【经】郑伯以璧假许田[①]。

【传】其言以璧假之何[②]?易之也[③]。易之则其言假之何?为恭也[④]。曷为为恭?有天子存,则诸侯不得专地也[⑤]。许田者何?鲁朝宿之邑也[⑥]。诸侯时朝乎天子,天子之郊,诸侯皆有朝宿之邑焉。此鲁朝宿之邑也,则曷为谓之许田?讳取周田也[⑦]。讳取周田,则曷为谓之许田?系之许也。曷为系之许?近许也[⑧]。此邑也,其称田何?田多邑少称田,邑多田少称邑。

【注释】

①假:借也。

②其言以璧假之何:若是真借,不当持璧,故传发问。

③易之:以璧交换许田。案鲁郑之间有领土交易,开始于隐公八年,郑国将其汤沐邑邴送与鲁国,至此,郑国又加一璧,换取鲁国之朝宿邑许田,方才完成。值得注意的是,这个交易实际上发生在上条“垂之会”上,所以既书“会”又书“假”,是为了说明郑国假许田的对象是鲁国。

④恭:恭敬之辞。“假”是暂时借去,“易”则是永久交易,“假”相对于“易”而言,是对于周天子较为恭敬之辞。

⑤诸侯不得专地:专地,即随意处置领土。案诸侯之领地,皆为天子所封,普天之下,莫非王土,故不得专地。

⑥朝宿之邑:即朝觐天子所舍止之邑。案诸侯要按时朝觐天子,在京师远郊,天子划拨一块土地,供诸侯住宿之用。然而朝宿邑和

汤沐邑一样,都属于周天子之地,非诸侯之领地。

⑦讳取周田:朝宿邑属于周天子,故称周田。鲁桓公以朝宿邑与郑,犯了专地大恶,《春秋》内大恶讳,故不言周田而言“许田”。

⑧近许:即靠近许国,孔广森则认为是靠近周天子之许邑。

【译文】

【经】郑伯用璧暂借许田。

【传】经文说用璧来借许田是怎么回事?实际是交换许田。交换许田,为什么说是暂借许田?这样说,文辞比较恭顺。为什么要文辞恭顺?有天子在上,诸侯不能擅自处置土地。许田是什么?是鲁国朝觐周天子时住宿的城邑。诸侯按时朝觐天子,在京师郊外,诸侯都有朝宿之邑。这是鲁国的朝宿之邑,为什么要称为许田?是为了避讳擅取周天子之田。避讳擅取周天子之田,为什么要称为许田?把它系属于许。为什么系属的是许?因为靠近许。这是城邑,为什么称之为田?田多邑少称田,邑多田少称邑。

【经】夏,四月,丁未[①],公及郑伯盟于越。

【注释】

①丁未:案时月日例,盟例日,小信则月,大信则时。此条书日,为不信之辞,据桓公十年,齐侯、卫侯、郑伯来战于郎,是鲁郑相负之事。

【译文】

【经】夏,四月,丁未,公与郑伯在越地结盟。

【经】秋,大水。

【传】何以书?记灾也[①]。

【注释】

①记灾:何休云:“灾伤二谷以上书灾也。”此处是大水导致无麦又无苗,故而书灾。

【译文】

【经】秋,发大水。

【传】为什么记录?这是记录灾害。

【经】冬,十月。

【译文】

【经】冬,十月。

【经】二年,春,王正月,戊申,宋督弑其君与夷,及其大夫孔父[①]。

【传】及者何[②]?累也[③]。弑君多矣,舍此无累者乎?曰:有。仇牧、荀息皆累也[④]。舍仇牧、荀息无累者乎?曰:有[⑤]。有则此何以书?贤也。何贤乎孔父?孔父可谓义形于色矣。其义形于色奈何?督将弑殇公,孔父生而存,则殇公不可得而弑也,故于是先攻孔父之家。殇公知孔父死,己必死,趋而救之,皆死焉。孔父正色而立于朝,则人莫敢过而致难于其君者,孔父可谓义形于色矣。

【注释】

①宋督弑其君与夷,及其大夫孔父:此条之史实,是宋国的公子冯(即后来之宋庄公)和大夫华督共同杀害了宋殇公(与夷),以及

大夫孔父。宋国这场内乱，是因宋宣公未能"大居正"，不传子而传位于弟缪公，缪公亦不传子而传位于兄之子与夷，后缪公之子冯弑与夷，参见隐公三年"葬宋缪公"条传文。此条经文如此书写，大有深意：第一，经书"宋督"，表明弑君者仅为华督，未见庄公冯，其原因是，冯之父缪公反国于兄子，有让国之善意，故因父之善而讳子之恶；另一方面，亦可见冯实弑君，因"宋督"为"当国之辞"（"当国"之解释，参见隐公元年"郑伯克段于鄢"条），然而唯有公子、公孙等"本有立道"之人方能当国，华督不能当国，故书"宋督"表明是庄公冯当国弑君。第二，案名例，大夫称名氏，而"孔父"是称字，《春秋》因孔父卫君而死，故称字以贤之。

②及者何：案《春秋》之中，若两者尊卑接近，则书"及"字区别尊卑，公、夫人书"及"，上、下大夫书"及"；若两者尊卑悬绝，则不书"及"。此条中，与夷是君，孔父是臣，君臣尊卑悬绝，经却书"及"，故发问。

③累：连累。经文书"及"，表明孔父受累从君而死。

④仇牧、荀息皆累也：仇牧之事，参见庄公十二年"宋万弑其君接，及其大夫仇牧"条。荀息之事，参见僖公十年"晋里克弑其君卓子，及其大夫荀息"条。两者皆受累从君而死，经亦书"及"。

⑤有：指代的是叔仲惠伯之事，参见成公十五年"仲婴齐卒"条传文。

【译文】

【经】二年，春，王正月，戊申，宋督弑杀了他们的君主与夷，以及大夫孔父。

【传】经文书"及"是什么意思？是连累的意思。弑君的事例很多，除此之外，还有连累而死的人吗？回答说，有的，仇牧、荀息都受累而死。除了仇牧、荀息之外没有受累的人了吗？回答说，有的。既然有，那么为什么这次还要记录？因为孔父有贤德。孔父有什么贤德？孔父可谓是义形于色。义形于色是怎么回事？督将要弑杀殇公，认为如果孔父还在，则弑杀殇公不能得逞，所以先攻打孔父之家。殇公知道，如果孔父死了，自己必然会死，于是赶去救孔父，结果都死了。孔父正色站在朝堂上，就没人敢过去杀害他的君主，孔父可谓是义形于色。

【经】滕子来朝[①]。

【注释】

①滕子：滕本为子爵，隐公之篇称“滕侯”者，是因其先朝隐公而褒之，此处见其本爵。

【译文】

【经】滕子来朝见。

【经】三月，公会齐侯、陈侯、郑伯于稷，以成宋乱[①]。

【传】内大恶讳，此其目言之何[②]？远也。所见异辞，所闻异辞，所传闻异辞[③]。隐亦远矣，曷为为隐讳[④]？隐贤而桓贱也[⑤]。

【注释】

①以成宋乱：宋乱，即宋公子冯（即宋庄公）与华督弑其君与夷。此条诸侯会于稷，为的是诛讨宋国弑君之贼，然而被宋贿赂，罢兵而去，变相承认了宋国的政变，宋乱遂成。

②目言之：目，见也。之，指代“以成宋乱”之经文。目言之，即直书“以成宋乱”。案《春秋》之例，内大恶讳，鲁桓公受赂成宋乱为大恶，经文不讳，故传发问。

③所见异辞，所闻异辞，所传闻异辞：此为《春秋》三世之例，详参隐

公元年“公子益师卒”条传文。复发此传，是说明为鲁君避讳也有三世之异，时代越近，臣子对君王的恩情越深，为之避讳也深，反之时代越远，恩情越浅，为之避讳也浅。此处不为桓公避讳，其中一个原因是距离孔子作《春秋》之时，年代太久远了。

④为隐讳：隐公与桓公，均为传闻世之君，然《春秋》为隐公避讳之处不少，如五年以“观鱼”避讳与民争利，六年以“输平”避讳被俘不死位等。

⑤隐贤而桓贱：隐公有让国之贤，桓公则是弑君而立，与宋庄公是同类人，故云隐贤而桓贱。

【译文】

【经】三月，公在稷地与齐侯、陈侯、郑伯相会，成就了宋国的内乱。

【传】鲁国的大恶是需要避讳的，经文直书“以成宋乱”是为什么？因为年代很久远了。孔子作《春秋》，对于自己亲身经历的时代、听闻的时代、辗转听闻的时代，用的文辞是不一样的。隐公年代也很久远，为什么为隐公避讳大恶？隐公贤良而桓公卑贱。

【经】夏，四月，取郜大鼎于宋①。

【传】此取之宋，其谓之郜鼎何？器从名②，地从主人③。器何以从名，地何以从主人？器之与人，非有即尔④。宋始以不义取之，故谓之郜鼎。至乎地之与人则不然，俄而可以为其有矣⑤。然则为取可以为其有乎⑥？曰：否。何者？若楚王之妻娼⑦，无时焉可也。

【注释】

①郜大鼎：即郜国的大鼎，宋灭郜而取之，此处送与鲁国，为“成宋乱”之贿赂。

②器从名：即器物从其本主命名，此处大鼎之本主为郜国，故称郜大鼎，不称宋大鼎。

③地从主人：土地从其后所属之主人命名，如莒人取杞国之牟娄，牟娄即为莒国之邑，不称杞牟娄。

④器之与人，非有即尔：即，就也。王引之《经义述闻》认为"非有即尔"当作"非即有尔"，意谓人占有器物，并非一定要到器物的所在地，事实上往往是拿回来占有的。正因为如此，若从后所属之主人命名，器物的来历就不清楚了，故须从其本主命名。

⑤俄而可以为其有：俄而，即顷刻之间。人对于地的占有，是到土地之上，顷刻之间就占有了。占有的人可以有变化，土地却一直在那里，故可以从后所属之主人命名，如牟娄原为杞国之邑，后为莒国夺取，牟娄还在那里，可以称为"莒牟娄"。

⑥然则为取可以为其有乎：为取，恣意之辞。意谓，既然地从后主之名，是不是恣意取得土地，便能算合法占有了呢？

⑦楚王之妻媦(wèi)：媦，妹也。以妹为妻，终究不可，以此比喻恣意取得土地，仍不能算合法占有，后有王者兴，必会返还侵地。

【译文】

【经】夏，四月，从宋国取得了郜大鼎。

【传】这是从宋国取得的，经文称之为郜鼎是为什么？器物从其本主命名，土地从后属之主命名。器物为何要从本主命名？土地为何要从后主命名？器物对于人来说，并非一定要到器物的所在地才能占有。宋当初占有此鼎是不道义的，所以仍称之为郜鼎。至于土地之于人就不一样了，顷刻可以被人占有。那么是不是恣意取得土地，便算是合法占有了呢？回答说，不是的。这好比楚王以妹妹为妻，无论什么时候都是不可以的。

【经】戊申[①]，纳于大庙[②]。

【传】何以书？讥。何讥尔？遂乱受赂，纳于大庙，非礼也。

【注释】

①戊申：案时月日例，失礼鬼神例日。

②纳于大庙：大庙即太庙，鲁以周公庙为太庙，此是将郜大鼎送入太庙之中。纳者，入辞，内弗受也，郜鼎为“成宋乱”之贿赂，将其送入太庙，鬼神弗受，故经书“纳”。

【译文】

【经】戊申，将郜鼎纳入太庙。

【传】为什么记录此事？是讥刺。讥刺什么？成就宋国之乱而接受贿赂，将其纳入太庙，是非礼的。

【经】秋，七月，纪侯来朝①。

【注释】

①纪侯：案纪为小国，自此以下恒称侯者，因将嫁女于天子，故天子封之为大国。古代婚姻讲究门当户对，夫妻共奉宗庙之祭祀，若妻子地位卑贱，则是“卑宗庙也”，故诸侯与诸侯通婚，天子至尊无敌，则取于大国；同时天子有专封之权，妻族可封为大国，故天子可取庶人女。此条封纪为大国，即是天子因婚姻而专封。诸侯无专封之权，故不能取于大夫以下。

【译文】

【经】秋，七月，纪侯前来朝见。

【经】蔡侯、郑伯会于邓。

【传】离不言会①，此其言会何？盖邓与会尔②。

【注释】

①离不言会："离"，通"俪"，两也。离会即两国相会，何休云："二国会曰离，二人议各是其所是，非其所非，所道不同，不能决事，定是非，立善恶，不足采取，故谓之离会。"若三国以上，则可定是非，立善恶。"离不言会"，即经文对于离会，不书"会"字。如桓公五年，"齐侯、郑伯如纪"，是齐、郑离会，经不书"会"而书"如"，即是"离不言会"的书法。值得注意的是，"离不言会"仅针对传闻世中，外诸侯的离会而言的，鲁国之离会常书；至所闻世之后，外离会亦书。

②盖邓与会尔：与，参与。经书"会"字，表明此非离会，那么邓国作为地主，也在其中。

【译文】

【经】蔡侯、郑伯在邓国相会。

【传】两国相会经文不书"会"，这里为什么书"会"？大概邓国也参会了。

【经】九月①，入杞。

【注释】

①九月：案时月日例，入例时，伤害多则月。

【译文】

【经】九月，鲁国军队攻入了杞国都城。

【经】公及戎盟于唐①。

【经】冬，公至自唐[②]。

【注释】

①公及戎盟于唐：隐公二年，戎与隐公盟于唐，此处又与桓公盟。此条蒙上条之“九月”。案盟之时月日例，不信日，小信月，大信时。此条书月，为小信辞，何休云：“戎怨隐不反国，善桓能自复，翕然相亲信。”

②公至自唐：即鲁桓公从唐地回到鲁国，凡鲁君回国时，一般都要书“公至自某”，此是“致文”，何休云：“凡致者，臣子喜其君父脱危而至。”鲁桓公的比较特殊，因其弑隐而立，又无王而行，《春秋》不书致，夺其臣子辞（参见桓公元年，“三月公会郑伯于垂”条）。此处书致，是为了与隐公比较。隐公二年，“秋，八月，庚辰，公及戎盟于唐”，是书日而不致，表明隐公贤君，唐之盟虽不信，亦不危。桓公为唐之盟，书月而致，表明虽小信，亦有危。《春秋》以此深抑小人。

【译文】

【经】公与戎在唐地结盟。

【经】冬，公从唐地回到国中。

【经】三年，春，正月[①]，公会齐侯于嬴。

【注释】

①正月：按照《春秋》体例，每年之初必书“王”，以明大一统之义。桓公“无王而行”，擅易朝宿之邑，故而桓公之篇不书“王”。然“桓无王”之书法亦有例外，如元年、二年、十年、十八年有“王”，何休云：“二年有王者，见始也。十年有王者，数之终也。十八年

有王者,桓公之终也。明终始有王,桓公无之尔。不就元年见始者,未无王也。”

【译文】

【经】三年,春,正月,公与齐侯在嬴地相会。

【经】夏,齐侯、卫侯胥命于蒲[①]。

【传】胥命者何?相命也。何言乎相命?近正也。此其为近正奈何?古者不盟,结言而退[②]。

【注释】

①胥命:胥,相也。结盟时以命相誓,但不歃血。

②结言:即口头达成协定。结言而退最讲信义,是正道,胥命则需以命相誓,盟则更需歃血。相对盟而言,胥命更接近信义,故言“近正”。时诸侯多用盟誓,胥命仅此一例,《春秋》善而书之,以拨乱反正。

【译文】

【经】夏,齐侯、卫侯胥命于蒲。

【传】胥命是什么?是相命。为什么要说相命?因为接近正道。这怎么就是近正呢?古时候不盟,订立口头约定就归去了。

【经】六月,公会纪侯于盛。

【译文】

【经】六月,公在盛国会见纪侯。

【经】秋,七月,壬辰,朔,日有食之,既[①]。

【传】既者何？尽也。

【注释】

①日有食之，既：既，尽也。此指日全食。

【译文】

【经】秋，七月，壬辰，朔日，发生日食，食尽。

【传】"既"是何意？尽也。

【经】公子翚如齐逆女①。

【经】九月，齐侯送姜氏于讙②。

【传】何以书？讥。何讥尔？诸侯越竟送女，非礼也③。此入国矣，何以不称夫人④？自我言齐⑤，父母之于子，虽为邻国夫人，犹曰吾姜氏。

【注释】

①公子翚：公子翚在隐公之篇贬称"翚"，至此复氏"公子"，见其为隐公之罪人，桓公之功臣。女：齐僖公之女孟姜，即后来鲁桓公之夫人文姜。此处公子翚替鲁桓公去齐国迎接夫人。

②齐侯送姜氏于讙：齐侯，即孟姜（文姜）之父齐僖公。讙：鲁国之邑。

③诸侯越竟送女，非礼也：按照礼制，送女，父母不下堂。齐侯越过国境送女，非礼也。

④何以不称夫人：案他国女子嫁为鲁国夫人，其名称随地点而变化：第一，女子在本国，自夫家言之，则称"女"，如此条"公子翚如齐逆女"。第二，女子在途，则称"妇"。第三，进入鲁国境内，则称"夫人"。此处讙为鲁国之邑，已在鲁国境内，应称"夫人姜氏"，

经不书“夫人”二字，故传发问。

⑤自我言齐：将齐国当成鲁国来看，即设身处地，从齐国的角度讲，何休言：“恕己以及人也。”案鲁国之女嫁为诸侯夫人，仍以父母之辞称之，如“伯姬归于宋”，不称其为“夫人”。以此推至齐国，齐侯送女，则当以父母之辞称之为“孟姜”，然已在鲁国境内，故称“姜氏”，如下传所云“父母之于子，虽为邻国夫人，犹曰吾姜氏”。之所以用父母之辞称之，是为了“崇父子之亲”。

【译文】

【经】公子翚到齐国去迎接鲁桓公的新娘。

【经】九月，齐侯送姜氏到讙邑。

【传】为什么记录此事？是讥刺。讥刺什么？诸侯越过国境送女，是非礼的。此处已进入鲁国境内了，为什么不称“夫人”？自我国而言齐国，父母之于女儿，虽然是邻国的夫人，犹称之为“吾姜氏”。

【经】公会齐侯于讙。夫人姜氏至自齐①。

【传】翚何以不致②？得见乎公矣③。

【注释】

①夫人姜氏至自齐：此时夫人已经进入鲁国都城，故书“夫人姜氏至自齐”。之所以如此，何休云：“妇人危重，故据都城乃致也。”

②翚何以不致：致，即表明从何处到鲁国。案常例，公子翚如齐逆女，其致文当书“翚以夫人姜氏至自齐”。今书“夫人姜氏至自齐”，而不致“翚”，故发问。

③得见乎公：即前齐侯与鲁桓公在讙地相会，则夫人已见公。案，妇人危重，故须亲迎，大夫为君逆女，责任在大夫，故需致大夫。若夫人与公已相见，责任在君，故不需致大夫。

【译文】

【经】公与齐侯在谨地相会。夫人姜氏从齐国来到鲁国。

【传】翚为什么没有致文？因为夫人已经见到公了。

【经】冬，齐侯使其弟年来聘。

【译文】

【经】冬，齐侯派他母弟年来聘问鲁国。

【经】有年[①]。

【传】有年何以书？以喜书也。大有年何以书？亦以喜书也。此其曰有年何？仅有年也[②]。彼其曰大有年何[③]？大丰年也。仅有年亦足以当喜乎？恃有年也[④]。

【注释】

①年：年成，五谷熟曰年。

②仅有年：仅，劣也。五谷未大成熟，故曰仅有年，若大成熟，则曰“大有年”。

③彼：指宣公十六年之事。

④恃有年：恃，赖也，依赖之意。何休云：“若桓公之行，诸侯所当诛，百姓所当叛，而又元年大水，二年耗减，民人将去，国丧无日，赖得五谷皆有，使百姓安土乐业，故喜而书之。”

【译文】

【经】有年。

【传】“有年”为什么记录？因为喜悦而记录。宣公十六年的“大有年”为什么记录？也是因为喜悦而记录。这里说“有年”是什么意思？

表明还算是丰收。彼处(宣公十六年)说“大有年”是什么意思?是大丰收。相比之下,仅有年也值得喜悦吗?鲁国全倚仗着这次丰收。

【经】四年,春,正月①,公狩于郎。

【传】狩者何?田狩也。春曰苗,秋曰蒐,冬曰狩②。常事不书,此何以书?讥。何讥尔?远也③。诸侯曷为必田狩?一曰干豆④,二曰宾客⑤,三曰充君之庖⑥。

【注释】

①正月:案时月日例,狩例时,此处书月者,何休云:“讥不时也。周之正月,夏之十一月,阳气始施,鸟兽怀任,草木萌牙,非所以养微。”当以周之十二月狩为正法。

②春曰苗,秋曰蒐,冬曰狩:此是《春秋》之制,春天之田猎称“苗”,秋称“蒐”,冬称“狩”。夏季不田猎,异于周礼之“四时田”。诸侯之所以要田猎,除下文所说三点外,还有因田猎而习武事及为田地除害的目的。

③远:案礼制,诸侯田狩不过郊。徐彦以为,郎邑在郊内,其属地有在郊外者,此处之“郎”,指郎邑之属地,故传以远为讥。

④一曰干豆:一,打猎所得禽兽中的第一等杀,自左膘射入,达于右髃,直接射中动物心脏,“死疾鲜洁”者。干豆,即制成干肉,置于豆(盛放食物的礼器,形似今日之高脚杯)中,以供祭祀。

⑤二曰宾客:二,第二等杀,即从左膘射入,达于右胁,未射中心脏者。宾客,即用以宴请宾客。

⑥三曰充君之庖:三,第三等杀,即射中肠胃,“污泡死迟”者,用以充君之庖厨。

【译文】

【经】四年,春,正月,公在郎地狩猎。

【传】经文"狩"是什么意思？是田猎的意思。春天狩猎称"苗"，秋天称"蒐"，冬天称"狩"。狩猎是寻常之事，《春秋》不书，此处为何书？是讥刺。讥刺什么？因为太远了。诸侯为什么一定要田狩？第一等之猎物作成干肉置于豆中以供祭祀，第二等猎物用以宴请宾客，第三等猎物充实国君之庖厨。

【经】夏①，天王使宰渠伯纠来聘。

【传】宰渠伯纠者何？天子之大夫也。其称宰渠伯纠何？下大夫也②。

【注释】

①夏：此年唯有春夏有记载，缺秋冬二时。案《春秋》编年之体例，一时无事，则书首时。若秋冬无事，则应书"秋七月"、"冬十月"。此处不书，何休云："下去二时者，桓公无王而行，天子不能诛，反下聘之，故为贬，见其罪，明不宜。"

②下大夫：案天子下大夫的名例是系官、氏、名、且字。以"宰渠伯纠"为例，宰是所系之官，渠为氏，纠为且字。所谓的"且字"，即二十之后、五十之前的字，如孔子名丘，字仲尼父，尼父是二十岁之字，五十后方以伯仲称之，曰仲尼，故《礼记·檀弓上》云"幼名，冠字，五十以伯仲"。经书"宰渠伯纠"，"伯"字的位置本应书"名"，然因"老臣不名"的制度，代之以"伯"字。故系官、氏、名、且字，是天子下大夫之通例，而"宰渠伯纠"是"老臣不名"之特例。

【译文】

【经】夏，天王派遣宰渠伯纠来聘问鲁国。

【传】宰渠伯纠是什么人？是天子的大夫。为什么称其为"宰渠伯纠”？因为是下大夫。

【经】五年，春，正月，甲戌，己丑，陈侯鲍卒。

【传】曷为以二日卒之？怴也[1]。甲戌之日亡，己丑之日死而得，君子疑焉[2]，故以二日卒之也。

【注释】

①怴(xù)：狂也。

②君子疑焉：君子，指作《春秋》之孔子。疑，阙疑也。

【译文】

【经】五年，春，正月，甲戌、己丑，陈侯鲍死了。

【传】为什么用了两个日子记录他的死亡？他发疯了。甲戌日走失，己丑日被找到时已死了，君子阙疑，所以用两个日子记录他的死亡。

【经】夏，齐侯、郑伯如纪。

【传】外相如不书，此何以书？离不言会[1]。

【注释】

①离不言会：离会，即两国相会。“离不言会”，指两国相会，经文不书“会”字，而书“如”字。原因是，两国相会，双方各执己见，不能定是非善恶。按照《春秋》三世之例，传闻世内离会书，外离会不书。内离会书，如隐公二年，“公会戎于潜”是也。外离会不书，即此条。至所闻世，则书外离会，如宣公十一年，“晋侯会狄于欑函”。值得注意的是：第一，“离不言会”与“外相如不书”是紧密联系在一起的，此条书“齐侯、郑伯如纪”，因有“外相如不书”之例，故知此非“如”，而是因离会而变“会”言“如”。第二，此条虽

书“如纪”，而纪国未与会，宜与桓公二年，“蔡侯、郑伯会于邓”条参看。

【译文】

【经】夏，齐侯、郑伯去了纪国。

【传】别国的往来，照例是不记录的，这里为何记录？因为鲁国之外的离会，经不书“会”字，而书“如”字。

【经】天王使仍叔之子来聘。

【传】仍叔之子者何？天子之大夫也。其称仍叔之子何①？讥。何讥尔？讥父老子代从政也②。

【注释】

①其称仍叔之子何：案名例，天子上大夫氏采称字，如南季；中大夫氏采称且字，如家父；下大夫系官氏名且字，如宰渠伯纠。此处“仍叔之子”的称谓不合名例，故发问。

②讥父老子代从政：案礼制，大夫七十致仕，且不世袭。仍叔年老致仕，其子未得天子之命，便代父从政，故《春秋》书“仍叔之子”以讥之。此与《春秋》“讥世卿”之义同。

【译文】

【经】天王派遣仍叔之子来聘问鲁国。

【传】“仍叔之子”是什么人？是天子的大夫。为什么称他为“仍叔之子”？是讥刺。讥刺什么？讥刺父老，子无天子之命便代父从政。

【经】葬陈桓公①。

【注释】

①葬陈桓公：陈桓公，即此年正月去世之陈侯鲍。案时月日例，大国卒日葬月，而陈桓公之葬书时，是谴责陈国臣子知君父有疾，营卫不周，致使桓公走失去世。

【译文】

【经】安葬陈桓公。

【经】城祝丘。

【译文】

【经】修葺祝丘城。

【经】秋，蔡人、卫人、陈人从王伐郑[①]。

【传】其言从王伐郑何？从王，正也[②]。

【注释】

①蔡人、卫人、陈人从王伐郑：按照史实，此实为三国之君从王伐郑。这一点可以从下文“从王，正也”中看出，若周天子亲在阵中，诸侯仅派微者随从，并非正法。不书“蔡侯、卫侯、陈侯”而书“人”者，刺天子之微弱也，何休云：“时天子微弱……仅能从微者，不能从诸侯。”此条宜与隐公八年“公及莒人盟于包来”条参看。

②从王，正也：即诸侯从王征伐是正法。另一方面，案礼制，天子不亲征下土。此处周天子亲在阵中，是非礼的，但是三国之君从王伐郑，则是正法。

【译文】

【经】秋,蔡人、卫人、陈人随从周天子伐击郑国。

【传】经文为什么说“从王伐郑”?随从王者,是正法。

【经】大雩[①]。

【传】大雩者何?旱祭也。然则何以不言旱[②]?言雩则旱见,言旱则雩不见。何以书?记灾也。

【注释】

①大雩:雩,求雨之祭,分为两种,一为“常雩”,于每年四月行之;一为“大雩”,遇大旱则行之。鲁国大雩在沂水之上举行,其仪式,何休云:“君亲之南郊,以六事谢过自责曰:政不一与?民失职与?宫室崇与?妇谒盛与?苞苴行与?谗夫倡与?使童男女各八人舞而呼雩。”

②何以不言旱:即经何以不书“旱,大雩”。传文之问答是“言雩则旱见,言旱则雩不见”,即大雩之祭只针对大旱,不针对别的灾异,故省文可知。

【译文】

【经】大雩祭。

【传】大雩祭是什么?是因干旱举行的求雨之祭。为什么不说干旱?说雩祭,则干旱已见;说干旱,则雩祭不见。为何记录此事?这是记录灾害。

【经】螺[①]。

【传】何以书?记灾也。

【注释】

①蝝(zhōng):蝗虫,此处指蝗灾。

【译文】

【经】发生了蝗灾。

【传】为什么记录?这是记录灾害。

【经】冬,州公如曹[1]。

【传】外相如不书,此何以书?过我也[2]。

【注释】

①州公:州国之君,其本爵不可知,然绝非公爵。案《春秋》之中,天子三公称“公”,二王后称“公”。此处州国之君称“公”者,因其在桓公六年再次经过鲁国时,傲慢不假途,自尊若公,故《春秋》如其意而书“州公”。

②过我也:即州公前往曹国,途径鲁国。此时之州公尚守假途之礼,未有傲慢之行,据“外相如不书”之例,不应书“州公如曹”。此处书之,是为下文张本。桓公六年正月,州公由曹归国,未假途于鲁国,《春秋》因其失礼而书“寔来”。若此不书“州公如曹”,则下年之“寔来”不知所指,故预先书之。

【译文】

【经】冬,州公去了曹国。

【传】外诸侯相互往来,照例不作记录,这次为什么记录?因为经过我国。

【经】六年,春,正月,寔来。

【传】寔来者何?犹曰是人来也[1]。孰谓?谓州公也[2]。

曷为谓之寔来？慢之也[③]。曷为慢之？化我也[④]。

【注释】

①是人来：即这个人来了。不说具体是谁，故下传有“孰谓”之问。

②谓州公也：因上五年书“冬，州公如曹”，是为此处张本，故知是州公。

③慢之：慢，简慢。之，指代州公。此处仅言“寔来”，不录何人，是简慢州公之意。

④化我：何休云：“行过无礼谓之化，齐人语也。”案礼制，诸侯经过他国，必先假道，若经过他国都城，必先要朝见其君。之所以如此，是为了“崇礼让，绝慢易，戒不虞”。州公上年如曹，途径鲁国，尚守假道之礼，此时归国，却傲慢不假道，《春秋》书“寔来”以恶之。

【译文】

【经】六年，春，正月，寔来。

【传】“寔来”是什么意思？犹如说这个人来了。说的是谁？是州公。为什么说“寔来”呢？是简慢他。为什么简慢？因为他经过我国时无礼（不假道朝见）。

【经】夏，四月，公会纪侯于成[①]。

【注释】

①成：鲁国之邑。

【译文】

【经】夏，四月，公在成邑会见纪侯。

【经】秋，八月，壬午，大阅。

【传】大阅者何[①]？简车徒也[②]。何以书？盖以罕书也[③]。

【注释】

①大阅：检阅兵车。

②简车徒：简，检阅。车，兵车。徒，士兵。案何休之意，阅兵分为三等：一为蒐，即两年一次，检阅士兵。二为大阅，即三年一次，检阅兵车。三为大蒐，即五年一次，检阅兵车与士兵。王引之《经义述闻》据此认为，传文之“徒”字衍。

③以罕书：罕，稀少也。三年大阅是常事，《春秋》常事不书，此处书大阅，是因稀少而书，见桓公忽视武备。同样的，昭公八年之“蒐于红”，昭公十一年之“大蒐于比蒲”皆是“以罕书”。又阅兵例时，此书日者，何休云：“桓既无文德，又忽忘武备，故尤危录。”

【译文】

【经】秋，八月，壬午，举行“大阅”之礼。

【传】“大阅”是什么？是检阅兵车和士兵。为什么记录？以为罕见而记录。

【经】蔡人杀陈佗。

【传】陈佗者何？陈君也[①]。陈君，则曷为谓之陈佗？绝也[②]。曷为绝之？贱也。其贱奈何？外淫也[③]。恶乎淫？淫于蔡，蔡人杀之[④]。

【注释】

①陈君：即陈佗实为陈国之君，陈为侯爵，“佗”是陈侯之名。本应

称“陈侯佗”，而经不书“侯”字，故下传发问。

②绝：诛绝，即被《春秋》所绝，何休云：“国当绝。”指陈佗及其后代不宜有陈国。

③外淫：在国外淫乱。陈佗作为一国之君，却至他国淫乱，与匹夫无异，故云“贱也”。

④蔡人杀之：陈佗被蔡人所杀。经称“蔡人杀陈佗”，是赞成蔡人的做法。因为“称人而杀”与隐公四年之“卫人杀州吁”相同，是“讨贼之辞”。另外，依《春秋》之例，若国君在外国被杀，则应书“日”，又书葬(参见鲁桓公之例)。然而陈佗被诛绝，且蔡人得杀之，那么这就不属于“弑君”的行为，故此条不书日，下文亦不书葬。

【译文】

【经】蔡人杀了陈佗。

【传】陈佗是什么人？是陈国之君。陈国之君，则为什么称他为陈佗？是诛绝他。为什么要诛绝他？因为他有贱行。他有何贱行？在外国淫乱。在哪里淫乱？在蔡国淫乱，蔡人把他杀了。

【经】九月，丁卯，子同生。

【传】子同生者孰谓？谓庄公也①。何言乎子同生？喜有正也②。未有言喜有正者，此其言喜有正何？久无正也③。子公羊子曰④：“其诸以病桓与？⑤”

【注释】

①谓庄公也：鲁庄公名同。

②正：正嗣。鲁庄公是鲁桓公与夫人姜氏所生，《公羊义疏》云：“以嫡夫人长子得国，得夫妇父子之正。”

③久无正:此指鲁隐公、桓公之母皆非嫡。隐、桓之祸即生于此。

④子公羊子:《公羊传》著于竹帛前的先师。

⑤其诸以病桓与:其诸,推测之辞。病桓,即诟病鲁桓公。子公羊子此说,是针对经文“子同”的书法而言的。按照《春秋》之例,嗣子“君存称世子,君薨称子某”,此处桓公尚存,当称“世子同”。然“世子”有“世世子也”的意思,若称“世子同”,就意味着桓公之得位是合法的。但是桓公弑君而立,得位不正,经文不称“世子同”,而称“子同”,正是诟病桓公之“不正”。

【译文】

【经】九月,丁卯,子同出生了。

【传】子同出生,指的是谁?指的是鲁庄公。为什么要说子同生?喜有正嗣。(按常例)《春秋》不会因欣喜而记录有正嗣,此处为何记录喜有正嗣?因久无正嗣。子公羊子说:“(子同的书法)大概是诟病桓公吧。”

【经】冬,纪侯来朝。

【译文】

【经】冬,纪侯来朝见。

【经】七年,春,二月,己亥,焚咸丘。

【传】焚之者何?樵之也[①]。樵之者何?以火攻也。何言乎以火攻[②]?疾始以火攻也[③]。咸丘者何?邾娄之邑也。曷为不系乎邾娄[④]?国之也[⑤]。曷为国之?君存焉尔[⑥]。

【注释】

①樵:柴薪。此处作动词中,即用柴薪烧。

②何言乎以火攻:案《春秋》之例,战伐不言所用之兵器,此处言火攻,故发问。

③疾始以火攻:疾,痛恨。疾始以火攻之原因,何休云:"征伐之道,不过用兵,服则可以退,不服则可以进。火之盛炎,水之盛冲,虽欲服罪,不可复禁,故疾其暴而不仁也。"以火攻人,始于鲁桓公,前此未有,《春秋》疾其暴虐,故此年去"秋、冬"二时以贬之。

④系乎邾娄:系属于邾娄国,即书"邾娄咸丘",表明咸丘是邾娄之邑。

⑤国之:即以咸丘为一国。

⑥君存焉尔:邾娄国君身在咸丘,故"国之",明臣子当赴其难。

【译文】

【经】七年,春,二月,己亥,焚咸丘。

【传】"焚"之是什么意思?是用柴薪烧。用柴薪烧是什么意思?是以火攻咸丘。为什么要说以火攻?痛恨这是使用火攻的开端。咸丘是什么地方?是邾娄国的城邑。为什么不系属于邾娄?是将其比于一国。为什么将其比于一国?邾娄之君在那里。

【经】夏,穀伯绥来朝。邓侯吾离来朝。

【传】皆何以名①?失地之君也②。其称侯朝何?贵者无后,待之以初也③。

【注释】

①何以名:案礼制,诸侯生时称爵,不称名。此处书穀伯、邓侯之名,故发问。

②失地之君:国被灭,其君称为失地之君。案礼制,诸侯失地则称名。

③贵者无后,待之以初:失地之君寄居他国,称为“寄公”。“贵者无后,待之以初”是主国对待寄公的方式。贵者,指的是寄公本人。无后,指寄公不能立后,其子孙不再具有寄公的身份。其原因是诸侯失地则被诛绝,故子孙不得世继。待之以初,指的是寄公本人因曾为诸侯,故主国仍以诸侯之礼待之,经书榖“伯”、邓“侯”,即是“待之以初”的体现。又,此年无秋冬二时,原因是鲁桓公始用火攻,《春秋》去二时以贬之。

【译文】

【经】夏,榖伯绥来朝见。邓侯吾离来朝见。

【传】为什么都记录他们的名?因为他们都是失地之君。为什么在朝见时还要称他们的爵位呢?曾经尊贵的人,已经不能立后了,主国以之前的礼数对待他们本人。

【经】八年,春,正月,己卯,烝。

【传】烝者何?冬祭也[①]。春曰祠,夏曰礿,秋曰尝,冬曰烝[②]。常事不书[③],此何以书?讥。何讥尔?讥亟也[④]。亟则黩,黩则不敬。君子之祭也,敬而不黩。疏则怠[⑤],怠则忘。士不及兹四者[⑥],则冬不裘,夏不葛[⑦]。

【注释】

①冬祭:祭,指的是宗庙四时之祭。孝子以四季新熟之物祭祀祖先,并用牲,此为四时之祭。

②春曰祠,夏曰礿(yuè),秋曰尝,冬曰烝:此为宗庙四时祭之名。四时所荐之物不同,祭名含义亦不同,何休云:“(春)荐尚韭卵。

祠犹食也,犹继嗣也,春物始生,孝子思亲,继嗣而食之,故曰祠。(夏)荐尚麦鱼,麦始熟可礿,故曰礿。(秋)荐尚黍豚。尝者,先辞也,秋谷成者非一,黍先熟,可得荐,故曰尝。(冬)荐尚稻鴈。烝,众也,气盛貌。冬万物毕成,所荐众多,芬芳备具,故曰烝。”

③常事不书:四时之祭为定制,若不违礼则不书。

④亟:屡次,多次。案去年十二月已行烝祭,只是“常事不书”而已,今年正月又举行烝祭,过于频繁了,故《春秋》讥之。

⑤疏:稀少,指四时之祭次数太少。

⑥士不及兹四者:四者,指四时之祭。士有公事,可能会错过四时之祭。

⑦冬不裘,夏不葛:裘,皮衣。葛,用葛之纤维制成的衣服。裘、葛为冬、夏之美服,士虽不及四时之祭,然念亲依旧,故不服美服。

【译文】

【经】八年,春,正月,己卯,举行烝祭。

【传】“烝”是什么?是冬天的宗庙之祭。春天的宗庙之祭称为祠,夏天称为礿,秋天称为尝,冬天称为烝。此处为何要记录?是讥刺。讥刺什么?讥刺太频繁了。祭祀过于频繁就会轻慢,轻慢就会不敬。君子的祭祀,恭敬而不轻慢。祭祀次数过少就会懈怠,懈怠就容易遗忘。士如果因公事未赶上四时之祭,则冬天不穿裘衣,夏天不穿葛衣。

【经】天王使家父来聘①。

【注释】

①家父:“家”为采地之名,此处是以采地为氏。“父”是二十岁所称的且字。“家父”氏采称且字,则是天子中大夫。

【译文】

【经】天王派遣家父来聘问鲁国。

【经】夏，五月，丁丑，烝。

【传】何以书？讥亟也[1]。

【注释】

①讥亟也：去年十二月已行烝祭，此处又烝，故《春秋》讥亟，与今年正月之烝同。

【译文】

【经】夏，五月，丁丑，举行烝祭。

【传】为何要记录？是讥刺祭祀过于频繁。

【经】秋，伐邾娄。

【译文】

【经】秋，（鲁国之士）伐击邾娄国。

【经】冬，十月，雨雪。

【传】何以书？记异也。何异尔？不时也[1]。

【注释】

①不时也：不符合时令。案周历十月，为农历八月，不应下雪，故为异象。何休以为："此阴气大盛，兵象也，是后有郎师，龙门之战，泬血尤深。"

【译文】

【经】冬，十月，下雪。

【传】为何记录此事？是记录异象。有何怪异之处？不符合时令。

【经】祭公来，遂逆王后于纪。

【传】祭公者何？天子之三公也[①]。何以不称使[②]？婚礼不称主人[③]。遂者何[④]？生事也。大夫无遂事[⑤]，此其言遂何？成使乎我也[⑥]。其成使乎我奈何？使我为媒，可则因用是往逆矣[⑦]。女在其国称女[⑧]，此其称王后何？王者无外，其辞成矣[⑨]。

【注释】

①天子之三公：案名例，天子三公氏采称公，故知祭公为天子三公。祭公此番来鲁国，是为周天子娶王后于纪国。

②何以不称使：使，即受天子之派遣。祭公非出奔至鲁国，而是奉王命前来，经无“使”文，故而发问。

③婚礼不称主人：详见隐公二年，“九月，纪履緰来逆女条”注释④。

④遂：于是就之意。《春秋》书“遂”，表明一事完毕，又横生一事。

⑤大夫无遂事：大夫不能在君命之外擅自生事。此是《春秋》一般之原则，因大夫无自专之道。然遇特殊情况，若能救国家于危难，亦可自专。

⑥成使乎我：我，指鲁国。孔广森以为，“成使乎我”即待我而使事成。具体之含义见下文。

⑦使我为媒，可则因用是往逆矣：意谓使鲁国为媒，一旦纪国应允，直接从鲁国出发迎接王后，不复回报周天子。案婚礼有六个步骤：纳采、问名、纳吉、纳征、请期、亲迎。周天子使鲁为媒，可则迎之的作法，是未备六礼，草率行事。何休云：“疾王者不重妃匹，逆天下之母，若逆婢妾，将谓海内何哉？故讥之。”

⑧女在其国称女，此其称王后何：参见隐公二年，“九月，纪履緰来逆女”条注释⑩。彼处女子嫁为诸侯夫人，在其国称“女”，是“未

离父母之辞”。今嫁纪女仍在父母之国，不称“女”，而称“王后”，故传发问。

⑨王者无外，其辞成矣：普天之下莫非王土，故云“王者无外”。辞，指“王后”之称。案女子嫁为诸侯夫人，在其国称“女”，在途称“妇”，进入夫家国内，方称“夫人”而“辞成”。嫁为王后则不同，父母之国亦是天子之土，故在其国便成“王后”之辞。

【译文】

【经】祭公来，遂去纪国迎接王后。

【传】祭公是什么人？是天子三公之一。经文为何不书“使”字？因为婚礼不称主人之名。“遂”是什么意思？是擅自生事的意思。大夫不能有“遂事”，这里为何书“遂”？婚事之成在于我国。怎么婚事之成在于我国？周天子使我国为媒，一旦纪国应允，祭公便去迎接王后。女子出嫁，在本国时称女，为何这里却称王后？王者无外，王后之辞已成。

【经】九年，春，纪季姜归于京师①。

【传】其辞成矣，则其称纪季姜何②？自我言纪③，父母之于子，虽为天王后，犹曰吾季姜④。京师者何？天子之居也⑤。京者何？大也。师者何？众也。天子之居，必以众大之辞言之。

【注释】

①纪季姜：即上年祭公为天子所逆之王后。归：妇人称嫁曰归。

②其称纪季姜何：即王后之辞已成，而经书“纪季姜”，以父母之辞言之，故发问。

③自我言纪：即假设纪国为我国，用我国之辞言之。参见桓公三年

“九月，齐侯送姜氏于讙”条注释⑤。

④虽为天王后，犹曰吾季姜：女儿虽嫁为王后，自父母言之，仍是我国之“季姜”。此明子尊不加于父母之义。

⑤天子之居也：案礼制，天子所居之地为京师，此处指成周。

【译文】

【经】九年，春，纪季姜嫁到京师。

【传】王后之辞已成，则此处为何称纪季姜？从纪国的角度来说，父母之于子，虽嫁为天王后，仍是我之季姜。京师是什么？是天子所居之地。京是什么意思？广大。师是什么意思？众多。天子所居之地，一定要用众大之辞言之。

【经】夏，四月。

【译文】

【经】夏，四月。

【经】秋，七月。

【译文】

【经】秋，七月。

【经】冬，曹伯使其世子射姑来朝①。

【传】诸侯来曰朝，此世子也，其言朝何②？《春秋》有讥父老子代从政者，则未知其在齐与？曹与③？

【注释】

①曹伯：即桓公十年去世之曹桓公，名终生。

②此世子也，其言朝何：案《春秋》之例，诸侯来曰朝，大夫来曰聘。据"臣子一例"之义，则世子的身份仍为臣，当言"聘"，不当言"朝"。

③未知其在齐与？在曹与：在齐，指的是齐世子光代父从政，见襄公九年、十一年。在曹，即此条曹世子射姑代父朝鲁。《春秋》以为，子代父从政，安于父位，不孝之甚，故书其"世子"之称以讥之。所以从表面上看，此条经文是讥刺曹世子，但为何传文却作不确定之辞？这要与下年曹伯终生卒葬之文参看。曹伯年老病重，不能朝见鲁国，以为若使世子聘问，恐失礼于鲁国，故使世子代己行朝礼，第二年便去世。《春秋》以为，曹伯有尊鲁之心，故依大国之例详录卒葬（详见下年）以褒之。此处世子虽然失礼，考虑到曹伯有尊鲁之心，故传作不确定之辞。

【译文】

【经】冬，曹伯派遣世子射姑来朝见鲁国。

【传】诸侯来才称为"朝"，这是世子，为什么称"朝"？《春秋》有讥刺父老子代为从政的，则不知是在齐国，还是在曹国？

【经】十年，春，王正月，庚申，曹伯终生卒。

【经】夏，五月，葬曹桓公①。

【注释】

①葬曹桓公：案《春秋》三世之例，传闻世不书小国之卒葬，所闻世始见小国卒葬，卒月葬时。此条曹为小国，传闻世不录卒葬，《春秋》于曹桓公，却用大国卒日葬月之例，是因曹桓公年老，使世子

来朝，有恩于鲁，《春秋》敬老重恩，故录之。

【译文】

【经】十年，春，王正月，庚申，曹伯终生去世了。

【经】夏，五月，安葬曹桓公。

【经】秋，公会卫侯于桃丘，弗遇。

【传】会者何？期辞也[①]。其言弗遇何？公不见要也[②]。

【注释】

①期辞也：事先约定之辞。案《春秋》言“会”，是事先约定好时间地点，又书“弗遇”，两者矛盾，故下传问：“其言弗遇何？”

②公不见要：即公没有被邀请。事实上，此会是鲁桓公主动约见卫侯，卫侯不肯见，疑桓公亦未出会。然桓公被拒有耻，《春秋》为之避讳，好像卫侯同意了相会，桓公亦出会，但最后不知为何，没有遇到。传言“公不见要”是顺着经文假设的“弗遇”讲的，指在具体的相遇过程中，桓公未受到邀请，信息不通，故而没有遇到卫侯。

【译文】

【经】秋，公要与卫侯在桃丘相会，但没有遇到。

【传】“会”是什么意思？是事先相约之辞。经文说没有遇到是什么意思？公在相遇时未受到邀请。

【经】冬，十有二月，丙午，齐侯、卫侯、郑伯来战于郎。

【传】郎者何？吾近邑也。吾近邑，则其言来战于郎何？近也。恶乎近？近乎围也[①]。此偏战也[②]，何以不言师败绩[③]？内不言战，言战乃败矣[④]。

【注释】

①近乎围也:围,即国都被围。因郎是近邑,鲁国与三国战于郎,接近于国都被围,故经不书"战于郎",而书"来战于郎"以明此战"近乎围"。

②偏战:偏,一面也。即双方各据一面,约定时间地点,鸣鼓而战,不欺诈。

③何以不言师败绩:《春秋》记录外诸侯间的偏战,则书:某日,某及某战于某,某师败绩。此处是鲁国之偏战,却未书"师败绩",故而发问。

④内不言战,言战乃败矣:内,指鲁国,《春秋》托王于鲁,故以鲁为内。"战"是敌体之辞,鲁为王者,与诸侯非敌体,故一般不书"战"文。若鲁国战胜,则书"公败某师",此为"内不言战"。若鲁国战败,则书"战"字以明之,而不言"师败绩",此为"言战乃败"。

【译文】

【经】冬,十二月,丙午,齐侯、卫侯、郑伯来到郎邑,与我国交战。

【传】郎是什么地方?是我国接近都城之邑。是我国的近邑,则经文为何书"来战于郎"?此战国都近乎被围。这是各据一面、不使诈术的战争,为什么不记录"某师败绩"?记录鲁国的战争,一般不用"战"字,言"战"就表明鲁国败了。

【经】十有一年,春,正月①,齐人、卫人、郑人盟于恶曹。

【注释】

①正月:经书"人",表明是三国之士,属于微者。案时月日例,微者盟例时。此处书月者,何休云:"桓公行恶,诸侯所当诛,属上三

国来战于郎，今复使微者盟，故为鲁惧，危录之。”

【译文】

【经】十一年，春，正月，齐人、卫人、郑人在恶曹结盟。

【经】夏，五月，癸未，郑伯寤生卒。

【经】秋，七月，葬郑庄公①。

【注释】

①葬郑庄公：案郑虽是伯爵，然亦属大国，故郑庄公卒日葬月。又案《春秋》之例，君若杀无罪之大夫，则不书君之葬。前郑庄公杀其弟段，因段图谋篡位，故不属于杀无罪大夫，故《春秋》书其葬。又诸侯五月而葬，此处未及五个月便下葬，属于“不及时而不日，慢葬也”。

【译文】

【经】夏，五月，癸未，郑伯寤生去世了。

【经】秋，七月，安葬郑庄公。

【经】九月①，宋人执郑祭仲。

【传】祭仲者何？郑相也。何以不名②？贤也。何贤乎祭仲？以为知权也。其为知权奈何？古者郑国处于留③，先郑伯有善于郐公者④，通乎夫人，以取其国，而迁郑焉，而野留⑤。庄公死，已葬，祭仲将往省于留，涂出于宋，宋人执之⑥，谓之曰：“为我出忽而立突⑦。”祭仲不从其言，则君必死⑧，国必亡。从其言，则君可以生易死，国可以存易亡。少辽缓之，则突可故出，而忽可故反⑨，是不可得则病⑩。然后有郑国⑪。古人之有权者,祭仲之权是也。权者何?权者反于经,然后有善者也⑫。权之所设,舍死亡无所设⑬。行权有道,自贬损以行权⑭,不害人以行权,杀人以自生,亡人以自存,君子不为也。

【注释】

①九月:案时月日例,执例时。此处书月,是针对下文"突归于郑"和"郑忽出奔卫"而言的。因《春秋》书月之例,一月有数事,则于第一事上书月,事重者蒙月,轻者不蒙月。

②何以不名:案经书"祭仲",祭为氏,仲为字。而《春秋》之例,诸侯大夫称名氏,此处称字,故发问。

③古者郑国处于留:即先前郑国之都城为留。

④先郑伯:指郑武公。武公与郐国夫人私通,因而灭郐,并将郑国都城迁至郐。

⑤野留:野,鄙也,古人称国都以外的城邑为鄙。此书为动词,以留为鄙。

⑥宋人执之:宋人,实为宋庄公。不称"宋公"者,《春秋》之例,称爵而执,表明被执者有罪;称人而执,则被执者无罪。祭仲无罪,宋庄公执之,故称"宋人"。

⑦出忽而立突:忽为郑庄公之长子公子忽。突为公子突,是公子忽之异母弟。突之母为宋国人,故宋庄公胁迫祭仲废忽立突。

⑧君必死:君指忽,时郑庄公卒,忽即位未逾年。忽为微弱之君,后之传文云"祭仲存则存,祭仲亡则亡",故此处祭仲有"君必死,国必亡"之判断。

⑨突可故出,而忽可故反:故,固也,依旧之意。祭仲认为,此时虽然"出忽立突",但之后可以"出突立忽"。

⑩是不可得则病：是，指代“突可故出，忽可故反”。若祭仲不能做到这点，则病逐君之罪。即要有拼死成功的觉悟。

⑪然后有郑国：有，保有也。指祭仲有了之前的一番觉悟后，才能保有郑国。

⑫权者反于经，然后有善：反，违反。经，指代一般意义上的君臣之礼。祭仲之“出忽立突”，表面上看，是违反了君臣之礼。然后有善，指最后“突可故出，忽可故反”的结果是善的。

⑬舍死亡无所设：死亡，指的是“君必死，国必亡”，非自己的性命。设，施用。

⑭自贬损：指“是不可得则病”。

【译文】

【经】九月，宋人拘押了郑国的祭仲。

【传】祭仲是什么人？是郑国的相。为什么不称名？因为他有贤德。祭仲有何贤德？《春秋》认为他通晓权变。他通晓权变是怎么回事？先前，郑国的都城在留，郑国先君中有一人和郐公关系很好，与郐公夫人私通，以此夺取了郐国，并迁都于郐，而留则成为了鄙邑。郑庄公去世，祭仲将要前往留地省察，途径宋国，宋人拘押了他，对他说：“为我驱逐忽，拥立突。”祭仲以为，如果不听从宋人的话，国君必死，郑国必亡。听从宋人的话，国君能以生易死，郑国则能以存易亡。稍微迁延一段时间，则依旧可以驱逐突，依旧可以迎回忽。如果不能实现这个计划，自己将蒙受逐君之罪。有了这番觉悟，然后才能保有郑国。古人所通晓的权变，也就是祭仲这样的权变。权变的施用，除了君死国亡外不能施用。行权有道义，只能自我贬损来行权，不能害人以行权。杀人以自生，亡人以自存，君子不为。

【经】突归于郑。

【传】突何以名①？挈乎祭仲也②。其言归何③？顺祭仲也[④]。

【注释】

①突何以名：这是祭仲听从宋人之言，拥立公子突。然公子突实为篡位，应以当国之辞称“郑突”（“当国”参见隐公元年，“郑伯克段于鄢”条注释⑤）。此处经文仅书“突”，故传问“突何以名”。

②挈（qiè）乎祭仲：挈，提挈也，突之得立，由祭仲之提挈。挈乎祭仲在书法上指的是，经文上条书“宋人执郑祭仲”，此条又书“突归于郑”，“突”在“祭仲”之下，以此见突“挈乎祭仲”。

③其言归何：案桓公十五年传云：“入者，出入恶。归者，出入无恶。”案常例，突篡位，当书“入”以见其恶，如齐桓公篡位，经书“齐小白入于齐”，此处经文却书“归”，作无恶之辞，故发问。

④顺祭仲：即顺着祭仲的意思。祭仲的计策，是先“出忽立突”，再“突可故出，而忽可故反”。此处拥立公子突，是行权的一个步骤，故而是无恶的。

【译文】

【经】突归于郑国。

【传】突为什么仅称名？见其受祭仲之提挈。经文为何书“归”？这是顺着祭仲的意思。

【经】郑忽出奔卫。

【传】忽何以名[①]？《春秋》伯、子、男一也[②]，辞无所贬[③]。

【注释】

①忽何以名：案《春秋》嗣君之名例“君薨称子某，既葬称子，逾年即位，三年称公”。此处郑庄公卒于今年五月，葬于七月，忽为嗣

君，当依“既葬称子”之例称为“郑子”，而经文书名，故发问。

②《春秋》伯、子、男一也：按照周制，诸侯有公、侯、伯、子、男五等爵。《春秋》改制，用三等爵，将周制的伯、子、男合为一等。

③辞无所贬：贬，丧贬也。案嗣君之名例，先君去世时称“子某”，先君葬后称“子”，一年之内皆不称本爵，此为丧贬。依此例，郑国为伯爵，此时郑庄公已葬，当称忽为“郑子”以见丧贬。然《春秋》伯子男一也，则称伯与称子是一样的，“郑子”之称，是看不出丧贬的，称名方能见丧贬，故经文书“郑忽”。值得注意的是，按常理，国君出奔是大恶，此处忽之出奔却无恶，这也是“顺祭仲”的书法。

【译文】

【经】郑忽出奔到了卫国。

【传】忽为何称名？《春秋》改制，伯、子、男合为一等，称“郑子”文辞不能体现出丧贬。

【经】柔会宋公、陈侯、蔡叔盟于折[①]。

【传】柔者何？吾大夫之未命者也[②]。

【注释】

①蔡叔：实为蔡国国君，不称“蔡侯”而称“蔡叔”者，何休云：“不能防正其姑姊妹，使淫于陈佗，故贬在字例。”

②吾大夫之未命者：案《春秋》之例，鲁国之未命大夫书名，不称氏。（参见隐公九年“侠卒”条）

【译文】

【经】柔会同宋公、陈侯、蔡叔，在折地结盟。

【传】柔是什么人？是我们的未命大夫。

【经】公会宋公于夫童。

【译文】

【经】公与宋公在夫童相会。

【经】冬，十有二月，公会宋公于阚。

【译文】

【经】冬，十二月，公与宋公在阚地相会。

【经】十有二年，春，正月。

【译文】

【经】十二年，春，正月。

【经】夏，六月，壬寅，公会纪侯、莒子盟于殴蛇。

【译文】

【经】夏，六月，壬寅，公会同纪侯、莒子，在殴蛇结盟。

【经】秋，七月，丁亥，公会宋公、燕人盟于穀丘。

【译文】

【经】秋，七月，丁亥，公会同宋公、燕人，在穀丘结盟。

【经】八月，壬辰，陈侯跃卒[1]。

【注释】

①陈侯跃：陈佗之子。案陈佗外淫，被《春秋》诛绝，其子孙不能继有陈国，故陈侯跃属于"诛君之子不立"的情况，故《春秋》不书跃之葬。

【译文】

【经】八月，壬辰，陈侯跃去世了。

【经】公会宋公于郯。

【译文】

【经】公与宋公在郯地相会。

【经】冬，十有一月，公会宋公于龟。

【译文】

【经】冬，十一月，公与宋公在龟地相会。

【经】丙戌，公会郑伯盟于武父。

【译文】

【经】丙戌，公与郑伯在武父结盟。

【经】丙戌[1]，卫侯晋卒。

【注释】

①丙戌：案《春秋》之例，若国君篡位而立，且无“篡文”（即“立”、“纳”、“入”），则于其卒不书日，以明其篡；若前有“篡文”，则卒时仍书日。卫侯晋（卫宣公）是篡立，隐公四年经书“卫人立晋”，有“篡文”，故此处仍书“丙戌”。

【译文】

【经】丙戌，卫侯晋去世了。

【经】十有二月，及郑师伐宋。丁未，战于宋。

【传】战不言伐[①]，此其言伐何？辟嫌也。恶乎嫌？嫌与郑人战也[②]。此偏战也，何以不言师败绩？内不言战，言战乃败矣[③]。

【注释】

①战不言伐：案《春秋》之中，涉及战争的辞有“侵、伐、战、围、入、灭”，战斗之程度由浅及深，《春秋》对于某一次战争，仅书其重者（详见庄公十年“公侵宋”条传文）。此条之中，“战”、“伐”并举，依例应言“战”不言“伐”。

②嫌与郑人战：即若依“战不言伐”之例，经当书“及郑师战于宋”，则嫌鲁国之士率军与郑人交战。故必须先言“伐宋”，表明对手是宋国。

③此偏战也，何以不言师败绩？内不言战，言战乃败矣：参见桓公十年，“齐侯、卫侯、郑伯来战于郎”条。

【译文】

【经】十二月，鲁国的士率军与郑国之师伐击宋国。丁未，战于宋。

【传】按照《春秋》常例，书了“战”就不书“伐”，此处为何言“伐”？是为了避嫌。有什么嫌疑？嫌我国与郑国交战。这是各据一面、不使诈术的战争，为什么不记录“某师败绩”？记录鲁国的战争，一般不用“战”字，言“战”就表明鲁国败了。

【经】十有三年，春，二月，公会纪侯、郑伯。己巳，及齐侯、宋公、卫侯、燕人战，齐师、宋师、卫师、燕师败绩。

【传】曷为后日①？恃外也②。其恃外奈何？得纪侯、郑伯然后能为日也③。内不言战，此其言战何？从外也④。曷为从外？恃外，故从外也。何以不地？近也。恶乎近？近乎围⑤。郎亦近矣，郎何以地？郎犹可以地也⑥。

【注释】

①后日：即经文中“己巳”在“公会纪侯、郑伯”之后。

②恃外：倚仗外国的力量。

③得纪侯、郑伯然后能为日：得到纪侯、郑伯相助，方能结日偏战，《春秋》以“后日”的书法表明这一点。若非倚仗外力，则应书“十三年，春，二月，己巳，公会纪侯、郑伯及齐侯、宋公、卫侯、燕人战”。

④从外：即遵从外诸侯偏战之书法。外诸侯偏战之书法是“某日，某及某战于某，某师败绩”。内之偏战，因《春秋》王鲁，“内不言战，言战则败矣”，故鲁国若胜，则书“某日，公败某师于某”；鲁国若败，则书“某日，公及某战于某”，不言“师败绩”。

⑤近乎围：都城几乎被围，《春秋说》以为此即龙门之战。龙门为鲁国都城之郭门，故言“近乎围”。

⑥郎犹可以地也：地，即记录战争的地点。桓公十年“齐侯、卫侯、郑伯来战于郎”，近乎围而书地；此处龙门之战，近乎围而不地。

其原因，何休云："郎虽近，犹尚可言其处，今亲战龙门，兵攻城池尤危，故耻之。"

【译文】

【经】十三年，春，二月，公会合纪侯、郑伯。己巳，同齐侯、宋公、卫侯、燕人交战，齐师、宋师、卫师、燕师败绩。

【传】为什么交战之日记录在后面？因为此战鲁国倚仗了外国的力量。倚仗外国之力是怎么回事？得到纪侯、郑伯相助后，才能结日偏战。涉及鲁国的战争，不书"战"字，此处为何言"战"？这是遵从外诸侯偏战的书法。为什么要用外偏战的书法？倚仗外国之力，所以遵从外偏战的书法。为什么不记录地点？因为近于国都。近到何种程度？都城几乎被围。郎之战也接近包围都城，为何记录地点？郎之战还能记录地点，此战则更近更危险，有耻，故不能记录地点。

【经】三月，葬卫宣公。

【译文】

【经】三月，安葬卫宣公。

【经】夏，大水。

【译文】

【经】夏，发大水。

【经】秋，七月。

【译文】

【经】秋，七月。

【经】冬，十月。

【译文】

【经】冬，十月。

【经】十有四年，春，正月，公会郑伯于曹。

【译文】

【经】十四年，春，正月，公与郑伯在曹国相会。

【经】无冰。

【传】何以书？记异也[①]。

【注释】

①记异也：周历正月，当为农历十一月，应有坚冰，无冰则是异象。

【译文】

【经】无冰。

【传】为何要记录？是记录异象。

【经】夏，五，郑伯使其弟语来盟[①]。

【传】夏五者何[②]？无闻焉尔[③]。

【注释】

①来盟:他国大夫至鲁国聘问而盟,称为来盟。反之,鲁国大夫聘问他国而盟,则称莅盟。来盟、莅盟皆例时。

②夏五者何:案经书“夏五”不辞。若“五”指的是“五月”,则与来盟例时矛盾。若不是“五月”,则不知何意。

③无闻焉尔:《公羊传》在著于竹帛之前,靠师徒口耳相传。此处“夏五”之意,未闻之于师,故云“无闻焉尔”。

【译文】

【经】夏,五,郑伯派遣他的母弟语来结盟。

【传】“夏五”是什么意思?没有听到老师的解说。

【经】秋,八月,壬申,御廪灾①。

【传】御廪者何?粢盛委之所藏也②。御廪灾何以书?记灾也。

【注释】

①御廪(lǐn):仓廪。仓廪中藏有御用于宗庙祭祀之粢盛,故称御廪。灾:起火。

②粢盛委之所藏:何休云:“黍稷曰粢,在器曰盛。”委,积也,即仓廪所储存之米粟薪刍等物。

【译文】

【经】秋,八月,壬申,御廪发生了火灾。

【传】御廪是什么?是储藏粢盛和委积的地方。为什么书御廪发生火灾?是记录灾害。

【经】乙亥,尝①。

【传】常事不书，此何以书？讥。何讥尔？讥尝也。曰：犹尝乎？御廪灾，不如勿尝而已矣[2]。

【注释】

①尝：宗庙四时之祭，秋祭曰尝。

②不如勿尝：何休云："（御廪灾）当废一时祭，自责以奉天灾也。"

【译文】

【经】乙亥，举行尝祭。

【传】正常的祭祀是不记录的，此处为何记录？是讥刺。讥刺什么？讥刺举行了尝祭。反诘道：还要举行尝祭吗？御廪发生了火灾，不如不举行尝祭了吧。

【经】冬，十有二月，丁巳，齐侯禄父卒[1]。

【注释】

①齐侯禄父：即齐僖公。

【译文】

【经】冬，十二月，丁巳，齐侯禄父去世了。

【经】宋人以齐人、卫人、蔡人、陈人伐郑。

【传】以者何？行其意也[1]。

【注释】

①行其意也：何休云："以己从人曰行，言四国行宋意也。宋前纳突求赂，突背恩伐宋，故宋结四国伐之。"

【译文】

【经】宋人以齐人、卫人、蔡人、陈人伐击郑国。

【传】"以"是什么意思？是使他国实行自己的意愿。

【经】十有五年，春，二月，天王使家父来求车。

【传】何以书？讥。何讥尔？王者无求[①]，求车，非礼也。

【注释】

①王者无求：案礼制，周天子拥有王畿内之租税，又有四方的供给，这些已经足够用度了。当以廉洁化行天下，若有所求，则是以贪利化行天下，故讥之。又案时月日例，求例时。此条书月，因鲁桓公是无王而行之人，天子不能诛讨，反而有所求，故书月。

【译文】

【经】十五年，春，二月，天王派遣家父来求车。

【传】为何记录此事？是讥刺。为何讥刺？王者没有索求的道理，求车，是非礼的。

【经】三月，乙未，天王崩[①]。

【注释】

①天王：指周桓王。

【译文】

【经】三月，乙未，天王驾崩了。

【经】夏，四月，己巳，葬齐僖公[①]。

【注释】

①己巳,葬齐僖公:齐僖公,即齐侯禄父,卒于桓公十四年十二月,至此正好是五月而葬。齐是大国,本应卒日葬月,此处书日,属于"当时而日,危不得葬"。原因是去年十二月,"宋人以齐人、卫人、蔡人、陈人伐郑",是嗣君被殡用师,故危之。

【译文】

【经】夏,四月,己巳,安葬齐僖公。

【经】五月,郑伯突出奔蔡。

【传】突何以名①?夺正也②。

【注释】

①突何以名:桓公十一年,"突归于郑",已书突之名,此处又书名,故问之。

②夺正:夺取嫡嗣的正位。嫡嗣指忽,夺正之事为桓公十一年"突归于郑"。值得注意的是,案礼制,诸侯出奔书名,见其失众。此处突之出奔书名,非因失众,而是之前的夺正之罪。此条即是祭仲行权中的"突可故出"。

【译文】

【经】五月,郑伯突出奔到蔡国。

【传】突为何称名?因为他夺了嫡嗣的君位。

【经】郑世子忽复归于郑。

【传】其称世子何①?复正也②。曷为或言归,或言复归?复归者,出恶归无恶。复入者,出无恶入有恶。入者,出入恶。归者,出入无恶③。

【注释】

①其称世子何：案《春秋》之例，"君存称世子"，忽是郑庄公之子，庄公已卒，不应再称"世子"，故发问。

②复正：即恢复正位。《公羊传》认为，只有称"郑世子忽"，才能表明忽之"复正"。因为桓公十一年"郑忽出奔卫"，忽还是未逾年君，故此处不能称"郑伯忽"；若依桓十一年而称"郑忽"，则此时在丧期之外，又有当国之嫌；故称"世子"以见其正。

③复归者，出恶归无恶。复入者，出无恶入有恶。入者，出入恶。归者，出入无恶：此讨论《春秋》书"复归"、"复入"、"入"、"归"的意义。四者针对的都是国君先出奔，后归国复为君的情况。书"复归"，表明出奔时有恶，回国时无恶。书"复入"，则出奔时无恶，归国有恶。书"入"，则出奔与归国皆有恶。书"归"，则出奔与归国皆无恶。此条书"复归"，见忽出奔有恶，回国无恶。回国无恶，因忽本为嗣君，理应继承君位。出奔有恶，则见其微弱不能自保。

【译文】

【经】郑世子忽复归郑国。

【传】忽为何称"世子"？是恢复他嫡嗣的地位。为什么《春秋》有时书"归"？有时书"复归"？"复归"指的是出奔有恶，回国无恶。"复入"指的是出奔无恶，回国有恶。"入"指的是出奔与回国皆有恶。"归"指的是出奔与回国皆无恶。

【经】许叔入于许[①]。

【注释】

①许叔入于许：《春秋》中许国为男爵，此处称"许叔"，何休云："春

秋前失爵在字例也。”此经书“入”，表明许叔出奔与回国皆有恶。

【译文】

【经】许叔进入许国篡位。

【经】公会齐侯于鄗。

【译文】

【经】公与齐侯在鄗地相会。

【经】邾娄人、牟人、葛人来朝。

【传】皆何以称人①？夷狄之也②。

【注释】

①何以称人：案《春秋》之例，诸侯来曰“朝”，微者称“人”。此处书“朝”，明是诸侯，又书“人”，故发问。

②夷狄之：三国本为诸夏，夷狄之，即将三国之君贬为夷狄，其中原因，何休云：“桓公行恶，而三人俱朝事之，三人为众，众足责，故夷狄之。”值得注意的是，《春秋》中“夷狄之”的一般书法是单称国名，如“晋伐鲜虞”。此处书“人”以“夷狄之”比较特殊，《公羊义疏》对此的解释是“称人为夷狄之者，《礼记·曲礼》云：‘庶方小侯，入天子之国，曰某人。’郑注‘谓戎狄子男君也’”。据此，称人亦可夷狄之。

【译文】

【经】邾娄人、牟人、葛人来朝见。

【传】为什么都称“人”？这是将他们贬为夷狄。

【经】秋，九月，郑伯突入于栎。

【传】栎者何？郑之邑。曷为不言入于郑[①]？末言尔[②]。曷为末言尔？祭仲亡矣。然则曷为不言忽之出奔？言忽为君之微也[③]，祭仲存则存矣，祭仲亡则亡矣。

【注释】

①曷为不言入于郑：郑，指郑国都城。案《春秋》之例，回国篡位通常书入于国都，如“齐小白入于齐”，此处书“入于栎”，故而发问。

②末言尔：末，浅也。“入于栎”比“入于郑”程度要浅，故云“入于栎”是浅言之。

③言忽为君之微也：忽为君微弱，不能自存，祭仲死后，即被突驱逐出奔，如匹夫一般，故不书其出奔。传言此，证明桓公十一年“君必死，国必亡”以及“权之所设，舍死亡无所设”是实情。

【译文】

【经】秋，九月，郑伯突进入栎邑。

【传】栎是什么地方？是郑国的城邑。为何不言“入于郑国都”？这是浅言之。为何要浅言之？祭仲已经死了。那么为什么不记录忽出奔？以此说明忽作为国君太微弱了，祭仲在世，他能保有君位，祭仲一死，他就出奔了。

【经】冬，十有一月[①]，公会齐侯、宋公、卫侯、陈侯于侈，伐郑。

【注释】

①十有一月：案时月日例，伐例时，此处书月，因诸侯伐击郑伯突，属于义兵，故书月。

【译文】

【经】冬，十一月，公在侈地会同齐侯、宋公、卫侯、陈侯，伐击郑国。

【经】十有六年，春，正月，公会宋公、蔡侯、卫侯于曹。

【译文】

【经】十六年，春，正月，公与宋公、蔡侯、卫侯在曹国相会。

【经】夏，四月，公会宋公、卫侯、陈侯、蔡侯伐郑。

【经】秋，七月，公至自伐郑[①]。

【注释】

①公至自伐郑：公自伐郑之役归来。案《春秋》之例，“公出于一国及独用兵，得意不致，不得意致伐”。“致伐”即“公至自伐”，此处伐郑而致伐，则见公伐郑不得意。又案时月日例，致例时，此处书月者，是善桓公能兴义兵伐郑。

【译文】

【经】夏，四月，公会同宋公、卫侯、陈侯、蔡侯伐击郑国。

【经】秋，七月，公自伐郑而归。

【经】冬，城向。

【译文】

【经】冬，修葺向邑。

【经】十有一月，卫侯朔出奔齐。

【传】卫侯朔何以名？绝。曷为绝之？得罪于天子也。其得罪于天子奈何？见使守卫朔①，而不能使卫小众，越在岱阴齐②，属负兹舍③，不即罪尔④。

【注释】

①卫朔：朔指一年之日历及政令。天子在岁末，向诸侯颁布来年之日历与政令，诸侯藏于祖庙。至每月朔日，朝于庙，告而受行之。此处云“守卫朔”，指代主持卫国政事。

②越在岱阴齐：越，逃走。岱，泰山。阴，山之北称阴。即逃亡在泰山北面齐国之地。

③属负兹舍：属，假托。负兹，诸侯有疾称负兹，意谓负事繁多，故致疾。舍，止也。即假托有疾，舍止不行。

④不即罪尔：即，就也。即不向天子请罪。

【译文】

【经】十一月，卫侯朔出奔到齐国。

【传】卫侯朔何为称名？是诛绝他。为何要诛绝？因为他得罪了天子。他因为什么得罪了天子？他受命主持卫国政事，却使天子不能征发卫国之小众，畏罪逃亡到泰山北面的齐国之地，假托有疾而舍止，不向天子请罪。

【经】十有七年，春，正月，丙辰，公会齐侯、纪侯盟于黄①。

【注释】

①黄：齐国之邑。

【译文】

【经】十七年，春，正月，丙辰，公会同齐侯、纪侯在黄邑结盟。

【经】二月，丙午，公及邾娄仪父盟于趡。

【译文】

【经】二月，丙午，公与邾娄仪父在趡邑结盟。

【经】五月[1]，丙午，及齐师战于奚[2]。

【注释】

①五月：案《春秋》编年之例，当书“夏，五月”，此处不书“夏”者，何休云：“夏者，阳也。月者，阴也。去夏者，明夫人不系于公也。”

②及齐师战于奚：此是鲁国之士率军与齐师交战。又“内不言战，言战乃败矣”，则是鲁国战败。

【译文】

【经】五月，丙午，鲁国之士率军与齐师战于奚。

【经】六月，丁丑，蔡侯封人卒。

【译文】

【经】六月，丁丑，蔡侯封人去世了。

【经】秋，八月，蔡季自陈归于蔡[1]。

【注释】

①蔡季：蔡季为蔡侯封人同母弟，书“季”是称字。案名例，诸侯之大夫称名氏，此处蔡季称字，是贤之。蔡侯封人无子，蔡季以次当继位，然封人欲立献舞，而加害于季，季出奔至陈国。封人去世，献舞立为国君，季自陈归国奔丧（即此条所言“蔡季自陈归于蔡”），并服丧三年，无怨恨之心。故《春秋》贤之，称字而不名。又书“归”，见其出入无恶。

【译文】

【经】秋，八月，蔡季从陈国回到蔡国。

【经】癸巳，葬蔡桓侯①。

【注释】

①癸巳，葬蔡桓侯：蔡桓侯，即蔡侯封人。案《春秋》之例“卒从正，葬从臣子辞”（参见隐公八年，“葬蔡宣公”条），则应称“蔡桓公”。此处称“侯”者，因封人有贤弟蔡季而不任用，反加害之，又立献舞为嗣，后献舞被楚国俘虏，蔡国险些被灭，故贬抑封人，葬时不称“公”。又封人六月卒，八月便葬，属于“不及时而日，渴葬也”。

【译文】

【经】癸巳，安葬蔡桓侯。

【经】及宋人、卫人伐邾娄。

【译文】

【经】鲁国之士率军与宋人、卫人伐击邾娄国。

【经】冬，十月，朔[①]，日有食之。

【注释】

①朔：案《春秋》日食之例，当书“某月某日，朔，日有食之”，此条仅书“朔”，未书日，何休云：“去日者，著桓行恶，故深为内惧其将见杀无日。”

【译文】

【经】冬，十月，初一，发生了日食。

【经】十有八年，春，王正月，公会齐侯于泺。公、夫人姜氏遂如齐。

【传】公何以不言“及”夫人[①]？夫人外也。夫人外者何？内辞也[②]。其实夫人外公也。

【注释】

①公何以不言“及”夫人：案《春秋》之例，尊卑相近者，书“及”以别之，公与夫人尊卑相近，故须书“公及夫人”。若尊卑悬绝，如公与媵妾，则不书“及”，如经书“惠公、仲子”。此处书“公、夫人”，表明夫人为公所绝外。

②内辞：即鲁国为桓公避讳之辞。夫人为公所绝外，实际上是公为夫人所绝外。夫人与齐襄公私通，并进谗言，使得齐襄公杀死鲁桓公，故云公为夫人所绝外。

【译文】

【经】十八年，春，王正月，公在泺地与齐侯相会。随后，公、夫人姜氏便去了齐国。

【传】公为何不言“及”夫人？因为夫人已为公所绝外。夫人被绝外是什么意思？这是我国为桓公避讳之辞，其实是夫人绝外桓公。

【经】夏，四月，丙子，公薨于齐①。丁酉，公之丧至自齐②。

【注释】

①公薨于齐：案鲁桓公实被齐国诱杀，详见庄公元年“三月，夫人孙于齐”条传文。经不书齐诱杀公者，鲁君被弑，属于“内大恶讳”的范围，例所不书。

②公之丧至自齐：丧，即灵柩。

【译文】

【经】夏，四月，丙子，公在齐国薨逝。丁酉，公的灵柩从齐国归来。

【经】秋，七月。

【译文】

【经】秋，七月。

【经】冬，十有二月，己丑，葬我君桓公。

【传】贼未讨，何以书葬①？雠在外也。雠在外，则何以书葬？君子辞也②。

【注释】

①贼未讨，何以书葬：案《春秋》之例，君弑，贼未讨，则不书君之葬，以为无臣子也。鲁桓公被齐襄公所杀，鲁臣子并未讨贼，而经书

葬，故发问。

②君子辞：君子宽恕之辞。何休云："时齐强鲁弱，不可立得报，故君子量力，且假使书葬。"

【译文】

【经】冬，十二月，己丑，安葬我君桓公。

【传】弑君之贼未被诛讨，为何书桓公之葬？因为仇人在国外。仇人在国外，为什么能书葬？这是君子宽恕之辞。

庄公第三

【题解】

庄公为桓公与文姜所生之世子，名同，享国三十二年。《公羊传》以为庄公有同母弟三人：公子庆父、公子牙、公子友，即后世三桓之祖。

桓公被齐襄公杀死，文姜参与其中，然而庄公忘却了父仇，与齐国交好，又想念弑父之母，遭到了《春秋》的否定，见元年"夫人孙于齐"、四年"公及齐人狩于郜"、九年"及齐师战于乾时，我师败绩"诸条。与此相反，齐襄公却复了九世之仇，见三年"纪季以酅入于齐"、四年"纪侯大去其国"、"齐侯葬纪伯姬"条。齐襄公死后，齐桓公登上历史舞台，十三年的"柯之盟"使其信义著于天下。公子庆父、公子牙与庄公夫人哀姜私通，欲立庆父为君，引发了鲁国的内乱，公子友起而平乱，见二十七年"公子友如陈葬原仲"、三十二年"公子牙卒"、"子般卒"诸条，其中对于"亲亲相隐"与"君臣之义"的义理冲突有精彩的论述。

【经】元年，春，王正月。

【传】公何以不言即位[①]？《春秋》君弑，子不言即位[②]。君弑则子何以不言即位？隐之也。孰隐？隐子也[③]。

【注释】

①公何以不言即位：案“正五始”之义，当书“元年，春，王正月，公即位”，此处不书“公即位”，故而发问。

②《春秋》君弑，子不言即位：君指先君，子指嗣君。先君被弑，则嗣君不言即位，此是《春秋》通例。

③隐子也：隐，痛也。隐痛嗣君遭遇先君被弑之祸，故不忍言其即位。

【译文】

【经】元年，春，王正月。

【传】为何不言公之即位？《春秋》通例，先君被弑杀，嗣君不言即位。先君被杀则嗣君为何不言即位？是隐痛他。隐痛谁？隐痛嗣君。

【经】三月，夫人孙于齐。

【传】孙者何？孙犹孙也。内讳奔谓之孙[①]。夫人固在齐矣[②]，其言孙于齐何？念母也。正月以存君，念母以首事[③]。夫人何以不称姜氏[④]？贬。曷为贬？与弑公也[⑤]。其与弑公奈何？夫人谮公于齐侯：“公曰：‘同非吾子[⑥]，齐侯之子也。’”齐侯怒，与之饮酒，于其出焉，使公子彭生送之，于其乘焉，搚干而杀之[⑦]。念母者，所善也，则曷为于其念母焉贬？不与念母也[⑧]。

【注释】

①内讳奔谓之孙：孙，同“逊”，逊遁自去之辞。奔则是被迫出奔。内，指鲁国，《春秋》托王于鲁，故以鲁为内。既然托王于鲁，则王者无外，无“出”奔之义，若鲁君或夫人出奔，则避讳言“孙”。

②夫人固在齐矣：桓公十八年，“公、夫人姜氏遂如齐”，后鲁桓公被

弑杀，夫人姜氏至今未回鲁国，故云“夫人固在齐矣”。而经书“三月，夫人孙于齐”，表明庄公元年三月，夫人才从鲁国出奔至齐国。两者矛盾，故下传发问。

③正月以存君，念母以首事：事，指鲁桓公之练祭。桓公薨于去年四月，至今年三月满周年，将要举行练祭。案礼制，公之练祭当由夫人营办，此为“首事”。庄公念及母亲在外，不能营祭事，故云“念母以首事”。正月以存君，是臣子正月执贽见君，以此喜其君父与岁终而复始。此处非是正月，言“正月以存君”是在练祭时取法“存君”之义，因桓公于去年此时薨，今年此时祭之，如正月存君之礼。

④夫人何以不称姜氏：案鲁国夫人之名例，当称“夫人某氏”，若四字不具，皆为贬称。

⑤与弑公：参与弑杀鲁桓公。

⑥同：指鲁庄公。

⑦搚(lā)干：摧折躯干。

⑧不与念母：即《春秋》不赞同庄公想念母亲，并意图迎回的行为。因夫人姜氏参与弑杀桓公，若念母则是忘父，背本之道也。故《春秋》在庄公念母并意图迎回之时，反书“孙”，表明庄公不可念母，又贬夫人姜氏，表明夫人当为王法所诛。值得注意的是，面对母杀父这种极端的伦理冲突时，《春秋》书“孙”有两个意思，一方面是不与子之念母；另一方面表明子不得杀母，只能逐去而已。

【译文】

【经】三月，夫人逊遁至齐国。

【传】“孙”是什么意思？“孙”犹逊遁之意。鲁国避讳国君、夫人的出奔，谓之“孙”。夫人先前就在齐国，为何说夫人此时“孙于齐”？是因庄公想念母亲。当时要举行桓公的练祭，当由夫人营办，而祭祀桓公好比是臣子正月时执贽存君。夫人为何不称“姜氏”？是贬损她。为什么贬损？因为她参与弑杀桓公。她参与弑杀桓公是怎么回事？夫人向齐侯诬告道：“鲁公说：‘同不是我的儿子，而是齐侯的儿子。’”齐侯发怒了，与桓公饮酒，在桓公离去时，让公子彭生送他，在上车时，彭生摧折了桓公的躯干，将其杀害。念母是《春秋》赞许之事，那么为何在庄公念母时贬损夫人？因为《春秋》不赞许庄公念母。

【经】夏，单伯逆王姬①。

【传】单伯者何？吾大夫之命乎天子者也②。何以不称使③？天子召而使之也④。逆之者何？使我主之也⑤。曷为使我主之？天子嫁女乎诸侯，必使诸侯同姓者主之⑥。诸侯嫁女于大夫，必使大夫同姓者主之。

【注释】

①单伯逆王姬：单伯为鲁国大夫。王姬为周天子之女，嫁于齐国。周天子命鲁国主婚，故单伯前往京师迎接王姬。

②吾大夫之命乎天子者：吾，指鲁国。案礼制，“诸侯三年一贡士于天子，天子命与诸侯，辅助为政”，此类先由诸侯贡于天子，再由天子命为鲁国大夫者，即“吾大夫之命乎天子者”。案名例，命乎天子之大夫，称氏与字，经中“单伯”即是。一般之大夫则命于国君，称氏与名。若未命于国君，则属于未命大夫，仅书其名。

③何以不称使：案大夫奉命出使，经文当书“使”字，如“齐侯使国佐来聘”。鲁国的情况则不同，书“如”便是称使之文，如“公子遂如京师”。此处单伯奉鲁君之命逆王姬，经未书“如”，故发问。

④天子召而使之：天子嫁女于齐，命鲁主婚，故鲁君受天子之召而派遣单伯，故经无称使之文。

⑤使我主之：即让鲁国为王姬主婚。案礼制，天子嫁女于诸侯，必使同姓诸侯主婚，诸侯嫁女于大夫，必使同姓大夫主婚。因为此类婚姻，双方地位不等，而婚姻是“合二姓之好”，行礼时两家的地位是平等的，若无上述同姓主婚之制，则婚礼遭遇两难：若依君臣行礼，则废婚姻之好；若行婚姻敌体之礼，则伤君臣之义。使同姓之臣主婚，则可两全。此处周天子使鲁主婚，则王姬视同鲁国之女，经书“逆王姬”，表明鲁国得自行迎之。

⑥天子嫁女乎诸侯，必使诸侯同姓者主之：案鲁国为周公之后，与周天子同为姬姓。案同姓诸侯主婚为定制，应属于“常事不书”的范围。此处书者，是谴责周天子，姬姓之国非一，却使鲁国主婚。不念及鲁桓公被齐襄公所杀，仇雠不交婚姻；又鲁庄公尚在父丧之中，吉凶不相干，不能主婚。

【译文】

【经】夏，单伯前去迎接王姬。

【传】单伯是什么人？是鲁国受天子赐命的大夫。为何没有派遣之文？是鲁国受了天子之召才派遣大夫的。为何要迎接王姬？是周天子使鲁国主婚。为何要让鲁国主婚？天子嫁女于诸侯，必定要使同姓的诸侯主婚。诸侯嫁女于大夫，必定要使同姓的大夫主婚。

【经】秋，筑王姬之馆于外[①]。

【传】何以书？讥。何讥尔？筑之，礼也。于外，非礼也[②]。于外何以非礼？筑于外，非礼也。其筑之何以礼？主王姬者，必为之改筑。主王姬者，则曷为必为之改筑？于路寝则不可[③]；小寝则嫌[④]；群公子之舍，则以卑矣[⑤]。其道必为之改筑者也[⑥]。

【注释】

①秋,筑王姬之馆于外:周天子使鲁主婚,则王姬由鲁国嫁出,需有舍止之处,然鲁国考虑到将嫁女于仇国,故在都城外修筑王姬之馆。又案时月日例,筑例时。

②于外,非礼也:筑王姬之馆于城外,则恐营卫不固,故云非礼也。《春秋》认为,当初鲁国应拒绝主婚,今已受命,而筑馆于外,故以非礼讥之。

③于路寝则不可:因路寝是国君听政之所,王姬不可舍止于此。

④小寝则嫌:小寝是国君舍止之处,男女有别,故有嫌疑。

⑤群公子之舍,则以卑矣:公子,女公子,即鲁国公主。以卑,太卑也。王姬虽由鲁国主婚,地位实高于鲁国公主,若舍止于此,则太卑。

⑥其道必为之改筑:路寝、小寝、群公子之舍均不可,故必为王姬改筑,改筑之规格是在夫人之下,群公子之上,地点须在城内。

【译文】

【经】秋,在城外修筑王姬的馆舍。

【传】为何记录此事?是讥刺。讥刺什么?修筑,是合礼的,在城外,是非礼的。在城外为何是非礼的?修筑在城外,恐营卫不固,是非礼的。为王姬修筑馆舍为什么是合礼的?为王姬主婚之国,一定要为其改筑馆舍。主婚之国为何要为王姬改筑馆舍?因为王姬不可舍止在路寝,舍止在小寝则有嫌疑,舍止在鲁国公主的馆舍则规格太低。正确的方式是必然要为之改筑馆舍。

【经】冬,十月,乙亥,陈侯林卒。

【译文】

【经】冬,十月,乙亥,陈侯林去世了。

【经】王使荣叔来锡桓公命①。

【传】锡者何？赐也。命者何？加我服也②。其言桓公何？追命也③。

【注释】

①王使荣叔来锡桓公命：王，指周天子。案《春秋》名例，“天王”为时王之正称，此处称“王”，是贬天子。因鲁桓公无王而行，天子不能讨，反追赐之，尤悖天道，故贬称“王”。荣叔，是天子之上大夫，因其氏采称字，故知之。锡，同“赐”。命，天子加恩之诏命。

②加我服也：服，衣服，此指死者所穿之衣。案礼制，诸侯有善行，则天子赐以衣服，以彰其德。

③追命：时桓公已薨，故言追命。然案礼制，追赐死者是非礼的，何休云：“生有善行，死当加善谥，不当复加锡。”

【译文】

【经】王派遣荣叔来颁赐给桓公的加恩诏命。

【传】经文“锡”是什么意思？是颁赐的意思。颁赐什么诏命？加赐桓公衣服的诏命。经文为何言“桓公”？这是追赐恩命。

【经】王姬归于齐。

【传】何以书？我主之也①。

【注释】

①我主之也：我国为其主婚。案《春秋》内外之例，鲁国女子嫁为诸侯夫人则书“归”，鲁国之外的婚嫁则不书。此处王姬因是鲁国为之主婚，视同鲁女，故书其“归”。

【译文】

【经】王姬嫁去了齐国。

【传】为什么记录此事？因为王姬是鲁国主婚的。

【经】齐师迁纪郱、鄑、郚[①]。

【传】迁之者何？取之也。取之，则曷为不言取之也？为襄公讳也[②]。外取邑不书，此何以书？大之也。何大尔？自是始灭也[③]。

【注释】

①齐师迁纪郱、鄑、郚：此三处皆是纪国之城邑。迁，迁徙。

②为襄公讳：襄公即齐襄公。此处是夺取城邑，经文却书“迁”，因齐纪有九世之仇，《春秋》赞许齐襄公复仇，故为之避讳。

③自是始灭也：齐襄公灭纪国，在庄公四年，此处为灭纪之始。

【译文】

【经】齐师迁徙了纪国的郱、鄑、郚三座城邑。

【传】迁徙城邑是什么意思？是夺取城邑的意思。既然是夺取，那为何不说是夺取城邑？这是为齐襄公避讳。鲁国之外夺取城邑的行为，都不记录，这处为何记录？这是张大其事。为何要张大其事？齐灭纪国自此开始。

【经】二年，春，王二月，葬陈庄公。

【经】夏，公子庆父帅师伐于余丘[①]。

【传】于余丘者何？邾娄之邑也。曷为不系乎邾娄[②]？国之也。曷为国之？君存焉尔。

【注释】

①公子庆父：鲁桓公之子，《公羊传》以为是鲁庄公同母弟。

②曷为不系乎邾娄：自此以下，参见桓公七年“焚咸丘”条注释。

【译文】

【夏】公子庆父帅师伐击于余丘。

【传】“于余丘”是什么？是邾娄国的城邑。为什么不系属于邾娄？是将其比于一国。为什么将其比于一国？邾娄之君在那里。

【经】秋，七月，齐王姬卒[①]。

【传】外夫人不卒，此何以卒？录焉尔。曷为录焉尔？我主之也。

【注释】

①齐王姬卒：齐王姬，即上年王姬嫁为齐国夫人者。案《春秋》内外例，内女嫁为诸侯夫人，则书其卒；其余诸侯夫人之卒则不书。齐王姬由鲁国主婚，视为内女，故书其卒。又案时月日例，内女嫁为诸侯夫人，卒书日。此处齐王姬书月，明其实不如内女。

【译文】

【经】秋，七月，齐王姬去世了。

【传】《春秋》不书外诸侯夫人之卒，此处为何书卒？是记录此事。为何要记录此事？因为是我国主婚的。

【经】冬，十有二月，夫人姜氏会齐侯于郜[①]。

【注释】

①夫人姜氏会齐侯于郜：郜，齐国之邑，位于齐鲁边境。案礼制，妇

人无外事，外则近淫。而夫人姜氏与齐襄公私通，襄公又杀了鲁桓公，此时两人又相会，对于鲁国来说，是奇耻大辱，故凡会必书，如四年之“夫人姜氏飨齐侯于祝丘”、五年之“夫人姜氏如齐师”。

【译文】

【经】冬，十二月，夫人姜氏与齐侯在郜邑相会。

【经】乙酉，宋公冯卒。

【译文】

【经】乙酉，宋公冯去世了。

【经】三年，春，王正月①，溺会齐师伐卫。

【传】溺者何？吾大夫之未命者也②。

【注释】

①王正月：案时月日例，伐例时。此处书月，因齐鲁所伐的对象是卫公子留。前卫侯朔犯天子之命，畏罪出奔，天子立公子留。齐鲁两国欲扶植朔，故伐卫，是无忌惮天子之心，恶重于伐，故书月。

②吾大夫之未命者：即鲁国之未命大夫，参见隐公九年“侠卒”条。

【译文】

【经】三年，春，王正月，溺会同齐师伐击卫国。

【传】溺是什么人？是我国的未命大夫。

【经】夏，四月，葬宋庄公①。

【注释】

①葬宋庄公：宋庄公，即上年十二月去世之宋公冯。冯弑宋殇公而立，属于篡位之君。《春秋》之例，若国君篡位而立，且无“篡文”（即“立”、“纳”、“入”），则不书其葬，以明其篡；若前有“篡文”，则仍书其葬。冯弑殇公在桓公二年，经书“宋督弑其君与夷”，则冯之篡不明，理应不书葬。此处书葬者，是因冯之父宋缪公有让国之功（参见隐公三年“葬宋缪公条”传文），父亲之功劳能抵消儿子之罪行，故书庄公之葬。值得注意的是，这一点亦可适用于冯之卒。上年十二月，经书“乙酉，宋公冯卒”，《春秋》之例，国君篡不明，则卒不书日；篡明则书日（参见桓公十二年“卫侯晋卒”条）。冯篡不明而卒书日，亦因其父有让国之功。

【译文】

【经】夏，四月，安葬宋庄公。

【经】五月，葬桓王。

【传】此未有言崩者，何以书葬①？盖改葬也②。

【注释】

①何以书葬：案礼制，天子七月而葬，必其时也，故《春秋》于周天子，只书崩，不书葬。若不及时或过时而葬，则书之。若鲁君派遣大夫会葬，则书之。周桓王崩于桓公十五年，业已下葬，而此经书葬桓王，故发问。

②改葬：指坟墓遭遇变故，尸柩暴露，故须改葬。案时月日例，天子崩书日，葬书月，改葬书时。此处书月，是因为改葬之礼过于荣奢。

【译文】

【经】五月，安葬周桓王。

【传】经文此处未有天王驾崩之文,为何书葬?这大概是改葬。

【经】秋,纪季以酅入于齐①。

【传】纪季者何?纪侯之弟也。何以不名②?贤也。何贤乎纪季?服罪也。其服罪奈何?鲁子曰③:“请后五庙以存姑姊妹④。”

【注释】

①纪季以酅(xī)入于齐:纪季,纪侯母弟。酅,纪国之邑,其性质属于采邑,惠士奇云:“古者诸侯受封必有采地……其后子孙虽有罪而绌,使子孙贤者守其地,世世以祠始封之君,是为采。”当时齐襄公欲灭纪国,纪季以为齐、纪实力悬殊,故先以酅邑投奔齐国,作为附庸,以此保存先祖之祭。

②何以不名:纪季,季为字。《春秋》之例,诸侯大夫书名氏,纪季称字,故发问。

③鲁子:《公羊传》著于竹帛前的先师。

④请后五庙以存姑姊妹:后,保留。案礼制,诸侯得立五庙,始祖一庙,高祖、曾祖、祖父、父为“四亲庙”。言姑姊妹者,古代女子有归宗之道,若被夫家所出,其神主存于本国宗庙之中。纪季真实之目的,是保存先祖之祭祀,而言“五庙以存姑姊妹”,则是谦辞,因齐、纪有九世之仇,不敢直言存先祖。又,纪季之所以称字而贤之者,是以存先祖之功,除出奔之罪。

【译文】

【经】秋,纪季以酅邑投奔齐国。

【传】纪季是什么人?是纪侯的母弟。为何不书其名?因为他有贤德。纪季有什么贤德?他向齐国服罪。他服罪是怎么回事?鲁子说:

"请保留五庙使得姑姊妹能够归宗。"

【经】冬,公次于郎[①]。

【传】其言次于郎何[②]?刺欲救纪而后不能也[③]。

【注释】

①公次于郎:次,军队舍止驻扎。郎,鲁国近郊之邑。

②其言次于郎何:案《春秋》之例,封内兵不书,此处郎为鲁国之邑,行军而驻扎于郎,属于封内兵,故发问。

③刺欲救纪而后不能也:当时齐欲灭纪,情况已经十分危急(灭纪就在明年)。鲁庄公本欲救援纪国,中途畏难而回,故《春秋》书"次"以讥刺之。

【译文】

【经】冬,公驻扎在郎邑。

【传】经文说"次于郎"是什么意思?是讥刺公想要救援纪国,终究畏难而回。

【经】四年,春,王二月,夫人姜氏飨齐侯于祝丘[①]。

【注释】

①飨:何休云:"牛酒曰犒,加饭羹曰飨。"

【译文】

【经】四年,春,王二月,夫人姜氏在祝丘宴飨齐侯。

【经】三月,纪伯姬卒[①]。

【注释】

①纪伯姬卒：纪伯姬，是鲁女而嫁为纪国夫人者。案礼制，天子、诸侯不为旁期以下尊卑不等之亲服丧，若尊卑相等则服之。此处诸侯嫁女于诸侯，两者地位相等，故为出嫁之女子仍服大功，有服故书其卒。

【译文】

【经】三月，纪伯姬去世了。

【经】夏，齐侯、陈侯、郑伯遇于垂。

【译文】

【经】夏，齐侯、陈侯、郑伯相遇于垂邑。

【经】纪侯大去其国。

【传】大去者何[①]？灭也。孰灭之？齐灭之。曷为不言齐灭之？为襄公讳也。《春秋》为贤者讳，何贤乎襄公[②]？复雠也。何雠尔？远祖也。哀公亨乎周，纪侯谮之[③]。以襄公之为于此焉者，事祖祢之心尽矣。尽者何？襄公将复雠乎纪，卜之曰："师丧分焉[④]。""寡人死之，不为不吉也"[⑤]。远祖者几世乎？九世矣。九世犹可以复雠乎？虽百世可也。家亦可乎[⑥]？曰不可。国何以可？国君一体也[⑦]，先君之耻，犹今君之耻也，今君之耻，犹先君之耻也。国君何以为一体？国君以国为体，诸侯世，故国君为一体也。今纪无罪，此非怒与[⑧]？曰：非也。古者有明天子，则纪侯必诛，必无纪者。纪侯之不诛，至今有纪者，犹无明天子也。古者诸侯必有会聚之事，相朝聘之道，号辞必称先君以相接[9]，然则齐、纪无说焉，不可以并立乎天下，故将去纪侯者，不得不去纪也。有明天子，则襄公得为若行乎？曰：不得也。不得则襄公曷为为之？上无天子，下无方伯，缘恩疾者可也[10]。

【注释】

①大去：大去者，不返之辞。即纪侯永远离开了纪国。

②何贤乎襄公：齐襄公与妹妹通奸，又杀死鲁桓公，非贤德之君，传据此发问。

③哀公亨乎周，纪侯谮之：亨，通"烹"，煮而杀之。齐哀公受纪侯之诬陷，被周天子煮杀。

④师丧分焉：分，半也。

⑤寡人死之，不为不吉也：寡人，齐襄公自称，此二句为襄公答卜者之辞。以为即使自己战死，也是吉利的，因为复仇以死败为荣。

⑥家亦可乎：家，大夫之家。《春秋》讥世卿，大夫之位不世袭，故大夫不可复百世之仇。

⑦国君一体：古人以首足喻父子，盖一体之亲也。至于"国君一体"，则以诸侯世袭，以国为体，则先祖与子孙皆称为"齐侯"，故虽非父子，皆是一体。

⑧此非怒与：怒，迁怒。传问当今之纪侯无罪，而灭纪国，是否属于迁怒于人？

⑨号辞必称先君以相接：指两国外交辞令称"先君"，如"寡人有不腆先君之服"、"有不腆先君之器"等。

⑩缘恩疾者可也：缘，顺应。恩疾，恩惠与疾恨，此处专指疾恨。即顺应疾恨而复仇，是许可的。此处经文书"纪侯大去其国"，而不书"齐侯诸儿灭纪"，是因齐侯复仇之功，可除灭同姓国之恶。另

一方面，齐侯之灭纪，虽是复仇，亦有贪利之心，故而吞并了纪国，《春秋》书“大去”也为齐侯明义，只能迁徙去之，不当取而有之。《公羊义疏》以为，齐襄公灭纪之后，土地当献于周天子，诸侯不得盗有土地也。

【译文】

【经】纪侯永远离开了他的国家。

【传】“大去”是什么意思？是纪国灭亡的意思。谁灭了纪国？齐国灭了它。为什么不说是齐国灭了它？是为齐襄公避讳。《春秋》为贤者避讳，齐襄公有何贤行？他能复仇。是谁的仇？是远祖的仇。齐哀公被周天子煮杀，是受纪侯的诬陷。以襄公在此事上的作为，表明他竭尽所能侍奉父祖。怎样竭尽所能？襄公将要向纪国复仇，先占卜，卜辞上说：“军队将丧失一半。”襄公说：“即使我战死了，也不算不吉利。”所谓远祖，是几世之祖？九世。九世还可以复仇吗？即使百世也能复仇。大夫之家也可以复百世之仇吗？答曰，不可以。国君为何可以？历代国君都是一体的。先君的耻辱，犹如今君的耻辱。今君的耻辱，犹如先君的耻辱。国君之间为何是一体？国君以国为体，诸侯是世袭的，所以国君之间是一体的。当今之纪侯没有罪过，这不是迁怒于他吗？答曰，不是的。当初如果有贤明的天子，那么纪侯一定会被诛杀，必然没有纪国了。纪侯未被诛杀，至今都还有纪国，是因为没有贤明天子的缘故。古代诸侯一定有会聚之事，相朝聘之道，外交辞令必称先君来交接往来。但是齐、纪之间无欢悦可言，不能并立于天下。所以将要除去纪侯的话，不得不除去纪国。如果有贤明的天子，那么襄公能这么做吗？答曰，不能这么做。不能这么做，那么现在襄公为何这么做？上无贤明天子，下无方伯，循着恩怨去复仇是可以的。

【经】六月，乙丑，齐侯葬纪伯姬。

【传】外夫人不书葬[1]，此何以书？隐之也。何隐尔？其国亡矣，徒葬于齐尔[2]。此复雠也，曷为葬之？灭其可灭，葬其可葬[3]。此其为可葬奈何？复雠者，非将杀之，逐之也。以为虽遇纪侯之殡，亦将葬之也。

【注释】

①外夫人不书葬：外夫人，指鲁女嫁为诸侯夫人者。《春秋》之例，外夫人书卒，不书葬。

②徒葬于齐：徒，空也。葬是生者之事，书国君、夫人之葬，是有臣子之辞。今纪国被灭，纪伯姬已无臣子可言，故云"徒葬于齐"。

③灭其可灭，葬其可葬：此见《春秋》对于复仇，也有人道主义的要求，即便是仇人尸首，也要依礼安葬。

【译文】

【经】六月，乙丑，齐侯安葬纪伯姬。

【传】外夫人之葬，例所不书，此处为何书？是隐痛纪伯姬。为何隐痛她？她的国家被灭了，只好被齐国安葬了。这处是向纪国复仇，为何还要安葬纪伯姬？灭掉可被灭的，安葬可被葬的。为什么她可以被安葬？复仇不一定要杀掉对方，驱逐也可以。假设碰到纪侯殓尸在棺，也一定要安葬他。

【经】秋，七月。

【译文】

【经】秋，七月。

【经】冬，公及齐人狩于郜。

【传】公曷为与微者狩？齐侯也[1]。齐侯则其称人何？

讳与雠狩也②。前此者有事矣③，后此者有事矣④，则曷为独于此焉讥？于雠者，将壹讥而已，故择其重者而讥焉，莫重乎其与雠狩也⑤。于雠者，则曷为将壹讥而已？雠者无时焉可与通，通则为大讥，不可胜讥，故将壹讥而已，其余从同同⑥。

【注释】

①齐侯也：案《春秋》之例，大夫不敌君，鲁君与大夫会盟则需避讳，不言"公"字，如"及齐高傒盟"，即是避讳庄公与大夫盟之书法。此经书"公及齐人狩"而不书"及齐人狩"，则"齐人"与"公"身份对等，故知是齐侯，非齐国之士。

②讳与雠狩：齐襄公是鲁庄公之杀父仇人，父之仇不共戴天，今鲁庄与之狩猎，是忘父之仇，为内大恶，需避讳。

③前此者有事：事，指与齐国交接之事。此指庄公三年"溺会齐师伐卫"之事。

④后此者有事：指庄公八年"师及齐师围成"之事。

⑤莫重乎其与雠狩：《春秋》中狩猎的目的，一是获取猎物祭祀宗庙，一是练习兵事。国君有杀父之仇，当注重武备，意在复仇。而庄公与仇人狩猎，则与上述目的背道而驰，故性质极为严重。

⑥其余从同同："同"有二意：一是与仇国交接，性质较轻的事情，与此处相同，在道义上当被讥刺。一是与仇国交接，已于此处有"壹讥"之文，其余交接之事与无讥之文相同。故言"同同"。之所以有"壹讥"的书法，有两点考虑，第一，若事事皆讥，则不可胜讥；第二，一事可能含有众多义理，若事事皆讥，其他义理很难在书法上体现出来。

【译文】

【经】冬，公与齐人在郜地狩猎。

【传】公为何与微者狩猎而不避讳？是齐侯。是齐侯，那么为何要称“人”？是为公避讳与仇人狩猎。在这之前有与齐国交接之事，在此之后也有与齐国交接之事，那么为何独在此处讥刺公？与仇人交接的行为，只讥刺一回而已，所以选性质严重的事情讥刺，没有比和仇人一起狩猎更严重的事了。与仇人交接，为何只讥刺一回？对于仇人，没有一时一刻可以与之交接，与之交接就要受到大大的讥刺，若事事讥刺，就不可胜讥，所以只讥刺一回，其余之事在道义上与这里一样，都应受讥刺，在文辞上，则与无讥之文一样。

【经】五年，春，王正月。

【译文】

【经】五年，春，王正月。

【经】夏，夫人姜氏如齐师。

【译文】

【经】夏，夫人姜氏去了齐国军队之中。

【经】秋，倪黎来来朝①。

【传】倪者何？小邾娄也。小邾娄，则曷为谓之倪？未能以其名通也②。黎来者何？名也。其名何？微国也③。

【注释】

①倪黎来：倪，小邾娄国都城之名，此处用以指代小邾娄国。邾娄颜公封其少子肥于倪，为附庸之国。至僖公七年，始受天子之

命，封为子爵，成为诸侯国，经称小邾娄子。黎来为小邾娄国君之名。

②未能以其名通：名，指国名“小邾娄”。案礼制，附庸之国“不达于天子”，故不能用其国名与外交接。

③其名何，微国也：名，指国君之名，即黎来。案礼制，诸侯称爵；附庸之国，方三十里，则称字，方二十里则称名。此处黎来称名，则小邾娄为方二十里之微国。

【译文】

【经】秋，倪黎来前来鲁国朝见。

【传】“倪”是什么？是小邾娄国。是小邾娄国，那么为何称之为“倪”？附庸之国未能以其国名与外交通。“黎来”是什么？是小邾娄国君的名。为何称名？因为是微国。

【经】冬，公会齐人、宋人、陈人、蔡人伐卫。

【传】此伐卫何？纳朔也①。曷为不言“纳卫侯朔”②？辟王也③。

【注释】

①纳朔也：朔，即卫侯朔。桓公十六年，卫侯朔得罪天子，出奔齐国，天子立卫公子留。而此处五国伐卫，欲纳卫侯朔。

②曷为不言“纳卫侯朔”：此战之目的是纳卫侯朔，按例当书“公及齐人、宋人、陈人、蔡人伐卫，纳卫侯朔于卫”，而经不书“纳卫侯朔”，故发问。

③辟王：辟，同“避”。王，此处指王者之兵，即下六年之“王人子突救卫”。此处不书“纳卫侯朔”，好像五国伐卫另有目的，且今年伐卫之后即离去，未与王人子突交战，故云“辟王”。

【译文】

【经】冬,公会同齐人、宋人、陈人、蔡人、伐击卫国。

【传】此次伐卫是为何?为了纳卫侯朔。经文为何不言"纳卫侯朔"?是为了避王者之兵。

【经】六年,春,王三月,王人子突救卫[①]。

【传】王人者何[②]?微者也。子突者何[③]?贵也。贵则其称人何[④]?系诸人也[⑤]。曷为系诸人?王人耳[⑥]。

【注释】

①王人子突救卫:因上年冬,鲁齐宋陈蔡五国伐卫,天子所立之卫公子留有危,故派遣王子突率兵救卫。

②王人:案《春秋》名例,天子下士称"王人",故王人属于微者。

③子突:实为"王子突","突"为名(从孔广森之说)。称"子"则表明是天王之子,是贵称。

④贵则其称人何:"子突"是贵称,"王人"是微者,两者矛盾,又同指一人,故而发问。

⑤系诸人:即以"子突"系属于"王人"之后。

⑥王人尔:意谓使"王人子突"从表面上看,就是"王人"一般,是微者。之所以如此,有两方面的考虑:第一,为天子杀耻,因为遣微者而不能救卫,其耻轻于遣贵者。第二为鲁国杀恶,犯微者之命,其恶轻于犯贵者。

【译文】

【经】六年,春,王人子突救援卫国。

【传】"王人"是什么意思?是王臣卑微者的称号。"子突"是什么意思?是天王贵子的称号。既然是贵者,为何称"人"?是系属于"人"。

为何要系属于“人”？为了表明王子突就像王之微者一样。

【经】夏，六月，卫侯朔入于卫。

【传】卫侯朔何以名[①]？绝。曷为绝之？犯命也[②]。其言入何[③]？篡辞也[④]。

【注释】

①卫侯朔何以名：案礼制，诸侯不生名。

②犯命：犯天子之命，即桓公十六年传文所云：“见使守卫朔，而不能使卫小众。”犯命诛绝，故书名。

③其言入何：朔之得位，实因上年鲁、齐、宋、陈、蔡五国伐卫，依照常例，当于上年书“公会齐人、宋人、陈人、蔡人伐卫，纳卫侯朔于卫”，此处不应再书“卫侯朔入于卫”，故而发问。此因上年“辟王”而不书“纳”，故此处宜书“入”。

④篡辞：篡位之辞。《春秋》中的篡辞有“立”、“纳”、“入”。何休云：“国人立之曰立，他国立之曰纳，从外曰入。”卫侯朔先前犯命出奔，已被诛绝，此时入卫，则是盗国，故书“入”以明其篡。朔是篡卫侯留之位，朔入则留奔，而经未书留之出奔，何休云：“不书公子留出奔者，天子本当绝卫，不当复立公子留，因为天子讳微弱。”

【译文】

【经】夏，六月，卫侯朔进入了卫国。

【传】卫侯朔为何称名？是诛绝他。为何要诛绝他？因为他犯了天子之命。经文书“入”是什么意思？这是篡位之辞。

【经】秋，公至自伐卫。

【传】曷为或言致会，或言致伐[1]？得意致会，不得意致伐[2]。卫侯朔入于卫。何以致伐[3]？不敢胜天子也[4]。

【注释】

①或言致会，或言致伐：致会，指“公至自会”之文。致伐，指“公至自伐”之文。公外出用兵，归国时，经文有时致会，有时致伐，故传发问。

②得意致会，不得意致伐：此指公会同二国以上出兵，如得意（即所伐之国服）则致会，表明兵不复用；如不得意（即所伐之国不服）则致伐，表明兵将复用。案《春秋》之中，凡公出会或外出用兵，皆在致文中区别得意与否。如公独自出兵，或与一国出兵，得意不致，不得意致伐。公外出，与两国以上会盟，得意致会，不得意不致。公外出与一国会盟，得意致地（即会盟之地，因《春秋》“离不言会”故不致会），不得意不致。案时月日例，致例时，公外出满二时则月。

③何以致伐：伐卫之目的是纳卫侯朔，今打败了天子的救兵，卫侯朔入于卫，是目的达成，应是得意致会，经却致伐，故发问。

④不敢胜天子：不得意，即表明不敢胜天子。案礼制，诸侯不得立王之所废，鲁国伐卫纳朔，是大恶，必须为之避讳，故虽胜天子，犹作不得意之文。

【译文】

【经】秋，公从伐卫之役归国。

【传】公外出归国时，为何有时言“公至自会”，有时言“公至自伐”？公得意则言“至自会”，公不得意则言“至自伐”。卫侯朔已入于卫，此处为何言“至自伐”？因为不敢胜天子之兵。

【经】螟。

【译文】

【经】有螟灾。

【经】冬，齐人来归卫宝。

【传】此卫宝也，则齐人曷为来归之？卫人归之也[1]。卫人归之，则其称齐人何？让乎我也[2]。其让乎我奈何？齐侯曰："此非寡人之力，鲁侯之力也。"

【注释】

①卫人归之：卫侯朔得国之后，派使者以宝物答谢齐侯，齐侯推功于鲁，故使卫人持宝而来，故经虽书"齐人"，然实为卫人前来，故传云"卫人归之"。

②让乎我也：卫侯朔以宝贿赂齐侯，此为不义之赂，齐侯让与鲁侯，则鲁侯蒙受赂之罪，而齐侯无罪。经书"齐人"即表明齐侯之无罪，又恶鲁庄公犯命又贪利。值得注意的是，《春秋》内大恶讳，此并未避讳，是因为鲁庄公之纳朔，非为受赂，此处之卫宝，仅是事后之答谢，故受之为小恶，不需避讳。

【译文】

【经】冬，齐人送来卫国之宝。

【传】这是卫国的宝物，为何是齐人送来？实际上是卫人送来的。卫人送来，那么经文为何称是齐人送来？是推让给我国的。推让给我们是怎么回事？齐侯说："这（卫侯朔得国）不是倚仗我的力量，是鲁侯的力量。"

【经】七年，春，夫人姜氏会齐侯于防。

【译文】

【经】七年，春，夫人姜氏和齐侯在防邑相会。

【经】夏，四月，辛卯，夜，恒星不见。夜中，星贯如雨。

【传】恒星者何[①]？列星也[②]。列星不见，则何以知夜之中？星反也[③]。如雨者何？如雨者，非雨也。非雨则曷为谓之如雨？不修《春秋》曰[④]："雨星不及地尺而复。"君子修之曰[⑤]："星贯如雨。"何以书？记异也[⑥]。

【注释】

①恒星：徐彦云："恒，常也，天之常宿，故经谓之恒星。"

②列星：徐彦云："（恒星）以时列见于天，故传谓之列星。"

③星反：星，指之前不见之恒星。反，返也。以恒星反位，故能判断时间为夜中。

④不修《春秋》：指未经孔子修订过的鲁国史书。案鲁国史书本名"春秋"，为了区别于孔子所作的《春秋》，故称其为"不修《春秋》"。

⑤君子：指孔子。

⑥记异也：古人以流星雨为怪异之事。

【译文】

【经】夏，四月，辛卯，夜里，恒星都不见了。半夜，星星坠落如雨。

【传】恒星是什么？是在固定的时间和方位出现的星星。列星没有出现，怎么知道星星坠落时是半夜时节？恒星又出现了。"如雨"是什么意思？如雨，不是真的下雨。不是真的下雨，那么为什么说是"如雨”？不修《春秋》上说：“雨星不及地尺而复。”孔子改为“星贾如雨”。为何记录此事？是记录怪异之象。

【经】秋，大水。无麦、苗[1]。

【传】无苗则曷为先言无麦，而后言无苗？一灾不书[2]，待无麦，然后书无苗。何以书？记灾也。

【注释】

①无麦、苗：麦，小麦。苗，禾苗，即粟之苗。此处无麦、苗，是因水灾的缘故。

②一灾不书：一灾，即灾伤一谷。《春秋》中，水旱虫灾，伤及二谷方书，明君子不以一过责人。值得注意的是，灾及二谷，《春秋》仅书致灾之由，不书伤及何谷，依此例，经文书“大水”即可，不必复书“无麦、苗”，书者，因小麦与粟是民食最重者，故复出谷名。

【译文】

【经】秋，大水。无麦、苗。

【传】无苗，为什么要先言无麦，后言无苗？灾害伤一谷，《春秋》不书，等到无麦，然后书无苗。为何记录此事？是记录灾害。

【经】冬，夫人姜氏会齐侯于穀。

【译文】

【经】冬，夫人姜氏和齐侯在穀邑相会。

【经】八年，春，王正月，师次于郎[1]，以俟陈人、蔡人[2]。

【传】次不言俟[3]，此其言俟何？托不得已也[4]。

【注释】

①师次于郎：次，驻扎。鲁国为灭亡盛国而兴师，灭盛之事在今年夏天，出兵则在二月十四日（详见下条），此时早早驻扎在郎邑，是为了等候齐国之师。

②以俟陈人、蔡人：俟，等候。这是假托之辞，并无此事，而鲁师等候的对象实为齐师。若真是等候陈人、蔡人，经当书“俟陈人、蔡人”，无“以”字。之所以选择假托陈、蔡者，二国先前与鲁共伐卫，是同心之人，离鲁国又远，故须“俟”。

③次不言俟：即只书军队之驻扎，不书等候之对象，此为《春秋》常例。按照此例，即便真是等候陈人、蔡人，也只需书“师次于郎”即可，不必有俟文。

④托不得已：即假托有其他不得已的事（非灭盛），故需等候陈人、蔡人。此是为鲁避讳之辞。案盛国与鲁同为姬姓之国，而灭同姓为大恶。灭盛之事在今年夏天，鲁国正月便兴师。《春秋》为鲁避讳急于灭盛之情，故假托此时之驻军是为他事。

【译文】

【经】八年，春，王正月，师在郎邑驻扎，以等候陈人、蔡人。

【传】《春秋》只记录军队之驻扎，不记录等候之对象，这里为何书等候之对象？这是假托另有不得已之事，故须等候。

【经】甲午[①]，祠兵。

【传】祠兵者何？出曰祠兵，入曰振旅[②]，其礼一也，皆习战也。何言乎祠兵？为久也[③]。曷为为久？吾将以甲午之日，然后祠兵于是。

【注释】

①甲午：据包慎言《公羊历谱》，此为二月十四日。

②出曰祠兵,入曰振旅:案礼制,出师前,在近郊陈兵习战,杀牲飨士卒,此为祠兵。至回师时,亦有相似之礼,称为振旅。两者亦有不同之处,出师赴兵难,故祠兵时壮者居前;振旅时则长者居前,恢复长幼之序。

③为久也:案礼制,出师时方行祠兵之礼,且属于"常事不书"的范围。此经书"甲午,祠兵",表面上看,好像鲁国一再拖延出兵,至甲午日方行祠兵之礼,故云"为久也"。这也是为鲁国避讳之辞。因为此次出兵,是为灭盛,鲁师正月已经驻扎在郎邑,是汲汲于灭盛。《春秋》为鲁避讳,故上条言"次于郎"是"俟陈人、蔡人",此条之"祠兵"是故意迁延时日,好像无汲汲灭同姓之国的意思。值得注意的是,此条虽是避讳,也留下了灭盛之"起文"。因祠兵意味着出国打仗,则下条"夏,师及齐师围成"之"成",并非鲁国之成邑,而是盛国。

【译文】

【经】甲午,举行祠兵之礼。

【传】祠兵是什么?出兵之礼称为祠兵,还师之礼称为振旅,两者的仪式是相同的,都是演习战阵。此处为何记录祠兵?因为祠兵的日期迁延了很久。什么是迁延了很久?我军要等到甲午日,然后才在这里举行祠兵之礼。

【经】夏,师及齐师围成,成降于齐师。

【传】成者何?盛也①。盛则曷为谓之成?讳灭同姓也②。曷为不言降吾师?辟之也③。

【注释】

①成者何?盛也:案成为鲁国之邑,盛为姬姓之国。知经文中之

"成",实为盛国者,因上条"甲午,祠兵",表明出国打仗,非围内邑;又文公十二年"盛伯来奔",传云:"盛伯者何?失地之君也。"表明盛国已灭;而"成""盛"同声相似,故云"成者何?盛也"。

②讳灭同姓:案灭同姓之国为大恶,《春秋》内大恶讳,故经文变"盛"为"成"。

③辟之也:之,指代灭同姓之国。案经文书"师及齐师围成(盛)",则是齐鲁两国共同灭盛;又书"成(盛)降于齐师",未言及降于鲁国之事。这是为鲁国避讳灭同姓之恶,好像鲁国撤退了,盛降于齐国。

【译文】

【经】夏,鲁师及齐师围了成,成投降了齐师。

【传】"成"指什么?是指盛国。盛国为何要称之为"成"?这是为鲁避讳灭同姓之国。为何不说"降吾师"?为了避讳灭同姓之国。

【经】秋,师还。

【传】还者何?善辞也①。此灭同姓,何善尔?病之也②,曰师病矣。曷为病之?非师之罪也③。

【注释】

①善辞也:案孔广森的说法,军队班师,"以善反曰还,以不善反曰复"。

②病:疲病。"病之也",何休以为是"慰劳其罢病"的意思。

③非师之罪:即灭盛非鲁国师众之罪,以此归罪于鲁庄公。

【译文】

【经】秋,师还。

【传】"还"是什么意思?是军队班师之善辞。此次出兵是灭同姓之国，何善之有？这是慰劳师众的疲病，以为师众太疲病了。为何要慰劳疲病？灭盛不是师众的罪过。

【经】冬，十有一月，癸未，齐无知弑其君诸儿①。

【注释】

①齐无知弑其君诸儿：无知，即公孙无知，是齐公子夷仲年之子，齐襄公之从父昆弟。诸儿，即齐襄公。公孙无知当国弑君，故去其“公孙”之氏，而冠以国氏。

【译文】

【经】冬，十一月，癸未，齐无知弑杀了他的国君诸儿。

【经】九年，春，齐人杀无知。

【译文】

【经】九年，春，齐人杀了弑君贼无知。

【经】公及齐大夫盟于暨①。

【传】公曷为与大夫盟②？齐无君也。然则何以不名③？为其讳与大夫盟也，使若众然④。

【注释】

①公及齐大夫盟于暨：暨，鲁国之邑。案齐国遭无知之难，齐襄公被弑，公子纠出奔鲁，公子小白出奔莒。此时无知已被诛讨，齐大夫欲迎立公子纠，鲁国不与，而与齐大夫盟于暨。案时月日

例，盟例日，小信月，大信时。此条蒙上条之“春”字，故是大信之辞。然此盟实为不信，后齐谋立公子小白，鲁国又欲纳公子纠而伐齐，不能纳，最后被齐国胁迫而杀死了公子纠，《春秋》为鲁国讳耻，故于此处作大信之辞。

②公曷为与大夫盟：案礼制，国君与大夫地位不等，盟则表示双方平等，故公与大夫盟需避讳，不出“公”字，如“及齐高傒盟于防”。此处有“公”字，又书“与齐大夫盟”，故而发问。

③不名：即不书齐国大夫之名。

④使若众然：即如同鲁庄公尽得齐国大夫而盟。案公与一二大夫盟则有耻，若尽得齐大夫而盟，则耻辱小一些，以此为庄公避讳。

【译文】

【经】公与齐国大夫在暨邑结盟。

【传】公为何与大夫结盟？因为齐国此时没有国君。那么为何不书齐国大夫之名？是为公避讳与大夫结盟，好像尽得齐国大夫而盟，这样耻辱小些。

【经】夏，公伐齐，纳纠。

【传】纳者何？入辞也①。其言伐之何②？伐而言纳者，犹不能纳也。纠者何？公子纠也③。何以不称公子？君前臣名也④。

【注释】

①入辞：即入国（都）之辞。《春秋》书“纳”，表明凭借外国的力量入国得位，故为入国之辞。

②其言伐之何：伐，是以兵推入国境伐击之意，并未进入国都。而纳是入国都之辞，两者矛盾，故而发问。后文云“伐而言纳者，犹

不能纳也”，则经文书“伐”而“纳”，表明鲁不能纳纠。若纳纠成功，宜书“纳纠于齐”，不必书“伐齐”。

③公子纠：案公子纠之身份有两说，《史记》、《管子》以公子纠、公子小白（齐桓公）为齐襄公之庶弟，且纠年长。《白虎通》则以公子纠为齐襄公贵妾之子。但无论怎样，齐襄公死后，公子纠是第一继承人。又案时月日例，大国篡例月，此处书时，表明公子纠宜立为君，不为篡。

④君前臣名：案礼制，在君王面前，只称臣子之名。经中之君，指的是鲁庄公。臣，指的是公子纠。公子纠虽理应继承齐国君位，然出奔而臣于鲁，则是鲁国之臣，故依“君前臣名”之制，称之为“纠”，而不称“公子纠”。另一方面，“公子”之称，表明是先君之子，按照礼制，公子无去国之道，公子纠出奔臣于鲁，故去其“公子”之氏。

【译文】

【经】夏，公伐击齐，为了送纠回国即位。

【传】“纳”是什么意思？是入国之辞。经文为何言“伐”？伐而言纳，就表示不能纳。纠是什么人？是公子纠。为何不称“公子”？因为在国君面前要称臣下的名。

【经】齐小白入于齐。

【传】曷为以国氏①？当国也。其言入何？篡辞也②。

【注释】

①国氏：以国为氏，经书“齐小白”即是。案“齐小白”实为公子小白，因其篡公子纠之君位，故以国为氏，此是当国之辞。

②篡辞：即表明篡位之辞，案《春秋》中“立”、“纳”、“入”皆为篡辞。

齐襄公去世后，公子纠以次当立，小白入于齐则为篡位。值得注意的是，据时月日例，大国篡例月，此条则书时，是移恶于鲁国。因小白成篡，由鲁不早送公子纠之故。

【译文】

【经】齐小白进入了齐国。

【传】为何以国为氏？因小白把持国政篡夺君位。言“入”是什么意思？是表明篡位之辞。

【经】秋，七月，丁酉，葬齐襄公①。

【注释】

①丁酉，葬齐襄公：去年十一月，公孙无知弑齐襄公，今年春，齐人杀无知，则弑君之贼已讨，故书齐襄公之葬。又此时距襄公被弑，已有九个月，经文书日，属于“过时而日”，“痛贤君不得以时葬”。

【译文】

【经】秋，七月，丁酉，安葬齐襄公。

【经】八月，庚申，及齐师战于乾时，我师败绩。

【传】内不言败①，此其言败何？伐败也②。曷为伐败？复雠也③。此复雠乎大国，曷为使微者④？公也。公则曷为不言公？不与公复雠也。曷为不与公复雠？复雠者在下也⑤。

【注释】

①内不言败：内指鲁国。按照《春秋》之例，鲁国若战败，则书“战”

以明之，不需再书“我师败绩”（参见桓公十年，“齐侯、卫侯、郑伯来战于郎”条注释④）。此战却书“我师败绩”，故而发问。

②伐败：伐，夸。经书“我师败绩”，是为了夸耀战败。

③复雠：复雠以死败为荣，故有伐败之说。此战实为鲁庄公纳公子纠不成，齐国复立公子小白，鲁国大夫建议，打着替鲁桓公复雠的旗号伐齐。此虽非诚心复雠，《春秋》借此表明复雠本当以死败为荣，故伐败。

④曷为使微者：案《春秋》之例，经书“及齐师”，不出主名，则表明乾时之战鲁国方面是由士领兵的，故言“微者”。然事实上复雠乎大国，是鲁庄公亲自领兵，经本当书“公及齐师”，今书“及齐师”，故而发问。

⑤复雠者在下也：鲁庄公本为公子纠之事伐齐，而诸大夫以为不如以复雠为旗号，则庄公无复雠之心，故云“复雠者在下也”。《春秋》借此表明，复雠当诚信至意，若以复雠谋他事，则“不与复雠”。

【译文】

【经】八月，庚申，与齐师战于乾时，我师败绩。

【传】涉及鲁国的战争依例不言“我师败绩”，此处言败是为何？是夸伐战败。为何夸耀战败？因为是复雠之战，以死败为荣。这是向大国复雠，为何只派微者将兵？实际是公将兵。公将兵，那么为何不言“公”？公此次复雠，《春秋》并不赞许。为什么不赞许公复雠？想要复雠之人是臣下。

【经】九月，齐人取子纠杀之。

【传】其取之何①？内辞也②。胁我，使我杀之也③。其称子纠何④？贵也。其贵奈何？宜为君者也⑤。

【注释】

①其取之何：唐石经作“其言取之何”，当从之。案《春秋》之例，“取”是“易辞”，有轻而易举之意。然于异国杀人，并非易事，如“楚人杀陈夏徵舒”，言“杀”不言“取”；“楚子伐吴，执齐庆封杀之”，言“执”不言“取”，故而发问。

②内辞：内指鲁国，即为鲁国避讳之辞。

③胁我，使我杀之也：公子小白得国之后，威胁鲁国杀掉公子纠，故纠实为鲁国所杀。而经书“齐人取子纠杀之”，是为鲁国避讳。然事实亦有迹可循，不言“齐侯取子纠杀之”而言“齐人”，则是“称人共国辞”，一个“人”字，齐鲁共有，知是齐国使鲁杀之。

④其称子纠何：案名例，经文当书“齐人取公子纠杀之”，不应书“子纠”。又案嗣君之名例“君薨称子某”，则“子纠”为嗣君之称，然纠未立为君，不应有此称谓，故而发问。

⑤宜为君者：公子纠本应继承齐国君位，是“宜为君者”，经书“子纠”，以嗣君之号称之，即为表明这一点。如此则子纠等同于未逾年君，而齐鲁均有弑君之恶。又据时月日例，外未逾年君被弑书月。

【译文】

【经】九月，齐人取子纠并杀了他。

【传】经文书“取”是为何？是为我国避讳之辞。齐国胁迫我国，使我国杀了他。经文称“子纠”是为何？因为他尊贵。尊贵是为何？因他本宜为君。

【经】冬，浚洙①。

【传】洙者何？水也。浚之者何？深之也。曷为深之？畏齐也。曷为畏齐也？辞杀子纠也②。

【注释】

①浚洙:洙,水名,在鲁国北部。浚,深也。鲁国杀死子纠后,仍心存畏惧,故挖深洙水,防备齐国。

②辞杀子纠:推辞杀子纠,以此为浚洙的缘由。此是为鲁国避讳畏齐之耻。上条"齐人取子纠杀之",实为鲁国受胁迫而杀子纠,经书齐人杀之,是为鲁避讳。此条顺着讳文,好像上条真的是鲁国不肯杀子纠,齐人取而杀之,鲁畏齐怒,故浚洙设防。如此则比鲁国杀子纠后,仍畏惧齐国,耻辱来得小。

【译文】

【经】冬,浚洙。

【传】"洙"是什么?是河流。"浚"之是什么意思?是挖深之。为何要挖深洙水?是畏惧齐国。因何畏惧齐国?好像是因推辞杀子纠的缘故。

【经】十年,春,王正月,公败齐师于长勺。

【译文】

【经】十年,春,王正月,公在长勺击败齐师。

【经】二月,公侵宋。

【传】曷为或言侵,或言伐?觕者曰侵①,精者曰伐②。战不言伐③,围不言战④,入不言围⑤,灭不言入⑥,书其重者也。

【注释】

①觕(cū)者曰侵:觕,同"粗",指用兵之意粗浅。侵,侵责。何休云:"将兵至竟,以过侵责之,服则引兵而去,用意尚粗。"案时月

日例，侵例时，此处书月，是庄公连年构怨于大国，故危之。

②精者曰伐：精，指用兵之意精密。伐，伐击。何休云："侵责之不服，推兵入竟，伐击之益深，用意稍精密。"

③战不言伐：战，合兵血刃曰战。伐仅是推兵入境，战则是短兵相接，用兵之意更重，若战伐兼有，则仅书战，不书伐。

④围不言战：围，即包围都城，与"战"相较，用兵之意更重，故云"围不言战"。

⑤入不言围：入，攻入都城，得而不居，重于"围"，故云"入不言围"。

⑥灭不言入：取其国曰灭，灭重于"入"，故云"灭不言入"。

【译文】

【经】二月，公侵责宋国。

【传】经文为何有时书"侵"，有时书"伐"？用兵之意粗浅者称侵，稍稍精密者称伐。有战则不书伐，有围则不书战，有入则不书围，灭国则不书入，都只记录程度重的。

【经】三月，宋人迁宿。

【传】迁之者何①？不通也，以地还之也②。子沈子曰："不通者，盖因而臣之也③。"

【注释】

①迁之者何：案《春秋》之例，若真是迁，须言"迁于某地"，今未言"于某"，故而发问。

②以地还之：还，绕也。即宋国绕取宿国周边之地，使其不得与外界交通，迫使宿君迁去。何休云："宋本欲迁宿君取其国，不知宿之不肯邪？宋逆诈邪？先绕取其地，使不得通四方，宿穷，从宋求迁。"并非是真的迁宿于某地。

③因而臣之：宋国使宿国不与外部交通，迫使宿君迁去，因而臣有宿国。《春秋》书此，一是谴责宋国迁取天子之封国，与灭国同罪；一是谴责宿君不能死社稷。

【译文】

【经】三月，宋人迁徙宿国。

【传】迁徙宿国是什么意思？是使宿国不能与外界交通，绕取了周边之地。子沈子说："使宿国不能与外交通，大概是因此而臣有了宿国。"

【经】夏，六月，齐师、宋师次于郎[①]。公败宋师于乘丘。

【传】其言次于郎何？伐也[②]。伐则其言次何？齐与伐而不与战[③]，故言伐也。我能败之，故言次也[④]。

【注释】

①次：停军驻扎。郎：鲁国之近邑。

②伐：事实上齐、宋二师伐鲁，经不书"伐"，而书"次"，理由见下传。

③齐与伐不与战：与，参与。即齐师参与了伐击鲁国，却并未与鲁国交战，故言"伐"（经文用"次"代替"伐"）以明之。若交战，则当依"战不言伐"之例，仅书"战"。

④我能败之，故言次也：即齐、宋二师仅止次于郎，鲁国就击败了宋师，齐师亦退兵，故不书"伐"而书"次"，表明未成于伐。《春秋》书此，何休云："明国君当强，折冲当远，鲁微弱深见犯，至于近邑，赖能速胜之，故云尔。"

【译文】

【经】夏，六月，齐师、宋师驻扎在郎邑。公在乘丘击败了宋师。

【传】经文言驻扎在郎邑，是为何？实际是伐击鲁国。"伐"则为何要言“次”？齐国参与了伐击，未参与交战，故需言“伐”。我能击败（宋师），故言“次”。

【经】秋，九月，荆败蔡师于莘，以蔡侯献舞归。

【传】荆者何？州名也①。州不若国，国不若氏，氏不若人，人不若名，名不若字，字不若子②。蔡侯献舞何以名③？绝。曷为绝之？获也④。曷为不言其获？不与夷狄之获中国也⑤。

【注释】

①州名：州谓九州，即冀、兖、青、徐、扬、荆、豫、梁、雍。此处经书“荆”，即是以州名指称楚国。

②州不若国，国不若氏，氏不若人，人不若名，名不若字，字不若子：州、国、氏、人、名、字、子，为《春秋》七等进退之法。《春秋》中，诸夏之国称爵，即公、侯、伯、子、男。夷狄进为中国则称“子”，若未进为中国，则以“州、国、氏、人、名、字”六等称之。其中称州名为最低一等，如此条之“荆”；若行稍进，则称“国”，如经有单称“楚”者；行再进则称“氏”，如经中有“潞氏”；再进则称“人”，如“楚人”、“吴人”；行又进则称“名”，如经中有“介葛庐”；再进则称“字”，如经中有“邾娄仪父”；纯同于中国则称“子”，如“楚子”。反之，若有夷狄之行，则依七等退之。值得注意的是，之所以进退有七等之多，是因当时夷狄反复无常，同时像楚国这样的夷狄非常强大，不能猝然暴责之，故从最低的称号开始，“进之以渐”，容有余地。

③蔡侯献舞何以名：案礼制，诸侯不生名，故发问。

④获：得也，战而为敌所得。国君当死位，若被获则是大恶，《春秋》

绝之。

⑤不与夷狄之获中国：不与，即不允许。夷狄，指楚国。中国，诸夏之国，此处指蔡国。因获有“治”之意，夷狄不能“治”中国，故不书“获蔡侯”，而书“以蔡侯献舞归”。可参看隐公七年“戎伐凡伯于楚丘以归”条。

【译文】

【经】秋，九月，荆在莘击败了蔡师，将蔡侯献舞带了回去。

【传】荆是什么？是州名。《春秋》对于夷狄的称号，称州不如称国，称国不如称氏，称氏不如称人，称人不如称名，称名不如称字，称字不如称子。蔡侯献舞为何称名？是被诛绝了。为什么被诛绝？因为被俘获了。为何不言他被俘获了？不允许夷狄俘获诸夏之国。

【经】冬，十月，齐师灭谭，谭子奔莒。

【传】何以不言出[①]？国已灭矣，无所出也。

【注释】

①何以不言出：即经何以不言“谭子出奔”，而仅书“奔”。案《春秋》书“出奔”，表明国存而奔；书“奔”，则是国灭而奔。

【译文】

【经】冬，十月，齐师灭了谭国，谭子奔莒。

【传】何以不言“出”字？国已经被灭了，无国可出了。

【经】十有一年，春，王正月。

【译文】

【经】十一年，春，王正月。

【经】夏，五月，戊寅，公败宋师于鄑。

【译文】

【经】夏，五月，戊寅，公在鄑地击败宋师。

【经】秋，宋大水。

【传】何以书？记灾也。外灾不书[①]，此何以书？及我也[②]。

【注释】

①外灾不书：外灾，指鲁国以外的灾害。《春秋》常例，仅记录鲁国的灾害，故云“外灾不书”。

②及我也：及，波及。鲁宋为邻国，宋之水灾波及鲁国，若仅书鲁灾，则宋灾不见；二灾俱书，则文烦；故以书外灾的方式，表明鲁亦有灾。值得注意的是，外灾不书是《春秋》常例，然有例外情况：第一，外灾“及我”则书，如此条及庄公二十年“齐大灾”，传亦云“及我也”。第二，为二王后记灾，如襄公九年“春，宋火”，传云“外灾不书，此何以书？为王者之后记灾”（宋火灾未波及鲁国，故依为二王后记灾之例）。

【译文】

【经】秋，宋国发大水。

【传】为何记录此事？是记录灾害。鲁国之外的灾害，例所不书，此处为何书？因为波及到了我国。

【经】冬，王姬归于齐[①]。

【传】何以书？过我也[②]。

【注释】

①王姬归于齐：即周天子嫁女于齐国，途经鲁国。案名例，"女在其国称女，在途称妇，入国称夫人"。此处应称"妇"，而"王姬"为在国之称。此因"王者无外"，故无"在国"与"在途"之别。

②过我：即途经鲁国。王者嫁女过境，鲁国当有迎送之礼，故书以记之。

【译文】

【经】冬，王姬嫁到了齐国。

【传】为何记录此事？是因为途经我国。

【经】十有二年，春，王三月，纪叔姬归于酅[①]。

【传】其言归于酅何？隐之也。何隐尔？其国亡矣，徒归于叔尔也[②]。

【注释】

①纪叔姬归于酅(xī)：纪叔姬为鲁女，隐公七年，作为伯姬之媵嫁到纪国，后为嫡。庄公四年，纪为齐所灭，叔姬回到鲁国。在齐灭纪之前，纪季以酅邑投奔齐国，延续了纪国的宗庙祭祀。叔姬有守节之志，故此时回到了酅邑。

②徒归于叔：女子称夫之昆弟为叔，纪季为纪侯之弟，故叔姬称之为叔。徒，空也。纪国已灭，无国可归，而酅为齐国附庸，故言"徒归"。

【译文】

【经】十二年，春，王正月，纪叔姬归于酅邑。

【传】经文为何言"归于酅"？是隐痛她。隐痛什么？她的夫国灭亡了，只能回到小叔那里。

【经】夏，四月。

【译文】

【经】夏，四月。

【经】秋，八月，甲午，宋万弑其君接①，及其大夫仇牧。

【传】及者何？累也。弑君多矣，舍此无累者乎？孔父、荀息皆累也。舍孔父、荀息无累者乎？曰有②。有则此何以书？贤也。何贤乎仇牧？仇牧可谓不畏强御矣③。其不畏强御奈何？万尝与庄公战④，获乎庄公。庄公归，散舍诸宫中，数月然后归之。归反为大夫于宋。与闵公博⑤，妇人皆在侧，万曰："甚矣，鲁侯之淑，鲁侯之美也。天下诸侯宜为君者，唯鲁侯尔。"闵公矜此妇人⑥，妒其言，顾曰："此虏也。""尔虏焉故，鲁侯之美恶乎至？"万怒，搏闵公，绝其脰⑦。仇牧闻君弑，趋而至，遇之于门，手剑而叱之。万臂摋仇牧⑧，碎其首，齿著乎门阖⑨。仇牧可谓不畏强御矣。

【注释】

①宋万弑其君接：宋万，为宋国大夫南宫万。段熙仲先生以为，称"宋万"而不称氏者，是因弑君而贬。接，宋闵公之名。

②曰有：自此以上之传文，参见桓公二年"宋督弑其君与夷"条注释。

③强御：《经义述闻》以为，"御"与"强"意同。万力大，故为强御。

④万尝与庄公战：庄公，指鲁庄公。战，指十年鲁宋乘丘之战，万被俘。经未书者，因当时万为士，故不见名氏。

⑤博：博戏。

⑥闵公矜此妇人：矜，骄矜。宋闵公在妇人面前骄矜。

⑦脰(dòu)：颈也，齐人语。

⑧搬(sà)：侧手击。

⑨门阖：门扇。万力大，侧手击打仇牧头部，仇牧头被撞碎，牙齿嵌在门扇上。此足见万为强御之人。

【译文】

【经】秋，八月，甲午，宋万弑杀了他们的国君接，以及大夫仇牧。

【传】经文书“及”是什么意思？是连累的意思。弑君的事例很多，除此之外，还有连累而死的人吗？回答说，有的，孔父、荀息都受累而死。除了孔父、荀息之外，没有受累的人了吗？回答说，有的。既然有，那么为什么这次还要记录？因为仇牧有贤德。为什么认为仇牧贤德？仇牧可谓是不畏惧强暴之人。他怎样不畏惧强暴？万曾经与鲁庄公交战，被庄公俘获。庄公归国，将其安置在宫中，并不加约束，数月后就让他回去了。万归国后，作了宋国的大夫。与宋闵公博戏，闵公姬妾都在旁边，万说：“甚矣，鲁侯之善，鲁侯之美。天下诸侯宜为国君的，只有鲁侯了。”闵公在妇人面前很骄矜，妒忌万的言语，回头对妇人说：“这人原是俘虏。”对万说：“你因为被鲁侯俘虏了，才称赞鲁侯，鲁侯之美何以至此？”万大怒，搏击闵公，扭断了他的脖子。仇牧听闻国君被弑，快步赶来，在门前与万相遇。仇牧手持利剑斥骂万，万挥臂侧手击杀了仇牧，撞碎他的头颅，仇牧的牙齿嵌在了门扇上。仇牧可谓是不畏强暴之人啊。

【经】冬，十月，宋万出奔陈①。

【注释】

①宋万出奔陈：案《春秋》之例，弑君贼不复见，明其为《春秋》诛绝。

万弑君而复见，是为了表明万为强御之人，国中无人能禁，当急诛之。

【译文】

【经】冬，十月，宋万出奔到了陈国。

【经】十有三年，春，齐侯、宋人、陈人、蔡人、邾娄人会于北杏[①]。

【注释】

①北杏：北杏之会，是齐桓公行霸会诸侯之始，当时桓公之信未著，故诸侯仅遣士与会，桓公不辞微者，遂成霸功。

【译文】

【经】十三年，春，齐侯、宋人、陈人、蔡人、邾娄人在北杏相会。

【经】夏，六月，齐人灭遂[①]。

【注释】

①齐人灭遂：遂国因未参与北杏之会，故齐灭之。案灭国为大恶，此时齐桓公功业未著，又不尚文德，故《春秋》不为之讳。

【译文】

【经】夏，六月，齐人灭了遂国。

【经】秋，七月。

【译文】

【经】秋，七月。

【经】冬，公会齐侯，盟于柯。

【传】何以不日①？易也②。其易奈何？桓之盟不日，其会不致③，信之也。其不日何以始乎此？庄公将会乎桓，曹子进曰④："君之意何如？"庄公曰："寡人之生，则不若死矣⑤。"曹子曰："然则君请当其君⑥，臣请当其臣。"庄公曰："诺。"于是会乎桓，庄公升坛⑦，曹子手剑而从之，管子进曰："君何求乎？"曹子曰："城坏压竟，君不图与。"管子曰："然则君将何求？"曹子曰："愿请汶阳之田⑧。"管子顾曰："君许诺⑨。"桓公曰："诺。"曹子请盟，桓公下与之盟。已盟，曹子摽剑而去之⑩。要盟可犯⑪，而桓公不欺。曹子可雠，而桓公不怨。桓公之信著乎天下，自柯之盟始焉。

【注释】

①何以不日：案时月日例，盟例日，恶其不信也。柯之盟书时，故而发问。

②易：何休云："易犹佼易也，相亲信无后患之辞。"

③其会不致：即公参加齐桓公主持的会盟，归国时不书"公至自会"。因书致文，是臣子喜其君父脱危而至，齐桓公有信义，其会无危，故不致。

④曹子：即曹刿。

⑤寡人之生，则不若死矣：此为鲁庄公自伤之语。庄公之父为齐所杀，不能复仇，伐齐纳公子纠，又不成功，反受胁迫而杀纠，故有此语。

⑥当：敌也，对付之意，将要劫持齐国君臣。

⑦坛：土筑之台。何休云："土基三尺，土阶三等曰坛。会必有坛者，为升降揖让，称先君以相接，所以长其敬。"

⑧汶阳之田：汶水以北原来属于鲁国的领地，此时已被齐国侵夺。

⑨君许诺：何休云："诸侯死国不死邑，故可许诺。"

⑩摽：抛也。

⑪要盟：受要挟而订立之盟约。

【译文】

【经】冬，公与齐侯在柯地结盟。

【传】为何不书日？因为此会佼易平安。佼易平安是怎么回事？齐桓公之盟不书日，会不书致文，是信任他。齐桓公之盟为何自此开始不书日？鲁庄公将与齐桓公相会，曹子进前言道："君之意何如？"庄公说："我真是生不如死。"曹子言道："那么请君对付齐君，臣对付齐臣。"庄公说："好。"于是与齐桓公相会。庄公升坛，曹子见庄公畏惧不能劫持齐桓公，持剑跟随着上去，闯到桓公前面，将其劫持。管子上前言道："鲁君有何要求？"曹子见庄公惊愕不能言，就说："齐数次侵略鲁国，使得鲁国城池崩坏，又抑压鲁国边境，齐侯难道不想图计鲁国吗！"管子言道："那么鲁君将有什么请求？"曹子言道："愿请归还汶水北面鲁国的故土。"管子转向齐桓公，说："君许诺吧。"桓公说："许诺。"曹子请与桓公结盟，桓公下坛与之结盟。结盟已毕，曹子抛剑置地而去。受要挟订立的盟约是可以违背的，而桓公不欺；曹子以臣劫君，其罪可仇，而桓公不怨。桓公之信义著乎天下，从柯之盟开始。

【经】十有四年，春，齐人、陈人、曹人伐宋。

【经】夏，单伯会伐宋。

【传】其言会伐宋何？后会也①。

【注释】

①后会：鲁国本与齐、陈、曹三国会同伐宋，鲁后期而至，故为后会。

若当期而至，应书“单伯会齐人、陈人、曹人伐宋”，今既书三国伐宋，又书“单伯会伐宋”，此为后会之书法。书后会者，讥刺鲁国不守信。

【译文】

【经】十四年，春，齐人、陈人、曹人伐击宋国。

【经】夏，单伯会同伐宋。

【传】经言会同伐宋是为何？是后期而会。

【经】秋，七月，荆入蔡。

【译文】

【经】秋，七月，荆攻入了蔡国都城。

【经】冬，单伯会齐侯、宋公、卫侯、郑伯于鄄。

【译文】

【经】冬，单伯与齐侯、宋公、卫侯、郑伯在鄄地相会。

【经】十有五年，春，齐侯、宋公、陈侯、卫侯、郑伯会于鄄。

【译文】

【经】十五年，春，齐侯、宋公、陈侯、卫侯、郑伯在鄄地相会。

【经】夏，夫人姜氏如齐。

【译文】

【经】夏，夫人姜氏（文姜）去了齐国。

【经】秋，宋人、齐人、邾娄人伐郳。

【译文】

【经】秋，宋人、齐人、邾娄人伐击郳（小邾娄国）。

【经】郑人侵宋。

【译文】

【经】郑人侵责宋国。

【经】冬，十月。

【译文】

【经】冬，十月。

【经】十有六年，春，王正月。

【译文】

【经】十六年，春，王正月。

【经】夏，宋人、齐人、卫人伐郑[①]。

【注释】

①宋人、齐人：案《春秋》列国之排序，会盟以国之大小为序，征伐则主兵者为先。齐大于宋，而此处宋人序上者，因宋主兵之故。

【译文】

【经】夏，宋人、齐人、卫人伐击郑国。

【经】秋，荆伐郑。

【译文】

【经】秋，荆伐击郑国。

【经】冬，十有二月，公会齐侯、宋公、陈侯、卫侯、郑伯、许男、曹伯、滑伯、滕子，同盟于幽。

【传】同盟者何[①]？同欲也。

【注释】

①同盟：《春秋》书同盟，表明同心欲盟，与单书“盟”不同。何休云：“同心为善，善必成；同心为恶，恶必成，故重而言同心也。”

【译文】

【经】冬，十二月，公会同齐侯、宋公、陈侯、卫侯、郑伯、许男、曹伯、滑伯、滕子，同盟于幽。

【传】同盟是什么意思？是同心欲盟之意。

【经】邾娄子克卒[①]。

【注释】

①邾娄子克卒：孔广森以为，“克”即隐公元年之“仪父”。案《春秋》三世之例，传闻世不录小国卒葬，此处书邾娄子克之卒，因其有慕霸者、尊天子之心，遣人参与了齐桓公北杏之会，故行进而书卒。

【译文】

【经】邾娄子克去世了。

【经】十有七年，春，齐人执郑瞻。

【传】郑瞻者何？郑之微者也①。此郑之微者，何言乎齐人执之②？书甚佞也③。

【注释】

①郑之微者：案《春秋》名例，大国大夫称名氏，郑为大国，瞻仅书名，故知是微者。然微者当称“郑人”，此处却书“郑瞻”者，见注释③。

②何言乎齐人执之：案《春秋》之中，执大夫以上则书，执微者则不书，如宋万为士之时，被鲁庄公俘获，而经不书。此郑瞻为微者，依例不应书齐人执之，故发问。

③书甚佞也：郑瞻为佞人，故书“齐人执郑瞻”以著其佞，故不依执微者不书之例。同时，案《春秋》之例，称爵而执者，伯讨也，表明被执者有罪当执；称人而执者，非伯讨也。此处书“齐人”，则非伯讨，此因郑瞻佞行未彰，罪未成，霸者当远之而已，不当执之。

【译文】

【经】十七年，春，齐人拘执了郑瞻。

【传】郑瞻是什么人？是郑国的微者。这是郑国的微者，为何言“齐人执之”？是为表明他是十分奸佞之人。

【经】夏，齐人瀸于遂。

【传】瀸者何？瀸，积也[①]，众杀戍者也[②]。

【注释】

①瀸(jiǎn)，积也：积死非一之辞。即齐人积众而死之意。

②众杀戍者：何休云：“齐人灭遂，遂民不安欲去，齐强戍之，遂人共以药投其所饮食水中，多杀之。”齐国不当强留遂人，故《春秋》书“瀸”，好像齐人为自积死之文，不怪罪遂人。

【译文】

【经】夏，齐人瀸死于遂地。

【传】“瀸”是什么意思？瀸，是积众而死的意思。实际上是遂人杀死了驻守的齐国人。

【经】秋，郑瞻自齐逃来。

【传】何以书？书甚佞也，曰佞人来矣，佞人来矣[①]。

【注释】

①佞人来矣，佞人来矣：重复此言者，痛惜鲁国知其佞而受之。之后庄公听信其言，取齐哀姜为夫人(后哀姜淫于二叔，杀二嗣子，鲁国几乎亡国)，又于桓公庙丹楹刻桷，失礼鬼神。

【译文】

【经】秋，郑瞻自齐国逃来。

【传】为何记录此事？因为他是个十分奸佞之人，故而记录。说：奸佞之人来了，奸佞之人来了。

【经】冬，多麋①。

【传】何以书？记异也。

【注释】

①麋：麋鹿。何休云："麋之为言犹迷也，象鲁为郑瞻所迷惑也。"

【译文】

【经】冬，多麋鹿。

【传】何以记录此事？是记录异象。

【经】十有八年，春，王三月，日有食之。

【译文】

【经】十八年，春，王三月（晦日），发生了日食。

【经】夏，公追戎于济西①。

【传】此未有言伐者，其言追何？大其为中国追也②。此未有伐中国者，则其言为中国追何？大其未至而豫御之也。其言于济西何？大之也③。

【注释】

①公追戎于济西：何休云："以兵逐之曰追。"济西，济水以西之地，此指鲁国境内之济西地。案时月日例，追例时。

②大其为中国追：大，张大，推崇。中国，指诸夏之国。张大鲁庄公为中国追击，故经书"于济西"；若仅为鲁国追击，则宜书追至某地，如僖公二十六年"齐人侵我西鄙。公追齐师至嶲，弗及"。

③大之也：张大鲁庄公之功劳。案济西之地，非全为鲁境，鲁庄公虽在境内之济西地追戎，然《春秋》张大其功，书“于济西”，表明恩及济西。

【译文】

【经】夏，公在济西之地追击戎。

【传】此处没有戎伐我国之文，言“追”是为何？是推崇公为中国追击戎。此处没有戎伐中国之文，那么为什么说是为中国追击？推崇戎未至而公预先抵御他们。经言“于济西”是为何？是张大公之除害恩及济西。

【经】秋，有蜮[①]。

【传】何以书？记异也。

【注释】

①蜮：一种能含沙射人，使人发病的动物，亦称“短狐”。何休以为，鲁受郑瞻之毒，将为大乱，故有蜮。

【译文】

【经】秋，有蜮虫。

【传】为何记录此事？是记录异象。

【经】冬，十月。

【译文】

【经】冬，十月。

【经】十有九年，春，王正月。

【译文】

【经】十九年，春，王正月。

【经】夏，四月。

【译文】

【经】夏，四月。

【经】秋，公子结媵陈人之妇[①]，于鄄遂及齐侯、宋公盟[②]。

【传】媵者何？诸侯娶一国，则二国往媵之[③]，以姪娣从。姪者何？兄之子也[④]。娣者何？弟也[⑤]。诸侯壹聘九女[⑥]，诸侯不再娶[⑦]。媵不书，此何以书？为其有遂事书[⑧]。大夫无遂事[⑨]，此其言遂何？聘礼，大夫受命不受辞[⑩]，出竟有可以安社稷，利国家者，则专之可也[⑪]。

【注释】

①公子结媵陈人之妇：公子结，鲁国大夫。陈人之妇，为卫女嫁为陈侯夫人者，不称“陈夫人”者，此时卫女尚在途，未成夫妇，故依“在途称妇”之例。媵，媵妾，此处作动词，派出媵妾。卫嫁女于陈，鲁作为同姓之国，故媵之，由公子结护送。

②于鄄遂及齐侯、宋公盟：鄄，卫国之邑。遂，生事之辞。公子结护送媵妾至鄄邑，闻齐侯、宋公欲谋伐鲁，故途中生事，与之盟于鄄。

③二国往媵之：一国嫁女为夫人，则有两个同姓之国主动派出一个媵妾，再加上媵妾之侄女、妹妹，一共六人。又，媵妾自往，夫国不求，故言“往”媵之。

④兄之子:即兄长之女,于己为侄女,故称“姪”。

⑤弟:指女弟,即妹妹。

⑥诸侯壹聘九女:九女指夫人及其姪娣,二媵妾及各自之姪娣,故有九人。

⑦诸侯不再娶:诸侯只娶一次,一次九女,不再续娶。之所以不再娶者,一娶九女,九女之尊卑分明,(详见隐公元年“元年春,王正月”条注释⑯)。若再娶,则使诸女之间尊卑混乱,导致继嗣不明,又长国君好色之性,故《春秋》规定诸侯不再娶。

⑧为其有遂事书:遂,生事之辞,此处指公子结与齐、宋结盟之事。案《春秋》常例,媵妾低贱,故不书媵。此处书者,是为说明遂事所本之事。

⑨大夫无遂事:案《春秋》常例,大夫当奉行君命,不得横生事端,故无遂事。

⑩大夫受命不受辞:大夫出国行聘礼,只接受国君之使命,不预先接受应对之辞令,当灵活应对。

⑪出竟有可以安社稷,利国家者,则专之可也:此指大夫出境,遇到危机之事,可以专断,此为“大夫无遂事”之变例。

【译文】

【经】秋,公子结护送陈人之妇的媵妾,至鄄地遂与齐侯、宋公结盟。

【传】媵是什么?诸侯娶于一国,那么与之同姓的二国派遣媵妾,并以姪、娣随从。姪是什么?是兄长的女儿。娣是什么?是女弟。诸侯一次聘娶九女,此后诸侯不再娶。《春秋》例不书媵,此处为何书?是为之后有遂事张本而书。大夫不可有遂事,此处言遂是为何?聘礼中,大夫只接受使命,不接受预定的辞令,出境遇到可以安定社稷,有利于国家的事情,则可以专断。

【经】夫人姜氏如莒。

【译文】

【经】夫人姜氏(文姜)去了莒国。

【经】冬,齐人、宋人、陈人伐我西鄙[①]。

【注释】

①鄙:边陲。案上条公子结与齐侯、宋公盟于鄄,此处齐、宋伐鲁,则非公子结所能保。

【译文】

【经】冬,齐人、宋人、陈人伐击我国西部边陲。

【经】二十年,春,王二月,夫人姜氏如莒。

【译文】

【经】二十年,春,王二月,夫人姜氏(文姜)去了莒国。

【经】夏,齐大灾。

【传】大灾者何?大瘠也[①]。大瘠者何?痢也。何以书?记灾也。外灾不书,此何以书?及我也。

【注释】

①瘠:疾疫,与下"痢"字意同。

【译文】

【经】夏,齐国发生了大灾害。

【传】大灾害是什么?是大瘠。大瘠是什么?是痢疫。为什么记录此事?是记录灾害。鲁国之外的灾害,例所不书,此处为何书?因为波及到了我国。

【经】秋,七月。

【译文】

【经】秋,七月。

【经】冬,齐人伐戎。

【译文】

【经】冬,齐人伐击戎。

【经】二十有一年,春,王正月。

【译文】

【经】二十一年,春,王正月。

【经】夏,五月,辛酉,郑伯突卒。

【译文】

【经】夏,五月,辛酉,郑伯突去世了。

【经】秋，七月，戊戌，夫人姜氏薨。

【译文】

【经】秋，七月，戊戌，夫人姜氏薨没了。

【经】冬，十有二月，葬郑厉公①。

【注释】

①葬郑厉公：郑厉公，即郑伯突。案《春秋》之例，篡明者书葬。桓公十五年有“郑伯突入于栎”之文，则其篡明，故书其葬。

【译文】

【经】冬，十二月，安葬郑厉公。

【经】二十有二年，春，王正月，肆大省。

【传】肆者何？跌也①。大省者何？灾省也②。肆大省何以书？讥。何讥尔？讥始忌省也③。

【注释】

①跌：过度。

②灾省：省，减省，谓遇子、卯两日当减省吉事，即不举行祭祀。因为夏于卯日亡，殷于子日亡，故先王于此二日反思自身是否有亡国之行，故减省吉事。称之为“灾省”者，据礼制，若遇灾异，则废一时之祭，子卯日之减省吉事，如同闻灾废祭一般，故称“灾省”。

③讥始忌省：忌省，即顾忌到“灾省”而不敢哭文姜。案鲁庄公之母文姜去年七月去世，此时尚在丧中，当有朝夕之哭，庄公因“忌省”而不敢哭。《春秋》讥之者，子卯日仅减省吉事，凶事不当减

省，故《士丧礼》云："朝夕哭，不辟子卯。"以专孝子之思。值得注意的是，文姜与齐襄公杀死了鲁桓公，其罪宜绝，故《春秋》不与庄公"念母"(参见庄公元年"三月，夫人孙于齐"条)。然而事实上庄公并未绝母，《春秋》以为，既然庄公不绝母，就应该尽子道，不应"忌省"而不哭。

【译文】

【经】二十二年，春，王正月，肆意大省。

【传】肆是什么意思？是过度的意思。"大省"是什么？是子卯日减省吉事，如遇到灾害一般。为何记录肆意大省？是讥刺。讥刺什么？讥刺开始顾忌大省，而不敢哭文姜。

【经】癸丑，葬我小君文姜①。

【传】文姜者何②？庄公之母也。

【注释】

①小君：臣子称诸侯夫人为小君。言"小"者，比于国君为小。

②文姜：姜为姓，文为谥号。夫人葬时之称，以姓配谥。关于夫人谥号之问题，孔广森云："春秋之初，下成、康未远，诸侯夫人犹从君之谥，卫有庄姜、宣姜，郑有武姜是也。非正嫡则无谥，仲子是也。鲁自文姜以后，不别適庶，皆各自为谥，定公之妾姒氏，不当体君，乃反称定姒，此末世黩乱作之，不应礼法。"

【译文】

【经】癸丑，安葬我国的小君文姜。

【传】文姜是什么人？是鲁庄公的母亲。

【经】陈人杀其公子御寇①。

【注释】

①陈人杀其公子御寇：案《春秋》之例，若大夫相杀，则应书“陈人杀其大夫公子御寇”，今不书“其大夫”，表明公子御寇为陈君之子，杀君之子罪重于杀大夫。

【译文】

【经】陈人杀害了他们的公子御寇。

【经】夏，五月[①]。

【注释】

①夏五月：案《春秋》编年，四时具然后为年，若一时无事，则书首时。今夏无事，应书“夏四月”。书“五月”者，是讥刺庄公谋娶齐女，然齐为仇国，仇女不可以事先祖，犹五月不宜为首时。

【译文】

【经】夏，五月。

【经】秋，七月，丙申，及齐高傒盟于防。

【传】齐高傒者何？贵大夫也。曷为就吾微者而盟[①]？公也[②]。公则曷为不言公？讳与大夫盟也[③]。

【注释】

①曷为就吾微者而盟：案《春秋》名例，士为微者，称人；鲁国之士则不称“鲁人”，而是省缺主语，以明内之微者。此处书“及齐高傒盟”，就好像是高傒与鲁之微者结盟，故而发问。

②公也：即与高傒盟者，不是鲁国之士，而是鲁庄公。这从时月日例中可以看出，案微者盟例时，以其不能专正也。此处书日，则

非微者与盟，若是鲁国大夫，则当书其名氏，故知是公与盟。

③讳与大夫盟：案礼制，国君与大夫地位不等，盟则表示双方平等，故公与大夫盟需避讳。此处不出“公”字，即是讳文。

【译文】

【经】秋，七月，丙申，与齐高傒在防地结盟。

【传】齐高傒是什么人？是尊贵的大夫。为何屈就与我国的微者结盟？与他结盟的是公。结盟者是公，那为何不说是公？是避讳公与大夫结盟。

【经】冬，公如齐纳币①。

【传】纳币不书②，此何以书？讥。何讥尔？亲纳币，非礼也③。

【注释】

①纳币：参见隐公二年“纪履緰来逆女”条注释⑥。

②纳币不书：案纳币属于常事，《春秋》常事不书。

③亲纳币非礼也：案礼制，纳币由男方派遣使者行之，据“婚礼不称主人”之义，若婿亲自纳币，则是自专婚嫁，无廉耻之心。故云，亲纳币，非礼也。值得注意的是，鲁庄公如齐，实为淫佚，非为纳币。而国君外淫是大恶，故以亲纳币为讳。

【译文】

【经】冬，公去齐国行纳币之礼。

【传】《春秋》依例不书纳币，此处为何书？是讥刺。讥刺什么？公亲自纳币，是非礼的。

【经】二十有三年，春，公至自齐。

【传】桓之盟不日，其会不致，信之也[1]。此之桓国，何以致？危之也[2]。何危尔？公一陈佗也[3]。

【注释】

①桓之盟不日，其会不致，信之也：参见庄公十三年“公会齐侯，盟于柯”条注释③。

②危之也：《春秋》之中，凡书“公至自某”，皆表明公脱危而至，故云“危之也”。

③公一陈佗：陈佗为陈国之君，因外淫而被《春秋》诛绝，参见桓公六年“蔡人杀陈佗”条。一，同一也。鲁庄公如齐淫佚，与陈佗之行相同。

【译文】

【经】二十三年，春，公从齐国回来。

【传】齐桓公之盟不书日，会不书致文，是信任他。这是去桓公之国，为何书致？是担忧公。为何要担忧？公与陈佗一样，有外淫之行。

【经】祭叔来聘[1]。

【注释】

①祭叔来聘：祭为氏，叔为字，案名例，天子上大夫称字。同时，祭叔是受天子派遣而聘问鲁国的，理应书“天王使祭叔来聘”。不书“使”者，《春秋》之例，大夫不敌君，若被聘之国无君，则不称“使”。此处鲁有君而不称“使”，表明鲁庄公外淫当绝，天子不应聘之。

【译文】

【经】祭叔来我国聘问。

【经】夏，公如齐观社[①]。

【传】何以书？讥。何讥尔？诸侯越竟观社，非礼也[②]。

【经】公至自齐[③]。

【注释】

①观社：社，土地神，春秋两季祭祀之，天子用牛羊豕，诸侯用羊豕。齐国祭祀社神，国中男女聚族往观之，为一时之盛。

②诸侯越竟观社，非礼也：据礼制，诸侯非朝聘会盟之事，不得出境，故越境观社为非礼。此是为鲁庄公避讳，庄公之如齐，实为淫佚，内大恶讳，故以越境观社为讥。

③公至自齐：公虽去齐桓公之国，然淫佚有危，故书"公至自齐"，表明脱危而至。

【译文】

【经】夏，公去齐国观社。

【传】为何记录此事？是讥刺。讥刺什么？诸侯越过国境去观社，是非礼的。

【经】公从齐国归来了。

【经】荆人来聘。

【传】荆何以称人[①]？始能聘也[②]。

【注释】

①荆何以称人：案《春秋》对于夷狄，有七等进退之法，即"州、国、氏、人、名、字、子"，详见庄公十年"荆败蔡师于莘，以蔡侯献舞归"条。楚国之前称"荆"，而此处称"荆人"，故传发问。

②始能聘也：《春秋》王鲁，楚国能聘问鲁国，故褒进之，不称"荆"

(州),而称"荆人"。然而根据七等进退之法,此处"荆人"的书法比较奇怪,若将楚国由"州"褒进至"人",则当书"楚人",今书"荆人"者,是"许夷狄不一而足",即不骤然褒进之。

【译文】

【经】荆人来聘问。

【传】荆为何称人?因为自此开始能聘问鲁国。

【经】公及齐侯遇于穀。

【译文】

【经】公与齐侯在穀地相遇。

【经】萧叔朝公①。

【传】其言朝公何②?公在外也③。

【注释】

①萧叔:孔广森以为,萧为附庸之国,叔是国君之字。称"字"之附庸国,方三十里。

②其言朝公何:案《春秋》之例,萧叔朝鲁,当书"萧叔来朝",不当书"萧叔朝公"。故而发问。

③公在外也:时公与齐侯遇于穀,萧叔朝公,故云"公在外也"。案礼制,朝礼当受于太庙,表示孝子不敢自专,归美于先君,且尊重宾客,故例书"来朝"。此处书"朝公",一则谴责鲁庄公之骄侈,一则谴责萧叔之简慢。

【译文】

【经】萧叔朝见公。

【传】经文书“朝公”是为何？因为公在外面。

【经】秋，丹桓宫楹[1]。

【传】何以书？讥。何讥尔？丹桓宫楹，非礼也。

【注释】

①丹桓宫楹：桓宫，即鲁桓公之庙。楹，柱子。丹，用赤色漆饰。案丹楹为天子宗庙之制，鲁国丹桓宫楹，是僭越了天子之制，故《春秋》讥之。

【译文】

【经】秋，用赤色漆装饰桓公庙的楹柱。

【传】为何记录此事？是讥刺。讥刺什么？用赤漆装饰桓公庙的楹柱，是非礼的。

【经】冬，十有一月，曹伯射姑卒[1]。

【注释】

①曹伯射姑卒：射姑，曹庄公之名，为曹桓公之子。案时月日例，大国卒日葬月，小国卒月葬时。曹为小国，然《春秋》敬老重恩，曹桓公卒日葬月（参见桓公十年、十一年），《春秋》嫌其同于大国，故曹庄公仍卒月葬时。

【译文】

【经】冬，十一月，曹伯射姑去世了。

【经】十有二月，甲寅，公会齐侯盟于扈。

【传】桓之盟不日[1]，此何以日？危之也。何危尔？我贰也[2]。鲁子曰[3]："我贰者，非彼然，我然也[4]。"

【注释】

①桓之盟不日：即齐桓公之盟不书日。

②我贰也：何休云："庄公有淫泆污贰之行。"

③鲁子：《公羊传》著于竹帛前的先师。

④非彼然，我然也：即非齐桓公恶鲁庄公有污贰之行，相疑而盟，故书日危之；而是庄公自身污贰，行动有危。

【译文】

【经】十二月，甲寅，公会同齐侯，在扈地结盟。

【传】齐桓公之盟不书日，此处为何书日？是担忧公。为何要担忧？因为我君有污贰之行。鲁子说："我君有污贰之行，并非是齐桓公因此相疑，而是鲁君自身有危。"

【经】二十有四年，春，王三月，刻桓宫桷[1]。

【传】何以书？讥。何讥尔？刻桓宫桷，非礼也。

【注释】

①刻桓宫桷：桷，屋椽。刻，雕刻，装饰。案礼制，刻椽为天子之制，此处却用于鲁桓公之庙，故《春秋》讥之。

【译文】

【经】二十四年，春，王三月，雕刻桓公庙的椽子。

【传】为何记录此事？是讥刺。讥刺什么？雕刻桓公庙的椽子，是非礼的。

【经】葬曹庄公。

【译文】

【经】安葬曹庄公。

【经】夏，公如齐逆女①。

【传】何以书？亲迎，礼也②。

【经】秋，公至自齐③。

【注释】

①公如齐逆女：逆，迎也。女，指齐女嫁为鲁庄公夫人者，即后之哀姜。此处书“公如齐逆女”，表明庄公亲自去齐国迎接哀姜。

②亲迎，礼也：事实上，庄公去齐国，非是亲迎，而为淫佚。外淫为大恶，《春秋》为之避讳，好像庄公是为亲迎才去了齐国，故云“亲迎，礼也”。然讳不没实，案《春秋》礼制，国君不越境逆女，当遣大夫迎接，至境内方逆女。由此可见，庄公如齐，实非逆女。

③公至自齐：公如齐淫佚，有危，故书“至”，表明公脱危而至。

【译文】

【经】夏，公去齐国迎娶夫人。

【传】为何记录此事？亲迎，是符合礼节的。

【经】秋，公从齐国归来。

【经】八月，丁丑，夫人姜氏入。

【传】其言入何①？难也②。其言日何③？难也。其难奈何？夫人不偻④，不可使入，与公有所约，然后入。

【注释】

①其言入何：案常例，夫人至鲁国，当书“夫人姜氏至自齐”，此处书

"入",故发问。

②难:为难。案鲁庄公娶亲之前,有一媵妾,名为孟任。故夫人不肯入,待庄公定立了疏远媵妾之约,方入鲁国,故作为难之辞。

③其言日何:案时月日例,夫人至例月。此处书日,是夫人初不肯入,与公定约之后,至丁丑乃入。故书日亦是为难之辞。

④夫人不偻:偻,疾也,迅速之意。何休云:"夫人稽留,不肯疾顺公,不可使即入。"何氏又以为,夫人要挟庄公,并非大恶,因"妻事夫有四义:鸡鸣縰笄而朝,君臣之礼也;三年恻隐,父子之恩也;图安危可否,兄弟之义也;枢机之内,寝席之上,朋友之道,不可纯以君臣之义责之。"

【译文】

【经】八月,丁丑,夫人姜氏入。

【传】经文言"入"是为何?是为难之辞。书日是为何?是为难之辞。因何为难?夫人不肯立即顺从公,无法使其进城,直到与公定立了远媵妾之约后,才进城。

【经】戊寅,大夫宗妇觌用币[1]。

【传】宗妇者何?大夫之妻也。觌者何?见也。用者何?用者不宜用也[2],见用币非礼也[3]。然则曷用?枣栗云乎[4],腶脩云乎[5]。

【注释】

①大夫宗妇:此指大夫之宗妇。何休以为,宗子之妇称宗妇。凌曙以为,此处书"大夫宗妇"者,表明其夫既是宗子,又是大夫。故下传直云:"宗妇者何?大夫之妻也。"

②用者不宜用也:此为《春秋》辞例,书"用",表明"不宜用"。如此

处大夫宗妇不宜用币为贽，故经书“用币”。

③见用币非礼也：古人相见需要执贽，宗妇见夫人，当以枣栗、腶脩为贽，今用币(馈赠之帛)，故为非礼。

④枣栗：枣子、栗子，此为儿媳见公公之贽。

⑤腶(duàn)脩：用姜桂捶制而成的干肉，此为儿媳见婆婆之贽。宗妇见夫人，则兼用枣栗、腶脩。

【译文】

【经】戊寅，大夫之宗妇觌见夫人，用币为贽。

【传】宗妇是什么人？是大夫的妻子。“觌”是什么意思？是见的意思。“用”是什么意思？书“用”表明不宜用。见夫人用币为贽，是非礼的。然则用何物为贽？大概是枣栗和腶脩吧。

【经】大水。

【译文】

【经】发大水。

【经】冬，戎侵曹。曹羁出奔陈。

【传】曹羁者何？曹大夫也。曹无大夫①，此何以书？贤也。何贤乎曹羁？戎将侵曹，曹羁谏曰：“戎众以无义，君请勿自敌也。”曹伯曰：“不可。”三谏不从，遂去之，故君子以为得君臣之义也②。

【经】赤归于曹郭公。

【传】赤者何？曹无赤者，盖郭公也③。郭公者何？失地之君也④。

【注释】

①曹无大夫：案名例，大夫称名氏，士则略称人。据《春秋》三世之例，传闻世小国无大夫，即小国之大夫不称名氏，而略称人。此处“曹羁”却是单称名，是因“羁”有贤德而许其为大夫。值得注意的是，经文未书“羁”之氏，故小国虽有大夫，亦仅书名，区别于大国大夫。

②得君臣之义：孔子曰：“所谓大臣者，以道事君，不可则止。”故三谏不从而去之，得君臣之义。值得注意的是，此条是强调三谏不从，方可去之，若非如此，则当遵守“君子不避外难”之义。

③曹无赤者，盖郭公也：此句以为，曹国无有名“赤”者，“赤”为郭公之名。如此则经文“赤归于曹郭公”是倒文，本应作“郭公赤归于曹”，即郭公赤投奔了曹国。之所以作“曹郭公”者，好像“郭公”为曹伯之谥号，以此表明曹伯已战死。不直书之者，为曹羁讳也。而经文表面的意思是，有个微者“赤”，回到了曹郭公那里。

④失地之君也：郭公赤出奔，为失地之君，故书其名。

【译文】

【经】冬，戎侵责曹国。曹羁出奔到了陈国。

【传】曹羁是什么人？是曹国的大夫。据三世例，曹国没有大夫，此书为何书曹羁？因为他有贤德。曹羁有何贤德？戎将侵责曹国，曹羁进谏：“戎师众多，又无道义，君请不要亲自应敌。”曹伯说：“不可。”曹羁劝谏了三次，曹伯都不听从，于是曹羁离开了。君子以为曹羁此举符合君臣的道义。

【经】赤回到了曹郭公那里。

【传】赤是什么人？曹国没有名赤的人，大概是郭公之名。郭公是什么人？是失地之君。

【经】二十有五年，春，陈侯使女叔来聘①。

【注释】

①女叔：陈国之大夫，“女”为氏（音汝），“叔”为字。案名例，大夫称名氏。此处称字者，因女叔年老，依“老臣不名”之制而称字。

【译文】

【经】二十五年，春，陈侯派遣女叔来聘问。

【经】夏，五月，癸丑，卫侯朔卒①。

【注释】

①卫侯朔卒：经文未书朔之葬。然案《春秋》之例，篡明者书葬，庄公六年经书“卫侯朔入于卫”，则篡明，理应书葬。若如此，则表明朔之罪仅为篡位，朔及其子孙不当享有卫国。然而朔又犯天子之命（即桓公十六年传文所云“得罪于天子，见使守卫朔，而不能使卫小众”），卫国当被除去，故不书其葬以明之。

【译文】

【经】夏，五月，癸卯，卫侯朔去世了。

【经】六月，辛未，朔，日有食之，鼓用牲于社①。

【传】日食，则曷为鼓用牲于社？求乎阴之道也。以朱丝营社②，或曰胁之③；或曰为暗，恐人犯之，故营之④。

【注释】

①鼓用牲于社：社为土地神，是阴气所本。古人认为日食是阴侵阳所至，故于社神处擂鼓以责求之，又用牲以接之。何休以为，擂鼓是以尊者（阳）之命责之，用牲则是以臣子之道接之（因社亦尊）。值得注意的是，日食而鼓用牲于社，是合礼的行为，故此处

书“用”，非“不宜用”之义。

②以朱丝营社：朱丝，代表阳气。营，缠绕。以朱丝营社，亦是以阳责阴之义。

③胁：责求也。

④或曰为暗（àn），恐人犯之，故营之：这是对于“以朱丝营社”的另外一种解释，认为日食之时，光线昏暗，恐有人侵犯社主，故以朱丝萦绕之。然而何休认为此种解释不通，非是以阳责阴之义。

【译文】

【经】六月，辛未，朔日，发生了日食。于社坛擂鼓，并用牲祭祀。

【传】发生了日食，为何要于社坛擂鼓用牲？这是责求阴气之道。用红丝萦绕社主，有人说是责求之；有人说是因为光线昏暗，唯恐有人侵犯社主，所以用红丝萦绕。

【经】伯姬归于杞。

【译文】

【经】伯姬嫁到了杞国。

【经】秋，大水，鼓用牲于社、于门。

【传】其言于社于门何？于社，礼也①。于门，非礼也②。

【注释】

①于社，礼也：古人认为，大水亦是阴气所生，故“鼓用牲于社”，以阳责阴，参见上条。

②于门，非礼也：若“于门”得礼，经当另书“鼓用牲于门”。

【译文】

【经】秋，发大水。在社坛与都门处击鼓，并用牲祭祀。

【传】经书“于社、于门”是为何？于社坛鼓用牲是合礼的。于都门鼓用牲是非礼的。

【经】冬，公子友如陈。

【译文】

【经】冬，公子友去了陈国聘问。

【经】二十有六年，公伐戎。

【译文】

【经】二十六年，公伐击戎。

【经】夏，公至自伐戎。

【译文】

【经】夏，公自伐戎之役归来。

【经】曹杀其大夫。

【传】何以不名[①]？众也。曷为众杀之？不死于曹君者也[②]。君死乎位曰灭[③]，曷为不言其灭[④]？为曹羁讳也[⑤]。此盖战也，何以不言战？为曹羁讳也。

【注释】

①何以不名：不名，即不书所杀大夫之名。

②不死于曹君者也：即上文戎侵曹，曹伯战死，而诸大夫不伏节死义，独退求生。后嗣君即位，尽杀之。《春秋》以为当诛之。

③君死乎位曰灭：案《春秋》之中，灭国有两种：一为国被敌人入而有之，君虽存，而国家丧灭。一为本国虽存，国君战死，因君国一体，故亦称灭。

④曷为不言其灭：此言上文"戎侵曹"，曹伯战死，为何未书"曹伯某灭"？

⑤为曹羁讳：案上文，曹羁让曹伯不要亲自应敌，当守城。如此则与戎交战，以及曹伯战死，皆是曹羁不愿见到的，故《春秋》不书"灭"，不书"战"，皆为曹羁避讳。

【译文】

【经】曹君杀其大夫。

【传】为何不书所杀大夫之名？因为杀了很多。为何要杀众多大夫？因为他们不为国君伏节死义。国君死在位上称"灭"，为什么之前的经文不书"灭"？是为曹羁避讳，这是他不愿见到的。之前的戎侵曹，应该是短兵相接的战斗，为何不书"战"？是为曹羁避讳，这是他不愿见到的。

【经】秋，公会宋人、齐人伐徐。

【译文】

【经】秋，公会同宋人、齐人伐击徐国。

【经】冬，十有二月，癸亥，朔，日有食之。

【译文】

【经】冬，十二月，癸亥，朔日，发生了日食。

【经】二十有七年，春，公会杞伯姬于洮[1]。

【注释】

①公会杞伯姬于洮：杞伯姬，据徐彦之说，是鲁桓公之女，庄公之妹嫁于杞国大夫者，非庄公二十五年嫁于杞君之伯姬。案礼制，妇人无外事。洮，为鲁地。鲁庄公会杞伯姬于洮，是教内女以非礼，故书而恶之。

【译文】

【经】二十七年，春，公在洮地会见杞伯姬。

【经】夏，六月，公会齐侯、宋公、陈侯、郑伯，同盟于幽。

【译文】

【经】夏，六月，公会同齐侯、宋公、陈侯、郑伯，在幽地同盟。

【经】秋，公子友如陈葬原仲[1]。

【传】原仲者何[2]？陈大夫也。大夫不书葬[3]，此何以书？通乎季子之私行也[4]。何通乎季子之私行？辟内难也。君子辟内难，而不辟外难。内难者何？公子庆父、公子牙、公子友，皆庄公之母弟也。公子庆父、公子牙通乎夫人[5]，以胁公[6]。季子起而治之，则不得与于国政；坐而视之，则亲亲[7]，因不忍见也。故于是复请至于陈，而葬原仲也。

【注释】

①公子友如陈葬原仲：此是鲁国的公子庆父、公子牙欲弑嗣君作乱，公子友未有实权，不能治之，又不忍坐视，故以葬原仲为名，请命出使陈国。《春秋》书之，以恶庄公不能早用公子友。

②原仲：陈国大夫，“原”为氏，“仲”为字。案《春秋》名例，大夫以名氏通，原仲称字者，是葬从主人之辞（即《春秋》缘孝子之心，皆欲褒扬其父，故大夫葬时称字）。

③大夫不书葬：《春秋》通例，内大夫记卒不记葬，外大夫不记卒葬。

④通乎季子之私行：季子，即公子友。不以公事行曰私行。通，相通也。公子友此行，若纯是公事，经当书“公子友如陈”；若纯是私行，当书“公子友葬原仲于陈”；今在“如陈”之下，又书“葬原仲”，是为了与季子私行之书法相通，故云“通乎季子之私行”。季子此行，表面上是国事，实为私行，故有如此书法。

⑤通乎夫人：即与夫人（哀姜）私通。

⑥胁公：即胁迫庄公立公子庆父为君。

⑦亲亲：此处指亲亲之乱，即亲属间的杀戮。

【译文】

【经】秋，公子友去陈国，安葬原仲。

【传】原仲是什么人？是陈国的大夫。《春秋》不记录大夫之葬，此处为何书“葬原仲”？是与季子私行之文相通。为何要与季子私行之文相通？季子是想躲避内难。君子躲避内难，不躲避外难。内难指什么？公子庆父、公子牙、公子友都是鲁庄公的同母弟。公子庆父、公子牙与夫人私通，又胁迫庄公立庆父为君。季子起来整饬此事，则自己无权干预国政；如果坐视事态的发展，则不忍见亲亲之乱。所以再次请求出使陈国，为了安葬原仲。

【经】冬，杞伯姬来[1]。

【传】其言来何？直来曰来[②]，大归曰来归[③]。

【注释】

①杞伯姬：此即庄公二十五年出嫁之伯姬，为鲁庄公之女。

②直来曰来：无事而来曰直来。经文书“来”，未言所来何事，故知其无事而来。案礼制，诸侯夫人非大故（奔丧父母），不得反，故直来为非礼。

③大归曰来归：大归，即女子被出，返回夫家。经文书“来归”。何休云：“妇人有七弃、五不娶、三不去：尝更三年丧不去，不忘恩也；贱取贵不去，不背德也；有所受无所归不去，不穷穷也。丧父长女不娶，无教戒也；世有恶疾不娶，弃于天也；世有刑人不娶，弃于人也；乱家女不娶，类不正也；逆家女不娶，废人伦也。无子弃，绝世也；淫泆弃，乱类也；不事舅姑弃，悖德也；口舌弃，离亲也；盗窃弃，反义也；嫉妒弃，乱家也；恶疾弃，不可奉宗庙也。”

【译文】

【经】冬，杞伯姬来。

【传】其言“来”是为何？无事而来称“来”，被出返家称“来归”。

【经】莒庆来逆叔姬。

【传】莒庆者何？莒大夫也。莒无大夫[①]，此何以书？讥。何讥尔？大夫越竟逆女，非礼也[②]。

【注释】

①莒无大夫：参见庄公二十四年“戎侵曹，曹羁出奔陈”条注释①。

②大夫越竟逆女，非礼也：何休云：“礼，大夫任重，为越竟逆女，于政事有所损旷，故竟内乃得亲迎，所以屈私赴公也。”

【译文】

【经】莒庆来迎娶叔姬。

【传】莒庆是什么人？是莒国的大夫。案三世例，莒国没有大夫，此处为何书莒庆？是讥刺。讥刺什么？大夫越过国境迎娶新娘，是非礼的。

【经】杞伯来朝[①]。

【注释】

①杞伯：案通三统之例，杞为夏之后，于周属于二王后，故本应称“杞公”。此处称“杞伯”，是由于《春秋》当新王的缘故。《春秋》既为新王，则周、宋为二王后，杞国不再是二王后，故黜为伯爵。故《春秋》中，杞国本爵为伯，若再有贬抑，则称子。

【译文】

【经】杞伯来朝见。

【经】公会齐侯于城濮。

【译文】

【经】公与齐侯在城濮会见。

【经】二十有八年，春，王三月，甲寅，齐人伐卫[①]。卫人及齐人战，卫人败绩。

【传】伐不日[②]，此何以日？至之日也[③]。战不言伐[④]，此其言伐何？至之日也。《春秋》伐者为客，伐者为主[⑤]。故使卫主之也[⑥]。曷为使卫主之？卫未有罪尔[⑦]。败者称师[⑧]，卫何以不称师？未得乎师也[⑨]。

【注释】

①齐人伐卫：去年幽之会，卫嗣君在丧中，未如会，故齐人伐之。

②伐不日：案时月日例，伐例时，故云伐不日。

③至之日也：即至之日便伐。何休以为，用兵之道，当先在国境侵责，不服方推兵入境伐击之。此处齐人至之日便伐，故书日以见其暴虐。下文"战不言伐"而书"伐"，亦因至之日便伐也。

④战不言伐：参见庄公十年"二月，公侵宋"条注释③。

⑤《春秋》伐者为客，伐者为主：此言"伐"之主客，主动伐人者为客，被伐者为主。此条中，齐人伐卫，则齐为客，卫为主。何休以为，两"伐"字读音不同，前者长言之，后者短言之。

⑥故使卫主之也：此言"战"之主客，卫人及齐人战，在"及"字前者为主，后者为客，则卫为主，齐为客。

⑦卫未有罪也：齐人伐卫，只因卫君没有参与幽之会，然当时卫君在丧中，不应罪之。如卫人有罪，齐人伐之，经当书"齐人伐卫，齐人及卫人战"。

⑧败者称师：即在"战"之文辞中，书"某师败绩"。

⑨未得乎师：师，众也。齐人至之日便伐，卫国仓促应战，"未得成列为师"，故不书"卫师败绩"而书"卫人败绩"。值得注意的是，既然"未得乎师"，则是诈战，应书"齐人败卫人"，而经作偏战之辞书"卫人及齐人战"，这是因为，如作诈战之辞，则不能使卫为战之主，不能说明"卫未有罪"。

【译文】

【经】二十八年，春，王三月，甲寅，齐人伐击卫国。卫人与齐人战，卫人败绩。

【传】伐不书日,此处为何书日?以此说明至之日便伐。书“战”则不书“伐”,此处言“伐”是为何?以此说明至之日便伐。《春秋》书“伐”之文辞,伐人者为客,被伐者为主。故使卫国在“战”之文辞中为主。为何使卫国为“战”之主?因为卫国没有罪过。战败者当书“师败绩”,卫何以不称“师”?因为没有成列为师。

【经】夏,四月,丁未①,邾娄子琐卒。

【注释】

①丁未:案庄公十六年,冬,十二月,邾娄子克卒,未书日。此处书日者,何休云:“附从霸者朝天子,行进。”

【译文】

【经】夏,四月,丁未,邾娄子琐去世了。

【经】秋,荆伐郑。公会齐人、宋人、邾娄人救郑。

【译文】

【经】秋,荆伐击郑国。公会同齐人、宋人、邾娄人救援郑国。

【经】冬,筑微。大无麦、禾①。

【传】冬既见无麦、禾矣②,曷为先言筑微,而后言无麦、禾?讳以凶年造邑也③。

【注释】

①大无麦、禾:此是秋有大水,故无麦、禾,经文加“大”字,表明是秋

水所伤，非是收成不好。

②冬既见无麦、禾矣：麦、禾为秋水所伤，故冬天已见无麦、禾。

③讳以凶年造邑：大无麦、禾，则为凶年，鲁庄公又滥用民力造邑，为大恶。《春秋》为之避讳，先书“筑微”，后书“无麦、禾”，则好像造邑在灾荒之前。

【译文】

【经】冬，修筑微城。麦、禾严重歉收。

【传】冬天已经知道无麦、禾了，为何先言修筑微城，后言无麦、禾？这是避讳凶年还要修造城邑。

【经】臧孙辰告籴于齐①。

【传】告籴者何？请籴也。何以不称使②？以为臧孙辰之私行也③。曷为以臧孙辰之私行？君子之为国也，必有三年之委④，一年不熟告籴，讥也⑤。

【注释】

①籴(dí)：买谷曰籴。

②何以不称使：案上文言“大无麦、禾”，则臧孙辰买谷当是国事，应有“使”文，当书“臧孙辰如齐告籴”。

③以为臧孙辰之私行也：不书“如齐”，则非国事，而是臧孙辰之私行。此是为庄公避讳之辞。

④委：仓廪所储存之米粟薪刍等物。

⑤讥也：何休云：“古者三年耕，必余一年之储，九年耕，必有三年之积，虽遇凶灾，民不饥乏。庄公享国二十八年，而无一年之畜，危亡切近，故讳使若国家不匮，大夫自私行籴也。”

【译文】

【经】臧孙辰去齐国求购粮食。

【传】告籴是什么意思？是请籴的意思。为何不说是受国君派遣？这被看做是臧孙辰的私行。为何看成是臧孙辰的私行？君子治理国家，一定有三年的余粮，一年没有收成就去求购粮食，是要讥刺的。

【经】二十有九年，春，新延厩[①]。

【传】新延厩者何？修旧也。修旧不书，此何以书？讥。何讥尔？凶年不修。

【注释】

①新延厩(jiù)：新，翻新。延厩，鲁庄公之马厩。

【译文】

【经】二十九年，春，翻新延厩。

【传】新延厩是什么意思？是修旧见新。修旧见新例所不书，此处何以书？是讥刺。讥刺什么？凶荒之年不应有翻修之事。

【经】夏，郑人侵许。

【译文】

【经】夏，郑人侵责许国。

【经】秋，有蜚[①]。

【传】何以书？记异也。

【注释】

①蜚：臭恶之虫也，南越盛暑所生，非中国之所有。

【译文】

【经】秋，有蜚虫。

【传】为何记录此事？是记录异象。

【经】冬，十有二月，纪叔姬卒[1]。

【注释】

①纪叔姬卒：纪叔姬参见庄公十二年“纪叔姬归于酅”条注释①。案《春秋》之例，鲁女嫁为诸侯夫人，方书其卒，此处纪国已灭，而书纪叔姬之卒，是仍以夫人之礼待之。

【译文】

【经】冬，十二月，纪叔姬去世了。

【经】城诸及防[1]。

【注释】

①城诸及防：诸，鲁君之邑。防，为臧氏之私邑。君邑臣邑不同，不可并列，故书“及”以别之。

【译文】

【经】筑造诸邑及防邑。

【经】三十年，春，王正月。

【译文】

【经】三十年，春，王正月。

【经】夏，师次于成。

【译文】

【经】夏，鲁师驻扎在成邑。

【经】秋，七月，齐人降鄣。

【传】鄣者何？纪之遗邑也[1]。降之者何？取之也。取之则曷为不言取之？为桓公讳也[2]。外取邑不书，此何以书？尽也[3]。

【注释】

①纪之遗邑也：齐襄公灭纪，鄣邑并未屈服，至此方被齐桓公夺取。

②为桓公讳也：事实是“取”，《春秋》书“降”，是为齐桓公避讳。因“取”是用兵夺取，“降”则是对方自来降服。此事齐桓公有霸功，故为之避讳。

③尽也：即纪国之邑被齐国夺取殆尽。灭人之国，又尽取其邑，不仁也。

【译文】

【经】秋，七月，齐人招降了鄣邑。

【传】鄣是什么？是纪国残存的城邑。降之是什么意思？实际上是用兵夺取之。用兵夺取之，那么为何不言“取”之？是为齐桓公避讳。鲁国之外的取邑例所不书，此处为何书？因为自此纪国之邑被夺取殆尽。

【经】八月，癸亥，葬纪叔姬。

【传】外夫人不书葬，此何以书？隐之也。何隐尔？其国亡矣，徒葬乎叔尔[1]。

【注释】

①叔：女子谓夫之弟为叔，此处指纪季。

【译文】

【经】八月，癸亥，安葬纪叔姬。

【传】鲁女嫁为诸侯夫人，《春秋》例不书葬，此处书葬是为何？是隐痛她。为何隐痛她？她的夫国被灭了，只得被小叔安葬。

【经】九月，庚午，朔，日有食之，鼓用牲于社。

【译文】

【经】九月，庚午，朔日，发生了日食，于社坛擂鼓，并用牲祭祀。

【经】冬，公及齐侯遇于鲁济[1]。

【注释】

①鲁济：济水在鲁国境内者，称为鲁济。

【译文】

【经】冬，公与齐侯在鲁济相遇。

【经】齐人伐山戎。

【传】此齐侯也[1]，其称人何？贬。曷为贬？子司马子曰[2]："盖以操之为已蹙矣[3]。"此盖战也，何以不言战？《春秋》敌者言战，桓公之与戎狄，驱之尔。

【注释】

①此齐侯也：知“齐人”实为齐侯者，三十一年有“齐侯来献戎捷”之文。

②子司马子：《公羊传》著于竹帛前的先师。

③操之为已蹙(cù)矣：操，迫也。已，甚也。蹙，痛也。即迫杀之甚痛。《春秋》以为，戎狄亦是天地所生，但可驱逐之，不应迫杀得过于惨痛，故贬齐桓公。

【译文】

【经】齐人伐击山戎。

【传】这是齐侯，为何称之为“齐人”？是贬抑。为何贬抑。子司马子说：“大概是因为迫杀山戎过于惨痛的缘故。”这是短兵相接的战斗，为何不书“战”？《春秋》地位平等的人方言战，桓公对待戎狄，只能说是驱逐罢了。

【经】三十有一年，春，筑台于郎。

【传】何以书？讥。何讥尔？临民之所漱浣也①。

【注释】

①临民之所漱浣：漱浣，即洗涤，用手曰漱，用脚曰浣。郎台靠近泉水，故可临民之漱浣。《春秋》讥之者，筑台本以候四时，然郎台之筑，仅为登高望远，又临民之漱浣，有亵慢之意，故讥刺之。

【译文】

【经】三十一年，春，在郎地筑台。

【传】为何记录此事？是讥刺。讥刺什么？讥刺下临民众之洗漱之处。

【经】夏，四月，薛伯卒[①]。

【注释】

①薛伯卒：案《春秋》三世之例，传闻世不记录小国之卒。薛为小国，书其卒者，因薛伯慕义来朝隐公，又未朝鲁桓公，故褒而卒之。另一方面，卒而不书名，见其为小国。

【译文】

【经】夏，四月，薛伯去世了。

【经】筑台于薛。

【传】何以书？讥。何讥尔？远也[①]。

【注释】

①远也：案礼制，诸侯之观不过郊，前筑台于郎，郎为近郊之邑，故不以远为讥，今薛非近邑，故以远为讥。

【译文】

【经】在薛地筑台。

【传】为何记录此事？是讥刺。讥刺什么？太远了。

【经】六月，齐侯来献戎捷[①]。

【传】齐大国也，曷为亲来献戎捷[②]？威我也[③]。其威我奈何？旗获而过我也[④]。

【注释】

①戎捷：与山戎交战所获之物。

②曷为亲来献戎捷：齐桓公未曾朝鲁，此处亲自来献捷不太合理，故有此问。

③威我也：即威吓鲁国。《说苑·权谋》云：齐桓公将伐山戎，请助于鲁，鲁因路远险阻，许助之而不行。此为威鲁之缘由。经书"献戎捷"者，是避讳鲁国之微弱，被齐轻辱，缘《春秋》王鲁之义，诸侯有献捷于王者之事，故以献捷为辞。同时亦是谴责齐桓公之骄慢。

④旗获：用旗杆悬挂所获之物。

【译文】

【经】六月，齐侯来进献伐戎之战利品。

【传】齐是大国，为何齐桓公亲自来进献伐戎之战利品？实际是威吓我国。威吓我国是怎么回事？是用旗杆悬挂战利品，经过我国。

【经】秋，筑台于秦。

【传】何以书？讥。何讥尔？临国也①。

【注释】

①临国：社稷、宗庙、朝廷皆为国。筑台于秦，从高处临国，则不敬宗庙，怠慢朝廷，故讥之。

【译文】

【经】秋，在秦地筑台。

【传】为何记录此事？是讥刺。讥刺什么？讥刺从高处临国。

【经】冬，不雨。

【传】何以书？记异也①。

【注释】

①记异也：此久旱而不伤于物，故为异象。

【译文】

【经】冬，不下雨。

【传】为何记录此事？是记录异象。

【经】三十有二年，春，城小榖。

【译文】

【经】三十二年，春，修葺小榖城。

【经】夏，宋公、齐侯遇于梁丘。

【译文】

【经】夏，宋公、齐侯在梁丘相遇。

【经】秋，七月，癸巳，公子牙卒。

【传】何以不称弟①？杀也。杀则曷为不言刺之②？为季子讳杀也。曷为为季子讳杀？季子之遏恶也，不以为国狱③，缘季子之心而为之讳④。季子之遏恶奈何？庄公病将死，以病召季子⑤。季子至，而授之以国政，曰："寡人即不起此病，吾将焉致乎鲁国？"季子曰："般也存⑥，君何忧焉？"公曰："庸得若是乎！牙谓我曰：'鲁一生一及⑦，君已知之矣。'庆父也存。"季子曰："夫何敢，是将为乱乎？夫何敢！"俄而牙弑械成⑧，季子和药而饮之，曰："公子从吾言而饮此，则必可以无为天下戮笑，必有后乎鲁国[9]；不从吾言而不饮此，则必为天下戮笑，必无后乎鲁国。”于是从其言而饮之。饮之无傫氏[10]，至乎王堤而死[11]。公子牙今将尔[12]，辞曷为与亲弑者同？君亲无将，将而诛焉[13]。然则善之与[14]？曰然。杀世子母弟直称君者，甚之也[15]，季子杀母兄，何善尔？诛不得辟兄，君臣之义也。然则曷为不直诛而鸩之？行诛乎兄，隐而逃之[16]，使托若以疾死然，亲亲之道也。

【注释】

①何以不称弟：公子牙为鲁庄公同母弟。案《春秋》名例，母弟称弟，本应书“公弟牙卒”，此处却书“公子牙卒”，故发问。

②刺之：《春秋》常例，内讳言杀大夫，而称“刺”，如僖公二十八年“公子买戍卫，不卒戍，刺之”。此处公子牙被杀，本应书“刺公子牙”，今书“公子牙卒”，故发问。

③不以为国狱：何休云：“不就狱致其刑。”即私下处罚，详下传。正因如此，故经书“卒”，不书“刺”。

④缘季子之心而为之讳：季子不欲发扬兄之罪，故《春秋》顺其意，故不言“刺公子牙”。

⑤召季子：季子于庄公二十七年“如陈葬原仲”，此时召之于陈。

⑥般：鲁庄公之子，依次当继位者。

⑦鲁一生一及：父死子继曰生，兄死弟继曰及。追溯鲁国之历史，隐公生，桓公及，庄公生，则当传位于弟。然案礼制，父死子继方为正法，一生一及非礼也，此是公子牙欲立庆父之说辞。

⑧弑械：即图谋弑杀子般之兵械。

⑨必有后乎鲁国：即公子牙虽死，其家不亡，其子仍有大夫之位。若依国狱，公子牙谋反，当灭其家。

⑩无傫氏：徐彦云："或是大夫家，或是地名。"

⑪王堤：地名。

⑫将：将要。即将要弑子般。公子牙弑械成，则有弑子般之动机，然未实施。

⑬君亲无将，将而诛焉：亲，指父母。而，则也。即对于君王与父母，不可有弑杀的动机，一旦有此动机，即可诛杀。

⑭之：指季子杀兄之事。

⑮杀世子母弟直称君者，甚之也：案《春秋》之例，君杀大夫，称国而杀，如"郑杀其大夫申侯"；杀世子、母弟，则称君而杀，如"晋侯杀其世子申生"、"天王杀其弟年夫"。因为世子、母弟与君是一体之亲，而忍心杀害，不仁之甚，故称君而杀。

⑯隐而逃之：即隐匿其罪，使逃其罪。案此处季子鸩杀公子牙，而不以国狱，即是隐匿其罪，使逃其罪。公子牙有弑君动机，必须诛杀，此是季子作为臣子应守之义，故云"诛不得辟兄，君臣之义也"；同时又不以国狱，隐匿其罪，是尽兄弟之情，故云"亲亲之道也"。

【译文】

【经】秋，七月，癸巳，公子牙死了。

【传】为何不称其为"公弟牙"？他是被处死的。为什么不说"刺公子牙"？是为季子隐讳杀公子牙。为什么要为季子隐讳杀公子牙？季子阻止公子牙弑君之恶行，不就国狱致其刑，《春秋》顺着季子的心意而为之避讳。季子阻止恶行是怎么回事？鲁庄公病重，即将去世，以国君病重之由召回季子。季子返回后，庄公就将国政交给了他，说："我这病如果好不了了，我将把鲁国交给谁呢？"季子说："有般在，君有何忧？"庄公说："哪里能这样啊！牙对我说：'鲁国的历史是父死子继与兄终弟及轮换的，这您是知道的。'如今有庆父在。"季子说："怎么敢这样！这是要作乱吗？怎么敢这样！"不久，公子牙图谋弑杀嗣君的兵械已成，季子调好毒药逼他喝下，说："公子听从我的话而喝了此药，那么可以不被天下人诛讨耻笑，一定能在鲁国有后；不听从我的话而不喝此药，则一定会被天下人诛讨耻笑，必定在鲁国绝后。"于是公子牙听从他的话而喝下了药。在无偯氏那里喝了毒药，走至王堤时死了。公子牙是将要弑君，为什么传文之辞与亲手弑君的人相同？对于君王、父母，不可有弑杀的动机，一旦有动机，即可诛杀。那么《春秋》赞成季子杀兄吗？赞成的。经文对于杀世子、母弟的行为，是称君而杀的，以为太过分了，季子杀母兄，有何善处？诛杀叛贼不回避兄长，符合君臣之义。然则为何不直接以国狱诛杀，却私下毒死？对兄长实行诛杀，隐匿其罪，使逃其罪，使他假托因病而死，是符合亲亲之道的。

【经】八月，癸亥，公薨于路寝。

【传】路寝者何？正寝也[①]。

【注释】

①正寝：即正居。何休以为，天子、诸侯有三寝：高寝、路寝、小寝。路寝以治事，小寝以燕息，高寝则是父所居。故路寝为正寝。又案《春秋》之例，鲁君薨书地，薨于高寝、正寝、小寝皆合礼制。

【译文】

【经】八月，癸亥，公在路寝薨没。

【传】路寝是什么？是正寝。

【经】冬，十月，乙未，子般卒[①]。

【传】子卒云子卒[②]，此其称子般卒何？君存称世子，君薨称子某，既葬称子，逾年称公[③]。子般卒，何以不书葬？未逾年之君也，有子则庙[④]，庙则书葬；无子不庙[⑤]，不庙则不书葬。

【注释】

①子般卒:子般,鲁庄公之子,依次宜继位者。案子般实被弑杀,详见闵公元年"元年,春,王正月"条传文,此处仅言"子般卒"者,《春秋》内大恶讳,不书君弑。

②子卒云子卒:此指文公十八年"冬,十月,子卒"之文,实为"子赤卒"而经不书其名,故传云"子卒云子卒"。不书其名的原因,是文公已葬,详见下传。

③君存称世子,君薨称子某,既葬称子,逾年称公:此言嗣君之名例。先君存时,嗣君称世子,表明当世父位为君,如"曹世子射姑"、"齐世子光"。先君薨逝,且未下葬,则尸柩尚存,依"君前臣名"之制,称子某,某为嗣君之名,如"子般"。先君下葬,则不屈于尸柩,因"一年不二君"之义,故不称爵而称子,如"宋子"。逾年,指到了新的一年,先君之年已过,国不可一日无君,故臣子称嗣君为"公"。值得注意的是,逾年称"公",只是臣子对于嗣君的称谓,而嗣君则于封内三年称"子"。

④有子则庙:庙,立庙,此指未逾年君之子,以儿子的身份,为其父立庙。得立庙,则有子恩,故能书葬。

⑤无子不庙:依礼制"一年不二君",则臣不为未逾年君服丧,故未逾年君"无臣",若再无子,则无臣子之恩,故不能为之立庙,不书其葬。

【译文】

【经】冬,十月,乙未,子般去世了。

【传】子赤卒,《春秋》书"子卒",此处称"子般卒"是为何?嗣君之称谓,先君存时称"世子",先君去世后称"子某",先君已葬称"子",到了第二年臣下称之为"公"。子般去世,为何不书葬?未过先君去世当年的嗣君,有儿子,则为其立庙,立庙则书葬;没有儿子,则不为之立庙,不立庙则不书葬。

【经】公子庆父如齐[①]。

【注释】

①公子庆父如齐:案公子庆父唆使邓扈乐弑杀子般,后将罪责推到邓扈乐身上,季子缘亲亲之情,未追究庆父之罪,但庆父仍为弑君贼,此处如齐,实为畏罪出奔。经不书"奔齐"者,是为了说明季子未追究庆父之罪,顺着季子的意思而言"如齐"。

【译文】

【经】公子庆父去了齐国。

【经】狄伐邢。

【译文】

【经】狄伐击邢国。

闵公第四

【题解】

闵公为庄公庶子，即位时年幼（估计不到八岁），在位仅二年即为庆父指使的大夫所弑，为春秋十二公中寿命最短者。庄公逝世后，季友按庄公遗命立世子般，仅两月后般被公子庆父派人杀死，庆父出奔，闵公即位后庆父归国，又弑闵公，再次出奔到莒国。后公子友将僖公托付给齐桓公，桓公派高子将南阳之甲拥立僖公，随后鲁国派大臣以财货从莒国换回庆父，庆父惧罪自杀，方平定了鲁国之乱。齐国介入鲁内乱前，其大夫仲孙来鲁国聘问，回国后对齐桓公分析当时鲁国局势说“不去庆父，鲁难未已”，后来演化为成语“庆父不死，鲁难未已”，即是对鲁国这段动荡历史的简明写照。在这场内乱中，最大的义理，仍是“亲亲相隐”与“君臣之义”间的张力。

【经】元年，春，王正月。

【传】公何以不言即位？继弑君，不言即位①。孰继？继子般也。孰弑子般？庆父也。杀公子牙今将尔，季子不免，庆父弑君，何以不诛？将而不免，遏恶也。既而不可及②，因狱有所归③，不探其情而诛焉④，亲亲之道也。恶乎归狱？归狱仆人邓扈乐。曷为归狱仆人邓扈乐？庄公存之时，乐曾淫于宫中，子般执而鞭之。庄公死，庆父谓乐曰："般之辱尔，国人莫不知，盍弑之矣？"使弑子般，然后诛邓扈乐，而归狱焉。季子至而不变也⑤。

【注释】

①继弑君，不言即位：即先君被弑，嗣君不言即位，参见庄公"元年春，王正月"条传文。此处被弑之人为"子般"，属于未逾年君，《春秋》以为，未逾年君被弑，嗣君当隐痛之，同于成君被弑，故不书闵公之即位。

②既而不可及：指弑君之事已成，无可挽救。

③狱有所归：即罪有所归。后文之"归狱"亦是归罪之意。

④情：实情。

⑤季子至而不变：季子闻子般被弑，从家至朝。"变"同"辨"，庆父归罪于邓扈乐，季子不辨其真伪。《公羊传》认为，弑君已是既成事实，且罪有所归，季子不追究庆父的弑君之罪，是符合亲亲之道的。(然而这一点后世多有争论。)

【译文】

【经】元年，春，王正月。

【传】公为何不言"即位"？继承被弑的先君，嗣君不言即位。继承谁？继承子般。谁弑杀了子般？是庆父。先前杀公子牙，仅因其有弑君的动机，而季子不免其罪，庆父是真弑君，为何不诛杀庆父？仅有动机而不免其罪，是阻止恶行。弑君既成，不可挽回，因为罪有所归，不探寻实情而诛杀替罪者，是符合亲亲之道的。是怎么归罪的？归罪于车夫邓扈乐。为何归罪于车夫邓扈乐？鲁庄公在世时，邓扈乐曾在宫中淫乱，子般捉住并鞭打了他。庄公去世了，庆父对邓扈乐说："般侮辱过你，国人没有不知道的，何不弑杀他？”庆父唆使其弑杀子般，然后诛杀邓扈乐，而归罪于他。季子赶到后，心中明白，不辨其真伪。

【经】齐人救邢。

【译文】

【经】齐人救援邢国。

【经】夏，六月，辛酉，葬我君庄公。

【译文】

【经】夏，六月，辛酉，安葬我君庄公。

【经】秋，八月，公及齐侯盟于洛姑①。

【经】季子来归②。

【传】其称季子何③？贤也④。其言来归何⑤？喜之也⑥。

【注释】

①公及齐侯盟于洛姑：案庆父弑子般后，畏罪出奔齐国。季子为安定社稷，将闵公托付于齐桓公，故有洛姑之盟。

②季子来归：即从洛姑之盟归国。

③其称季子何：案《春秋》名例，当称“公子友”，如前之“公子友如陈”，今书“季子”，故发问。

④贤也：公子友为洛姑之盟，有托君安国之贤。又案《春秋》名例，称字足以贤之，此处不称“公子季友”而称“季子”者，因之后齐国的“高子”有定鲁之功（参见闵公二年“冬，齐高子来盟”条），此处

公子友与高子同称“子”，以明高子定鲁，本于季子洛姑之盟。

⑤其言来归何：案洛姑之盟，虽是季子之功，毕竟是闵公参与的，应以君为重，案例当书“公至自洛姑”。此处不书“公至”，反书“季子来归”，故而发问。

⑥喜之也：季子来归则君安国定，故喜之而书其“来归”。

【译文】

【经】秋，八月，公及齐侯在洛姑结盟。

【经】季子归来。

【传】称公子友为季子是为何？因为他有贤德。经书“来归”是为何？是因喜而书。

【经】冬，齐仲孙来①。

【传】齐仲孙者何？公子庆父也。公子庆父，则曷为谓之齐仲孙？系之齐也②。曷为系之齐？外之也③。曷为外之？《春秋》为尊者讳④，为亲者讳⑤，为贤者讳⑥。子女子曰⑦：“以春秋为《春秋》⑧，齐无仲孙⑨，其诸吾仲孙与？”

【注释】

①齐仲孙：公子庆父于庄公三十二年奔齐，今自齐还鲁，后又弑闵公。此处称之为“齐仲孙”者，“仲”为庆父之字，案“孙以王父字为氏”之制，庆父后人方以“仲孙”为氏，此处称“齐仲孙”，是从后言之，以孙辈之氏指代庆父。

②系：系属。

③外之：即绝庆父公族之氏，将其视为外国人。案庆父弑子般，出奔当绝，不该再回鲁国，鲁国亦不当受之，故绝外之。

④《春秋》为尊者讳：尊者，指鲁闵公。闵公后被庆父所弑，则此处

不该接受庆父，故为闵公避讳之。

⑤亲者：指季子。季子为庆父母弟，是亲者。

⑥贤者：亦指季子，因其有阻止公子牙弑君，定国安邦之贤。

⑦子女子：《公羊传》著于竹帛前的先师。

⑧以春秋为《春秋》：前一春秋，泛指列国史书。后一《春秋》指孔子据列国史记所著之《春秋》。

⑨齐无仲孙：此言孔子据列国史记作《春秋》，此间无有言齐国有仲孙氏者，只有鲁国有仲孙氏，由此推断“齐仲孙”指的是公子庆父。

【译文】

【经】冬，齐仲孙来到我国。

【传】齐仲孙是谁？是公子庆父。是公子庆父，那么为何要称之为齐仲孙？是将他系属于齐国。为何要系属于齐国？是绝外他。为何要绝外他？是因《春秋》为尊者避讳，为亲者避讳，为贤者避讳。子女子说：“孔子以列国春秋作《春秋》，其中齐国没有仲孙氏，大概是我国的仲孙氏吧。”

【经】二年，春，王正月，齐人迁阳①。

【注释】

①齐人迁阳：阳为小国。齐人迁之，实为灭之，齐有迁取王封之罪。参考庄公十年“三月，宋人迁宿”条。

【译文】

【经】二年，春，王正月，齐人迁徙了阳国。

【经】夏，五月，乙酉，吉禘于庄公①。

【传】其言吉何[②]？言吉者，未可以吉也[③]。曷为未可以吉？未三年也。三年矣[④]，曷为谓之未三年？三年之丧，实以二十五月[⑤]。其言于庄公何？未可以称宫庙也[⑥]。曷为未可以称宫庙？在三年之中矣。吉禘于庄公何以书？讥。何讥尔？讥始不三年也[⑦]。

【注释】

①禘(dì)：案何休之意，禘为宗庙大祭，毁庙、未毁庙之主，以及功臣皆祭于太祖庙，五年举行一次，若遇国君之丧，则废之。此时鲁有庄公之丧，本不应举行禘祭，闵公“心惧于难，务自尊大，以厌其祸”，故提早举行禘祭。又考虑到庄公之丧未除，其主不可以入太庙，又单独在庄公庙祭之，故经书“吉禘于庄公”。值得注意的是，《公羊传》及何休所言的“禘祭”，与《礼》、《左氏》及郑玄的说法不同，不可以彼例此。

②其言吉何：案“禘”为祭名，不需别言“吉禘”，故发问。

③未可以吉：案祭礼属于吉礼，丧礼属于凶礼，礼制中有“吉凶不相干”的原则，丧中不应行禘祭，故云“未可以吉”。值得注意的是，“未可以吉”包括太庙中的禘祭，以及庄公庙中的禘祭。何休以为，若仅是庄公庙不得禘祭，书“禘于庄公”即可，而经书“吉禘于庄公”，则是举重的书法，表明两处皆不得行禘祭。

④三年矣：此指鲁庄公于三十二年薨，此时为闵公二年，已经跨入第三年了。

⑤三年之丧，实以二十五月：此为礼制中对于三年丧期限之规定。二十五月，则是整整两年，再加一个月，进入第三年，故为三年之丧。庄公三十二年，八月，公薨，至此只有二十二个月，故云“未三年也”。

⑥未可以称宫庙也：官庙，指庄公之庙。案礼制，三年丧毕，方入庙。此时庄公之丧未满，不可以鬼神事之，不能入庙，故经不书“庄宫”而书“庄公”。

⑦不三年：即不行满三年丧。

【译文】

【经】夏，五月，乙酉，为庄公行吉禘之礼。

【传】经为何言“吉”？言“吉”，是表明太庙与庄公庙都不可以进行吉祭。为什么不可以进行吉祭？三年丧期未满。现在已经是鲁庄公去世后的第三年，为何说未满三年？三年之丧，实际上是二十五个月。经言“于庄公”，是为什么？此时还不能称之为“庄宫”。为什么不能称为“庄宫”？因为还在三年丧期之中。为何记录为庄公行吉禘礼？是讥刺。讥刺什么？讥刺这是不行满三年丧的开端。

【经】秋，八月，辛丑，公薨。

【传】公薨何以不地？隐之也。何隐尔？弑也。孰弑之？庆父也。杀公子牙，今将尔，季子不免，庆父弑二君，何以不诛？将而不免，遏恶也。既而不可及，缓追逸贼①，亲亲之道也。

【注释】

①缓追逸贼：缓慢追赶弑君贼，使其逃逸。《公羊传》以为，庆父为季子母兄，在弑君已为既定事实的情况下，季子缓追逸贼，是符合亲亲之恩的。然而弑君贼未讨，故闵公不书葬。

【译文】

【经】秋，八月，辛丑，公薨没。

【传】为何不书公薨没之地？是隐痛公。隐痛什么？他是被弑杀的。谁弑杀了公？是庆父。先前杀死公子牙，因其有弑君的动机，季子不赦免他，庆父连弑二君，为何不诛杀他？有弑君动机而不赦免之，是阻止恶行。弑君已成，不可追及，缓慢追赶弑君贼，使之逃逸，是符合亲亲之道的。

【经】九月，夫人姜氏孙于邾娄[①]。

【注释】

①夫人姜氏孙于邾娄：夫人姜氏，指哀姜，即鲁庄公夫人。内讳奔言孙。哀姜与公子庆父、公子牙私通，并参与了弑杀子般、闵公，此处是畏罪出奔至邾娄国。

【译文】

【经】九月，夫人姜氏遁至邾娄国。

【经】公子庆父出奔莒[①]。

【注释】

①公子庆父出奔莒：案《春秋》之例，君弑贼不讨，则弑君贼不复见。庆父为弑君贼，此处复见者，是为了说明季子的“缓追逸贼”。

【译文】

【经】公子庆父出奔到了莒国。

【经】冬，齐高子来盟。

【传】高子者何[①]？齐大夫也。何以不称使？我无君也[②]。然则何以不名？喜之也。何喜尔？正我也。其正我奈何？庄公死，子般弑，闵公弑，比三君死，旷年无君[3]，设以齐取鲁，曾不兴师徒，以言而已矣。桓公使高子将南阳之甲[4]，立僖公而城鲁，或曰自鹿门至于争门者是也[5]，或曰自争门至于吏门者是也[6]。鲁人至今以为美谈，曰犹望高子也。

【注释】

①高子者何：案《春秋》名例，大夫称名氏，未有称氏而言“子”者，故而发问。

②我无君也：当时鲁闵公被弑，僖公未立，故言我无君也。又案《春秋》之义，君不使乎大夫，鲁无君，故不书“齐侯使高子来盟”，否则身份不等。

③旷年无君：整年无国君。此是夸张的书法，庄公、子般同一年死，闵公则享国两年，之后僖公便立，非是旷年无君。此是表明三君接连死去，无异于“旷年无君”。

④南阳：齐国之邑。

⑤鹿门：鲁南城东门。争门：据《说文解字》当作“净门”，为鲁城北门。

⑥吏门：《春秋大事表》以为当是“史门”，为鲁城西门。

【译文】

【经】冬，齐国的高子前来结盟。

【传】高子是什么人？是齐国的大夫。为何不说他是受齐侯的派遣？因为我国此时没有君主。然则为何不书高子之名？是欢喜他的到来。为何欢喜？他来是整饬我国的政治局面的。整饬我国的政治局面是怎么回事？庄公去世，子般被弑，闵公被弑，三个国君死后，我国多年无君，假设以齐国之力，想要夺取鲁国，竟可不用兴兵，凭言语就行了。

齐桓公派高子率领南阳的甲兵，拥立僖公而修葺鲁城。有人说，从鹿门至于争门是高子所修，有人说是从争门到吏门是高子所修。鲁国人至今以此为美谈，说仍然想念高子。

【经】十有二月，狄入卫。

【译文】

【经】十二月，狄攻入了卫国都城。

【经】郑弃其师。

【传】郑弃其师者何？恶其将也。郑伯恶高克，使之将，逐而不纳，弃师之道也①。

【注释】

①弃师之道也：郑伯厌恶高克，又无驱逐的借口，故使之将兵，却不召回，后军士逃亡，逼迫高克出奔。虽然目的是为了逐高克，结果造成军队逃亡，故书“弃师”，以此谴责郑伯之弃众。

【译文】

【经】郑国遗弃了自己的军队。

【传】郑国为何要遗弃自己的军队？是厌恶其将领。郑伯厌恶高克，使其将兵，将其驱赶出境而不让归国，这是遗弃军队的做法。

僖公第五

【题解】

僖公为庄公庶子，其母为成风。公子庆父弑杀了子般、闵公，僖公因公子友及齐桓公之助，得立为君，在位三十三年。

僖公一篇，首先是鲁国内乱之终结，哀姜被齐桓公所杀，公子庆父自裁，见元年“夫人姜氏薨于夷，齐人以归”和“公子友帅师败莒师于犁，获莒挐”等条。其次是齐桓、晋文相继而起，尊王攘夷，其中最大的义理，是对齐桓、晋文的赞扬与否定。例如，齐桓之功，一为服楚，见四年“楚屈完来盟于师，盟于召陵”；一为帮助邢、卫、杞复国，虽然这是存亡继绝的善举，但毕竟僭越了天子之权，故《公羊传》有“实与而文不与”的评价，见元年“齐师、宋师、曹师次于聂北，救邢”条。晋文公则在二十八年的“城濮之战”中打败楚国，继而为“践土之盟”“温之会”，虽有尊王之心，然毕竟以臣招君，僭越礼制，《春秋》亦为之避讳。

【经】元年，春，王正月。

【传】公何以不言即位？继弑君，子不言即位。此非子也[①]，其称子何？臣子一例也[②]。

【注释】

①此非子也：案僖公为闵公庶兄，实非闵公之子。

②臣子一例：此言臣下继承君位，先要过继为先君之子，故以臣继君，犹以子继父，此为臣子一例。

【译文】

【经】元年，春，王正月。

【传】为何不言“公即位”？继承被弑的君王，子不言“即位”。这里僖公非闵公之子，称“子”是为何？以臣继君与以子继父是一样的。

【经】齐师、宋师、曹师次于聂北，救邢。

【传】救不言次[①]，此其言次何？不及事也。不及事者何？邢已亡矣。孰亡之？盖狄灭之[②]。曷为不言狄灭之？为桓公讳也[③]。曷为为桓公讳？上无天子，下无方伯[④]，天下诸侯有相灭亡者，桓公不能救，则桓公耻之。曷为先言次，而后言救[⑤]？君也。君则其称师何[⑥]？不与诸侯专封也[⑦]。曷为不与？实与而文不与[⑧]。文曷为不与？诸侯之义，不得专封也。诸侯之义不得专封，则其曰实与之何？上无天子，下无方伯，天下诸侯有相灭亡者，力能救之，则救之可也。

【注释】

①救不言次：救援为十万火急之事，而次则是停军驻扎，两者矛盾，故云“救不言次”。

②盖狄灭之：庄公三十二年，有“狄伐邢”之文，据此推测，邢国为狄所灭。

③为桓公讳：齐桓公救邢而舒缓止次，致邢灭亡，《春秋》为之避讳，不言“狄灭邢”。

④上无天子，下无方伯：此指代礼崩乐坏，天子、方伯已无力控制，与无天子、方伯无异。

⑤先言次，后言救：此处是相对襄公二十三年“叔孙豹帅师救晋，次于雍榆”而言的。彼处先言“救”，后言“次”，表明君命是救晋，叔孙豹却私自止次。此处先言“次”，后言“救”，表明“次”是君命，如此则是诸侯亲自救邢，故下传云“君也”。

⑥君则其称师何：案《春秋》之例，“君将不言率师”，应书“齐侯、宋公、曹伯次于聂北，救邢”。详见隐公五年“卫师入盛”条传文。

⑦不与诸侯专封：与，赞同。诸侯专封，此指下文“邢迁于陈仪”，“齐师、宋师、曹师城邢”。案邢为狄所灭，齐桓公等诸侯在陈仪筑城，使其复国。然诸侯之国，皆为天子所封，邢之复国，宜有周天子之命，齐桓公迁邢，是专天子封国之权，故《春秋》不与。

⑧实与而文不与：实与，即在现实中认可齐桓公迁邢的行为，因为天子、方伯均无此能力。文不与，即在文辞上不赞同，因为桓公此举毕竟是专天子之权，故将“齐侯、宋公、曹伯”贬称“师”。

【译文】

【经】齐师、宋师、曹师驻扎在聂北，救援邢国。

【传】救援是急事，不应言驻扎止次，此处言止次是为何？是没来得及救援。没来得及救援是怎么回事？邢国已经灭亡了。谁灭亡的？大概是狄灭的。为何不言狄灭邢国？是为齐桓公避讳。为何为齐桓公避讳？上无天子，下无方伯，天下诸侯有相灭亡的，桓公不能救援，则桓公以之为耻。为何先言止次，后言救援？这实际是国君亲自率军。国君亲自率军，那为何称“师”？是不赞成诸侯私自封国。为何不赞成？实际上赞成，而文辞上不赞成。文辞上为何不赞成？诸侯之义，不得私自封国。诸侯之义不得私自封国，那么为何说实际上赞成？上无天子，下无方伯，天下诸侯有相灭亡的，有能力救援，则救援是可以的。

【经】夏,六月,邢迁于陈仪[1]。

【传】迁者何?其意也[2]。迁之者何?非其意也[3]。

【注释】

①六月,邢迁于陈仪:案时月日例,大国迁例月,小国迁例时。此处书月,表明实际上是齐、宋、曹助邢迁。值得注意的是,经书“邢迁于陈仪”,亦是上传“实与文不与”的体现。不书“邢侯归于邢”是“实与”;实为大国助迁,却作邢国自迁之文,是“文不与”。

②其意也:即自己的意愿。经文书“邢迁于陈仪”,是自迁之文,故云“其意也”。

③非其意也:即非自己的意愿,为他人所迁。如经中之“宋人迁宿”,非宿人之意。

【译文】

【经】夏,六月,邢国迁都到了陈仪。

【传】“迁”是什么意思?是自己的意愿。“迁之”是什么意思?表明不是自己的意愿。

【经】齐师、宋师、曹师城邢。

【传】此一事也[1],曷为复言齐师、宋师、曹师?不复言师,则无以知其为一事也[2]。

【注释】

①此一事也:即上文之“齐师、宋师、曹师次于聂北,救邢”,“邢迁于陈仪”与此条是同一批人、一时所为之事。案《春秋》行文之例,一事而再见者,则“前目而后凡”,即上文已书“齐师、宋师、曹师次于聂北,救邢”,此处应省略而书“诸师城邢”。

②不复言师，则无以知其为一事也：言师，指再次书“齐师、宋师、曹师”，而不省略书“诸师”。案上传所言，救邢者实为三国之君，若此处书“诸师”，则嫌救邢、城邢者，实为三国之师。另一方面，因救邢者实为三国之君，若此处书“诸侯”，则嫌上文三师先归国，之后三国之君再来城邢。“诸师”、“诸侯”皆不可，则需重出三师之文。

【译文】

【经】齐师、宋师、曹师修筑邢国都城。

【传】这与之前的救邢、迁陈仪为同一批人一时所为之事，为何再次说“齐师、宋师、曹师”而不省略？若不再次详言三师，则不能知道这些是同一批人一时所为之事。

【经】秋，七月，戊辰，夫人姜氏薨于夷，齐人以归①。

【传】夷者何？齐地也。齐地则其言齐人以归何②？夫人薨于夷，则齐人以归③。夫人薨于夷，则齐人曷为以归？桓公召而缢杀之。

【注释】

①夫人姜氏薨于夷，齐人以归：夫人姜氏，指鲁庄公之妻哀姜。此条之史实为，哀姜与公子庆父、公子牙私通，又参与弑杀子般、闵公，后畏罪出奔邾娄国。齐桓公将其召回齐国，在夷地缢杀之。

②齐地则其言齐人以归何：以归，指带回了齐国。而夷是齐地，则已在齐国，不应再言“以归”，故而发问。

③夫人薨于夷，则齐人以归：案何休之意，夫人之所以薨于夷，是因齐人将其带回的缘故。故下传云：“桓公召而缢杀之。”经文颠倒顺序，书“夫人薨于夷，齐人以归”，好像是夫人在夷地自然死亡，

齐人再将其带回到夷。如此书者，是为鲁国讳耻，哀姜虽然有罪，也是鲁国夫人，却被齐国所杀。

【译文】

【经】秋，七月，戊辰，夫人姜氏在夷地薨没，齐人将其带回。

【传】夷是什么地方？是齐国之地。是齐国之地，那么为何说齐人将其带回？夫人之所以在夷地薨没，是因为齐人将其带回。夫人在夷地薨没，那么齐人为何要将其带回？齐桓公将其召回而缢杀之。

【经】楚人伐郑。

【译文】

【经】楚人伐击郑国。

【经】八月，公会齐侯、宋公、郑伯、曹伯、邾娄人于柽。

【译文】

【经】八月，公与齐侯、宋公、郑伯、曹伯、邾娄人在柽地相会。

【经】九月，公败邾娄师于缨[①]。

【注释】

①公败邾娄师于缨：鲁僖公怨恨邾娄国将哀姜交于齐国，导致哀姜被杀，故而兴兵。此处不书日，则是鲁诈战而胜。

【译文】

【经】九月，公在缨地击败邾娄之师。

【经】冬，十月，壬午，公子友帅师败莒师于犁，获莒挐。

【传】莒挐者何？莒大夫也。莒无大夫[①]，此何以书？大季子之获也。何大乎季子之获？季子治内难以正[②]，御外难以正。其御外难以正奈何？公子庆父弑闵公，走而之莒，莒人逐之，将由乎齐[③]，齐人不纳，却反舍于汶水之上，使公子奚斯入请。季子曰："公子不可以入，入则杀矣。"奚斯不忍反命于庆父，自南涘[④]，北面而哭。庆父闻之，曰："嘻！此奚斯之声也。诺已[⑤]。"曰："吾不得入矣。"于是抗辀经而死[⑥]。莒人闻之，曰："吾已得子之贼矣。"以求赂乎鲁[⑦]。鲁人不与，为是兴师而伐鲁。季子待之以偏战[⑧]。

【注释】

①莒无大夫：案《春秋》三世之例，传闻世不书小国大夫，莒为小国，其大夫略而称人，故云"莒无大夫"。然莒挐书名，则是小国有大夫，故传发问。

②季子治内难以正：此指季子拒绝庆父入鲁，即下传之"公子不可以入，入则杀矣"。

③由：顺从，归属。

④自南涘：涘，水边。庆父在汶水之北，公子奚斯在南岸。

⑤诺已：诺、已，皆为自毕之辞，犹云"休矣"。

⑥抗：举起，抬起。辀(zhōu)：车辕。经：自缢。

⑦求赂乎鲁：季子虽缓追逸贼，仍向国外购求庆父，故莒国得知庆父自杀，有求赂于鲁之事。

⑧季子待之以偏战：偏战，约定好时间、地点，各据一边，堂堂正正地战斗。案时月日例，偏战例日，此处经书"壬午"，表明是内之偏战。

【译文】

【经】冬,十月,壬午,公子友帅师在犁地击败莒师,俘获了莒挐。

【传】莒挐是什么人?是莒国的大夫。案三世之例,莒国没有大夫,此处为何书莒挐?是张大季子的俘获。为何要张大季子的俘获?季子以正法处理内难,以正法抵御外难。他以正法抵御外难是怎么回事?公子庆父弑杀闵公,奔逃莒国,莒人将其驱逐,想要归属齐国,齐国不接纳他,退回舍止在汶水边上,派公子奚斯请求进入鲁国。季子说:"公子不可以进入鲁国,进来就要被杀。"奚斯不忍心向庆父复命,从汶水南岸,朝北而哭。庆父听到了,说:"噫!这是奚斯的哭声。休矣。"说:"我不得进入鲁国了。"于是抬起车辕,自缢而死。莒人得知消息,说:"我们已经得到你们的弑君贼了。"向鲁国求贿赂,鲁人不给,为此兴师讨伐鲁国。季子用偏战对待之。

【经】十有二月,丁巳,夫人氏之丧至自齐①。

【传】夫人何以不称姜氏?贬。曷为贬?与弑公也。然则曷为不于弑焉贬?贬必于重者,莫重乎其以丧至也②。

【注释】

①夫人氏之丧至自齐:夫人指的是哀姜。哀姜缢死在夷,如今其尸柩自夷归鲁。经不书"至自夷"而书"至自齐"者,是顺着上文七月之经文"夫人姜氏薨于夷,齐人以归"讲的。

②莫重乎其以丧至也:案名例,当书"夫人姜氏",此是尊尊有臣子之称,今在哀姜之丧归鲁,臣子集迎时贬哀姜,明其宜诛,臣子不得以夫人之礼治其丧,故而于此时贬抑是最重的。

【译文】

【经】十二月,丁巳,夫人氏之尸柩从齐国运回。

【传】夫人为何不称“姜”氏？是贬抑。为何要贬抑？因为她参与弑杀了闵公。然而为什么不在弑君的时候贬抑她？贬抑一定要在最重的时候，没有比在尸柩归来时贬抑更重的了。

【经】二年，春，王正月，城楚丘①。

【传】孰城②？城卫也。曷为不言城卫③？灭也。孰灭之？盖狄灭之④。曷为不言狄灭之？为桓公讳也。曷为为桓公讳？上无天子，下无方伯，天下诸侯有相灭亡者，桓公不能救，则桓公耻之也。然则孰城之？桓公城之，曷为不言桓公城之？不与诸侯专封也。曷为不与？实与而文不与。文曷为不与？诸侯之义，不得专封。诸侯之义不得专封，则其曰实与之何？上无天子，下无方伯，天下诸侯有相灭亡者，力能救之，则救之可也。

【注释】

①城楚丘：楚丘，卫国之邑。闵公二年，狄灭卫。此处齐桓公率领诸侯在楚丘筑城，迁卫都于楚丘。

②孰城：案《春秋》书法，鲁国在国内筑城（即内城），单书“城某地”，如“城中丘”、“城西郛”之类，内城例书时。此处“城楚丘”书月，则非内城，故有“孰城”之问。

③曷为不言城卫：案卫国已灭，楚丘为新迁之都城，依例当书“城卫”，故而发问。

④盖狄灭之：闵公二年有“狄入卫”之文，故知是狄灭之。自此以下传文之解释，参见僖公元年“齐师、宋师、曹师次于聂北，救邢”条相应的注释。

【译文】

【经】二年,春,王正月,修筑楚丘城。

【传】是为谁修筑城池?是为卫国修筑都城。为何不言"城卫"?因为卫国被灭了。谁灭了卫国?大概是狄灭了卫国。为何不言狄灭卫?是为齐桓公避讳。为何为齐桓公避讳?上无天子,下无方伯,天下诸侯有相灭亡的,桓公不能救援,则桓公以之为耻。然则是谁修筑的?是齐桓公修筑的。为何不言齐桓公修筑卫都?是不赞成诸侯私自封国。为何不赞成?实际上赞成,而文辞上不赞成。文辞上为何不赞成?诸侯之义,不得私自封国。诸侯之义不得私自封国,那么为何说实际上赞成?上无天子,下无方伯,天下诸侯有相灭亡的,有能力救援,则救援是可以的。

【经】夏,五月,辛巳,葬我小君哀姜[①]。

【传】哀姜者何?庄公之夫人也。

【注释】

①葬我小君哀姜:案哀姜于僖公元年七月,被齐桓公所杀。哀姜与公子庆父、公子牙私通,又参与弑君,已被《春秋》诛绝(参僖公元年"十二月,丁巳,夫人氏之丧至自齐"条),则依例不当书其葬。此处书葬者,因《春秋》有"君弑,贼不讨不书葬"之例,若不书其葬,则有责鲁国臣子不讨齐桓之嫌。而齐桓诛哀姜,合于王法,鲁不得仇之,故书哀姜之葬以明之。

【译文】

【经】夏,五月,辛巳,安葬我国的小君哀姜。

【传】哀姜是谁?是鲁庄公的夫人。

【经】虞师、晋师灭夏阳①。

【传】虞，微国也，曷为序乎大国之上？使虞首恶也。曷为使虞首恶？虞受赂，假灭国者道，以取亡焉。其受赂奈何？献公朝诸大夫而问焉，曰："寡人夜者，寝而不寐，其意也何？"诸大夫有进对者曰："寝不安与？其诸侍御有不在侧者与？"献公不应。荀息进曰："虞、郭见与②？"献公揖而进之，遂与之入而谋曰："吾欲攻郭，则虞救之，攻虞则郭救之，如之何？愿与子虑之。"荀息对曰："君若用臣之谋，则今日取郭，而明日取虞，尔君何忧焉？"献公曰："然则奈何？"荀息曰："请以屈产之乘③，与垂棘之白璧往④，必可得也。则宝出之内藏，藏之外府。马出之内厩，系之外厩尔。君何丧焉？"献公曰："诺。虽然，宫之奇存焉，如之何？"荀息曰："宫之奇，知则知矣，虽然，虞公贪而好宝，见宝必不从其言，请终以往。"于是终以往。虞公见宝，许诺。宫之奇果谏："《记》曰：'唇亡则齿寒。'虞、郭之相救，非相为赐，则晋今日取郭，而明日虞从而亡尔。君请勿许也。"虞公不从其言，终假之道以取郭，还。四年，反取虞⑤。虞公抱宝牵马而至，荀息见曰："臣之谋何如？"献公曰："子之谋则已行矣，宝则吾宝也，虽然，吾马之齿亦已长矣。"盖戏之也。夏阳者何？郭之邑也。曷为不系于郭⑥？国之也⑦。曷为国之？君存焉尔⑧。

【注释】

①虞师、晋师灭夏阳：虞，姬姓之微国，其本爵不可考。晋，姬姓之国，侯爵。夏阳，郭国之邑，郭亦是微国。

②虞、郭见与：晋献公素欲灭此二国，"虞、郭见与"，犹云"虞、郭岂

见于君之心乎”。

③屈产之乘：屈产，出名马之地。乘，四马共驾一车，为一乘。

④垂棘：出美玉之地。

⑤取虞：案晋灭虞国在僖公五年。

⑥曷为不系于郭：案《春秋》书邑，必系属于国，本应书“郭夏阳”，此仅书“夏阳”，故发问。

⑦国之：即将夏阳视为一个国家。

⑧君存焉尔：即晋灭郭时，郭君在夏阳邑，故“国之”，明臣子当赴其难。

【译文】

【经】虞师、晋师灭了夏阳。

【传】虞是微小的国家，为何排序在大国之上？是让虞国成为灭国的恶首。为何使虞国为恶首？虞国接受贿赂，借道给灭人国者，从而自取灭亡。虞国接受贿赂是怎么回事？晋献公朝见众大夫并问他们：“寡人夜不能寐，其中的原因是什么？”众大夫中有人上前回答道：“是睡不安稳吗？是不是侍御者有不在身边？”献公不应答。荀息上前说：“是虞、郭萦绕心怀吧？”献公拱手作揖，召他近前，于是和荀息入内谋划，献公说：“我想要攻郭国，则虞国会救援，攻虞国，则郭国会救援。怎么办？愿与你谋划之。”荀息回答道：“君如果用臣下的计谋，则今日取郭，而明日取虞，君何必担忧？”献公说：“那么怎么做呢？”荀息说：“请用屈产的乘马和垂棘的白璧前往贿赂虞国，必能如愿。之后再灭虞国，只不过是将内府的宝玉取出，藏于外府；将马从内厩牵出，拴在外厩罢了。君有什么损失呢？”献公说：“是这样。即便如此，虞国有宫之奇在，怎么办呢？”荀息说：“宫之奇的确有智谋，即便如此，虞公贪婪而好宝物，见到宝物，必定不听从宫之奇之言。请一定带着宝物去。”于是终究带着宝物去了。虞公见到宝物，许诺了。宫之奇果然进谏：“《记》曰‘唇亡则齿寒’，虞、郭有互相救援的关系，如果不是互相关照的话，则晋国今日取郭国，而明日虞国随之而亡。君请不要许诺。”虞公不听从他的话，终究借道给晋国以取郭国而还。四年后，反取虞国。虞公怀抱宝玉，牵着马来投降，荀息看到了说：“臣下的计谋如何？”献公说：“你的计谋已经实现了，宝玉还是我的宝玉，虽然如此，我的马年齿长了。”这是戏谑之语。夏阳是什么？是郭国之邑。为何不系属于郭国？是将其视为一国。为何将其视为一国？因为国君在里面。

【经】秋，九月，齐侯、宋公、江人、黄人盟于贯泽。

【传】江人、黄人者何？远国之辞也①。远国至矣，则中国曷为独言齐、宋至尔？大国言齐、宋，远国言江、黄，则以其余为莫敢不至也。

【注释】

①远国之辞：案江、黄是小国，近楚，故为远国。齐桓公为贯泽之会，江、黄之君亦至。案名例，当称江、黄之君的爵位，此处却书“江人、黄人”，是以“远国之辞”称之。表明桓公德盛，远近之国皆至，以齐、宋代表大国，江人、黄人代表远国。若不用远国之辞，而仅称江、黄二君之爵，则嫌与会者仅有齐、宋、江、黄。

【译文】

【经】秋，九月，齐侯、宋公、江人、黄人在贯泽结盟。

【传】为何称“江人、黄人”？这是指代远国之君的文辞。远国之君至会了，那么中原之国为独言齐、宋至会？大国举齐、宋，远国举江、黄，则表示其余国家没有敢不来的。

【经】冬，十月，不雨。

【传】何以书？记异也。

【经】楚人侵郑。

【译文】

【经】冬，十月，不曾下雨。

【传】为何记录此事？是记录异象。

【经】楚人侵责郑国。

【经】三年，春，王正月，不雨。

【经】夏，四月，不雨。

【传】何以书？记异也。

【译文】

【经】三年，春，王正月，不下雨。

【经】夏，四月，不下雨。

【传】为何记录此事？是记录异象。

【经】徐人取舒①。

【传】其言取之何？易也②。

【注释】

①舒：国名，偃姓。支系旁多，称为“群舒”，《春秋》中有“舒蓼”、“舒庸”、“舒鸠”等。

②易：容易。案国曰灭，邑曰取。徐灭舒国，如取邑一样容易，见舒国无守备。

【译文】

【经】徐人取舒。

【传】经言“取”舒是为何？表明灭舒如取邑一般容易。

【经】六月，雨。

【传】其言六月雨何？上雨而不甚也[1]。

【注释】

①上雨而不甚也：上，之前，指代僖公二年之十一月、十二月，三年之二月、三月，五月。案何休之意，鲁僖公喜得位，不恤庶众，故有旱灾，致二年十月、三年正月、四月皆无雨，其余月份则零星有雨，此为“上雨”。然小雨不能缓解灾害，故云“上雨而不甚”。之后僖公恐惧，“饬过求己”，至六月而有大雨。

【译文】

【经】六月，下雨。

【传】经文书六月下雨是为何？因为之前的雨水未缓解旱灾。

【经】秋，齐侯、宋公、江人、黄人会于阳谷。

【传】此大会也[1]，曷为末言尔[2]？桓公曰：“无障谷，无贮粟，无易树子，无以妾为妻[3]。”

【注释】

①大会：案经书“齐侯、宋公、江人、黄人”是远近皆至之辞（参僖公二年贯泽之会条），故知是大会。

②末言：末，浅也。末言，指的是经文“会”字。案阳谷之会，实有盟约，即下文之“无障谷，无贮粟，无易树子，无以妾为妻”，故当书“盟”。经仅书“会”，而“会”比“盟”的程度要浅，故传问：“曷为末言尔？”

③无障谷，无贮粟，无易树子，无以妾为妻：障谷，即障断川谷，专水利。贮粟，即囤积粮食，阻碍流通。树子，即本正当立之子。何休云："此四者，皆时人所患，时桓公功德隆盛，诸侯咸曰：'无言不从，曷为用盟哉。'故告誓而已。"故经不书"盟"而书"会"，以彰显桓公之德。

【译文】

【经】秋，齐侯、宋公、江人、黄人在阳谷相会。

【传】这是大盟会，为何浅言"会"而不言"盟"？齐桓公说："不要障断川谷，不要囤积粮食，不要废易本正之子，不要以妾为妻。"

【经】冬，公子友如齐莅盟①。

【传】莅盟者何？往盟乎彼也。其言来盟者何②？来盟于我也。

【注释】

①莅盟：莅，临也。《春秋》托鲁国为王者，鲁国前往他国结盟，称为莅盟，好像是"王者遣使临诸侯盟，饬以法度"。

②来盟：他国前来鲁国结盟，称为来盟，好像是他国来京师结盟，此亦因《春秋》王鲁之故。

【译文】

【经】冬，公子友去齐国莅盟。

【传】莅盟是什么意思？是到彼处结盟。来盟是什么意思？是前来与我结盟。

【经】楚人伐郑。

【译文】

【经】楚人伐击郑国。

【经】四年,春,王正月,公会齐侯、宋公、陈侯、卫侯、郑伯、许男、曹伯侵蔡。蔡溃。

【传】溃者何[①]?下叛上也。国曰溃,邑曰叛[②]。

【注释】

①溃者何:案战伐之例,书"侵"表明用兵之心浅,仅在国境线上侵责,未推兵入境。溃,有崩溃、溃散之意。"侵"与"溃"深浅悬绝,故发问。下文云"下叛上",为答辞。

②邑曰叛:此指大夫据邑谋反,则《春秋》书"叛",如襄公二十六年"卫孙林父入于戚以叛"。

【译文】

【经】四年,春,王正月,公会同齐侯、宋公、陈侯、卫侯、郑伯、许男、曹伯,侵责蔡国。蔡国溃散。

【传】溃是什么意思?是在下者反叛在上者。国称溃,邑称叛。

【经】遂伐楚,次于陉[①]。

【传】其言次于陉何?有俟也。孰俟?俟屈完也[②]。

【注释】

①遂伐楚,次于陉:案齐桓公欲伐楚,然楚国强大,不可猝然征之,而蔡为楚之与国,故先溃蔡,兵精威行,遂伐楚。又恐多伤士众,故驻扎在陉地,欲使楚国主动求和,修臣子之职。《春秋》美齐桓公生事有渐,重爱民命,故详录其止次。

②俟屈完也：俟，等候。屈完，楚国大夫。等候屈完来结盟，即下文“楚屈完来盟于师，盟于召陵”。

【译文】

【经】溃蔡之后，于是伐击楚国，止次在陉地。

【传】经言止次在陉地是为何？是有所等待。等待谁？等待屈完来结盟。

【经】夏，许男新臣卒[1]。

【注释】

①许男新臣卒：许男新臣，即下文之许缪公。时许男新臣在齐桓公军中，案《春秋》之例，诸侯卒于师旅，当书“卒于师”，见其有危。此处仅书“许男新臣卒”，与卒于国内文辞相同，以此表示齐桓公之师“无危”。

【译文】

【经】夏，许男新臣去世。

【经】楚屈完来盟于师，盟于召陵。

【传】屈完者何？楚大夫也。何以不称使[1]？尊屈完也。曷为尊屈完？以当桓公也[2]。其言盟于师，盟于召陵何？师在召陵也[3]。师在召陵，则曷为再言盟[4]？喜服楚也。何言乎喜服楚？楚有王者则后服，无王者则先叛[5]，夷狄也，而亟病中国。南夷与北夷交[6]，中国不绝若线。桓公救中国，而攘夷狄，卒怗荆[7]，以此为王者之事也。其言来何？与桓为主也[8]。前此者有事矣[9]，后此者有事矣[10]，则曷为独于此焉与桓公为主？序绩也[11]。

【注释】

①何以不称使：屈完是奉国君之命前来结盟，依例当书“楚子使屈完来盟于师”，今无称使之文，故发问。

②以当桓公：当，对等，匹配。经无称使之文，是尊屈完，将其拔高到楚君的位置，而与齐桓公对等。以此张大齐桓公的功业，好像是楚君亲自来结盟一样。

③师在召陵：师本次于陉，今喜得屈完来盟，故退次于召陵。屈完随从至召陵而结盟，故云“师在召陵”。

④曷为再言盟：再言盟，两次书“盟”，即“盟于师，盟于召陵”。案结盟之地实在召陵，案例当书“楚屈完如师，盟于召陵”，不应再言盟，故发问。

⑤楚有王者而后服，无王者而先叛：齐桓公行霸，至此方服楚，故言“后服”。同年，桓公班师，未能严肃军纪，楚即叛盟，故言“先叛”。

⑥南夷与北夷交：南夷指楚。“北夷”，原作“北狄”，今按阮校改。北夷指狄。交，交乱中国。

⑦怗(tiē)：服也。荆：即楚国。

⑧与桓为主也：与，赞同。桓，齐桓公。主，霸主。赞许齐桓公为天下霸主，故可书“来盟”。案，《春秋》王鲁，故“来盟”是鲁国专有之辞例(参见僖公三年“冬，公子友如齐莅盟”条)，今齐桓公服楚，是王者之事，故能用之。

⑨前此者有事矣：指僖公元年齐桓公城邢，僖公二年城卫之事。

⑩后此者有事矣：指僖公十四年城缘陵之事。

⑪序绩：序，次也。绩，功也。序绩，指排列齐桓公之功绩，以服楚为最大。

【译文】

【经】楚国的屈完来与联军结盟，结盟于召陵。

【传】屈完是什么人？是楚国的大夫。为何没有称使之文？是尊贵屈完。为何要尊贵屈完？是将其抬高到楚君的地位，与齐桓公对等，以此成就霸功。经言“盟于师，盟于召陵”是为何？因结盟之时联军在召陵。联军在召陵，为何两次言“盟”？是欣喜能服楚国。为何说欣喜能服楚国？楚国在中原有王者的时候，最后归服，无王者的时候，率先反叛，是夷狄，而屡次危害中原国家。南夷与北夷交替扰乱，使中原国家如将断的细线一般。齐桓公救援中原国家，而攘除夷狄，最终能服楚国，这属于王者所做的事情。经言“来”是为何？是赞许桓公为霸主。在此之前有霸者之事，在此之后有霸者之事，那么为何在此处赞许桓公为霸主？排列桓公的功绩，以服楚为最大。

【经】齐人执陈袁涛涂。

【传】涛涂之罪何？辟军之道也①。其辟军之道奈何？涛涂谓桓公曰：“君既服南夷矣，何不还师滨海而东，服东夷且归②。”桓公曰：“诺。”于是还师滨海而东，大陷于沛泽之中。顾而执涛涂。执者曷为或称侯，或称人？称侯而执者，伯讨也③。称人而执者，非伯讨也④。此执有罪，何以不得为伯讨？古者周公东征则西国怨，西征则东国怨。桓公假涂于陈，而伐楚，则陈人不欲其反由己者，师不正故也。不修其师而执涛涂，古人之讨，则不然也。

【注释】

①辟军之道：辟，同“避”。即避免齐桓公回师时取道陈国。

②东夷：指吴国。

③称侯而执者,伯讨也:伯讨,即方伯奉天子之命讨伐不道之臣。具体的书法是“称侯而执”,如成公十五年“晋侯执曹伯,归之于京师”。

④称人而执者,非伯讨也:若诸侯私自拘捕他国国君或大夫,未有天子之命,则非伯讨,具体的书法是“称人而执”,如此条。

【译文】

【经】齐人拘捕了陈国的袁涛涂。

【传】涛涂有什么罪过?是避免了齐师取道陈国。他避免齐师取道陈国是怎么回事?涛涂对齐桓公说:“您已经征服了南夷,何不回师,由滨海向东,征服东夷而归?”桓公说:“好。”于是回师,由滨海向东,军队陷入了棘草丛生的沼泽之中。桓公回头就拘捕了涛涂。拘捕他人,为何有时称侯,有时称人?称侯而拘捕人,是伯讨。称人而拘捕人,不是伯讨。此处是拘捕有罪之人,为何不得为伯讨?古时候,周公东征则西国抱怨,西征则东国抱怨。齐桓公假道陈国讨伐楚国,而陈国人不愿意回师时再经过本国,是齐师未严肃军纪的缘故。不整顿军队而拘捕涛涂,古人的讨罪,不是这样的。

【经】秋,及江人、黄人伐陈。

【译文】

【经】秋,鲁国之士与江人、黄人伐击陈国。

【经】八月,公至自伐楚[1]。

【传】楚已服矣,何以致伐[2]?楚叛盟也[3]。

【注释】

①八月,公至自伐楚:案时月日例,至例时,公出满二时则书月。鲁

僖公春去秋还，故书月，危公久出。

②何以致伐：案《春秋》之例，公与二国以上用兵，得意致会，不得意致伐。此处鲁僖公随齐桓公伐楚，楚国已服，则是得意，却致伐，故发问。

③楚叛盟：叛盟的原因，是桓公不修其师，而执陈袁涛涂。

【译文】

【经】八月，公从伐楚之役回国。

【传】楚国已经归服，为何致伐？楚国背叛了盟约。

【经】葬许缪公。

【译文】

【经】安葬许缪公。

【经】冬，十有二月，公孙慈帅师会齐人、宋人、卫人、郑人、许人、曹人侵陈。

【译文】

【经】冬，十二月，公孙慈率师会同齐人、宋人、卫人、郑人、许人、曹人侵责陈国。

【经】五年，春，晋侯杀其世子申生。

【传】曷为直称晋侯以杀[1]？杀世子、母弟直称君者，甚之也[2]。

【注释】

①曷为直称晋侯以杀：案《春秋》之例，君杀大夫，称国以杀，如僖公七年“郑杀其大夫申侯”。此处杀世子，未“称国以杀”，故而发问。

②杀世子、母弟直称君者，甚之也：世子，同母弟，为亲近之人。若忍心杀害，则太过分了，故以亲亲之道责之，称君以杀，经书“晋侯”即是。

【译文】

【经】五年，春，晋侯杀了他的世子申生。

【传】为何直接称“晋侯”以杀？杀世子、同母弟，直接称君以杀，是认为做的太过分了。

【经】杞伯姬来朝其子[①]。

【传】其言来朝其子何？内辞也[②]，与其子俱来朝也。

【注释】

①朝其子：母携子前来朝见，曰朝其子。

②内辞：为内（即鲁国）避讳之辞。案礼制，妇人既嫁不逾境，若无事而归父母之国，则经书“来”，讥鲁国“失教戒”。杞伯姬携幼子至鲁，属无事而来，故需避讳，不可直书“杞伯姬来”。因外孙行冠礼之后，有朝见外祖父之礼，故以“来朝其子”为讳文。然若真是外孙初冠朝外祖，当有君命，应书“杞伯使其世子来朝”，不必言及杞伯姬“来”，故知此处实非外孙朝外祖，而是杞伯姬无事而来。

【译文】

【经】杞伯姬来朝其子。

【传】经言“来朝其子”是什么意思？是为鲁国避讳之辞，好像她携子一同来朝。

【经】夏，公孙慈如牟。

【译文】

【经】夏，公孙慈前往牟国出使。

【经】公及齐侯、宋公、陈侯、卫侯、郑伯、许男、曹伯会王世子于首戴。

【传】曷为殊会王世子①？世子贵也。世子，犹世世子也②。

【经】秋，八月，诸侯盟于首戴③。

【传】诸侯何以不序④？一事而再见者，前目而后凡也⑤。

【经】郑伯逃归不盟。

【传】其言逃归不盟者何？不可使盟也⑥。不可使盟，则其言逃归何？鲁子曰⑦：“盖不以寡犯众也⑧。”

【注释】

①殊会王世子：王世子，即周天子之世子。殊会，即单独列出“会王世子”。若不殊会王世子，当书“公及王世子、齐侯、宋公、陈侯、卫侯、郑伯、许男、曹伯会于首戴。”

②世子，犹世世子也：此言王世子尊贵之由，以其当世父位，于诸侯有君臣之义。

③诸侯盟于首戴：诸侯，即上文之诸侯。首戴会盟，因齐桓公德衰，

使王世子为会主，示以公义，而王世子未与盟，故书“诸侯盟于首戴”。

④序：即列序上文之诸侯。

⑤一事而再见者，前目而后凡也：此为《春秋》通例。一事而再见，案首戴之会，实为结盟，故会、盟为一事而再见。目，列序细目，即列举诸侯。凡，总括言“诸侯”，不列序之。

⑥不可使盟也：何休云：“时郑伯内欲与楚，外依古不盟为解，安居会上，不肯从桓公盟。”

⑦鲁子：《公羊传》著于竹帛前的先师。

⑧盖不以寡犯众也：寡，指郑伯。众，指与盟的诸侯。当时郑伯安居会上，不肯结盟，并非是“逃归不盟”，若实逃归，当书“不盟逃归”。《春秋》因其有贰心，贬抑一人，申众人之善，故云“逃归不盟”。

【译文】

【经】公会同齐侯、宋公、陈侯、卫侯、郑伯、许男、曹伯与王世子在首戴相会。

【传】为何在会上单独列出“会王世子”？因为王世子尊贵。世子，就是世世代代继承父位之子。

【经】秋，八月，诸侯在首戴结盟。

【传】为何不列序诸侯？一件事情两次出现，前面列序细目，后面可以概括。

【经】郑伯逃归，不参与结盟。

【传】经言郑伯逃归不盟，是为何？是不可使郑伯结盟。郑伯安处会上，不可使之结盟，那么经言逃归是为何？鲁子说：“大概是为了不使一人之恶冒犯众人之善。”

【经】楚人灭弦，弦子奔黄。

【译文】

【经】楚人灭了弦国,弦子出奔至黄国。

【经】九月,戊申,朔,日有食之。

【译文】

【经】九月,戊申,朔日,发生了日食。

【经】冬,晋人执虞公。

【传】虞已灭矣[1],其言执之何?不与灭也[2]。曷为不与灭?灭者,亡国之善辞也。灭者,上下之同力者也。

【注释】

①虞已灭矣:僖公二年“虞师、晋师灭夏阳”条,传文云:“四年,反取虞。”故知虞国在此时灭亡。彼传又云:“虞公抱宝牵马而至。”则虞公被晋人所执。

②不与灭也:即虞之亡国,不可以用“灭”字来描述。因“灭”是“亡国之善辞”,表明上下一心拒敌,然不幸被灭,如有王者兴,当复其国。而虞公贪利,借道晋国灭郭,是自取灭亡,当被诛绝,故“不与灭也”,而书“执”。另外一方面,虞是微国,本爵虽不可考,然非公爵。此处称“虞公”者,是以国君下葬时的“臣子辞”称之,以此表明虞国已亡。

【译文】

【经】冬,晋人拘捕了虞公。

【传】虞国已经灭亡了,经言拘捕虞公,是为何?不赞成用“灭”字描述虞之亡国。为什么不赞同用“灭”字?“灭”是亡国的善辞。“灭”,表示上下同心抵抗而亡。

【经】六年，春，王正月。

【译文】

【经】六年，春，王正月。

【经】夏，公会齐侯、宋公、陈侯、卫侯、曹伯伐郑，围新城[①]。

【传】邑不言围，此其言围何？强也[②]。

【经】秋，楚人围许。诸侯遂救许[③]。

【经】冬，公至自伐郑。

【注释】

①新城：郑国之邑。

②邑不言围，此其言围何？强也：参见隐公五年“宋人伐郑，围长葛”条。案郑国背盟，因齐桓公不修其师而执陈袁涛涂，齐桓公不修文德，欲用武力服郑，是强而无义。

③诸侯：指上条伐郑之诸侯。

【译文】

【经】夏，公会同齐侯、宋公、陈侯、卫侯、曹伯伐击郑国，包围了新城。

【传】包围城邑，《春秋》是不书“围”的，这里书“围”是为何？表明齐桓公强横不义。

【经】秋，楚人包围许国都城，诸侯于是救援许国。

【经】冬，公从伐郑之役归国。

【经】七年，春，齐人伐郑。

【译文】

【经】七年，春，齐人伐击郑国。

【经】夏，小邾娄子来朝[1]。

【注释】

①小邾娄子：案小邾娄国原为附庸之国，庄公五年称之为“倪”。此时附从霸者，齐桓公白天子，进之为子爵，故称“小邾娄子”。

【译文】

【经】夏，小邾娄子来朝见。

【经】郑杀其大夫申侯。

【传】其称国以杀何？称国以杀者，君杀大夫之辞也[1]。

【注释】

①君杀大夫之辞：何休云：“诸侯国体，以大夫为股肱。”诸侯不得专杀大夫，故不称君以杀，而是称国以杀。

【译文】

【经】郑国杀了他们的大夫申侯。

【传】经文称国以杀是为何？称国以杀，是君杀大夫的辞例。

【经】秋，七月，公会齐侯、宋公、陈世子款、郑世子华，盟于甯毋。

【译文】

【经】秋，七月，公会同齐侯、宋公、陈世子款、郑世子华，在甯毋结盟。

【经】曹伯般卒。

【译文】

【经】曹伯般去世了。

【经】公子友如齐。

【译文】

【经】公子友出使前往齐国。

【经】冬，葬曹昭公。

【译文】

【经】冬，安葬曹昭公。

【经】八年，春，王正月，公会王人、齐侯、宋公、卫侯、许男、曹伯、陈世子款、郑世子华[1]，盟于洮。

【传】王人者何？微者也[2]。曷为序乎诸侯之上，先王命也[3]。

【经】郑伯乞盟。

【传】乞盟者何？处其所而请与也[4]。其处其所而请与奈何？盖酌之也[5]。

【注释】

①郑世子华：阮校以为当为衍文。

②微者：案名例，天子下士称“王人”，故知是微者。

③先王命：案礼制，王人衔王命以会诸侯，诸侯当北面受之，故王人序于诸侯之上。事实上，洮之会是齐桓公德衰，假借王人之重以会诸侯。

④处其所而请与也：处其所，即郑伯在国内。与，参与结盟。

⑤酌：挹取。郑伯倾向楚国，故身处国内，不亲自与盟，派遣使者挹取结盟之血，而请与之约束。《春秋》以其无慕中国之心，故不书遣使，而书“郑伯乞盟”以抑之。

【译文】

【经】八年，春，王正月，公会同王人、齐侯、宋公、卫侯、许男、曹伯、陈世子款、郑世子华，在洮地结盟。

【传】王人是什么人？是微者。为何序列在诸侯之上？是尊重王命。

【经】郑伯乞求结盟。

【传】乞求结盟是什么意思？是身处国内而请求与盟。身处国内而请求结盟是怎么回事？大概是挹取结盟之血。

【经】夏，狄伐晋。

【译文】

【经】夏，狄伐击晋国。

【经】秋，七月，禘于大庙[①]，用致夫人[②]。

【传】用者何？用者不宜用也。致者何？致者不宜致也。禘用致夫人，非礼也。夫人何以不称姜氏[③]？贬。曷为贬？讥以妾为妻也[④]。其言以妾为妻奈何？盖胁于齐媵女之先至者也。

【注释】

①禘于太庙：禘，案何休之意，禘为宗庙大祭，毁庙、未毁庙之主，以及功臣皆祭于太祖庙，五年举行一次。夫人当助祭。

②致夫人：即告致夫人。案礼制，若先君（对于夫人而言是夫之父，即“舅”）已没，则夫人当在三月之后，单独奠菜于先君之庙，此为告致夫人之礼。此条之“夫人”，本为齐国之媵女，初至鲁国时，非为嫡，故未行告致之礼。后齐桓公胁迫鲁国，以齐女为嫡，故需补行告致之礼。于是在禘祭的时候朝见祖宗，省去了单独祭祀舅庙的礼节。这种告致夫人的方式是非礼的，故下传云“用者不宜用”、“禘用致夫人，非礼也”。

③夫人何以不称姜氏：案名例，当称“夫人姜氏”，此处单称夫人，是贬抑齐女。

④讥以妾为妻也：鲁僖公本娶楚女为嫡，齐女为媵，然齐国先致其女，胁迫僖公立为嫡，此是以妾为妻。齐女有篡嫡之罪，故讥之。

【译文】

【经】秋，七月，在太庙举行禘祭，用以行夫人告致之礼。

【传】“用”是什么意思？用是不宜用的意思。“致”是什么意思？致是不宜致的意思。禘祭用以告致夫人，是非礼的。夫人为何不称“姜氏”？是贬抑她。为何贬抑？讥刺以媵妾为妻。以媵妾为妻是怎么回事？大概是齐国先送女到鲁国，胁迫僖公立为夫人。

【经】冬,十有二月,丁未,天王崩。

【译文】

【经】冬,十二月,丁未,天王(周惠王)驾崩。

【经】九年,春,王三月,丁丑,宋公御说卒①。

【传】何以不书葬?为襄公讳也②。

【注释】

①宋公御说:即宋桓公,为宋襄公之父。

②为襄公讳:襄公,即宋襄公。依礼制,诸侯五月而葬。夏,宋襄公参与了葵丘之会,当时宋桓公尚未下葬,则襄公有不子之恶。《春秋》因宋襄公之后有征齐、忧中国、尊周室之功,故为之避讳背殡出会之恶,而不书宋桓公之葬。

【译文】

【经】九年,春,王三月,丁丑,宋公御说去世了。

【传】为何不为他书葬?是为宋襄公避讳。

【经】夏,公会宰周公、齐侯、宋子、卫侯、郑伯、许男、曹伯于葵丘①。

【传】宰周公者何②?天子之为政者也。

【注释】

①宋子:即宋襄公。案名例,君薨称子某,既葬称子。时宋桓公未葬,应称子某,然宋襄公以王事出会诸侯,未在尸柩之前,故称

“宋子”。

②宰周公：案名例，天子三公称公。宰，治也。加“宰”字于“周公”之上，表明周公为执政治事之三公，职大尊重，而被诸侯所会，恶其不胜任也。值得注意的是，经文书“公会宰周公、齐侯……”于葵丘是宰周公被诸侯所会；若是宰周公主动会诸侯，则应书“公会齐侯……会宰周公于葵丘”，用“殊会”之辞。

【译文】

【经】夏，公与宰周公、齐侯、宋子、卫侯、郑伯、许男、曹伯在葵丘相会。

【传】宰周公是什么人？是天子身边执掌政事的人。

【经】秋，七月，乙酉，伯姬卒。

【传】此未适人，何以卒？许嫁矣。妇人许嫁，字而笄之①，死则以成人之丧治之②。

【注释】

①女子许嫁，字而笄之：女子许嫁即为成年，取字以代替名，并行笄礼。钱玄先生云：“女子未成年时，头发在两侧作髻。成年之后，盘发作髻，插上簪笄。”

②死则以成人之丧治之：与成人之丧相对的是殇礼，要降于成人之丧。女子许嫁即为成年，虽未至夫家而卒，仍以成人之丧治之。

【译文】

【经】秋，七月，乙酉，伯姬去世了。

【传】伯姬并未出嫁，为何书卒？已经许嫁了。妇人许嫁，称字行笄礼，去世则以成人的丧礼治丧。

【经】九月,戊辰,诸侯盟于葵丘[①]。

【传】桓之盟不日[②],此何以日?危之也。何危尔?贯泽之会[③],桓公有忧中国之心,不召而至者,江人、黄人也。葵丘之会,桓公震而矜之[④],叛者九国[⑤]。震之者何?犹曰振振然。矜之者何?犹曰莫若我也。

【注释】

①诸侯盟于葵丘:诸侯,指的是此年"夏,公会宰周公、齐侯、宋子、卫侯、郑伯、许男、曹伯于葵丘"中的诸侯。由于宰周公与会不与盟,故此处书"诸侯盟于葵丘"。

②桓之盟不日:案时月日例,盟例日,恶其不信也;小信书月;大信书时。齐桓公信义著于天下,故其盟不书日。

③贯泽之会:即僖公二年"齐侯、宋公、江人、黄人盟于贯泽"。

④震:威势震慑。矜:骄矜。

⑤叛者九国:叛,指之后背叛葵丘之盟。九国,指厉国以下九国,故僖公十五年"秋,七月,齐师、曹师伐厉"。此处未书九国之名。

【译文】

【经】九月,戊辰,诸侯在葵丘结盟。

【传】齐桓公的盟约例不书日,此处为何书日?因为桓公有危。有何危?贯泽之会,桓公有忧虑中国之心,不召自来的诸侯,有江人、黄人。葵丘之会,桓公恃威震慑骄矜诸侯,叛盟者有九国。"震"是什么意思?如同说是盛气凌人的样子。"矜"是什么意思?如同是说"没有人能比得了我"。

【经】甲戌[①],晋侯诡诸卒[②]。

【注释】

①甲戌：即九月之甲戌日，《公羊义疏》以为是九月二十。

②晋侯诡诸卒：诡诸，即晋献公。献公因有杀世子之恶，即僖公五年“晋侯杀其世子申生”，故《春秋》不书其葬以绝之。

【译文】

【经】甲戌，晋侯诡诸去世了。

【经】冬，晋里克弑其君之子奚齐①。

【传】此未逾年之君②，其言弑其君之子奚齐何？弑未逾年君之号也③。

【注释】

①奚齐：晋献公之子，为骊姬所生。献公杀世子申生而立奚齐。

②未逾年之君：案晋献公卒于九月，今未至第二年，故奚齐为未逾年之君。

③弑未逾年君之号也：案，若是逾年之君被弑，经书“某弑其君某”。若未逾年之君被弑，则书“某弑其君之子某”，此为《春秋》通例。又案时月日例，弑成君例日，弑未逾年君例月。今书时者，表明奚齐被弑，因其得位不正。

【译文】

【经】冬，晋里克弑杀了他们国君的儿子奚齐。

【传】这是尚未逾年的嗣君，经言“弑其君之子奚齐”是为何？这是被弑杀的未逾年之嗣君的称号。

【经】十年，春，王正月①，公如齐。

【注释】

①王正月：案时月日例，朝聘例时。此处书月者，何休云："僖公本齐所立，桓公德衰见叛，独能念恩朝事之，故善录之。"

【译文】

【经】十年，春，王正月，公去了齐国。

【经】狄灭温。

【经】温子奔卫。

【译文】

【经】狄灭亡了温国。

【经】温子出奔到了卫国。

【经】晋里克弑其君卓子①，及其大夫荀息。

【传】及者何？累也。弑君多矣，舍此无累者乎？曰有。孔父、仇牧皆累也②。舍孔父、仇牧无累者乎？曰有③。有则此何以书？贤也。何贤乎荀息？荀息可谓不食其言矣。其不食其言奈何？奚齐、卓子者，骊姬之子也，荀息傅焉。骊姬者，国色也，献公爱之甚，欲立其子，于是杀世子申生。申生者，里克傅之。献公病将死，谓荀息曰："士何如，则可谓之信矣？"荀息对曰："使死者反生，生者不愧乎其言，则可谓信矣。"献公死，奚齐立。里克谓荀息曰："君杀正而立不正④，废长而立幼⑤，如之何，愿与子虑之。"荀息曰："君尝讯臣矣⑥，臣对曰：'使死者反生，生者不愧乎其言，则可谓信矣。'"里克知其不可与谋，退弑奚齐，荀息立卓子。里克弑卓子，荀息死之。荀息可谓不食其言矣。

【注释】

①晋里克弑其君卓子：奚齐、卓子，皆为晋献公与骊姬所生之子，奚齐年长。僖公九年，献公卒，奚齐立，同年里克弑奚齐，而卓子立。此处，里克又弑卓子。卓子已逾年，同于成君，故经书“晋里克弑其君卓子”，不云“君之子”。

②孔父、仇牧皆累也：累，连累而死。孔父之事，参见桓公二年“宋督弑其君与夷及其大夫孔父”条。仇牧之事，参见庄公十二年“宋万弑其君接及其大夫仇牧”条。

③曰有：此指叔仲惠伯之事，参见成公十五年“仲婴齐卒”条传文。

④君杀正而立不正：正，指代世子申生。不正，指代奚齐。

⑤废长而立幼：长，指代公子重耳。时世子申生被杀，重耳年长，以次当立。幼，指代奚齐。

⑥讯：上问下曰讯。

【译文】

【经】晋里克弑杀了他的君主卓子，以及大夫荀息。

【传】“及”是什么意思？是连累的意思。弑君的事例很多，除此之外，还有受连累而死的人吗？回答说，有的，孔父、仇牧都受累而死。除了孔父、仇牧之外没有受累的人了吗？回答说，有的。既然有，那么为什么这次还要记录？因为荀息有贤德。荀息有何贤德？荀息可谓是不食其言的人。荀息不食其言是怎么回事？奚齐、卓子，是骊姬之子，荀息教导辅佐他们。骊姬的容貌是一国之选。献公非常喜爱她，想要立她的儿子为嗣，于是杀了世子申生。申生是由里克教导辅佐的。献公患病，即将死去，对荀息说：“士如何才能称为有诚信？”荀息回答说：“假设死者复活，生者无愧于之前所说的话，那么可以称为有诚信。”献公去世，奚齐被立为国君。里克对荀息说：“先君杀正嗣而立不正之子，废逐年长的公子而立年幼者，该怎么办？愿与您商量此事。”荀息说：“先君曾询问过臣了。臣回答说：‘假设死者复活，生者无愧于之前所说的话，那么可以称为有诚信。’”里克知道不可与之谋划，回去弑杀了奚齐。荀息拥立卓子为国君。里克又弑杀了卓子，荀息也死了。荀息可谓是不食其言的人。

【经】夏，齐侯、许男伐北戎。

【译文】

【经】夏，齐侯、许男伐击北戎。

【经】晋杀其大夫里克。

【传】里克弑二君，则曷为不以讨贼之辞言之[①]？惠公之大夫也[②]。然则孰立惠公？里克也。里克弑奚齐、卓子，逆惠公而入。里克立惠公，则惠公曷为杀之？惠公曰：“尔既杀夫二孺子矣，又将图寡人。为尔君者，不亦病乎。”于是杀之。然则曷为不言惠公之入[③]？晋之不言出入者[④]，踊为文公讳也[⑤]。齐小白入于齐，则曷为不为桓公讳？桓公之享国也长，美见乎天下，故不为之讳本恶也[⑥]。文公之享国也短，美未见乎天下，故为之讳本恶也。

【注释】

①曷为不以讨贼之辞言之：案《春秋》之例，弑君贼人人得而诛之，故称“人”以杀，为讨贼之辞。此处里克弑奚齐、卓子，当书“晋人杀里克”。而经书“晋杀其大夫里克”，为一般的君杀大夫之辞，

故而发问。

②惠公之大夫：惠公，指晋惠公。里克弑卓子，而拥立出奔在外的晋惠公为君，则里克为惠公之大夫，君臣合为一体。里克当讨，而惠公非讨贼之人。

③曷为不言惠公之入：案晋献公杀世子申生，惠公、文公恐见及，故出奔。然据礼制，公子无去国之义，则惠公、文公出奔当绝。既被诛绝，则之后返国为君，属于篡位，当书“入”。今不书惠公之“入”，故发问。

④晋之不言出入者：案里克弑卓子，而惠公入。惠公卒，其子怀公立。秦纳文公，而怀公出奔。此为晋之“出入”，而《春秋》未书。

⑤踊为文公讳也：踊，预先之意，为齐地方言。案晋文公出奔当绝，后入国则是篡位，然文公有大功德，故《春秋》为其避讳篡位之恶，连带文公之前的惠公、怀公的“出入”，也一并避讳。此为“踊为文公讳”。

⑥本恶：指篡位之恶。齐桓公篡公子纠之君位，《春秋》书“齐小白入于齐”，不为桓公避讳本恶。

【译文】

【经】晋国杀其大夫里克。

【传】里克弑杀了两位国君，那么为何不以讨贼之辞记录此事？里克是惠公的大夫。那么是谁拥立的惠公？是里克。里克弑杀了奚齐、卓子，迎惠公入国。里克拥立了惠公，那么惠公为何要杀里克？惠公说：“你已经杀了两个孩子（奚齐、卓子）了，以后也会图计我。做你的君主，怎能不担惊受怕？”于是杀了里克。那么为何不言惠公之入国？这期间晋国的出入，《春秋》均不记录，是预先为晋文公避讳。《春秋》书“齐小白入于齐”，为何不为齐桓公避讳？桓公享国的时间长，美德显见于天下，所以不必为他避讳篡位之恶。晋文公享国时间短，美德未显见于天下，所以为他避讳篡位之恶。

【经】秋，七月。

【译文】

【经】秋，七月。

【经】冬，大雨雹。

【传】何以书？记异也。

【译文】

【经】冬，下大冰雹。

【传】为何记录此事？是记录异象。

【经】十有一年，春，晋杀其大夫丕郑父。

【译文】

【经】十一年，春，晋国杀了它的大夫丕郑父。

【经】夏，公及夫人姜氏会齐侯于阳谷。

【译文】

【经】夏，公与夫人姜氏在阳谷与齐侯相会。

【经】秋，八月，大雩。

【译文】

【经】秋，八月，举行大雩祭。

【经】冬，楚人伐黄。

【译文】

【经】冬，楚人伐击黄国。

【经】十有二年，春，王三月，庚午，日有食之。

【译文】

【经】十二年，春，王三月，庚午（初二），发生了日食。

【经】夏，楚人灭黄。

【译文】

【经】夏，楚人灭亡了黄国。

【经】秋，七月。

【译文】

【经】秋，七月。

【经】冬，十有二月，丁丑，陈侯处臼卒①。

【注释】

①陈侯处臼：即陈宣公。

【译文】

【经】冬，十二月，丁丑，陈侯处臼去世了。

【经】十有三年，春，狄侵卫。

【译文】

【经】十三年，春，狄侵袭卫国。

【经】夏，四月，葬陈宣公。

【译文】

【经】夏，四月，安葬陈宣公。

【经】公会齐侯、宋公、陈侯、卫侯、郑伯、许男、曹伯于咸。

【译文】

【经】公与齐侯、宋公、陈侯、卫侯、郑伯、许男、曹伯，在咸地相会。

【经】秋，九月，大雩。

【译文】

【经】秋，九月，举行大雩祭。

【经】冬,公子友如齐。

【译文】

【经】冬,公子友去了齐国聘问。

【经】十有四年,春,诸侯城缘陵①。

【传】孰城之?城杞也。曷为城杞?灭也。孰灭之?盖徐、莒胁之。曷为不言徐、莒胁之?为桓公讳也。曷为为桓公讳?上无天子,下无方伯,天下诸侯有相灭亡者,桓公不能救,则桓公耻之也。然则孰城之?桓公城之。曷为不言桓公城之?不与诸侯专封也。曷为不与?实与而文不与。文曷为不与?诸侯之义,不得专封也。诸侯之义不得专封,则其曰实与之何?上无天子,下无方伯,天下诸侯有相灭亡者,力能救之,则救之可也。

【注释】

①诸侯城缘陵:缘陵,杞国之邑。杞被徐、莒所灭,齐桓公率领诸侯修筑缘陵以存杞。书"诸侯"者,时齐桓公德衰,待诸侯然后乃能存杞,故诸侯不序。以下传文之解释,参见僖公元年"齐师、宋师、曹师次于聂北,救邢"条注释。

【译文】

【经】十四年,春,诸侯修筑缘陵城。

【传】为谁筑城?是为杞国修筑都城。为什么要为杞修筑都城?杞国被灭了。谁灭的杞国?大概是徐、莒胁迫灭了杞国。为何不言"徐、莒胁之"?是为齐桓公避讳。为何为齐桓公避讳?上无天子,下无方伯，天下诸侯有相灭亡的，桓公不能救援，则桓公以之为耻。为何不言齐桓公修筑杞国都城？是不赞成诸侯私自封国。为何不赞成？实际上赞成，而文辞上不赞成。文辞上为何不赞成？诸侯之义，不得私自封国。诸侯之义不得私自封国，那么为何说实际上赞成？上无天子，下无方伯，天下诸侯有相灭亡的，有能力救援，则救援是可以的。

【经】夏，六月，季姬及鄫子遇于防①，使鄫子来朝。

【传】鄫子曷为使乎季姬来朝②？内辞也③，非使来朝，使来请己也。

【注释】

①季姬：鲁女。何休以为，季姬本许嫁于邾娄国。孔广森以为，鲁女伯姬，本许嫁于邾娄国，然卒于僖公九年。季姬为伯姬之媵。伯姬虽未嫁而死，媵犹当往。而季姬在前往邾娄国途中，与鄫子相遇于防，两情相悦，故使鄫子至鲁，请己为夫人。

②鄫子曷为使乎季姬来朝：案"使"某"来朝"，是君主派遣臣子之文，而鄫子是君，不应被季姬所使，故而发问。又案礼制，男不亲求，女不亲许，鄫子与季姬自专嫁娶，与禽兽无异，故《春秋》书季姬"使鄫子来朝"，以此绝贱鄫子。

③内辞：为鲁国避讳之辞。内女淫佚，有失教戒，此为大恶，故《春秋》不书"使来请己"，而书"来朝"，为鲁国避讳。

【译文】

【经】夏，六月，季姬与鄫子相遇于防，使鄫子来鲁国朝见。

【传】鄫子为何受季姬的指派来朝鲁国？这是为鲁国避讳之辞。不是使鄫子来朝见，而是使鄫子来请求娶自己为夫人。

【经】秋，八月，辛卯，沙鹿崩[①]。

【传】沙鹿者何？河上之邑也。此邑也，其言崩何？袭邑也[②]。沙鹿崩何以书？记异也。外异不书，此何以书？为天下记异也[③]。

【注释】

①沙鹿：黄河边上的城邑，顾栋高《春秋大事表》以为属于卫国，后入晋。

②袭邑：何休云："袭者，嘿陷入于地中。"整个城邑塌陷，故言"崩"。

③为天下记异也：沙鹿非鲁邑，经文又不系于国，故知是为天下记异。何休云："土地者，民之主，霸者之象也。河者，阴之精。为下所袭者，此象天下异，齐桓将卒，霸道毁，夷狄动，宋襄承其业，为楚所败之应。"

【译文】

【经】秋，八月，辛卯，沙鹿邑崩陷。

【传】沙鹿是什么地方？是黄河边上的城邑。这是城邑，为何言"崩"？是整个城邑塌陷地中。沙鹿崩陷，为何记录？是记录异象。鲁国之外的异象，例所不书，此处为何记录？是为天下记录异象。

【经】狄侵郑。

【译文】

【经】狄侵责郑国。

【经】冬，蔡侯肸卒[①]。

【注释】

①冬，蔡侯肸(xī)卒：肸，蔡侯献舞之子。庄公十年，献舞被楚人俘获，后卒于楚。其子肸忘父仇而依附楚国，故僖公四年，齐桓公帅诸侯侵蔡，蔡溃。国溃则其君当绝，故此处不书肸之葬。又案时月日例，大国卒书日，此处书时者，因肸背中国而附父仇。

【译文】

【经】冬，蔡侯肸去世了。

【经】十有五年，春，王正月，公如齐。

【译文】

【经】十五年，春，王正月，公去了齐国。

【经】楚人伐徐。

【经】三月，公会齐侯、宋公、陈侯、卫侯、郑伯、许男、曹伯，盟于牡丘。遂次于匡①。

【经】公孙敖率师，及诸侯之大夫救徐②。

【注释】

①遂次于匡：遂，生事之辞。诸侯因谋救徐，而盟于牡丘，却生事止次于匡，仅派遣大夫救徐，卒不能救。故《春秋》书“次”以刺诸侯缓于人恩。

②诸侯之大夫：即上文齐、宋、陈、卫、郑、许、曹国之大夫。而公孙敖则是鲁国之大夫，独出公孙敖名氏者，亦是王鲁之故。

【译文】

【经】楚人伐击徐国。

【经】三月，公会同齐侯、宋公、陈侯、卫侯、郑伯、许男、曹伯，在牡丘结盟。于是止次在匡地。

【经】公孙敖帅师，与诸侯之大夫一起救援徐国。

【经】夏，五月，日有食之。

【译文】

【经】夏，五月，发生了日食。

【经】秋，七月，齐师、曹师伐厉[1]。

【注释】

①齐师、曹师伐厉：案僖公九年，齐桓公为葵丘之盟，而厉等九国叛盟，故伐之。又案时月日例，伐例时，此处书月者，因齐、曹之师为义兵。

【译文】

【经】秋，七月，齐师、曹师伐击厉国。

【经】八月，螺。

【译文】

【经】八月，发生了蝗灾。

【经】九月，公至自会。

【传】桓公之会不致[1]，此何以致？久也[2]。

【注释】

①桓公之会不致：即公参加齐桓公主持的会盟，归国时不书“公至自会”。因书致文，是臣子喜其君父脱危而至，齐桓公有信义，其会无危，故不致。

②久也：古者师出不逾时，僖公此年春便在外，至此方回，已逾三时，故云“久也”。

【译文】

【经】九月，公从牡丘之会归国。

【传】齐桓公的会盟，《春秋》例不书致文，此处为何书致文？是因公久在国外的缘故。

【经】季姬归于鄫。

【译文】

【经】季姬嫁去了鄫国。

【经】己卯，晦①，震夷伯之庙。

【传】晦者何？冥也。震之者何？雷电击夷伯之庙者也。夷伯者曷为者也？季氏之孚也②。季氏之孚则微者，其称夷伯何？大之也③。曷为大之？天戒之④，故大之也。何以书？记异也。

【注释】

①晦：白昼而冥晦昏暗。

②季氏之孚：孚，信也。即夷伯是季氏之信臣。

③大之也：即尊大之，夸大之。案名例，大夫称名氏。夷伯是季氏

之臣，于鲁君属于陪臣。阳虎亦是陪臣，经不书其名氏，而书“盗”。此处夷伯却书字（即“伯”），尊过于大夫，故曰“大之”。

④天戒之：何休云：“僖公蔽于季氏，季氏蔽于陪臣，陪臣见信得权，僭立大夫庙，天意若曰：‘蔽公室者是人也，当去之。’”

【译文】

【经】己卯，昼日晦暗，雷电击毁了夷伯之庙。

【传】“晦”是什么意思？是昼日冥晦昏暗的意思。震夷伯之庙是什么意思？是雷电击毁了夷伯之庙。夷伯是什么人？是季氏的信臣。季氏的信臣，应该是微者，称其为夷伯，是为何？是夸大他。为何要夸大他？天用他来警戒世人，所以夸大之。为何记录此事，是记录异象。

【经】冬，宋人伐曹。

【译文】

【经】冬，宋人伐击曹国。

【经】楚人败徐于娄林①。

【注释】

①楚人败徐于娄林：案此是楚国使诈而击败徐国，案诈战之例当书“某月，楚人败徐师于娄林”。此处不称“徐师”而但称“徐”者，因徐灭亡了杞国（夏朝之后），蔑视先圣法度，故夷狄之。如此，则娄林之战，为夷狄间的战争，故《春秋》不书月，略两夷也。

【译文】

【经】楚人在娄林击败了徐国。

【经】十有一月，壬戌，晋侯及秦伯战于韩，获晋侯。

【传】此偏战也，何以不言师败绩[1]？君获不言师败绩也[2]。

【注释】

①何以不言师败绩：案偏战为约定时间地点，双方各据一边，堂堂正正的厮杀，其书法是“某日，某及某战于某地，某师败绩”。则此处当书“晋师败绩”，故而发问。

②君获不言师败绩：案礼制，国君重于师众，若国君被俘，则不言师败绩。此处晋侯被获，未能死位，当绝之。秦伯擅获诸侯，亦当绝之。

【译文】

【经】十一月，壬戌，晋侯与秦伯战于韩，晋侯被俘获。

【传】这是各据一边，堂堂正正的战斗，为何不言“师败绩”？国君被俘了，就不言“师败绩”。

【经】十有六年，春，王正月，戊申，朔，贯石于宋五。是月[1]，六鹢退飞[2]，过宋都。

【传】曷为先言贯而后言石？贯石记闻，闻其磌然，视之则石，察之则五。是月者何？仅逮是月也[3]。何以不日？晦日也。晦则何以不言晦？《春秋》不书晦也[4]。朔有事则书，晦虽有事不书。曷为先言六，而后言鹢？六鹢退飞，记见也，视之则六，察之则鹢，徐而察之则退飞。五石、六鹢何以书？记异也。外异不书，此何以书？为王者之后记异也[5]。

【注释】

①是月：据阮校之意，或读作“是月”，或读作“提月”。又，提，零日也。提月即晦日之意。

②鹢：一种水鸟，性耿介。

③仅逮是月也：仅及此月之边，即晦日。

④《春秋》不书晦也：案《春秋》以干支记日。不书晦，即晦日若有事，仅以干支记日，不另行说明是晦日；涉及灾异之事，则连带干支亦不书。朔日则不一样：若朔日发生重大卓佹之事，则书日，亦书“朔”，如此条之“戊申，朔，霣石于宋五”；平常之事，则仅书日，不书“朔”。

⑤为王者之后记异也：宋为商之后，故为之记灾异。何休云：“石者，阴德之专者也；鹢者，鸟中之耿介者，皆有似宋襄公之行。襄欲行霸事，不纳公子目夷之谋，事事耿介自用，卒以五年见执，六年终败，如五石、六鹢之数，天之与人，昭昭著明，甚可畏也。”

【译文】

【经】十六年，春，王正月，戊申，朔日，陨石坠落在宋国，有五颗。这个月(将尽时)，有六只鹢鸟倒退着飞，经过宋国都城。

【传】为何先言“霣”后言“石”？关于陨石的见闻，先听见坠落时的磌然之声，过去看后发现是石头，再详细察看，有五颗。“是月”是什么意思？是仅及此月之边。为何不书日？因为是晦日。是晦日，为何不书“晦”，《春秋》例不书“晦”。朔日有重大卓佹之事则书“朔”，晦日即使有事也不书“晦”。为何先言“六”而后言“鹢”？“六鹢退飞”，是根据见闻记录的，首先看到的是六只；察看得知是鹢鸟；再慢慢察看，得知是倒退着飞。为何记录“五石”“六鹢”？是记录异象。鲁国之外的异象，例所不书，此处为何记录？是为王者之后记录异象。

【经】三月，壬申，公子季友卒。

【传】其称季友何[①]？贤也[②]。

【注释】

①其称季友何：案名例，大夫称名氏，本应书“公子友卒”。此处书“季友”，“季”是公子友的字，故而发问。

②贤也：案公子友有平定公子牙、公子庆父之乱，拥立鲁僖公，安定鲁国的功劳，故称字以贤之。

【译文】

【经】三月，公子季友去世了。

【传】经称“季友”是为何？因为他有贤德。

【经】夏，四月，丙申，鄫季姬卒[①]。

【注释】

①鄫季姬卒：鄫季姬，鲁女，僖公十四年，使鄫子请已为夫人，十五年归于鄫，至此而卒。孔广森云：“弃正作淫，神弗福也。”

【译文】

【经】夏，四月，丙申，鄫季姬去世了。

【经】秋，七月，甲子，公孙慈卒。

【译文】

【经】秋，七月，甲子，公孙慈去世了。

【经】冬，十有二月[①]，公会齐侯、宋公、陈侯、卫侯、郑伯、许男、邢侯、曹伯于淮。

【注释】

①十有二月：案时月日例，盟会例日，恶其不信也，小信书月，大信书时。齐桓公信义著天下，故桓公之会例书时。此处书月者，桓公德衰，任用竖刁、易牙，淮之会谋灭项国，霸功之堕自此始。

【译文】

【经】冬，十二月，公与齐侯、宋公、陈侯、卫侯、郑伯、许男、邢侯、曹伯相会于淮水之畔。

【经】十有七年，春，齐人、徐人伐英氏①。

【注释】

①英氏：楚之与国，称“氏”者，周代诸侯有“公侯伯子男”五等，又有夺绝称国、氏、人、名、字之科。英在春秋前被黜爵，贬在称“氏”一科中。又，徐之前被贬为夷狄，今从霸者伐击英氏，故得称“人”。

【译文】

【经】十七年，春，齐人、徐人伐击英氏。

【经】夏，灭项。

【传】孰灭之？齐灭之①。曷为不言齐灭之？为桓公讳也。《春秋》为贤者讳，此灭人之国，何贤尔？君子之恶恶也疾始，善善也乐终。桓公尝有继绝、存亡之功②，故君子为之讳也。

【注释】

①齐灭之：案经书“灭项”，不言何人所灭，知是齐灭之者：首先，就文辞“灭项”而言，不出主语，好像是鲁国所为，然灭国是大恶，内大恶讳，此处不避讳“灭”字，故非鲁国所为。其次，《春秋》不避讳一般诸侯之灭国，仅为贤者避讳，齐桓公为大贤，故知是齐灭之。

②继绝、存亡之功：继绝，指拥立鲁僖公。存亡，指存邢国、卫国、杞国。案《春秋》有功过相抵的法则。齐桓公之功有二，一为存亡继绝，一为服楚。桓公之过亦有二：一为灭谭、遂、项国，杀公子纠；一为篡公子纠之君位。《春秋》以为，桓公服楚之功甚大，足以抵消篡位之恶。桓公存亡继绝之功，可以覆盖灭国、杀纠之恶，故此处为桓公讳灭项。

【译文】

【经】夏，灭亡项国。

【传】谁灭亡了项国？是齐国灭了项。为何不言齐国灭项？是为齐桓公避讳。《春秋》为贤者避讳，这是灭人之国，有何贤行？君子对于恶行的憎恶，憎恶恶之开端；对于善行的褒扬，乐其有始有终。桓公曾有继绝存亡之功，所以君子为之避讳。

【经】秋，夫人姜氏会齐侯于卞。

【译文】

【经】秋，夫人姜氏与齐侯相会于卞邑。

【经】九月，公至自会。

【译文】

【经】九月，公从淮之会归国。

【经】冬，十有二月，乙亥，齐侯小白卒。

【译文】

【经】冬，十二月，乙亥，齐侯小白去世了。

【经】十有八年，春，王正月①，宋公会曹伯、卫人、邾娄人伐齐。

【经】夏，师救齐。

【经】五月，戊寅，宋师及齐师战于甗，齐师败绩。

【传】战不言伐②，此其言伐何？宋公与伐而不与战③，故言伐。《春秋》伐者为客，伐者为主④，曷为不使齐主之⑤？与襄公之征齐也⑥。曷为与襄公之征齐？桓公死，竖刁、易牙争权不葬，为是故伐之也。

【注释】

①王正月：案时月日例，伐例时。此处书月者，因宋襄公伐齐，属于义兵，详下传。

②战不言伐：伐，指率军推入国境，伐击之。战，指合刃血战，程度较伐为重。《春秋》书其重者，故言“战不言伐”。此处伐、战俱有，依例书战即可，不必书伐，故而发问。

③宋公与伐而不与战：宋公，指宋襄公。与，参与。襄公只参与了伐击，未参与合战，故伐言“宋公”，战言“宋师”，当分别书之。

④《春秋》伐者为客，伐者为主：此言“伐”之主客，主动伐人者为客，被伐者为主。何休以为，两“伐”字读音不同，前者长言之，后者短言之。此条中，宋伐齐，则宋为客，齐为主。

⑤曷为不使齐主之：此言“战”之主客。《春秋》谴责挑起战争者，在战斗中，使被伐者居先为主，伐人者居后为客。此条中，宋伐齐，理应书“齐师及宋师战”，使齐为主。经却书“宋师及齐师战”，使宋为主，故而发问。

⑥与：赞同。

【译文】

【经】十八年，春，王正月，宋公会同曹伯、卫人、邾娄人伐击齐国。

【经】夏，鲁师救援齐国。

【经】五月，戊寅，宋师及齐师战于甗。齐师败绩。

【传】《春秋》有战则不书伐，此处为何言伐？宋公参与了伐击，未参与合战，故言伐。《春秋》以伐人者为客，被伐者为主。为何不使齐国在合战中为主？是因为赞同宋襄公征伐齐国。为何赞同宋襄公征伐齐国？齐桓公死后，竖刁与易牙等只顾争权，不安葬齐桓公，因此征伐他们。

【经】狄救齐。

【译文】

【经】狄救援齐国。

【经】秋，八月，丁亥①，葬齐桓公。

【注释】

①丁亥：案礼制，诸侯五月而葬，大国之君卒日葬月。齐桓公于僖

公十七年十二月卒，至此已超过五月，而葬书日，属于“过时而日，隐之也。痛贤君不得以时葬”。

【译文】

【经】秋，八月，丁亥，安葬齐桓公。

【经】冬，邢人、狄人伐卫。

【译文】

【经】冬，邢人、狄人伐击卫国。

【经】十有九年，春，王三月，宋人执滕子婴齐[①]。

【注释】

①宋人执滕子婴齐：案《春秋》之例，称爵而执者，伯讨也；称人而执者，非伯讨也。滕子婴齐背叛葵丘之盟，即僖公九年传文所云“桓公震而矜之，叛者九国”。然宋襄公不以其罪执之，故《春秋》书“宋人”，明其非伯讨也。然宋襄公有善志，欲继承齐桓公之霸业，故《春秋》书“婴齐”之名，见其有罪，以此为襄公杀耻。

【译文】

【经】十九年，春，王三月，宋人拘捕了滕子婴齐。

【经】夏，六月，宋人、曹人、邾娄人盟于曹南[①]。鄫子会盟于邾娄。

【传】其言会盟何？后会也[②]。

【经】己酉，邾娄人执鄫子用之[③]。

【传】恶乎用之？用之社也。其用之社奈何？盖叩其鼻以血社也。

【注释】

①盟于曹南：曹南，曹国南鄙。案邾娄国与鄫国因季姬之事而结仇（详见僖公十四年“夏，六月，季姬及鄫子遇于防，使鄫子来朝”条），宋襄公欲以盟约和解之。然襄公德行未著，不能服诸侯，反被邾娄国所欺，致使鄫子被残忍杀害。《春秋》记载此事，处处为襄公避讳。首先，结盟之人，实为诸侯，经却书“宋人、曹人、邾娄人”，好像并非是襄公亲自结盟，而是派遣微者，以此为襄公杀耻。其次，诸侯先会于曹南，然后前往邾娄国结盟，此处却书“盟于曹南”，好像是诸侯在曹南结盟之后，鄫子方自行前往邾娄国会盟，则鄫子之被害，与曹南之盟无关，此亦为襄公杀耻。

②后会：即鄫子在盟期之后方到会。案后会书法之例，当书“宋人、曹人、邾娄人盟于曹南。鄫子会盟。”不应再书地点。此处却书“鄫子会盟于邾娄”，则表明结盟之地，实非曹南，而在邾娄国。

③邾娄人执鄫子用之：用之，即将鄫子杀害，用来祭祀社主。又据礼制，无有用人祭祀社主者，故不言“用之于社”。又案时月日例，执例时，此处书日者，是谴责鲁国不能防正其女，致使有此祸难。

【译文】

【经】夏，六月，宋人、曹人、邾娄人在曹国南鄙结盟。鄫子去邾娄国会盟。

【传】经言“会盟”是什么意思？是后至而盟。

【经】己酉，邾娄人拘捕了鄫子，将其用以祭祀。

【传】用于哪里的祭祀？用于祭祀社神。怎样用来祭祀？大概是击破鼻子，把血涂在社主上。

【经】秋，宋人围曹。

【译文】

【经】秋，宋人包围了曹国都城。

【经】卫人伐邢。

【译文】

【经】卫人伐击邢国。

【经】冬，公会陈人、蔡人、楚人、郑人盟于齐。

【译文】

【经】冬，公会同陈人、蔡人、楚人、郑人，在齐国结盟。

【经】梁亡。

【传】此未有伐者，其言梁亡何？自亡也。其自亡奈何？鱼烂而亡也[①]。

【注释】

①鱼烂而亡：鱼烂从内发，梁国之亡，亦自内发。何休云："梁君隆刑峻法，一家犯罪，四家坐之，一国之中，无不被刑者，百姓一旦相率俱去。"梁亡，则梁君当被诛绝。

【译文】

【经】梁国亡。

【传】此处未有他国讨伐，经言梁亡是为何？是自我灭亡。梁国自我灭亡是怎么回事？好像鱼体从内腐烂而亡。

【经】二十年，春，新作南门。

【传】何以书？讥。何讥尔？门有古常也①。

【注释】

①门有古常：古常，即古制常法。今新造之南门过于奢泰，不合古制常法，故讥之。值得注意的是，此处仅是奢泰，并未僭越天子之制，因为“僭天子不可言”。

【译文】

【经】二十年，春，新作南门。

【传】为何记录此事？是讥刺。讥刺什么？城门应依古制常法。

【经】夏，郜子来朝。

【传】郜子者何？失地之君也①。何以不名？兄弟辞也②。

【注释】

①失地之君也：郜国被宋所灭，在春秋之前，故郜子为失地之君。

②兄弟辞：郜与鲁，同为姬姓，故为兄弟之国，当优待之。案礼制，诸侯不生名，失地之君应被绝贱，故书其名。《春秋》因亲亲而为郜子避讳失地，故不书其名。此为兄弟辞。

【译文】

【经】夏，郜子来朝见。

【传】郜子是什么人？是失地之君。为何不书其名？这是为兄弟避讳之辞。

【经】五月，乙巳，西宫灾[1]。

【传】西宫者何？小寝也。小寝则曷为谓之西宫？有西宫，则有东宫矣。鲁子曰[2]："以有西宫，亦知诸侯之有三宫也。"西宫灾何以书？记灾也。

【注释】

①西宫灾：西宫，即小寝之西宫。灾，火灾。案礼制，诸侯有正寝，有小寝。正寝为听政之处，小寝则日常所居。小寝之中，分为三宫，夫人居中宫，右媵居西宫，左媵居东宫。时西宫为楚女所居。鲁僖公本取楚女为夫人，后齐国送女先至，胁迫僖公立为嫡，故楚女被废在西宫悲愁怨旷，故天降火灾。《春秋》书"西宫灾"，然依例当书"小寝西宫灾"，不系属于"小寝"者，何休云："小寝，夫人所统，妾之所系也，天意若曰：'楚女本当为夫人，不当系于齐女。'"

②鲁子：《公羊传》著于竹帛前的先师。

【译文】

【经】五月，乙巳，西宫发生了火灾。

【传】西宫是什么地方？是小寝。是小寝那么为什么称之为西宫？小寝有西宫那么就有东宫。鲁子说："因为有西宫，也知道诸侯小寝有三宫。"西宫有灾，为何记录？是记录火灾。

【经】郑人入滑。

【译文】

【经】郑人攻入了滑国都城。

【经】秋，齐人、狄人盟于邢。

【译文】

【经】秋，齐人、狄人在邢国结盟。

【经】冬，楚人伐随。

【译文】

【经】冬，楚人伐击随国。

【经】二十有一年，春，狄侵卫。

【译文】

【经】二十一年，春，狄侵责卫国。

【经】宋人、齐人、楚人盟于鹿上。

【译文】

【经】宋人、齐人，楚人在鹿上结盟。

【经】夏，大旱。何以书？记灾也。

【译文】

【经】夏，有大旱灾。

【传】为何记录此事？是记录灾害。

【经】秋，宋公、楚子、陈侯、蔡侯、郑伯、许男、曹伯会于霍，执宋公以伐宋。

【传】孰执之？楚子执之。曷为不言楚子执之？不与夷狄之执中国也①。

【注释】

①不与夷狄之执中国也：与，许也，即不许夷狄执中国。之所以如此，因为“执”有“治”之意，陈立云：“《春秋》之例，诸侯有罪，执归京师，以京师治诸夏也。”则“执”有处置裁决之意，中国是有礼义者，夷狄是无礼义者，不可使夷狄治中国。故此处不书“楚子”执宋公以伐宋。事情经过详见下“楚人使宜申来献捷”条传文。

【译文】

【经】秋，宋公、楚子、陈侯、蔡侯、郑伯、许男、曹伯在霍邑相会，拘捕了宋公并伐击宋国。

【传】是谁拘捕了宋公？是楚子。为何不言楚子拘捕了宋公？不许夷狄执中国。

【经】冬，公伐邾娄。

【译文】

【经】冬，公伐击邾娄国。

【经】楚人使宜申来献捷。

【传】此楚子也[①]，其称人何？贬。曷为贬？为执宋公贬。曷为为执宋公贬？宋公与楚子期以乘车之会[②]，公子目夷谏曰："楚，夷国也，强而无义，请君以兵车之会往。"宋公曰："不可。吾与之约以乘车之会，自我为之，自我堕之，曰不可。"终以乘车之会往。楚人果伏兵车，执宋公以伐宋。宋公谓公子目夷曰："子归守国矣。国，子之国也。吾不从子之言，以至乎此。"公子目夷复曰："君虽不言国，国固臣之国也[③]。"于是归，设守械而守国。楚人谓宋人曰："子不与我国，吾将杀子君矣。"宋人应之曰："吾赖社稷之神灵，吾国已有君矣。"楚人知虽杀宋公，犹不得宋国，于是释宋公[④]。宋公释乎执，走之卫。公子目夷复曰："国为君守之，君曷为不入。"然后逆襄公归。恶乎捷？捷乎宋。曷为不言捷乎宋？为襄公讳也。此围辞也，曷为不言其围？为公子目夷讳也[⑤]。

【注释】

①此楚子也：案"使"是君主派遣大夫之辞，故知经文之"楚人"实为楚子。

②乘车之会：不以兵车前往的普通外交会盟，此指上文"鹿上之盟"。

③国固臣之国也：公子目夷为襄公之弟，可以为宋国之君，国重而君轻，故言此以坚襄公之心，绝楚人之望。若非先君子孙，则不可。

④释宋公：案释放宋公之事，实在十二月。

⑤为公子目夷讳：公子目夷有设权存国救君之功，故《春秋》为之避

讳。案上文目夷"设守械而守国",则知宋都被楚军包围,然这种情况是目夷不愿见到的,故传文不书"围宋",是为目夷避讳。

【译文】

【经】楚人派遣宜申来进献战利品。

【传】这是楚子,为何称其为"楚人"?是贬抑他。为何贬抑?因他拘捕宋公而贬。因其拘捕宋公而贬,是怎么回事?宋公与楚子相约为乘车之会,公子目夷劝谏道:"楚,是夷狄之国,强大而无信义,请您以兵车赴会。"宋公说:"不可。我与楚相约以乘车之会,我自己约定的,我自己违反,是不可以的。"最终以乘车之会前往。楚人果然埋伏了兵车,拘捕宋公而伐击宋国。宋公对公子目夷说:"你回去守国吧。宋国,是你的国家了。我不听从你的劝谏,以至于这样。"公子目夷说:"您即使不提及宋国,如今宋国也固然是臣的国家了。"于是回国,布置守城的器械而营卫国都。楚人对宋人说:"你们不交出宋国,我将杀了你们的国君。"宋人回答道:"我国赖有社稷的神灵保佑,我们已经有国君了。"楚人知道,即使杀了宋公,也得不到宋国,于是释放了宋公。宋公被释放后,去了卫国。公子目夷说:"国家是为您守护的,您为何不入国?"然后将襄公迎回。是从哪国得来的战利品?是从宋国得来的。为何不说是"宋捷"?是为襄公避讳。这里有宋都被围的文辞,为何不言"围宋"?是为公子目夷避讳。

【经】十有二月,癸丑,公会诸侯盟于薄①。释宋公。

【传】执未有言释之者,此其言释之何?公与为尔也。公与为尔奈何?公与议尔也②。

【注释】

①公会诸侯盟于薄:诸侯,指上文参加霍之盟的诸侯。鲁僖公并未

参加霍之盟，从别处而来，故云“公会诸侯盟于薄”。

②公与议尔也：薄之盟，鲁僖公商议释放宋襄公。《春秋》善鲁僖公能议释贤者，故书“释宋公”。不书“公释宋公”者，诸侯亦多助力。

【译文】

【经】十二月，癸丑，公会同诸侯在薄邑结盟。释放了宋公。

【传】被执而释，《春秋》例所不书，此处书“释宋公”是为何？是公参与其事。公参与释宋公，是怎么回事？公参与了议释宋公。

【经】二十有二年，春，公伐邾娄，取须朐。

【译文】

【经】二十二年，春，公伐击邾娄国，夺取了须朐邑。

【经】夏，宋公、卫侯、许男、滕子伐郑。

【译文】

【经】夏，宋公、卫侯、许男、滕子伐击郑国。

【经】秋，八月，丁未，及邾娄人战于升陉。

【译文】

【经】秋，八月，丁未，鲁国之士与邾娄人战于升陉，鲁国战败了。

【经】冬，十有一月，己巳，朔①，宋公及楚人战于泓，宋师败绩。

【传】偏战者日尔，此其言朔何[②]？《春秋》辞繁而不杀者，正也[③]。何正尔？宋公与楚人期战于泓之阳[④]，楚人济泓而来，有司复曰："请迨其未毕济而击之。"宋公曰："不可。吾闻之也，君子不厄人，吾虽丧国之余[⑤]，寡人不忍行也。"既济未毕陈，有司复曰："请迨其未毕陈而击之。"宋公曰："不可。吾闻之也，君子不鼓不成列[⑥]。"已陈，然后襄公鼓之，宋师大败。故君子大其不鼓不成列，临大事而不忘大礼，有君而无臣[⑦]，以为虽文王之战，亦不过此也。

【注释】

①己巳，朔：己巳日，即是十一月朔日。

②此其言朔何：案《春秋》之例，偏战书日；又，朔日若有事发生，一般只书干支，不另书"朔"。此处书日又书朔，于例不合，故发问。

③《春秋》辞繁而不杀者，正也：繁，多也。杀，减省也。正，正道也。泓之战，宋襄公所作所为符合正道，故《春秋》详录之，书日又书朔，辞繁而不杀。

④泓之阳：泓，水名。水北曰阳。

⑤丧国之余：何休云："（宋国）前几为楚所丧，所以得其余民以为国，喻褊弱。"

⑥君子不鼓不成列：军法，擂鼓而战，此处鼓表示进攻。不成列，即军队未成阵列。君子守礼，不进攻未成列之师，故云"不鼓不成列"。

⑦有君而无臣：君指宋襄公，襄公不鼓不成列，有王者之德。宋臣劝襄公偷袭楚人，非王者之臣。《春秋》以为，宋襄公的失败，在于没有王者之臣，又未能纯粹守礼（如之前的执滕子婴齐，不以

其罪等等);而不是以胜败论英雄。值得注意的是,此处褒扬襄公,亦是借事明义,说明后世若有王者起,当有襄公之德,杀一不辜而得天下,不为也。

【译文】

【经】冬,十一月,己巳,朔日,宋公与楚人在泓水之畔合战,宋师败绩。

【传】《春秋》记录偏战书日,此处又书“朔”,是为何?《春秋》记录事情,用辞繁多而不减杀,是因为符合正道的缘故。怎样符合正道?宋公与楚人约定,在泓水北畔合战。楚人正涉泓而来,有司禀告说:“请趁楚人没有全部渡河时就攻击他们。”宋公说:“不可。我听闻,君子不困厄人。我虽然之前被楚国所败,险些亡国,仅能以余民为国,我也不忍心如此。”楚人全部渡过了泓水,尚未排好阵列,有司禀告说:“请趁楚人没有排好阵列,就攻击他们吧。”宋公说:“不可。我听闻,君子不擂鼓攻击未成列之师。”楚人已排好阵列,然后襄公擂鼓。宋师大败。所以君子赞赏襄公不擂鼓攻击未成列之师,面临大事而不忘大礼。有帝王之君,而无帝王之臣。以为即使是周文王的战斗,也不过如此。

【经】二十有三年,春,齐侯伐宋,围缗。

【传】邑不言围①,此其言围何?疾重故也②。

【注释】

①邑不言围:案《春秋》书“围”,通常指国都被围,邑虽被围,当书伐。此条中,仅书“伐宋”即可,不必再书“围缗”。

②疾重故也:疾,痛恨。故,指故创,即宋国在泓之战中遭受的创伤。重故,即使故创加重。何休云:“襄公欲行霸,守正履信,属为楚所败,诸夏之君宜杂然助之,反因其困而伐之,痛与重故创

无异，故言围，以恶其不仁也。”

【译文】

【经】二十三年，春，齐侯伐击宋国，包围了缗邑。

【传】《春秋》不书城邑被包围，此处书围缗，是为何？是痛恨加重宋国的创伤。

【经】夏，五月，庚寅，宋公慈父卒①。

【传】何以不书葬？盈乎讳也②。

【注释】

①宋公慈父：即宋襄公。

②盈乎讳也：盈，满也。盈乎讳，即将避讳之文说圆满。僖公九年，宋襄公之父宋桓公卒，襄公背殡出会，有不子之恶，故《春秋》为之避讳，而不书桓公之葬。此处又不书襄公之葬，好像是宋国国君例不书葬一样，使得之前的讳文更加圆满。如不盈乎讳，则嫌襄公之功业，仅能覆盖背殡出会之恶。

【译文】

【经】夏，五月，庚寅，宋公慈父去世了。

【传】为何不书葬？是为了盈满讳文。

【经】秋，楚人伐陈。

【译文】

【经】秋，楚人伐击陈国。

【经】冬，十有一月，杞子卒①。

【注释】

①杞子卒：案此条宜与庄公二十七年“杞伯来朝”条参看。案杞国为夏朝之后，属于周朝的“二王后”，当为公爵。然而孔子作《春秋》，供后世王者取法，故公羊学以《春秋》当新王。如此则宋、周为《春秋》之“二王后”，而杞国由公爵被黜为伯爵，故庄二十七年称“杞伯”。此处称“杞子”者，因其微弱被徐、莒胁迫，故《春秋》贬之为“子”。值得注意的是，一般诸侯贬称“人”，杞国则贬为子，表明圣人子孙，贬而不失爵。同时，《春秋》不书杞子之名，不书日，不书葬，表明杞实为小国。

【译文】

【经】冬，十一月，杞子去世了。

【经】二十有四年，春，王正月。

【译文】

【经】二十四年，春，王正月。

【经】夏，狄伐郑。

【译文】

【经】夏，狄伐击郑国。

【经】秋，七月。

【译文】

【经】秋，七月。

【经】冬，天王出居于郑[1]。

【传】王者无外[2]，此其言出何？不能乎母也[3]。鲁子曰："是王也，不能乎母者，其诸此之谓与？"

【注释】

①天王：此为周襄王。

②王者无外：普天之下，莫非王土，诸侯之地，亦为天子所封，天子虽居诸侯之地，亦不可言"出"。

③不能乎母：即不能事母。罪莫大于不孝，襄王因母亲宠爱幼弟，遂不复供养，出居于郑，是其自绝于母，故《春秋》因其自绝，而书"出"以绝之。

【译文】

【经】冬，天王出居于郑国。

【传】王者没有境外，此处言"出"是为何？因为天王不能侍奉母亲。鲁子说："《春秋》之中，有不能侍奉母亲的天王，大概说的就是这个天王吧。"

【经】晋侯夷吾卒[1]。

【注释】

①晋侯夷吾卒：即晋惠公。惠公为里克所立，本为篡位，然《春秋》"踊为文公讳"，故惠公无篡辞（详见僖公十年"晋杀其大夫里克"条传文）。《春秋》之例，篡不明者不书葬，故不书惠公之葬。又案时月日例，大国卒书日，此处书时者，因其曾被秦国俘虏（僖公十五年），又立不肖子为后，被文公篡位，故略之。

【译文】

【经】晋侯夷吾去世了。

【经】二十有五年，春，王正月，丙午，卫侯燬灭邢。

【传】卫侯燬何以名[①]？绝。曷为绝之？灭同姓也[②]。

【注释】

①卫侯燬(huǐ)何以名：卫侯燬，即卫文公。案礼制，诸侯不生名，灭人之国，亦不书名，故发问。

②灭同姓也：邢、卫均是姬姓之国。灭同姓之国，是灭先祖支体，其恶尤重，书名以绝之。又案时月日例，灭例月，此处书日，因鲁国亦是姬姓，为鲁忧录之。

【译文】

【经】二十五年，春，王正月，丙午，卫侯燬灭亡了邢国。

【传】卫侯燬为何书名？是诛绝他。为何诛绝他？因为他灭亡了同姓之国。

【经】夏，四月，癸酉，卫侯燬卒。

【译文】

【经】夏，四月，癸酉，卫侯燬去世了。

【经】宋荡伯姬来逆妇[①]。

【传】宋荡伯姬者何？荡氏之母也。其言来逆妇何？兄弟辞也[②]。其称妇何？有姑之辞也。

【注释】

①宋荡伯姬来逆妇：荡氏为宋国世袭之大夫，宋荡伯姬，是鲁女嫁于荡氏者。荡伯姬之子娶鲁女为妻，为其子来迎接鲁女。儿媳妇称妇，婆婆称姑。

②兄弟辞：何休云："宋、鲁之间，名结婚姻为兄弟。"兄弟辞，即为外姻避讳之辞。案礼，妇人无出境之事，然母为子逆妇属于变礼，故《春秋》书"来逆妇"，表明非无事而出境。

【译文】

【经】宋荡伯姬来迎娶儿媳妇。

【传】宋荡伯姬是什么人？是荡氏的母亲。经言"来逆妇"是为何？是为外姻避讳之辞。经言"妇"是什么意思？"妇"是儿媳妇相对于婆婆的称谓。

【经】宋杀其大夫。

【传】何以不名[①]？宋三世无大夫，三世内娶也[②]。

【注释】

①不名：即不书所杀大夫之名。案《春秋》之例，大夫书名氏，故而发问。

②三世内娶：三世，指宋公慈父、王臣、处臼三代君主。内娶，即娶国内大夫之女为妻。案礼，不臣妻之父母，国内大夫皆为臣下，故不得娶。今宋三世内娶，权归外戚，卒生篡弑之祸。《春秋》正其本，故绝去大夫之名，以为宋国三世无大夫。

【译文】

【经】宋君杀了他的大夫。

【传】为何不书大夫之名？宋国三世没有大夫，因为三世皆娶大夫女为妻。

【经】秋，楚人围陈。纳顿子于顿①。

【传】何以不言遂②？两之也③。

【注释】

①纳顿子于顿：顿为小国，子爵。顿子先前失众出奔，被《春秋》所绝，此番欲依靠楚人之力，重返顿国，则属于篡位，故《春秋》书“纳”。“纳”为篡辞，楚人纳顿子，与之同罪。

②何以不言遂：遂为生事之辞，即完成一事后，又擅自生出一事。此处楚人围陈、纳顿子于顿，为接连之两事，却未书“遂纳顿子于顿”，故而发问。

③两之也：即分别为两件事。案楚人出兵，本为围陈与纳顿子，并非是围陈后，方另生一事，故不书“遂”。分别两事者，何休云：“恶国家不重民命，一出兵为两事也。”

【译文】

【经】秋，楚人包围了陈国都城。将顿子纳入顿国。

【传】为何不言“遂”？因为这是彼此分别的两件事，出兵本为二事。

【经】葬卫文公。

【注释】

①葬卫文公：案时月日例，大国之君卒日葬月。此处书时者，因卫文公(即燬)有灭同姓之恶，故略之。

【译文】

【经】安葬卫文公。

【经】冬,十有二月,癸亥,公会卫子、莒庆盟于洮[①]。

【注释】

①公会卫子、莒庆盟于洮:洮,为鲁国之邑。卫子,即卫侯郑,此时为未逾年君,故称"卫子"。莒庆,莒国之大夫,庆为其名。案《春秋》三世之例,传闻世,小国无大夫(参见庄公二十四年"冬,戎侵曹,曹羁出奔陈"条注释①),此处称莒庆者,因其取鲁女为妻(参见庄公二十七年"莒庆来逆叔姬"条),出于尊婿之义,故书其名。

【译文】

【经】冬,十二月,癸亥,公会同卫子、莒庆在洮邑结盟。

【经】二十有六年,春,王正月,己未,公会莒子、卫甯遬盟于向[①]。

【注释】

①向:本为小国之名,被莒国所灭,此时是莒国之邑。

【译文】

【经】二十六年,春,王正月,己未,公会同莒子、卫甯遬在向邑结盟。

【经】齐人侵我西鄙,公追齐师至巂[①],弗及。

【传】其言至巂弗及何?侈也[②]。

【注释】

①巂:齐地。

②侈：大也。齐人欲侵犯鲁国，鲁僖公率军抵抗，齐人见僖公士卒精猛，引师而去。案例，封内兵不书，而《春秋》推崇僖公能早却齐兵，又有节制，不冒进，故详录僖公追及至巂地，未及齐师，以此张大僖公之功劳。

【译文】

【经】齐人侵责我国西部边境。公追赶齐师直到巂地，未能追及。

【传】经书“至巂弗及”是为何？是张大僖公之功劳。

【经】夏，齐人伐我北鄙。

【译文】

【经】夏，齐人伐击我国北部边境。

【经】卫人伐齐。

【译文】

【经】卫人伐击齐国。

【经】公子遂如楚乞师。

【传】乞者何？卑辞也。曷为以外内同若辞[①]？重师也。曷为重师？师出不正反，战不正胜也[②]。

【注释】

①曷为以外内同若辞：若，这个。若辞，指代经文中的“乞”字。案《春秋》假托鲁国为王者，以鲁为内，而文辞有内外之别。如鲁君

去世称“薨”，其他诸侯称“卒”；诸侯之外交称“朝聘”，鲁国之外交称“如”等等，皆是尊待鲁国。而借师皆用“乞”字，则通乎内外，如成公十六年“晋侯使栾黡来乞师”，故而发问。

②师出不正反，战不正胜也：正，定也。兵者为凶事，师众出征，不一定都能返回，战斗不一定都能胜利，故不得已而用之，故云“重师”。师重，则不可以借人，故皆言“乞”，无内外之别。

【译文】

【经】公子遂去楚国乞求援军。

【传】“乞”是什么意思？是卑下的文辞。为何内外借师都用这个文辞？是因为重师。为什么重师？因为师众出征，不一定都能返回，战斗不一定都能胜利。

【经】秋，楚人灭隗，以隗子归①。

【注释】

①楚人灭隗，以隗子归：案礼制，国君当死社稷，隗子被楚人俘虏，不能死位，故《春秋》书“以隗子归”以绝之。

【译文】

【经】秋，楚人灭亡了隗国，将隗子俘虏了回去。

【经】冬，楚人伐宋，围缗。

【传】邑不言围，此其言围何？刺道用师也①。

【注释】

①刺道用师也：楚国借师于鲁，已属不仁，又在前往鲁国途中，对宋国用兵，视百姓之命如草木，故讥刺之。

【译文】

【经】冬,楚人伐击宋国,包围了缗邑。

【传】城邑不言“围”,此处言“围缗”是为何?是讥刺楚军在前往鲁国途中用兵。

【经】公以楚师伐齐,取穀。公至自伐齐。

【传】此已取穀矣,何以致伐[①]?未得乎取穀也。曷为未得乎取穀?曰患之起,必自此始也[②]。

【注释】

①何以致伐:案《春秋》之例,公与一国用兵,得意不致,不得意致伐。今伐齐,攻取穀邑,得意明矣,却致伐,故发问。

②患之起,必自此始也:何休云:“鲁内虚而外乞师,以犯强齐,会齐侯昭卒,晋文行霸,幸而得免,……故虽得意,犹致伐也。”

【译文】

【经】公以楚师伐击齐国,攻取了穀邑。公从伐齐之役归国。

【传】这里已经攻取穀邑了,为何致伐?未能得意于取穀。未能得意于取穀,是为何?说:祸患之兴起,必从此处开始。

【经】二十七年,春,杞子来朝[①]。

【注释】

①杞子来朝:案杞本为公爵,《春秋》当新王,故黜杞为伯爵(详庄公二十七年“杞伯来朝”条),此处称子者,因其朝鲁而失礼,故

贬之。

【译文】

【经】二十七年，春，杞子来朝见。

【经】夏，六月，庚寅，齐侯昭卒。

【经】秋，八月，乙未[1]，葬齐孝公。

【注释】

①乙未：案礼制，诸侯五月而葬。又案时月日例，大国之君卒日葬月。齐孝公未及五月而葬，又书日，属于不及时而日，渴葬也，是因有变故而急急下葬。

【译文】

【经】夏，六月，庚寅，齐侯昭去世了。

【经】秋，八月，乙未，安葬齐孝公。

【经】乙巳[1]，公子遂帅师入杞。

【注释】

①乙巳：案时月日例，入例时，伤害多则书月。此处书日者，何休云："杞属修礼朝鲁，虽无礼，君子躬自厚而薄责于人，不当乃入之，故录责之。"

【译文】

【经】乙巳，公子遂率师攻入了杞国都城。

【经】冬，楚人、陈侯、蔡侯、郑伯、许男围宋。

【传】此楚子也[①]，其称人何？贬。曷为贬？为执宋公贬[②]，故终僖之篇贬也[③]。

【注释】

①此楚子也：案经文中，“楚人”序于陈侯之前，故知实为楚子。

②为执宋公贬：楚子执宋襄公，详见僖公二十一年秋“执宋公以伐宋”条。后鲁僖公从中斡旋调解，同年十二月，释放了宋襄公。此处是和解后，楚子又犯宋国，故贬之。

③终僖之篇贬：即在之后鲁僖公之篇中，楚子均贬为楚人。之所以如此，是说明“君子和平人，当终身保也”。

【译文】

【经】冬，楚人、陈侯、蔡侯、郑伯、许男包围了宋国都城。

【传】这是楚子，称其为“楚人”是为何？是贬抑他。为何贬抑？因为他曾经拘捕了宋公，经鲁僖公和解后，今又犯宋国，而贬抑他，所以终僖公之篇都贬抑他。

【经】十有二月，甲戌，公会诸侯盟于宋[①]。

【注释】

①公会诸侯盟于宋：诸侯，指上条围宋之诸侯。鲁僖公为解宋之围，故从旁而来，为此盟。结盟之地在宋国，则宋国亦与盟，而宋围已解。

【译文】

【经】十二月，甲戌，公会同诸侯在宋国结盟。

【经】二十有八年，春，晋侯侵曹，晋侯伐卫。

【传】曷为再言晋侯？非两之也[①]。然则何以不言遂[②]？未侵曹也。未侵曹，则其言侵曹何？致其意也。其意侵曹，则曷为伐卫？晋侯将侵曹，假涂于卫，卫曰不可得，则固将伐之也。

【注释】

①非两之也：两之，即出兵之目的，本有两事，如僖公二十五年“秋，楚人围陈。纳顿子于顿”。两之的书法，省略第二事的主语。此处书“晋侯侵曹。晋侯伐卫”则知“非两之也”。

②何以不言遂：遂，是生事之辞，出兵本为一事，其事已毕，横生一事。此处晋侯本为侵曹而假途于卫，卫国不肯，故而伐之，则尚未侵曹，故不得言“晋侯侵曹，遂伐卫”。

【译文】

【经】二十八年，春，晋侯侵责曹国。晋侯伐击卫国。

【传】为何两次言“晋侯”？表明出兵本不为此二事。然则为何不言“遂”？因为实际上未侵曹。未侵曹，则经书“侵曹”是为何？是表明晋侯本来的意图。晋侯意在侵曹，则为何伐卫？晋侯将要侵责曹国，向卫国借道，卫国说，不可得。那么必然就伐击卫国了。

【经】公子买戍卫，不卒戍[①]，刺之。

【传】不卒戍者何？不卒戍者，内辞也，不可使往也[②]。不可使往，则其言戍卫何？遂公意也[③]。刺之者何？杀之也。杀之则曷为谓之刺之？内讳杀大夫，谓之刺之也[④]。

【注释】

①不卒戍：卒，完成。字面意思，即未完成防卫任务。

②不可使往也：即鲁僖公使公子买戍卫，而公子买不肯前往。若真是去了卫国而为完成任务，当书“公子买戍卫，不卒”。

③遂公意也：顺遂鲁僖公的旨意。案礼制，臣子不得壅塞君命，僖公使臣子而不可使，则耻辱深，《春秋》为僖公避讳，故言“戍卫”以顺遂公意，又正君臣之分。

④内讳杀大夫，谓之刺之也：案礼制，大夫为国之股肱，是天子命与诸侯辅政者，故君不得专杀大夫。外诸侯之杀大夫，则称国以杀，如“郑杀其大夫申侯”。鲁国之杀大夫，则讳杀言刺，如成公十六年“刺公子偃”。又案时月日例，内杀无罪大夫书日，杀有罪大夫则不书日；外杀大夫例时。

【译文】

【经】公子买戍守卫国，不卒戍，刺之。

【传】“不卒戍”是什么意思？不卒戍，是为鲁国避讳的文辞。事实是不能指使公子买去戍守卫国。不能使公子买前往戍守卫国，则经言公子买戍守卫国，是为何？是顺遂公的旨意。“刺之”是什么意思？是杀之的意思。杀之，则为何称为“刺之”？《春秋》讳言鲁国杀大夫，而称之为“刺之”。

【经】楚人救卫。

【译文】

【经】楚人救援卫国。

【经】三月，丙午，晋侯入曹，执曹伯畀宋人。

【传】畀者何？与也。其言畀宋人何①？与使听之也②。曹伯之罪何？甚恶也。其甚恶奈何？不可以一罪言也③。

【注释】

①其言畀(bì)宋人何:案礼制,诸侯有罪,则方伯执之,归于京师,由天子治其罪。不应由宋人治其罪,故发问。

②与使听之也:与,赞成。听,治罪也。当时天子出居郑国(即僖公二十四年,天王出居郑),不在京师。而宋为王者之后,法度所存,故《春秋》赞同由宋人治曹伯之罪。

③不可以一罪言也:曹伯屡次侵犯邻国,取地自广大,故"不可以一罪言也"。晋文公执曹伯,则是伯讨,故经称侯以执。入书日,亦是善晋文公之义兵。

【译文】

【经】三月,丙午,晋侯攻入曹国都城,拘捕了曹伯,将其交与宋人。

【传】"畀"是什么意思?是交与的意思。经言交与宋人是为何?是赞成由宋人治其罪。曹伯有何罪过?非常恶劣。他极端恶劣是怎样的?不能用一条罪状来言说。

【经】夏,四月,己巳,晋侯、齐师、宋师、秦师及楚人战于城濮,楚师败绩。

【传】此大战也,曷为使微者[①]?子玉得臣也[②]。子玉得臣,则其称人何?贬。曷为贬?大夫不敌君也[③]。

【经】楚杀其大夫得臣[④]。

【注释】

①曷为使微者:微者,指经文中之"楚人"。案《春秋》之例,将卑师少称人。城濮之役,楚与四国交战,则是大战,不应仅派微者,故而发问。

②子玉得臣:楚国之大夫,徐彦疏以为"子玉"为氏,"得臣"为名。

③大夫不敌君：敌，对等。案书“战”，则表明双方的地位是对等的。子玉得臣是大夫，晋文公是君，地位不相等，故将子玉得臣贬称人，以正君臣之义。

④楚杀其大夫得臣：案楚国至文公九年方有大夫（详见“楚子使椒来聘”条）。此处书“得臣”者，是为了说明上条之“楚人”，非是微者，而是大夫，以此张大晋文公之霸功。不书“子玉得臣”者，因其是楚国骄蹇臣，数道其君侵中国，故贬去其氏。

【译文】

【经】夏，四月，己巳，晋侯、齐师、宋师、秦师与楚人在城濮合战，楚师败绩。

【传】这次是大战，为何派遣微者？实际是子玉得臣。子玉得臣，那么为何称其为“楚人”？是贬抑他。为何贬抑他？因为大夫与君不对等。

【经】楚国国君杀了其大夫得臣。

【经】卫侯出奔楚[①]。

【注释】

①卫侯出奔楚：卫侯，即卫侯郑。卫侯依附楚国，故被晋文公逐出，文公另立卫侯之弟叔武为君。

【译文】

【经】卫侯出奔到楚国。

【经】五月，癸丑，公会晋侯、齐侯、宋公、蔡侯、郑伯、卫子、莒子[①]，盟于践土[②]，陈侯如会。

【传】其言如会何？后会也[③]。

【经】公朝于王所④。

【传】曷为不言公如京师？天子在是也。天子在是，则曷为不言天子在是？不与致天子也⑤。

【注释】

①卫子：即晋文公所立之叔武。称“卫子”者，表明叔武不愿即位，故自比未逾年之君。

②践土：郑地。城濮之战，晋文公大败楚国，想因此成就霸业，又恐诸侯不附，故将天子招至践土，令诸侯朝之。何休云：“(文公)上白天子曰：‘诸侯不可卒致，愿王居践土。’下谓诸侯曰：‘天子在是，不可不朝。’”

③后会也：后期而至。陈侯不慕霸者，歧意于楚，故后会。

④公朝于王所：王所，即王所在之地，指践土。事实上，是诸侯结盟之后，共同朝见天子。仅书“公朝于王所”，不言其他诸侯者，案礼，诸侯当至京师朝见天子，在践土朝见天子，属于失礼之小恶。又案《春秋》三世之例，传闻世不书外小恶，书内小恶，故仅录鲁僖公之失礼。

⑤不与致天子：不与，不赞同。致，招而使致。晋文公使天子居践土，虽有尊王之意，但毕竟属于以臣招君，不可为训，故《春秋》不言天子之所在(即践土)，以严正君臣之义。

【译文】

【经】五月，癸丑，公会同晋侯、齐侯、宋公、蔡侯、郑伯、卫子、莒子在践土结盟。陈侯到会。

【传】经文书“陈侯如会”是什么意思？是陈侯后期而至。

【经】公去天子所在之处朝见。

【传】为何不言公去京师朝见天子？因为天子就在此处。天子在此处，那么为何不说天子在此？因为不赞同以臣招天子的行为。

【经】六月，卫侯郑自楚复归于卫①。

【经】卫元咺出奔晋。

【注释】

①卫侯郑自楚复归于卫：晋文公逐卫侯郑，而立叔武。叔武在践土之会上请归卫侯郑，后天子命卫侯郑归国。卫侯郑归国后却杀害叔武，卫国大夫元咺为叔武争之，而出奔晋国（详见下“晋人执卫侯，归之于京师”条传文）。案《春秋》之例，书“复归”者，出有恶，归无恶。卫侯郑出奔当绝，归国得无恶者，因有天子之命。书卫侯郑之名，是刺天子归有罪，赏罚不明。书“自楚”者，是为周天子避讳，好像卫侯郑得楚国之力，方能归国。

【译文】

【经】六月，卫侯郑从楚国复归于卫国。

【经】卫元咺出奔到了晋国。

【经】陈侯款卒①。

【注释】

①陈侯款卒：陈侯款，即陈缪公。不书其葬者，是为晋文公避讳。下文温之会，陈侯款未下葬，而文公强会陈国嗣君。今不书其葬，为文公杀耻。

【译文】

【经】陈侯款去世了。

【经】秋，杞伯姬来。

【译文】

【经】秋，杞伯姬无事而来。

【经】公子遂如齐。

【译文】

【经】公子遂出使去了齐国。

【经】冬，公会晋侯、齐侯、宋公、蔡侯、郑伯、陈子、莒子、邾娄子、秦人于温。

【经】天王狩于河阳。

【传】狩不书[①]，此何以书？不与再致天子也[②]。鲁子曰："温近而践土远也[③]。"

【经】壬申[④]，公朝于王所。

【传】其日何？录乎内也[⑤]。

【注释】

①狩不书：狩为常事，故《春秋》例所不书。

②不与再致天子也：不赞同第二次招致天子。案天王狩于河阳，实是晋文公招天子至河阳，令诸侯朝之。先前召天子至践土，为第一次"致天子"，此处河阳为第二次，故云"再致天子"。以臣招君，不可为训，避讳第一次失礼，则不言王之所在；此处又是第二次失礼，罪重而讳深，故书"天王狩于河阳"，好像是天王自狩，非

致之。

③温近而践土远也：温靠近天子狩猎之地，故可以言“天王狩于河阳”，践土离狩地远，故不可言。这是鲁子对于经书“天王狩于河阳”的另外一种解释。何休以为，当以第一种解释（即“不与再致天子”）为正。

④壬申：此处仅书日，未书所在之月份。何休云：“不月而日者，自是诸侯不系天子，若日不系于月。”

⑤录乎内也：何休云：“危录内再失礼，将为有义者所恶。”

【译文】

【经】冬，公与晋侯、齐侯、宋公、蔡侯、郑伯、陈子、莒子、邾娄子、秦人在温地会见。

【经】天王在河阳狩猎。

【传】狩猎为常事，例所不书，此处何以书？是因不赞同再次招致天子而书。鲁子说：“温靠近狩猎之地，可以书‘天王狩于河阳’来避讳，践土离狩猎之地远，故不可以狩猎避讳。”

【经】壬申，公去天子所在之地朝见。

【传】为何书日？是危录鲁国第二次失礼。

【经】晋人执卫侯，归之于京师。

【传】归之于者何？归于者何？归之于者，罪已定矣[①]。归于者，罪未定也。罪未定，则何以得为伯讨[②]？归之于者，执之于天子之侧者也，罪定不定，已可知矣。归于者，非执之于天子之侧者也，罪定不定，未可知也。卫侯之罪何？杀叔武也。何以不书？为叔武讳也[③]。《春秋》为贤者讳，何贤乎叔武？让国也。其让国奈何？文公逐卫侯，而立叔武。叔武辞立，而他人立，则恐卫侯之不得反也，故于是已立，然后为践土之会,治反卫侯。卫侯得反,曰:“叔武篡我。”元咺争之曰:“叔武无罪。”终杀叔武,元咺走而出。此晋侯也,其称人何④?贬⑤。曷为贬?卫之祸,文公为之也。文公为之奈何?文公逐卫侯,而立叔武,使人兄弟相疑⑥,放乎杀母弟者⑦,文公为之也。

【注释】

①归之于者,罪已定矣:案诸侯之罪,当由天子定之。案下文书“归之于”,表明是执之于天子之侧,则已告天子,故云“归之于者,罪已定矣”。如此则凡经书“归之于京师”者,得伯讨之义。

②罪未定,则何以得为伯讨:此条针对的是成公十五年“晋侯执曹伯归于京师”条。书“归于京师”,则罪未定;书“晋侯”,则表明是伯讨。两者其实不矛盾,诸侯不得专治诸侯,须由天子定罪;晋侯执曹伯,非在天子之侧,未由天子定罪,然晋侯执之当其罪,故仍为伯讨。

③为叔武讳也:何休云:“叔武让国见杀,而为叔武讳杀者,明叔武治反卫侯,欲兄飨国,故为去杀己之罪,所以起其功,而重卫侯之无道。”

④其称人何:案卫侯郑有罪,晋侯执之,属于伯讨。然案《春秋》之例,称爵而执者,伯讨也;称人而执者,非伯讨也。两者矛盾,故而发问。

⑤贬:案上书“归之于京师”,则晋文公执卫侯,肯定属于伯讨。然不称“晋侯”而称“晋人”者,是因其他事情而贬抑晋侯,与伯讨本身无关。

⑥使人兄弟相疑:何休云:“《春秋》许人臣者必使臣,许人子者必使子。文公恶卫侯大深,爱叔武大甚,故使兄弟相疑。”

⑦放：至也。

【译文】

【经】晋人拘捕了卫侯，归之于京师问罪。

【传】“归之于”是什么意思？书“归之于”表明罪责已定。书“归于”，表明罪责未定。罪责未定，为何能算是伯讨呢？书“归之于”，表明在天子之侧拘捕，罪责定不定，是知道的。书“归之”，表明非在天子之侧拘捕，罪责定不定，是不知道的。卫侯的罪责是什么？是杀叔武之罪。为何不记录此事？是为叔武避讳。《春秋》为贤者避讳，叔武有何贤德？让国。叔武让国是怎么回事？晋文公驱逐了卫侯，而拥立叔武为君。叔武推辞，则他人被拥立，则怕卫侯不能返国复位。所以叔武当了国君。然后在践土之会上，诉讼申辩，力图使卫侯归国。卫侯得以归国，说：“叔武篡夺了我的君位。”元咺争辩道：“叔武无罪。”最终杀了叔武，元咺逃亡出国。此处是晋侯，为何称其为“晋人”？是贬抑他。为何贬抑？卫国的祸乱，是晋文公造成的。为何是文公造成的？文公驱逐卫侯而拥立叔武，使得别人兄弟间产生猜疑，以至于卫侯杀死同母弟，都是文公造成的。

【经】卫元咺自晋复归于卫。

【传】自者何？有力焉者也①。执其君，其言自何②？为叔武争也③。

【注释】

①有力焉者也：《春秋》之例，书自某国归，表明是得某国之力，方能归国。

②执其君，其言自何：执其君，指上文“晋人执卫侯，归之于京师”。晋文公执卫侯，是由于元咺之诉君。案《春秋》之义，君虽有罪，

臣不可以诉君。则元咺为诉君之恶人(僖公三十年传云"元咺之事君也,君出则己入,君入则己出"),晋文公作为霸者,不当支持恶人,此处却书"自晋",故而发问。

③为叔武争也:元咺虽是诉君之恶人,然是为叔武而诉君。此处元咺无恶文(即经文书"复归",表明出有恶而归无恶),有得晋文公之力,孔广森以为是"直元咺,以直叔武"。

【译文】

【经】卫元咺从晋国复归于卫国。

【传】书"自"是什么意思?表明得晋国之力。此处因元咺而拘捕了卫君,经书"自"是为何?因为元咺是为叔武争讼的。

【经】诸侯遂围许。

【经】曹伯襄复归于曹①。

【经】遂会诸侯围许。

【注释】

①曹伯襄复归于曹:曹伯襄有罪,于僖公二十八年被晋侯所执。此处书"复归",表明"归无恶",是因天子归之。然经又书曹伯之名,是刺天子归恶人,赏罚不明。

【译文】

【经】诸侯于是包围了许国都城。

【经】曹伯襄回到了曹国。

【经】于是会同诸侯包围许国都城。

【经】二十有九年,春,介葛庐来①。

【传】介葛卢者何?夷狄之君也。何以不言朝②?不能乎朝也③。

【注释】

①介葛卢:介为夷狄之国。葛卢为介君之名。案《春秋》对于夷狄,有七等进退之法,即"州、国、氏、人、名、字、子"。介本应称"人",如僖公三十年有"介人侵萧"之文。此处称名者,因其有尊鲁之心,而褒进之。

②何以不言朝:案《春秋》之例,诸侯来鲁国朝见,均书"来朝",故而发问。

③不能乎朝也:此处有两层意思。第一,此时鲁僖公不在国内,故不能乎朝。第二,是针对经文仅书"来"而言,以为介葛卢是夷狄之君,不能升降揖让,不能行朝礼,故言"不能乎朝"。此年冬,介葛卢因此处僖公不在,故又来,然其不能行朝礼,故经又书"介葛卢来"。

【译文】

【经】二十九年,春,介葛卢来。

【传】介葛卢是什么人?是夷狄之君。为何不言"来朝"?因为他不能朝。

【经】公至自围许。

【译文】

【经】公从围许之役归国。

【经】夏,六月,公会王人、晋人、宋人、齐人、陈人、蔡人、秦人①,盟于狄泉。

【注释】

①公会王人：狄泉之盟，何休以为："文公围许不能服，自知威信不行，故复上假王人以会诸侯，年老志衰，不能自致，故诸侯亦使微者会之。"据此则各国之士结盟，故刘逢禄以为"公"为衍文。

【译文】

【经】夏，六月，公会同王人、晋人、宋人、齐人、陈人、蔡人、秦人在狄泉结盟。

【经】秋，大雨雹。

【译文】

【经】秋，大下冰雹。

【经】冬，介葛卢来。

【译文】

【经】冬，介葛卢来。

【经】三十年，春，王正月。

【译文】

【经】三十年，春，王正月。

【经】夏，狄侵齐。

【译文】

【经】夏，狄侵责齐国。

【经】秋，卫杀其大夫元咺，及公子瑕。

【传】卫侯未至[①]，其称国以杀何？道杀也[②]。

【注释】

①卫侯未至：下条才是“卫侯郑归于卫”，故此时未至卫国。

②道杀也：卫侯郑在归国途中，与元咺、公子瑕（下大夫）相遇于路，杀之，故云“道杀”。

【译文】

【经】秋，卫国杀了他们的大夫元咺，以及公子瑕。

【传】卫侯此时尚未至卫国，经称国以杀，是为何？是在归国路上杀的。

【经】卫侯郑归于卫。

【传】此杀其大夫，其言归何[①]？归恶乎元咺也[②]。曷为归恶乎元咺？元咺之事君也，君出则己入，君入则己出，以为不臣也。

【注释】

①此杀其大夫，其言归何：案《春秋》之例，书“归”，表明出入无恶。此处卫侯郑杀元咺及公子瑕，有专杀之恶，而此处作无恶之辞，故而发问。

②归恶乎元咺也：卫侯郑专杀元咺，而无恶文，则说明元咺有恶。值得注意的是，经书“卫侯郑归于卫”有两层意思。首先，卫侯郑

书名,见其有杀叔武之罪,而天子归之,则是赏罚不明。其次,诸侯被执,后为天子所归,当书“复归”,见其出有恶而归无恶。此处却书“归”,表明卫侯郑出入无恶,之所以如此,是为了归恶乎元咺。元咺以臣诉君,君出己入,君入己出,违背了事君之义,故卫侯得杀之。《春秋》在此处,从不同角度谴责了卫侯与元咺。

【译文】

【经】卫侯郑回到了卫国。

【传】此处卫侯有专杀大夫之罪,经言“归”是为何?是以此归恶于元咺。为何归恶于元咺?元咺事奉国君,国君出奔,他就进入国内,国君进入国内,他就出奔,不像个臣子。

【经】晋人、秦人围郑。

【译文】

【经】晋人、秦人包围了郑国都城。

【经】介人侵萧。

【译文】

【经】介人侵责萧国。

【经】冬,天王使宰周公来聘①。

【注释】

①宰周公:宰,治也。天子三公称公,加“宰”者,表明周公是执政之三公,位高任重。如今却下聘鲁国,恶其不胜任也。

【译文】

【经】冬,天王派遣宰周公来聘问鲁国。

【经】公子遂如京师,遂如晋。

【传】大夫无遂事[①],此其言遂何?公不得为政尔[②]。

【注释】

①大夫无遂事:遂,为擅自生事之辞。大夫当秉君命而行,不得擅自生事,否则则夺国君之权威。此为《春秋》一般之原则。

②公不得为政尔:公子遂骄蹇自专,则说明僖公不得执国政。

【译文】

【经】公子遂出使去京师聘问,遂去晋国聘问。

【传】大夫不得擅自生事,此处言“遂”是为何?说明公子遂自专,公不能执国政。

【经】三十有一年,春,取济西田。

【传】恶乎取之?取之曹也。曷为不言取之曹?讳取同姓之田也[①]。此未有伐曹者,则其言取之曹何?晋侯执曹伯,班其所取侵地于诸侯也[②]。晋侯执曹伯,班其所取侵地于诸侯,则何讳乎取同姓之田?久也[③]。

【注释】

①讳取同姓之田也:鲁与曹,均为姬姓之国,故言“同姓”。同姓间贪利,恶重耻深,故需避讳,不言取之于曹国。

②晋侯执曹伯,班其所取侵地于诸侯也:此指僖公二十八年“晋侯

入曹,执曹伯畀宋人”之事。班,通“颁”。将曹伯侵占诸侯的领地,悉数还给诸侯。济西地,便是曹伯侵占鲁国之领地。

③久也:晋侯将曹伯所侵之地还于诸侯时,未取济西地,此时后悔,又因前言而取之,《春秋》以为,前既不取,此时不应得,故有取邑之恶。

【译文】

【经】三十一年,夺取济西田。

【传】从哪个国家夺取济西田?取之于曹国。为何不言取之于曹国?是避讳夺取同姓国的土地。此处未有伐击曹国之文,则言取之于曹,是为何?先前晋侯拘捕曹伯,将其侵占诸侯的领地都还给诸侯。晋侯拘捕曹伯,将其侵占诸侯的领地都还给诸侯,那么为何为鲁国避讳夺取同姓国的土地?应为时间久了。

【经】公子遂如晋。

【译文】

【经】公子遂出使去了晋国聘问。

【经】夏,四月,四卜郊[①],不从,乃免牲[②],犹三望[③]。

【传】曷为或言三卜,或言四卜?三卜,礼也[④]。四卜,非礼也。三卜何以礼,四卜何以非礼?求吉之道三[⑤]。禘、尝不卜[⑥],郊何以卜?卜郊,非礼也[⑦]。卜郊何以非礼?鲁郊非礼也。鲁郊何以非礼?天子祭天,诸侯祭土[⑧]。天子有方望之事[⑨],无所不通。诸侯山川有不在其封内者,则不祭也。曷为或言免牲,或言免牛?免牲,礼也[⑩]。免牛,非礼也[⑪]。免牛何以非礼?伤者曰牛。三望者何?望祭也。然则曷祭？祭泰山、河、海。曷为祭泰山、河、海？山川有能润于百里者，天子秩而祭之⑫。触石而出，肤寸而合⑬，不崇朝而遍雨乎天下者⑭，唯泰山尔。河、海润于千里。犹者何？通可以已也⑮。何以书？讥不郊而望祭也⑯。

【注释】

①卜郊：郊，对天之祭祀。案礼制，唯有天子，方能郊天；且郊天为常事，在周历三月上辛日举行，不需占卜。此处之卜郊，即占卜是否可以行郊祭，是鲁国特有的制度。鲁国是诸侯，本不得郊天，因周公有大德，故周天子特许鲁国郊天。然鲁国毕竟不同于天子，故需占卜，以定郊天之可否。具体来说，是占卜周历之正月、二月、三月，若三次占卜皆不吉，则不郊。此为鲁国卜郊之缘由。

②免牲：牲，指郊天所用之牛。若卜郊不吉，则免去天牲。何休云："卜郊不吉，则为牲作玄衣纁裳，使有司玄端放之于南郊，明本为天，不敢留天牲。"

③三望：望，望祭，是在祭天之后，祭祀四方群神。三望，指鲁国望祭之对象，泰山、黄河、东海。

④三卜，礼也：鲁国是诸侯，故需占卜郊天之可否。三卜，即占卜周历的正月、二月、三月。在十二月下辛卜来年正月上辛；若不吉，则以正月下辛卜二月上辛；若不吉，则以二月下辛卜三月上辛；三月不吉，则不郊。故云："三卜，礼也。"若超过三卜，则是非礼。

⑤求吉之道三：案一般之卜筮，需有三人，三为奇数，故可定吉凶，故云"求吉之道三"。此处"三卜礼也"、"四卜非礼也"，是取法"求吉之道三"。

⑥禘、尝不卜：禘、尝皆为宗庙之祭。禘是大祭，祭祀历代先君及功

臣。尝属于四时之祭,秋祭为尝。案礼,禘、尝皆不需要占卜。

⑦卜郊非礼也:此指郊祭非诸侯之礼,故需占卜。

⑧土:社也。土地之神,诸侯所重。

⑨方望:何休云:"方望,谓郊时所望祭四方群神、日月星辰、风伯雨师、五岳四渎及余山川凡三十六所。"

⑩免牲,礼也:天牲是专为天准备的,不可亵渎之,故不郊便免牲。

⑪免牛,非礼也:牛,指天牲有灾伤,则天神不飨,故称其本名"牛",而不称"牲"。既然已非天牲,则免牛为非礼。

⑫秩:次也。即祭祀不同的方望之神,有不同的规格。何休云:"礼:祭天牲角茧栗,社稷、宗庙角握,六宗、五岳、四渎角尺,其余山川视卿大夫。天燎,地瘗,日月星辰布,山县,水沉,风磔,雨升。"

⑬触石而出,肤寸而合:肤、寸均为长度单位,一指曰寸,四指曰肤。触石而出,肤寸而合,刘尚慈先生云:"空气中的水分接触泰山石形成云气,云气逐渐一点点聚合,进而形成雨的过程。"

⑭不崇朝:崇,重也。不崇朝,即一朝。

⑮已:停止。

⑯讥不郊而望祭也:案礼制,天为大,方望之神为小。不郊天,则亦不望祭群神。此处不郊天而三望,是尊者不食,而卑者独食,故《春秋》讥之。

【译文】

【经】夏,四月,四次卜郊,不吉,于是免牲,仍然祭祀三望。

【传】为何《春秋》有时书"三卜",有时书"四卜"?三卜是合礼的。四卜是非礼的。四卜为何非礼?因为占卜求吉,以三为准,三卜于此。禘祭、尝祭是不卜的,郊祭为何要占卜?卜郊,因郊祭非诸侯之礼。卜郊何以是非礼的?鲁国举行郊祭,是非礼的,故需要占卜。鲁国举行郊祭为何是非礼的?天子祭天,诸侯祭土。天子祭天之后,有祭祀方望群神之事,群神无所不通。诸侯则山川不在境内者,就不能祭祀。为何《春秋》有时书“免牲”,有时书“免牛”?免牲是合礼的。免牛是非礼的。免牛为何是非礼的。天牲有所灾伤,则称之为牛。“三望”是什么意思?是望祭的意思。然则祭祀什么?祭祀泰山、黄河、东海。为何祭祀泰山、黄河、东海?山川能够润泽百里之地的,天子依次祭祀它们。云气触石而腾,一点点逐渐聚合起来,一个早晨就能使天下遍降雨水的,只有泰山。黄河、东海能润泽千里之地。“犹”是什么意思?与可以停止的意思相通。为何记录此事?是讥刺不郊天却祭祀三望。

【经】秋,七月。

【译文】

【经】秋,七月。

【经】冬,杞伯姬来求妇[①]。

【传】其言来求妇何?兄弟辞也。其称妇何?有姑之辞也。

【注释】

①杞伯姬来求妇:杞伯姬为鲁女嫁于杞国者。此次来鲁国,是为其子求取鲁女为妻。然案礼制,妇人无外事。《春秋》为外姻避讳,故明言杞伯姬来鲁之目的,非是无事而来。传文之解释,参见僖公二十五年“宋荡伯姬来逆妇”条。

【译文】

【经】冬,杞伯姬来求娶媳妇。

【传】经文书“来求妇”是为何?这是为外姻避讳的文辞。经言“妇”

是什么意思？“妇”是儿媳妇相对于婆婆的称谓。

【经】狄围卫。

【经】十有二月，卫迁于帝丘。

【译文】

【经】狄包围了卫国都城。

【经】卫国迁都至帝丘。

【经】三十有二年，春，王正月。

【译文】

【经】三十二年，春，王正月。

【经】夏，四月，己丑，郑伯接卒[①]。

【注释】

①郑伯接卒：郑伯接杀无罪之大夫申侯，故《春秋》不书其葬。案《春秋》之例，外诸侯杀无罪大夫，则不书国君之葬；若杀有罪大夫，则书葬。鲁君杀无罪大夫，则在杀之时书日；若杀有罪大夫，则不书日；因内无贬公之道，不可去其葬。

【译文】

【经】夏，四月，己丑，郑伯接去世了。

【经】卫人侵狄。

【译文】

【经】卫人侵责狄。

【经】秋，卫人及狄盟。

【译文】

【经】秋，卫人与狄结盟。

【经】冬，十有二月，己卯，晋侯重耳卒。

【译文】

【经】冬，十二月，己卯，晋侯重耳去世了。

【经】三十有三年，春，王二月，秦人入滑。

【译文】

【经】三十三年，春，王二月，秦人攻入了滑国都城。

【经】齐侯使国归父来聘。

【译文】

【经】齐侯派遣国归父来聘问鲁国。

【经】夏，四月，辛巳，晋人及姜戎败秦于殽。

【传】其谓之秦何？夷狄之也[①]。曷为夷狄之？秦伯将袭郑，百里子与蹇叔子谏曰："千里而袭人，未有不亡者也。"秦伯怒曰："若尔之年者，宰上之木拱矣[②]。尔曷知。"师出，百里子与蹇叔子送其子，而戒之曰："尔即死，必于殽之嵚岩，是文王之所辟风雨者也[③]。吾将尸尔焉。"子揖师而行，百里子与蹇叔子从其子而哭之。秦伯怒曰："尔曷为哭吾师。"对曰："臣非敢哭君师，哭臣之子也。"弦高者，郑商也。遇之殽，矫以郑伯之命而犒师焉。或曰往矣，或曰反矣。然而晋人与姜戎要之殽而击之，匹马只轮无反者。其言及姜戎何？姜戎微也。称人，亦微者也，何言乎姜戎之微[④]？先轸也。或曰襄公亲之。襄公亲之，则其称人何？贬。曷为贬？君在乎殡而用师，危不得葬也。诈战不日[⑤]，此何以日？尽也[⑥]。

【注释】

①夷狄之也：《春秋》之例，夷狄单称国号。此处书"秦"而未书"秦伯"、"秦师"，是将秦国当成夷狄看待。上年郑伯接卒，秦偷袭郑国，属于伐丧的行为，故夷狄之。

②宰上之木拱矣：宰，冢也。拱，两手合握。即冢上之树木，已有两手合握那么粗。

③是文王之所辟风雨者也：文王，周文王。或认为此句意指殽地险隘，文王如躲避风雨一般疾驰而过。

④何言乎姜戎之微：案《春秋》书法，尊卑不等者，以"及"字区别之，如公与夫人言"及"，上大夫与下大夫言"及"。此处书"晋人及姜戎"，则晋人之地位要高于姜戎。然案《春秋》之例，书"晋人"，字面意思是晋国之士，属于微者，因而问"何言乎姜戎之微？"

⑤诈战不日：诈战，即偷袭之战，并非约定时间地点，各据一边，堂堂正正的厮杀。此处晋人偷袭秦师，属于诈战。《春秋》之例，偏

战书日，诈战不书日。

⑥尽也：即秦人被消灭殆尽。故诈战而书日，恶晋襄公之不仁。

【译文】

【经】夏，四月，辛巳，晋人及姜戎在殽地击败秦。

【传】经称“秦”是为何？是将其等同于夷狄。为何将其等同于夷狄？秦伯将要偷袭郑国，百里子与蹇叔子进谏道：“越千里而偷袭别人，没有不败亡的。”秦伯发怒道：“像你们这样的年纪，坟墓上的树木都已经有一握粗了，你们知道什么！”军队出征，百里子和蹇叔子送他们的儿子，并告诫说：“你们将要赴死，一定是在殽山险峻的山崖间，这是文王像躲避风雨一般疾驰而过的地方。我将在那里为你们收尸。”儿子在军中作揖而去。百里子和蹇叔子跟在儿子后面哭他们。秦伯发怒道：“你们胆敢哭我的师众？”回答道：“臣不敢哭您的师众，是哭臣的儿子。”弦高是郑国的商人。在殽地与秦军相遇，矫称郑伯的命令而犒劳秦师。军中有人说继续前往郑国，有人说不如回师。然而晋人与姜戎，将秦军半路拦截，袭击了他们。秦军一匹马、一只车轮都没有回到秦国。经言“即姜戎”是为何？因为姜戎低微，故以“及”区别之。晋称人，也是微者，为何说姜戎低微？晋人实际上是大夫先轸，有人说实际上是晋襄公亲征。襄公亲征，则为何经书“晋人”？是贬抑他。为何贬抑？先君尸柩未下葬而用兵，使得先君有危不能下葬。诈战例不书日，此书为何书日？是为了说明秦军被消灭殆尽。

【经】癸巳[①]，葬晋文公。

【注释】

①癸巳：此为四月之癸巳。诸侯五月而葬，又案时月日例，大国之君卒日葬月。晋文公卒于上年十二月，至此刚好五月。经书日，是当时而日，危不得葬也。

【译文】

【经】癸巳，安葬晋文公。

【经】狄侵齐。

【译文】

【经】狄侵责齐国。

【经】公伐邾娄，取丛。

【译文】

【经】公伐击邾娄国，夺取了丛邑。

【经】秋，公子遂率师伐邾娄。

【译文】

【经】秋，公子遂率师伐击邾娄国。

【经】晋人败狄于箕。

【译文】

【经】晋人在箕地击败了狄。

【经】冬，十月，公如齐。

【经】十有二月，公至自齐。

【译文】

【经】冬，十月，公去了齐国。

【经】十二月，公从齐国归来。

【经】乙巳，公薨于小寝。

【译文】

【经】乙巳，公在小寝薨没。

【经】贾霜不杀草，李梅实。

【传】何以书？记异也。何异尔？不时也。

【译文】

【经】降霜，却不杀草，李、梅结了果实。

【传】为何记录此事？是记录异象。有何怪异之处？不符合时令。

【经】晋人、陈人、郑人伐许。

【译文】

【经】晋人、陈人、郑人伐击许国。

文公第六

【题解】

文公为僖公之子，在位十八年而薨，嗣君子赤被宣公弑杀，夫人姜氏回到齐国。根据“三世”理论，文公为“所闻世”之始。

此篇主要的义理，是文公不能守礼，导致鲁国君道开始崩坏，权力下移。具体来说，二年“作僖公主”条，见文公欲久丧而不能；“大事于大庙，跻僖公”条，见其乱宗庙之序；又“公子遂如齐纳币”条，见其居丧娶妻；四年“逆妇姜于齐”条，见其娶于大夫，失婚姻之制；六年闰月而朝庙，失礼宗庙。文公之不孝失德，导致诸侯不肯与之结盟，见七年“扈之会”条。又不能制臣下，见八年“公孙敖如京师，不至复，丙戌，奔莒”条。

此外，“子叔姬”、“毁泉台”诸条中体现的亲属间的容隐，“晋人纳接菑”条中的“大夫不得专废置君”等皆为重要的义理。

【经】元年，春，王正月，公即位。

【译文】

【经】元年，春，王正月，公即君位。

【经】二月，癸亥，朔，日有食之。

【译文】

【经】二月，癸亥，朔日，发生了日食。

【经】天王使叔服来会葬[①]。

【传】其言来会葬何？会葬，礼也[②]。

【注释】

①叔服：即王子虎，叔服为字，案名例，天子上大夫称字。此处不称"王子虎"而称"叔服"者，何休以为，当时天子诸侯不务求贤，子弟多居权位，《春秋》以不书"子"、"弟"的方式（子，表明是先君之子；弟，表明是今君之弟，皆以亲疏录之），讥刺天子诸侯"专任亲亲"。此处不书"王子虎"，即不言其"王子"之身份。具体来说，周天子不书"子""弟"，如天王母弟则称五十伯仲之字，如王季子；天王庶长兄则称且字，如王札子；一般之王子，则依大夫名例，如叔服。鲁国降周天子一等，言"子"而不言"弟"。其他诸侯国，则可言"子""弟"，因"一国失贤轻"。值得注意的是，以上不书"子""弟"，针对的是在位之"子""弟"，不适用于去世、被杀、出奔的情况，因为一旦去世或出奔，则已丧失权位，故得言"子""弟"，如"王子虎卒"，"天王杀其弟年夫"，"王子瑕奔晋"，"公弟叔肸卒"等。

②会葬，礼也：此处指参加鲁僖公之葬礼。案会葬，属于常事不书之范围，此处书者，因鲁文公不肖，诸侯莫肯会葬，天子独使叔服来会葬，故特录天子之恩，责诸侯之薄。

【译文】

【经】天王派遣叔服来会葬。

【传】经为何言"来会葬"？会葬，是合礼的。

【经】夏，四月，丁巳，葬我君僖公。

【译文】

【经】夏，四月，丁巳，安葬我们的国君僖公。

【经】天王使毛伯来锡公命。

【传】锡者何？赐也。命者何？加我服也[1]。

【注释】

①加我服也：服，指朝祭之服。案礼制，诸侯有善行，则天子赐以衣服，以彰其德。然文公刚即位，未有功德，天子赐服，属于赏罚不明。

【译文】

【经】天王派遣毛伯来颁赐给我君加恩的诏命。

【传】"锡"是什么意思？是颁赐的意思。颁赐什么诏命？加赐我君衣服的诏命。

【经】晋侯伐卫。

【译文】

【经】晋侯伐击卫国。

【经】叔孙得臣如京师。

【译文】

【经】叔孙得臣出使去京师。

【经】卫人伐晋。

【译文】

【经】卫人伐击晋国。

【经】秋,公孙敖会晋侯于戚。

【译文】

【经】秋,公孙敖与晋侯在戚地相会。

【经】冬,十月,丁未,楚世子商臣弑其君髡[①]。

【注释】

①丁未,楚世子商臣弑其君髡(kūn):髡,楚成王。商臣,成王之子,此处弑君自立,是为楚穆王。国君对于世子而言,有父之亲,有君之尊。有世子弑君,则为之痛心疾首。故经书“世子”明父子之亲,书“其君”明君臣之义,又责臣子当讨贼。案时月日例,弑君例日,世子弑君,大违纲常,若发生在诸夏之国,则《春秋》不忍书日。此处是夷狄子弑父,故忍书日。

【译文】

【经】冬,十月,丁未,楚世子商臣弑杀了他的国君髡。

【经】公孙敖如齐[①]。

【注释】

①公孙敖如齐:公孙敖如齐,是为文公娶于齐,行纳采之礼。

【译文】

【经】公孙敖出使去了齐国。

【经】二年,春,王二月,甲子,晋侯及秦师战于彭衙,秦师败绩。

【译文】

【经】二年,春,王二月,甲子,晋侯与秦师在彭衙合战,秦师败绩。

【经】丁丑,作僖公主[①]。

【传】作僖公主者何?为僖公作主也。主者曷用?虞主用桑,练主用栗。用栗者,藏主也。作僖公主何以书?讥。何讥尔?不时也[②]。其不时奈何?欲久丧而后不能也[③]。

【注释】

①作僖公主:为鲁僖公作神主。案古人之观念,人死后,灵魂尚存于世,然需要有一寄托之物,此即为神主。神主之形制,何休云:"主状正方,穿中央,达四方,天子长尺二寸,诸侯长一尺。"具体来说,分为两种,一为虞主,用桑木制成;一为练主,用栗木制成。虞指虞祭,是亲人下葬之后举行的安神祭,此时所用的神主即为虞主。练,指亲人去世一周年所举行的小祥祭,此时埋虞主于两阶之间,而用练主。练主又称吉主,刻而谥之,藏于庙室,后人当供奉之。此条之"作僖公主",指的是练主。

②不时也:即不合时宜。案礼,练祭当在第十三个月,僖公卒于僖公三十三年十二月,此是文公二年二月,已逾期,故云"不时也"。

③欲久丧而后不能也:案礼制,三年之丧,实际上是二十五个月。

鲁文公想要服丧三十六个月，至第十九个月练祭，此为“欲久丧”。后不能坚持久丧，故此时实为第十五个月，就作练主，后仍依二十五个月的标准服丧，此为“后不能也”。鲁文公如此变乱礼制，属于失礼鬼神，案时月日例，失礼鬼神例日。

【译文】

【经】丁丑，制作僖公的神主。

【传】作僖公的神主是什么意思？是为僖公作神主。用什么制作神主？虞主用桑木，练主用栗木。用栗木制作的神主，是藏到宗庙中的神主。制作僖公的神主，为何记录？是讥刺。讥刺什么？不合时宜。怎么不合时宜？文公想要延长丧期，后来又不能坚持到底。

【经】三月，乙巳，及晋处父盟。

【传】此晋阳处父也，何以不氏①？讳与大夫盟也②。

【注释】

①何以不氏：与公结盟者，是晋国大夫阳处父，阳为氏，处父为名。案名例，大夫书名氏，此处仅书“处父”，故而发问。

②讳与大夫盟也：结盟双方地位必须平等，故鲁君与大夫结盟则有耻，需要避讳，通常是不书“公”字，如庄公二十二年“及齐高傒盟于防”。此处是鲁文公亲自前往晋国，欲与晋侯结盟，晋侯不与之盟，而使阳处父与之结盟，则耻深，《春秋》讳之亦深。故书“晋处父”者，好像“处父”即是晋侯之名，属于失爵而称名，如同“邾娄仪父”失爵称字一般。值得注意的是，《春秋》讳文而不没实，仍能看出是公与大夫结盟。首先，若真得晋君而盟，则不需去掉“公”字。其次，若真是鲁国微者之盟，应当书时，此条书日，则仍是公与晋国大夫结盟之辞。此外，不书在结盟地点，不书公之归

国，亦是深为文公讳耻。

【译文】

【经】三月，乙巳，与晋处父结盟。

【传】这是晋国的阳处父，为何不书其氏？是为公避讳与大夫结盟。

【经】夏，六月，公孙敖会宋公、陈侯、郑伯、晋士縠，盟于垂敛。

【译文】

【经】夏，六月，公孙敖会同宋公、陈侯、郑伯、晋士縠，在垂敛结盟。

【经】自十有二月不雨①，至于秋七月。

【传】何以书？记异也。大旱以灾书，此亦旱也，曷为以异书？大旱之日短而云灾，故以灾书。此不雨之日长而无灾，故以异书也。

【注释】

①自十有二月不雨：从十二月开始，不下雨。

【译文】

【经】从去年十二月到今年秋七月，未下雨。

【传】为何记录此事？是记录异象。大旱是以灾害记录，此处也是干旱，为何以异象记录？大旱持续时间短，但害物，所以书“灾”。此处不下雨的时间长却没有害物，所以以异象记录。

【经】八月，丁卯，大事于大庙，跻僖公①。

【传】大事者何？大祫也[2]。大祫者何？合祭也。其合祭奈何？毁庙之主，陈于大祖[3]，未毁庙之主，皆升合食于大祖[4]。五年而再殷祭[5]。跻者何？升也。何言乎升僖公？讥。何讥尔？逆祀也。其逆祀奈何？先祢而后祖也[6]。

【注释】

①跻僖公：跻，升也。在宗庙祭祀中，将僖公的神主升于闵公之上。案文公为僖公之子，因僖公为闵公庶兄，故升僖公于闵公之上。

②大祫(xiá)也：祫为宗庙之大祭，将历代先君之神主，分别昭穆，供奉在太祖庙中祭祀。太祖之主东向，昭南向，穆北向。案礼制，丧中不行禘、祫之祭，故闵公二年经书“吉禘于庄公”以讥之。此处不讥吉祫者，从闵公二年之例而省文。

③毁庙之主，陈于大祖：案礼制，诸侯五庙，太祖庙不毁，其余四庙，亲过高祖则毁其庙，藏其主于太祖庙中。毁庙之主本藏于太祖庙中，至祫祭时取出，陈列于太祖庙，接受供奉，故曰“陈”。

④未毁庙之主，皆升合食于大祖：未毁庙之主，即高祖、曾祖、祖父、父之神主。四亲各自有庙，今陈于太庙，是从外而来，故曰“升”。

⑤五年而再殷祭：殷，盛也。殷祭，指禘祭与祫祭。因禘祫比四时之祭盛大，故称为“殷祭”。禘、祫皆每隔五年举行一次，故云“五年而再殷祭”。

⑥先祢(nǐ)而后祖也：祢，父也。文公将僖公升于闵公之上，是先父而后祖，故属于“逆祀”。传文以父祖比喻僖公与闵公的关系，因僖公是继承闵公之君位，按照“为人后者为之子”的原则，僖公算是闵公之子。如此则《公羊传》以为闵公与僖公是异昭穆，文公逆祀是颠倒昭穆。何休则认为，文公逆祀，非昭穆之逆，闵公与僖公是兄弟，昭穆相同，文公逆祀，是在同一昭穆的前提下，将僖

公之主升于闵公之上。二说不同。

【译文】

【经】八月,丁卯,在太庙中举行大事,升僖公之主于闵公之上。

【传】大事指什么?是大袷。大袷是什么?是合祭。合祭是怎么样的?将毁庙之神主陈列在太祖庙中,未毁庙的神主也移入,在太祖庙中共享祭祀。是每隔五年举行一次的大祭祀。"跻"是什么意思?是升的意思。升僖公之主于闵公之上,为何记录?是讥刺。讥刺什么?讥刺逆祀。为何是逆祀?将祢置于祖之前。

【经】冬,晋人、宋人、陈人、郑人伐秦。

【译文】

【经】冬,晋人、宋人、陈人、郑人伐击秦国。

【经】公子遂如齐纳币。

【传】纳币不书①,此何以书?讥。何讥尔?讥丧娶也。娶在三年之外②,则何讥乎丧娶?三年之内不图婚③。吉禘于庄公讥④,然则曷为不于祭焉讥⑤?三年之恩疾矣,非虚加之也。以人心为皆有之。以人心为皆有之,则曷为独于娶焉讥?娶者,大吉也,非常吉也。其为吉者主于己⑥,以为有人心焉者,则宜于此焉变矣⑦。

【注释】

①纳币不书:纳币(订婚聘礼)是婚礼之常,属于常事不书的范围。

②娶在三年之外:正式迎娶在文公四年"逆妇姜于齐",是在三年

丧外。

③三年之内不图婚：案婚礼有六个步骤，纳采、问名、纳吉、纳征、请期、亲迎。亲迎为正式之迎娶，之前皆为图婚。三年之丧，属于凶礼，娶亲属于吉事，吉凶不相干，故三年不图婚。

④吉禘于庄公讥：此指闵公二年“吉禘于庄公”，丧中不当举行禘礼，故《春秋》书“吉”以讥之。

⑤然则曷为不于祭焉讥：此指上条“大事于大庙”是丧中举行祫祭，为何不书“吉”以讥之。

⑥其为吉者主于己：此指婚娶是自身之吉事，祭祀犹有念及先人之意。

⑦宜于此焉变矣：变，变恸哭泣。何休云：“有人心念亲者，闻有欲为己图婚，则当变恸哭泣矣，况乃至于纳币成婚哉？”

【译文】

【经】公子遂去齐国纳币。

【传】纳币例所不书，此处为何书？是讥刺。讥刺什么？讥刺居丧期间娶亲。迎娶之事在三年丧期之外，为何还要讥刺丧中娶妻？三年之内，不能图计婚娶。闵公吉禘于庄公，《春秋》讥刺之，那么为何不在文公行祫祭时讥刺？孝子服丧三年以报答父母之恩，心情沉痛，这不是虚加的，而是认为人心都有的。以为人心都有沉痛报恩之心，那么为何独独讥刺丧中娶亲？娶亲是大吉之事，还不是一般的吉事。娶亲之为吉事，吉在己身，认为只要有良知的人，在他人提及自己的婚事时，就应该悲恸哭泣，何况自己图计纳币成婚。

【经】三年，春，王正月，叔孙得臣会晋人、宋人、陈人、卫人、郑人伐沈，沈溃。

【译文】

【经】三年，春，王正月，叔孙得臣会同晋人、宋人、陈人、卫人、郑人伐击沈国，沈国溃散。

【经】夏，五月，王子虎卒①。

【传】王子虎者何？天子之大夫也。外大夫不卒，此何以卒？新使乎我也②。

【注释】

①王子虎：即叔服。

②新使乎我也：王子虎，会葬称"叔服"，此处称"王子虎"，参见彼条注释①。指文公元年"天王使叔服来会葬"。叔服来会葬，则有恩于鲁，又在僖公葬后三年内去世，《春秋》为报恩，故书其卒。

【译文】

【经】夏，五月，王子虎去世了。

【传】王子虎是什么人？是天子的大夫。鲁国之外的大夫，《春秋》例不书卒，此处为何书卒？因为新近天子派他来参加了僖公的葬礼。

【经】秦人伐晋。

【译文】

【经】秦人伐击晋国。

【经】秋，楚人围江。

【译文】

【经】秋，楚人包围了江国都城。

【经】雨螽于宋。

【传】雨螽者何？死而坠也。何以书？记异也。外异不书，此何以书？为王者之后记异也[①]。

【注释】

①为王者之后记异也：何休以为，蝗虫死而坠地，是宋国内娶，妃党争强，群臣相残贼之象。宋国为王者之后，故为其记异。

【译文】

【经】蝗虫如雨一般落在宋国。

【传】下雨一般落蝗虫是什么意思？是蝗虫死了坠落下来。为何记录此事？是记录异象。鲁国之外的异象，例所不书，此处为何记录？是为王者之后记录异象。

【经】冬，公如晋。

【经】十有二月，己巳，公及晋侯盟。

【译文】

【经】冬，公去了晋国。

【经】十二月，己巳，公与晋侯结盟。

【经】晋阳处父帅师伐楚救江。

【传】此伐楚也，其言救江何[①]？为谖也[②]。其为谖奈何？

伐楚为救江也。

【注释】

①此伐楚也，其言救江何：此年秋，楚人围江，故晋国救之。然非直接救援江国，而是伐击楚国，迫使楚人退兵，并未前往江国救援。此处“伐楚救江”的书法甚为奇怪，如出兵本为救江与伐楚前后两事，当书“晋阳处父帅师救江，伐楚”；若出兵是为了救江，却不得已先伐楚（好比是先取道楚国，楚国不肯，故伐之），当先言“救江”以“致其意”，书“晋阳处父帅师救江。晋阳处父帅师伐楚”；如果出兵本为伐楚，后生事救江，当书“晋阳处父帅师伐楚，遂救江”。此处与上述三种书法都不同，故而发问。

②为谖（xuān）也：谖，诈也。即不直接救援江国，却伐击楚国，迫使楚人退兵，这不算真正救援江国，而是使诈。

【译文】

【经】晋阳处父帅师伐击楚国救援江国。

【传】这里实际上只伐击了楚国，经为何书救援江国？因为这是使诈。使诈是怎么回事？伐击楚国，是为了救援江国，应当直接救援江国。

【经】四年，春，公至自晋。

【译文】

【经】四年，春，公从晋国归来。

【经】夏，逆妇姜于齐。

【传】其谓之逆妇姜于齐何？略之也[①]。高子曰[②]：“娶乎大夫者③,略之也。”

【注释】

①略之也:案《春秋》之中,鲁国迎娶夫人,有“逆女”与“夫人至”两个步骤。如宣公元年“公子遂如齐逆女”,三月“遂以夫人妇姜氏至自齐”。此处因文公娶女于齐国大夫,故省略文辞,将“逆女”与“夫人至”共文,书“逆妇姜于齐”。

②高子:《公羊传》著于竹帛前的先师。

③娶乎大夫者:案诸侯以下之婚姻,应门当户对。大夫之女卑贱,不可以奉宗庙,故略之。

【译文】

【经】夏,从齐国迎接妇姜。

【传】经文书“逆妇姜于齐”是为何?是简略文辞。高子说:“文公娶大夫之女,所以简略文辞。”

【经】狄侵齐。

【译文】

【经】狄侵责齐国。

【经】秋,楚人灭江。

【译文】

【经】秋,楚人灭亡了江国。

【经】晋侯伐秦。

【译文】

【经】晋侯伐击秦国。

【经】卫侯使甯俞来聘。

【译文】

【经】卫侯派遣甯俞来鲁国聘问。

【经】冬，十有一月，壬寅，夫人风氏薨[①]。

【注释】

①夫人风氏：此为鲁僖公之母。

【译文】

【经】冬，十一月，壬寅，夫人风氏薨没了。

【经】五年，春，王正月，王使荣叔归含且赗[①]。

【传】含者何？口实也[②]。其言归含且赗何？兼之。兼之，非礼也[③]。

【注释】

①王使荣叔归含且赗（fèng）：荣叔，天子之上大夫。归，馈。含，殡敛时置于死者口中之物，天子以珠，诸侯以玉，大夫以碧，士以贝。赗，以车马束帛助主人送葬。且，兼辞也。此处鲁有成风之葬，故周天子派遣荣叔馈赠含与赗。

②口实也：口中填实之物。何休云："孝子所以实亲口也，缘生以事

死，不忍虚其口。”

③兼之，非礼也：含，是臣子之职。成风之丧，周天子只需归赗即可，归含，则是至尊者行至卑之事，故此处不称“天王”，而贬称“王”，以见其非礼。

【译文】

【经】五年，春，王正月，王派遣荣叔馈赠含与赗。

【传】含是什么？是死者口中填实之物。经言“归含且赗”是为何？是表明含与赗兼而有之。兼有，是非礼的，因为归含是非礼的。

【经】三月，辛亥，葬我小君成风。

【传】成风者何？僖公之母也。

【译文】

【经】三月，辛亥，安葬我国的小君成风。

【传】成风是什么人？是僖公的母亲。

【经】王使召伯来会葬①。

【注释】

①王使召伯来会葬：会葬，即参加葬礼。此时成风已经下葬，故此处属于会葬不及时，失礼，故不称“天王”而称“王”。

【译文】

【经】王派遣召伯来参与成风的葬礼。

【经】夏，公孙敖如晋。

【译文】

【经】夏，公孙敖出使去了晋国。

【经】秦人入鄀。

【译文】

【经】秦人攻入了鄀国都城。

【经】秋，楚人灭六。

【译文】

【经】秋，楚人灭亡了六国。

【经】冬，十月，甲申，许男业卒。

【译文】

【经】冬，十月，甲申，许男业去世了。

【经】六年，春，葬许僖公。

【译文】

【经】六年，春，安葬许僖公。

【经】夏，季孙行父如陈。

【译文】

【经】夏，季孙行父出使去陈国。

【经】秋，季孙行父如晋。

【译文】

【经】秋，季孙行父去晋国聘问。

【经】八月，乙亥，晋侯讙卒。

【译文】

【经】八月，乙亥，晋侯讙去世了。

【经】冬，十月，公子遂如晋，葬晋襄公[①]。

【注释】

①公子遂如晋，葬晋襄公：此是鲁文公派遣公子遂前往晋国会葬。案礼，他国诸侯去世，当使大夫吊丧，诸侯亲往会葬。晋襄公生时，文公数次如晋，此时却不自往会葬，非礼也。

【译文】

【经】冬，十月，公子遂前往晋国，安葬晋襄公。

【经】晋杀其大夫阳处父。

【经】晋狐射姑出奔狄。

【传】晋杀其大夫阳处父，则狐射姑曷为出奔[①]？射姑杀也。射姑杀，则其称国以杀何[②]？君漏言也。其漏言奈何？君将使射姑将[③]，阳处父谏曰："射姑，民众不说，不可使将。"于是废将。阳处父出，射姑入，君谓射姑曰："阳处父言曰：'射姑，民众不说，不可使将。'"射姑怒，出刺阳处父于朝而走。

【注释】

①晋杀其大夫阳处父，则狐射姑曷为出奔：案《春秋》之中，记录一大夫被杀，另一大夫出奔，表明两人有亲，恐被殃及，故而出奔。此处阳处父与狐射姑非同姓，故而发问。

②射姑杀，则其称国以杀何：案《春秋》之例，称国以杀，是君杀大夫之辞；大夫相杀，则称人以杀，如文公九年"晋人杀其大夫先都"。此处是大夫相杀，却称国而杀，故而发问。据下文，国君漏言，致使大夫被杀，罪责在国君，故经文称国以杀。

③将：何休云："谓作中军大夫。"

【译文】

【经】晋国杀了他的大夫阳处父。

【经】晋狐射姑出奔到狄。

【传】晋国杀了他的大夫阳处父，那么狐射姑为何要出奔？是射姑杀的阳处父。射姑杀的，那么为何称国以杀？因为国君漏言了。国君漏言是怎么回事？国君将要使射姑为中军将，阳处父进谏道："射姑，民众不喜欢他，不可用他为将。"于是未任用他。阳处父出，射姑入。国君对射姑说："阳处父说：'射姑，民众不喜欢他，不可用他为将。'"射姑怒，出去在朝中刺杀了阳处父就逃走了。

【经】闰月不告月[①]，犹朝于庙。

【传】不告月者何？不告朔也。曷为不告朔？天无是月也。闰月矣，何以谓之天无是月？非常月也。犹者何？通可以已也。

【注释】

①闰月不告月：告月，即告朔。天子于岁终，由太史向诸侯颁布下一年十二个月的历令及政务，诸侯藏之于太庙。至每月朔日，诸侯至太庙，使大夫南面奉天子命，诸侯北面受之，此为告月之礼。告月完毕，朝见四亲庙（即高祖、曾祖、祖父、父之庙），此为朝庙之礼。然而闰月非常月，无告月之礼，因而也就没有朝庙之礼。此处文公于闰月朝庙，则是非礼。

【译文】

【经】闰月不行告月之例，仍旧朝见祖庙。

【传】"不告月"是什么意思？是不行告朔之礼。为何不告朔？天没有这个月，这个月是闰月。为何说天没有这个月？这个月，不是常月。"犹"是什么意思？与可以停止的意思相通。

【经】七年，春，公伐邾娄。

【经】三月，甲戌，取须朐。

【传】取邑不日[①]，此何以日？内辞也，使若他人然[②]。

【经】遂城郚[③]。

【注释】

①取邑不日：案时月日例，取邑例时，一月而再取邑，则书日。此处仅取一邑，故而发问。

②使若他人然：即好像是公伐邾娄，后退兵归国；三月，甲戌，他人

攻取了须朐邑。案《春秋》之中，取邑为小恶，不需要避讳，此处为文公避讳者，下文扈之盟，文公不见序，缘此取邑之故。盟不见序，为大恶，故此处为之深讳。

③遂城郚：何休云："主书者，甚其生事困极师众。"

【译文】

【经】七年，春，公伐击邾娄国。

【经】三月，甲戌日，攻取须朐邑。

【传】取邑例不书日，此处为何书日？是为内（鲁国）避讳的文辞，好像取须朐是他人所为。

【经】公于是修筑郚城。

【经】夏，四月，宋公王臣卒[①]。

【注释】

①宋公王臣卒：王臣杀无罪大夫（即僖公二十五年"宋杀其大夫"），故不书葬。又案时月日例，大国之君卒书日，此处书月者，因其内娶之故。

【译文】

【经】夏，四月，宋公王臣去世了。

【经】宋人杀其大夫。

【传】何以不名[①]？宋三世无大夫，三世内娶也[②]。

【注释】

①何以不名：不名，即不书被杀大夫之名。案名例，大夫称名氏。又案大夫相杀之例，亦书被杀大夫之名氏，故而发问。

②宋三世无大夫，三世内娶也：参见僖公二十五年"宋杀其大夫"条。

【译文】

【经】宋人杀了他们的大夫。

【传】为何不书被杀大夫之名？宋国三世没有大夫，因为三世皆娶大夫女为妻。

【经】戊子，晋人及秦人战于令狐，晋先眜以师奔秦。

【传】此偏战也，何以不言师败绩？敌也[①]。此晋先眜也，其称人何[②]？贬。曷为贬？外也。其外奈何？以师外也[③]。何以不言出[④]？遂在外也[⑤]。

【注释】

①敌也：敌，匹敌，此处指代未分出胜负。案偏战之例，当书"某日，某及某战于某地，某师败绩"。此处秦人、晋人未分胜负，故不书"师败绩"。

②其称人何：案《春秋》之例"将尊师众称某率师，将尊师少称将，将卑师少称人"。先眜是晋国大夫，属于"将尊"，本当书"晋先眜帅师"或"晋先眜"，此处却书"晋人"，故而发问。

③以师外也：即率领军队外逃。何休以为，晋侯要以无功当诛，故先眜出兵时就怀有二心，有功则还，无功则持师出奔。令狐之战，未分胜负，先眜便以师奔秦。

④何以不言出：即经书"奔"，未书"出奔"。

⑤遂在外也：遂，生事之辞，此处指代以师奔秦。先眜在境外生事，故不言"出"字。

【译文】

【经】戊子，晋人与秦人战于令狐。晋先眜带领军队投奔秦国。

【传】这是偏战，为何不言“师败绩”？因为双方匹敌（未分胜负）。这里是晋国的先眜，经书“晋人”是为何？是贬抑他。为何贬抑？因为外逃。外逃是怎么回事？是率领军队外逃。经文为何不言“出”字？因为先眜生事在境外。

【经】狄侵我西鄙。

【译文】

【经】狄侵入我国西部边境。

【经】秋，八月，公会诸侯、晋大夫盟于扈。

【传】诸侯何以不序①？大夫何以不名？公失序也②。公失序奈何？诸侯不可使与公盟，眣晋大夫③，使与公盟也。

【注释】

①诸侯何以不序：案《春秋》之例，会盟需按照国之大小序列诸侯，此处仅书“诸侯”，未详细序列，故而发问。

②公失序也：鲁文公失去了序列的资格，即诸侯不肯与文公结盟。此因文公有恶行，如前之欲久丧而不能，跻僖公逆祀，攻取邾娄国之须朐邑等。

③眣（méi）晋大夫：眣，使眼色。诸侯不肯与文公结盟，故使晋国大夫与之结盟。此为奇耻大辱，故《春秋》为鲁国避讳，不列序诸侯，不书大夫之名，好像是扈之盟的详情已不得而知。

【译文】

【经】秋，八月，公会同诸侯、晋大夫在扈地结盟。

【传】为何不序列诸侯？大夫为何不书名？因为公失去了序列的资

格。公失去序列的资格是怎么回事？诸侯不肯与公结盟，给晋国大夫使了眼色，使之与公结盟。

【经】冬，徐伐莒[1]。

【注释】

①徐伐莒：案徐、莒两国共同灭亡了杞国（夏之后），蔑视先圣法度。故《春秋》于僖公十五年将徐国视为夷狄（参见“楚人败徐于娄林”条）。莒国为同恶，故此处再次狄徐，以此来狄莒。

【译文】

【经】冬，徐国伐击莒国。

【经】公孙敖如莒莅盟。

【译文】

【经】公孙敖去莒国结盟。

【经】八年，春，王正月。

【译文】

【经】八年，春，王正月。

【经】夏，四月。

【译文】

【经】夏，四月。

【经】秋,八月,戊申,天王崩。

【译文】

【经】秋,八月,戊申,天王(周襄王)驾崩。

【经】冬,十月,壬午,公子遂会晋赵盾,盟于衡雍。

【译文】

【经】冬,十月,壬午,公子遂会同晋赵盾,在衡雍结盟。

【经】乙酉,公子遂会伊雒戎,盟于暴。

【译文】

【经】乙酉,公子遂会同伊雒戎,在暴地结盟。

【经】公孙敖如京师,不至复①。丙戌,奔莒。

【传】不至复者何?不至复者,内辞也,不可使往也。不可使往,则其言如京师何?遂公意也②。何以不言出?遂在外也③。

【注释】

①不至复:即未至京师而返回。实际上公孙敖安居国内,不受文公的差遣。

②遂公意也:顺遂公的旨意。君不可使臣,为大恶,故为文公避讳,顺遂文公之意,书"公孙敖如京师",不使君命壅塞,以此正君臣

之义。

③遂在外也：即生事（指奔莒）在境外。案公孙敖安居国内，并未出使，实则从鲁国出奔莒国。经文不书“出”奔，传文言“遂在外者”，是深为文公避讳，好像公孙敖真的出使去了京师，中途奔莒，故生事得在境外。

【译文】

【经】公孙敖去京师聘问，不至而返回。丙戌，出奔莒国。

【传】“不至复”是为何？不至复，是为鲁国避讳之辞，实际是公不能派遣公孙敖出使京师。不能派遣出使，那么经书“如京师”是为何？是顺遂公的旨意。为何不言“出”字？（避讳好像）公孙敖生事是在境外。

【经】螺。

【译文】

【经】发生了蝗灾。

【经】宋人杀其大夫司马。

【经】宋司城来奔。

【传】司马者何？司城者何？皆官举也[①]。曷为皆官举？宋三世无大夫，三世内娶也。

【注释】

①官举：即举官名言之。何休云：“天子有大司徒、大司马、大司空，皆三公官名也。诸侯有司徒、司马、司空，皆卿官也。宋变司空为司城者，辟先君武公名也。”

【译文】

【经】宋人杀了他们的大夫司马。

【经】宋司城来投奔鲁国。

【传】司马是什么人？司城是什么人？都是举官名的大夫。为何举官名？宋国三世没有大夫，因为三代国君皆娶于大夫。

【经】九年，春，毛伯来求金。

【传】毛伯者何？天子之大夫也①。何以不称使？当丧未君也②。逾年矣，何以谓之未君？即位矣，而未称王也。未称王，何以知其即位？以诸侯之逾年即位③，亦知天子之逾年即位也。以天子三年然后称王④，亦知诸侯于其封内三年称子也。逾年称公矣，则曷为于其封内三年称子？缘民臣之心，不可一日无君；缘终始之义，一年不二君⑤，不可旷年无君⑥；缘孝子之心，则三年不忍当也⑦。毛伯来求金，何以书？讥。何讥尔？王者无求⑧，求金，非礼也。然则是王者与⑨？曰：非也。非王者，则曷为谓之王者王者无求⑩？曰：是子也，继文王之体⑪，守文王之法度，文王之法无求，而求，故讥之也。

【注释】

①天子之大夫：毛为氏，伯为字。案名例，天子上大氏采称字，故知毛伯是天子之大夫。

②当丧未君也：上年八月，周襄王驾崩，此时嗣君尚在丧中，未称王，故云"当丧未君"。案嗣君之名例，"君薨称子某，既葬称子，逾年即位，三年称公"（参见参见庄公三十二年"子般卒"条），下

文则是探讨此名例之根据。

③诸侯之逾年即位：诸侯嗣君在先君去世后的第二年即位，臣子称之为“公”。此处以诸侯之例推天子之例，则知天子嗣君亦逾年即位。

④天子三年然后称王：此处之称王，为天子自称王，非臣子称之为“王”。嗣君逾年即位，臣子即称之为“王”，而嗣君则自称为“子”，待三年丧毕，方自称“王”。此例亦可类推之诸侯。

⑤一年不二君：先君去世之年，仍属于先君之年，故称嗣君为“子”。

⑥不可旷年无君：先君去世后第二年，属于嗣君之年，不可使臣子旷年无君，故嗣君逾年即位，臣子称之为“公”(王)。

⑦三年不忍当：孝子之情，三年不忍当父位，故嗣君虽逾年即位，仍以“子”自称。

⑧王者无求：参见桓公十五年“天王使家父来求车”条。

⑨然则是王者与：据此时嗣君未自称王，故而发问。

⑩曷为谓之王者王者无求：俞樾以为“王者”二字不应叠。意谓既然此时嗣君未自称王，为何以“王者无求”来要求他？

⑪继文王之体：文王，指周文王，为周受命之王。嗣子继承的，不仅是父位，更是受命之王的王位，故云“继文王之体”。

【译文】

【经】九年，春，毛伯来求取贡金。

【传】毛伯是什么人？是天子的大夫。为何没有使文？因为当时嗣君正在居丧，还未称君。嗣君已经逾年，为何没有称君？已经即位，但尚未称王。未称王，何以知道嗣君已经即位？以诸侯逾年即位，也就知道天子逾年即位。以天子三年然后称王，也就知道诸侯在境内三年称“子”。逾年，臣子已称嗣君为“公”，那么为何嗣君在境内仍自称为“子”？顺着臣民的心意，不可一日无君；顺着终始之义，一年之中，不能有两个国君，也不可以使臣子旷年无君；顺着孝子的心意，那么三年不忍心替代君父之位。毛伯来求取贡金,为何记录?是讥刺。为何讥刺?王者没有索求的道理,求取贡金,是非礼的。然则真是王者吗?不是此时未自称王。不是王者,为何说是“王者无求”?说:这个子,继承文王之体,遵守文王的法度,文王法度无索求之道,此处却索求,所以讥刺之。

【经】夫人姜氏如齐[①]。

【注释】

①夫人姜氏如齐:案此时夫人奔父母之丧,故去了齐国。案礼制,妇人无外事,然得奔父母之丧。又案《春秋》之例,夫人违礼而出会者,不致之。而下文书“夫人姜氏至自齐”,则奔丧为得礼也。

【译文】

【经】夫人姜氏去了齐国奔丧。

【经】二月,叔孙得臣如京师[①],辛丑,葬襄王。

【传】王者不书葬[②],此何以书?不及时书,过时书,我有往者则书[③]。

【注释】

①叔孙得臣如京师:叔孙得臣出使京师,是去会葬周襄王。

②王者不书葬:案礼制,天子七月而葬,必其时也,故《春秋》不书其葬;相对而言,诸侯五月而葬,若遇天子、王后之丧,则不得按时下葬,故《春秋》记录诸侯之葬。

③我有往者则书:我有往,指鲁国派大去会葬。案礼制,天王崩,诸侯当自往会葬,派遣大夫会葬,则是失礼,故书之。又案时月日例,天子之卒葬比照大国,卒日葬月。此处葬书日者,鲁国有僖

公、成风之丧，天子遣使会葬、归含且赗，是有恩礼于鲁国；然天王之葬，鲁文公不亲往，故《春秋》书日以责鲁。

【译文】

【经】二月，叔孙得臣前往京师，辛丑，安葬周襄王。

【传】王者之葬必其时，《春秋》例所不书，此处为何书葬？未至七月而葬则书，超过七月而葬则书，鲁国派遣大夫会葬则书。

【经】晋人杀其大夫先都。

【译文】

【经】晋人杀了他们的大夫先都。

【经】三月，夫人姜氏至自齐。

【译文】

【经】三月，夫人姜氏从齐国奔丧归来。

【经】晋人杀其大夫士縠及箕郑父。

【译文】

【经】晋人杀了他们的大夫士縠以及箕郑父。

【经】楚人伐郑。

【译文】

【经】楚人伐击郑国。

【经】公子遂会晋人、宋人、卫人、许人救郑。

【译文】

【经】公子遂会同晋人、宋人、卫人、许人救援郑国。

【经】夏，狄侵齐。

【译文】

【经】夏，狄侵责齐国。

【经】秋，八月，曹伯襄卒。

【译文】

【经】秋，八月，曹伯襄去世了。

【经】九月，癸酉，地震。

【传】地震者何？动地也。何以书？记异也。

【译文】

【经】九月，癸酉，地震。

【传】地震是什么？震动大地。为何记录此事？是记录异象。

【经】冬，楚子使椒来聘。

【传】椒者何？楚大夫也。楚无大夫[①]，此何以书？始有大夫也[②]。始有大夫，则何以不氏[③]？许夷狄者，不一而足也[④]。

【注释】

①楚无大夫:案《春秋》三世之例,所闻世,内其国而外诸夏,故大国有大夫(称名氏),小国无大夫(略称人);所闻世,见治升平,内诸夏而外夷狄,故小国有大夫,而夷狄无大夫。楚国属于夷狄,故本应无大夫,而略称"楚人",此处书"椒"之名,是作有大夫之辞,故而发问。

②始有大夫也:案三世之例,所闻世内诸夏而外夷狄。然楚国至所闻世,卓然有君子之行(如楚庄王),故《春秋》未将其完全视为夷狄,此处修礼聘问鲁国,则不得殊外之,故许其有大夫。值得注意的是,之前的屈完、得臣,《春秋》书其名氏,非因楚有大夫,而是为了张大齐桓、晋文之功,非常例也。

③何以不氏:既然未将楚国视为夷狄,则楚为大国,当书大夫名氏,此处仅书椒之名,故而发问。

④许夷狄者,不一而足也:足,指具书楚国大夫之名氏。此处仅书名,是不一而足,不一下子到位。

【译文】

【经】冬,楚子派遣椒来聘问。

【传】椒是什么人?是楚国的大夫。楚国没有大夫,此处为何书椒?楚国自此始有大夫。始有大夫,为何不书大夫之氏?赞许夷狄,不可一下子到位。

【经】秦人来归僖公、成风之襚。

【传】其言僖公、成风何?兼之。兼之,非礼也[①]。曷为不言及成风?成风尊也[②]。

【注释】

①兼之,非礼也:案礼制,赠送僖公、成风之禭(赠丧之衣服),当各遣一使,今一使兼二禭,非礼也。

②成风尊也:成风为僖公之母,故云"成风尊也"。案《春秋》辞例,书"及"是为了区别尊卑,成风尊于僖公,故不可书"僖公及成风"。又案礼制,妇人夫死从子,故不可书"成风及僖公",故而经书"僖公、成风",不言"及"。

【译文】

【经】秦人来馈赠僖公、成风下葬的衣服。

【传】经文书"僖公、成风"是为何?是说明秦人一使兼送二禭。兼二禭,是非礼的。经文为何不言"及成风"?因为成风尊贵。

【经】葬曹共公。

【译文】

【经】安葬曹共公。

【经】十年,春,王三月,辛卯,臧孙辰卒。

【译文】

【经】十年,春,王二月,辛卯,臧孙辰去世了。

【经】夏,秦伐晋①。

【注释】

①秦伐晋:案《春秋》之例,诸夏之国单称国号,是"夷狄之"的书法。

此处狄秦者，何休云："令狐之战，敌均不败，晋先眛以师奔秦，可以足矣，而犹不知止，故夷狄之。"

【译文】

【经】夏，秦伐击晋国。

【经】楚杀其大夫宜申。

【译文】

【经】楚国杀了他的大夫宜申。

【经】自正月不雨，至于秋七月。

【译文】

【经】从正月开始不下雨，至于秋七月。

【经】及苏子盟于女栗①。

【注释】

①苏子：案名例，诸侯入为天子大夫，则称"子"。此处之苏子，即诸侯入为天子大夫者。

【译文】

【经】鲁国之士与苏子在女栗结盟。

【经】冬，狄侵宋。

【译文】

【经】冬，狄侵入宋国。

【经】楚子、蔡侯次于屈貉。

【译文】

【经】楚子、蔡侯止次在屈貉。

【经】十有一年，春，楚子伐圈。

【译文】

【经】十一年，春，楚子伐击圈国。

【经】夏，叔彭生会晋郤缺于承匡。

【译文】

【经】夏，叔彭生与晋郤缺在承匡相会。

【经】秋，曹伯来朝。

【译文】

【经】秋，曹伯来鲁国朝见。

【经】公子遂如宋。

【译文】

【经】公子遂出使去了宋国。

【经】狄侵齐。

【译文】

【经】狄侵入齐国。

【经】冬,十月,甲午,叔孙得臣败狄于鹹。

【传】狄者何?长狄也[①]。兄弟三人,一者之齐,一者之鲁,一者之晋。其之齐者,王子成父杀之;其之鲁者,叔孙得臣杀之;则未知其之晋者也。其言败何?大之也[②]。其日何?大之也。其地何?大之也。何以书?记异也。

【注释】

①长狄也:何休云:"盖长百尺。"

②大之也:即张大此事。案经文书"甲午,叔孙得臣败狄于鹹",此为鲁国偏战之辞(参见隐公十年"六月,壬戌,公败宋师于菅"条注释①)。偏战为两军之交战,此处长狄仅为一人,却用两军交战之辞书之,是张大此事。经文书"败",书日,书地,是偏战之辞的组成部分,故传文三云"大之也"。

【译文】

【经】冬,十月,甲午,叔孙得臣在鹹地击败了狄。

【传】狄是谁?是长狄。兄弟三人,一人去了齐国,一人去了鲁国,一人去了晋国。去齐国的,被王子成父杀了;去鲁国的,被叔孙得臣杀了;去晋国的,就不知道了。仅是杀一人,经书"败"是为何?是张大此事。经书日是为何？是张大此事。经书地点是为何？是张大此事。为何记录此事？是记录异象。

【经】十有二年，春，王正月，盛伯来奔。

【传】盛伯者何？失地之君也①。何以不名②？兄弟辞也③。

【注释】

①失地之君也：案庄公八年，盛国被齐鲁两国所灭，故此时盛伯属于失地之君。

②何以不名：案《春秋》之例，诸侯不生名，失地则书名，以绝贱之。此处盛伯失地，却未书其名，故而发问。

③兄弟辞也：盛与鲁同为姬姓之国。此处是为兄弟之国避讳，故不书其名，不忍绝贱之。

【译文】

【经】十二年，春，王正月，盛伯来投奔鲁国。

【传】盛伯是什么人？是失地之君。为何不书其名？这是为兄弟之国避讳的文辞。

【经】杞伯来朝。

【译文】

【经】杞伯来鲁国朝见。

【经】二月，庚子，子叔姬卒。

【传】此未适人，何以卒？许嫁矣，妇人许嫁，字而笄之，死则以成人之丧治之①。其称子何②？贵也。其贵奈何？母弟也③。

【注释】

①此未适人，何以卒？许嫁矣，妇人许嫁，字而笄之，死则以成人之丧治之：参见僖公九年“秋，七月，己酉，伯姬卒”条。

②其称子何：先前之鲁女嫁为诸侯夫人者，如伯姬，叔姬等，均未有“子”字，故而发问。

③母弟也：母弟，即同母之弟，此处指同母之妹。案《春秋》尚质，对于同母之兄弟特别亲厚，反映在名例上，就是“母兄称兄，母弟称弟”，而同母之姊妹，则加“子”以明其贵也。此处之“子叔姬”即为文公同母之妹。

【译文】

【经】二月，庚子，子叔姬去世了。

【传】此处子叔姬尚未出嫁，为何书其卒？已经许嫁了。妇人许嫁，称字行笄礼，去世则以成人的丧礼治丧。经称“子”是为何？因为她尊贵。为何尊贵？因为她是国君同母之妹。

【经】夏，楚人围巢。

【译文】

【经】夏，楚人包围了巢国都城。

【经】秋，滕子来朝。

【译文】

【经】秋，滕子来鲁国朝见。

【经】秦伯使遂来聘。

【传】遂者何？秦大夫也。秦无大夫[①]，此何以书？贤缪公也。何贤乎缪公？以为能变也。其为能变奈何？惟諓諓善竫言[②]，俾君子易怠[③]，而况乎我多有之[④]。惟一介断断焉无他技[⑤]，其心休休[⑥]，能有容[⑦]，是难也。

【注释】

①秦无大夫：文公十年书"秦伐晋"，则将秦国视为夷狄，故云"秦无大夫"。

②惟諓諓善竫言：以下是《公羊传》引《秦誓》(秦缪公在殽之战后所作)之文，以证缪公之"能变"。諓諓，浅薄之貌。竫，撰也。意谓，浅薄之人凭空撰言以动人，如秦缪公听信杞子之言而千里袭郑。值得注意的是，《春秋》贤缪公之能变，是借事明义，殽之战后，缪公虽作《秦誓》以悔过，然之后又数次与晋国交兵，未能真正悔悟，《春秋》因其有悔过之心而褒之，欲使后人知悔过之美而已。

③俾君子易怠：俾，使也。易怠，轻堕也。意谓，諓諓善竫言之人，能使君子轻堕。

④而况乎我多有之：意谓，而况我多有此諓諓善竫言之人。

⑤惟一介断断焉无他技：一介，一概也。断断，专一也。他技，奇巧异端也。

⑥休休：美大貌。

⑦能有容：此指能容贤者逆耳之言。

【译文】

【经】秦伯派遣遂来鲁国聘问。

【传】遂是什么人？是秦国的大夫。秦国没有大夫，此处为何书遂之名？因为秦缪公有贤德。秦缪公有何贤德？《春秋》以为他能够悔悟。他能够悔悟是怎么回事？《秦誓》中缪公说道：浅薄之人杜撰易言，能使君子轻堕，何况我多有此浅薄撰言之人。一概专一而无奇巧异端，心地宽厚，能含容逆耳之言，是难能可贵的。

【经】冬，十有二月，戊午，晋人、秦人战于河曲。

【传】此偏战也，何以不言师败绩？敌也①。曷为以水地②？河曲流矣③，河千里而一曲也。

【注释】

①敌也：即双方未分胜负，故不云“师败绩”。

②以水地：即以河流记录合战之地点。

③河曲流矣：即黄河转弯之处。案此处“曲”字有二意，一指河水之曲，一指秦晋两国数次兴兵相伐，战斗已无曲直可言。这一点也反映在书法上，案偏战之例，书“某及某战于某地”，则前者为主，是正义的一方。今两国无曲直可言，故不书“及”字。

【译文】

【经】冬，十二月，戊午，晋人、秦人在河曲合战。

【传】这是偏战，为何不书某师败绩？因为未分胜负。为何用河流记录作战地点？因为黄河在此转弯，黄河千里才有一个弯。

【经】季孙行父帅师城诸及运①。

【注释】

①季孙行父帅师城诸及运：诸为鲁君之邑，运为臣下之私邑，故而

经书“及”字，以区别尊卑。案《春秋》之例，鲁国之修筑城池，仅书“城某”，如“城中丘”之类，未有言“帅师”者，何休云：“言帅师者，刺鲁微弱，臣下不可使，邑久不修，不敢徒行，兴师厉众，然后敢城之。”

【译文】

【经】季孙行父帅师修筑诸邑与运邑。

【经】十有三年，春，王正月。

【译文】

【经】十有三年，春，王正月。

【经】夏，五月，壬午，陈侯朔卒[①]。

【注释】

①陈侯朔卒：陈侯朔未书葬，何休以为，这是为晋文公盈满讳文。案朔之父陈侯款卒于僖公二十八年六月，同年冬，朔尚在丧中，晋文强令朔参加温之会。故《春秋》不书陈侯款之葬，为晋文避讳。此处又不书陈侯朔之葬，好像陈国之君例不书葬一般，以此来为晋文公盈满讳文。何休云：“晋文虽霸会人孤，以尊天子，自补有余，故复盈为讳。”

【译文】

【经】夏，五月，壬午，陈侯朔去世了。

【经】邾娄子蘧篨卒。

【译文】

【经】邾娄子蘧篨去世了。

【经】自正月不雨，至于秋七月。

【译文】

【经】从正月开始不下雨，直至秋七月。

【经】世室屋坏。

【传】世室者何？鲁公之庙也[①]。周公称大庙，鲁公称世室，群公称宫[②]。此鲁公之庙也，曷为谓之世室？世室犹世室也，世世不毁也[③]。周公何以称大庙于鲁？封鲁公以为周公也。周公拜乎前，鲁公拜乎后[④]，曰："生以养周公，死以为周公主[⑤]。"然则周公之鲁乎？曰：不之鲁也。封鲁公以为周公主，然则周公曷为不之鲁？欲天下之一乎周也[⑥]。鲁祭周公，何以为牲？周公用白牡[⑦]，鲁公用骍犅[⑧]，群公不毛[⑨]。鲁祭周公，何以为盛[⑩]？周公盛[⑪]，鲁公焘[⑫]，群公廪[⑬]。世室屋坏何以书？讥。何讥尔？久不修也。

【注释】

①鲁公：即周公之子伯禽，为鲁国始封之君，故称鲁公。

②群公：指伯禽之下，鲁国历代先君。

③世世不毁也：毁，毁庙。案礼制，亲过高祖，则毁其庙。伯禽为始封君，故不毁其庙，而群公之庙，则亲过高祖而毁。

④周公拜乎前，鲁公拜乎后：此指当初受封鲁国之时，在文王庙中，

周公拜乎前，鲁公拜乎后，以此表明因周公之故，而封鲁公。

⑤死以为周公主：主，祭祀之主。“生以养周公，死以为周公主”，此为成王册命之辞。

⑥欲天下之一乎周也：何休云：“周公圣人，德至重，功至大，东征则西国怨，西征则东国怨，嫌之鲁，恐天下回心趣乡之，故封伯禽，命使遥供养，死则奔丧为主，所以一天下之心于周室。”

⑦周公用白牡：此指祭祀周公，用白色的公牛。案礼制，夏尚黑，殷尚白，周尚赤。周公得用王礼，然不敢同于周天子，故用白牡。不用黑牡者，按照改制理论，继周而立的王朝当尚黑色，如周公用黑牡，则有改制之嫌。

⑧骍犅（xīngāng）：赤脊之公牛。案周天子之牲纯赤。鲁公为诸侯，降天子一等，故用骍犅。

⑨不毛：不纯色。即群公用杂色之牲，降始封君一等。

⑩盛：粢盛。即将黍稷等谷物装在器中，用以祭祀。

⑪周公盛：祭祀周公之粢盛，全用新谷。

⑫鲁公焘：焘，冒也。即新谷覆盖在旧谷之上，各占一半。

⑬群公廪：廪，全部用旧谷，只在上面洒一些新谷，使得新旧之谷相连而已。

【译文】

【经】世室的房屋坏了。

【传】世室是什么？是鲁公的庙。周公之庙称太庙。鲁公之庙称世室。群公之庙称宫。这是鲁公之庙，为何称为世室？世室，是世代供奉的宗庙，世世代代不毁庙。鲁国为何以周公之庙为太庙？是因为周公而册封鲁公的。册命之时周公拜受在前，鲁公拜受在后。周成王册命之辞说道：“周公生时，以鲁国奉养周公。周公死后，作为周公的祭祀之主。”那么周公去鲁国就封了吗？回答道：没有去鲁国就封。那么周公曷为不去鲁国就封？是想要天下一心向周。鲁国祭祀周公，用什么牺牲？祭祀周公用纯白的公牛，鲁公用赤脊的公牛，群公用不纯色的公牛。鲁国祭祀周公，用什么粢盛？周公全用新谷；鲁公则新谷在上，新旧各半；群公全用旧谷，仅在表面洒些新谷。世室的房屋毁坏，为何记录此事？是讥刺。讥刺什么？讥刺年久失修。

【经】冬，公如晋。

【经】卫侯会于沓[①]。

【经】狄侵卫。

【经】十有二月，己丑，公及晋侯盟。

【经】还自晋。

【经】郑伯会公于斐。

【传】还者何？善辞也。何善尔？往党[②]，卫侯会公于沓，至得与晋侯盟；反党，郑伯会公于斐，故善之也[③]。

【注释】

①卫侯会于沓：据下传"卫侯会公于沓"，则此处脱一"公"字。

②往党：党，犹所也，所犹时也。往党，即往时，指文公自鲁至晋之时。下文"反党"，即返时，指文公自晋归国之时。

③故善之也：何休云："文公前扈之盟不见序，后能救郑之难，不逆王者之求，上得尊尊之义，下得解患之恩，一出三为诸侯所荣，故加录于其还时，皆深善之。"

【译文】

【经】冬，公前往晋国。

【经】卫侯与公在沓地相会。

【经】狄侵入卫国。

【经】十二月，己丑，公与晋侯结盟。

【经】公自晋还国。

【经】郑伯与公在斐地相会。

【传】“还”是什么意思？是善辞。公有何善？去晋国之时，卫侯与公相会于沓，到了晋国，能与晋侯结盟。归国时，郑伯与公相会于斐，所以褒扬公。

【经】十有四年，春，王正月，公至自晋。

【译文】

【经】十四年，春，王正月，公从晋国归来。

【经】邾娄人伐我南鄙。

【译文】

【经】邾娄人伐击我国南部边境。

【经】叔彭生帅师伐邾娄。

【译文】

【经】叔彭生帅师伐击邾娄国。

【经】夏，五月，乙亥，齐侯潘卒①。

【注释】

①齐侯潘卒：《春秋》不书齐侯潘之葬，因其立嗣不明，乍欲立舍，乍

欲立商人，后来导致商人弑舍。

【译文】

【经】夏，五月，乙亥，齐侯潘去世了。

【经】六月，公会宋公、陈侯、卫侯、郑伯、许男、曹伯、晋赵盾，癸酉[1]，同盟于新城。

【注释】

①癸酉：案《春秋》之例，当书“六月，癸酉，公会宋公、陈侯、卫侯、郑伯、许男、曹伯、晋赵盾，同盟于新城”。此处“癸酉”置于“赵盾”之后，“同盟”之前，表明结盟之日，由赵盾所定，是信在赵盾，以刺诸侯之微弱。

【译文】

【经】六月，公会同宋公、陈侯、卫侯、郑伯、许男、曹伯、晋赵盾，癸酉，在新城同心结盟。

【经】秋，七月，有星孛入于北斗[1]。孛者何？彗星也。

【传】其言入于北斗何？北斗有中也[2]。何以书？记异也。。

【注释】

①星孛：即彗星，芒气四出曰孛。

②北斗有中也：中，魁中，即北斗星勺斗之中。

【译文】

【经】秋，七月，有星孛进入了北斗。

【传】星孛是什么？是彗星。经书“入于北斗”是为何？北斗有魁中

（进入北斗，就是进入北斗魁中）。为何记录此事？是记录异象。

【经】公至自会。

【译文】

【经】公从新城之会归国。

【经】晋人纳接菑于邾娄，弗克纳。

【传】纳者何？入辞也。其言弗克纳何[1]？大其弗克纳也。何大乎其弗克纳？晋郤缺帅师革车八百乘，以纳接菑于邾娄，力沛若有余，而纳之。邾娄人言曰："接菑，晋出也[2]。貜且，齐出也。子以其指[3]，则接菑也四，貜且也六[4]，子以大国压之，则未知齐、晋孰有之也？贵则皆贵矣，虽然，貜且也长。"郤缺曰："非吾力不能纳也，义实不尔克也[5]。"引师而去之。故君子大其弗克纳也。此晋郤缺也，其称人何[6]？贬。曷为贬？不与大夫专废置君也[7]。曷为不与？实与，而文不与[8]。文曷为不与？大夫之义，不得专废置君也。

【注释】

①其言弗克纳何：弗克纳，即不能纳。案《春秋》之例，书"晋人纳接菑于邾娄"，表明接菑入国得立之辞。此处又书"弗克纳"，则接菑未得立，两者矛盾，故而发问。

②晋出也：出，外孙也。即接菑是晋国的外孙。

③子以其指：即用手指打比方。正常情况一只手有五个手指。

④接菑也四，貜（jué）且也六：以手指打比方，则接菑只有四个手指，

貜且有六个手指，皆不得天性之正。以此比喻两人皆非嫡子。当时邾娄之君娶了两次，接菑与貜且的母亲尊卑相同。徐彦以为二人或皆是右媵之子，或皆是左媵之子。

⑤克：胜也。

⑥其称人何：案名例，大国大夫当称名氏。

⑦不与大夫专废置君也：不与，不赞同。专，擅自。废置君，即废黜国君、树立新君。案郤缺纳接菑于邾娄，又弗克纳，从性质上说，是以大夫废立诸侯，虽是外国之君，也属于以下犯上，故不与也。

⑧实与，而文不与：即实际上赞同郤缺的行为，而在文辞上则不赞许。具体来说，经书"弗克纳"是"实与"；贬郤缺为"晋人"，则是"文不与"。

【译文】

【经】晋人纳接菑于邾娄国，弗克纳。

【传】"纳"是什么意思？是入国得位的文辞。经书"弗克纳"是为何？是褒扬晋人的"弗克纳"。为何褒扬晋人的"弗克纳"？晋国的郤缺率领军队，兵车有八百乘，要将接菑纳入邾娄国为君，力量是足够的，于是纳之。邾娄人说："接菑，是晋国的外孙。貜且，是齐国的外孙。您用手指打比方，那么接菑只有四指，貜且则有六指，都不是天性之正。您以大国压服我们，那么不知道齐、晋两国谁能如意。接菑与貜且，地位一样尊贵，即便这样，貜且年长。"郤缺说："不是我的力量不能纳接菑为君，是在道义上不能胜过你。"于是帅师离去。所以君子褒扬他的"弗克纳"。这里是晋国大夫郤缺，经称"晋人"是为何？是贬抑他。为何贬抑？是不赞同大夫擅自废立君主。为何不赞同郤缺弗克纳？实际上赞同，而文辞上不赞同。文辞上为何不赞同？按大夫的道义，不能擅自废立君主。

【经】九月，甲申，公孙敖卒于齐①。

【注释】

①公孙敖卒于齐:案公孙敖于文公七年,出奔莒国,已被诛绝,则此处不当书其卒。而书者,因下文公十五年"齐人归公孙敖之丧",故在此处张本。何休云:"已绝,卒之者,为后齐胁鲁归其丧有耻,故为内讳,使若尚为大夫。"

【译文】

【经】九月,甲申,公孙敖在齐国去世。

【经】齐公子商人弑其君舍①。

【传】此未逾年之君也,其言弑其君舍何②?已立之,已杀之,成死者而贱生者也③。

【注释】

①齐公子商人弑其君舍:案公子商人与公子舍,皆为齐侯潘之子,案礼制次序,则商人当立。然齐侯潘立嗣不明,乍欲立舍,乍欲立商人,而商人恐其父欲立舍而害己,故先立舍为君,然后弑杀之。

②此未逾年之君也,其言弑其君舍何:齐侯潘卒于此年夏,则舍属于未逾年之君。案僖公九年"晋里克弑其君之子奚齐"条,则未逾年之君被弑,当称"君之子某"。此处却书"君",故而发问。

③成死者而贱生者也:死者,指舍。生者,指商人。经不书"弑其君之子舍",而书"弑其君舍",是将舍等同于成君,此为"成死者"。然舍本得位不正,成就其为成君的目的,不在于舍本身,而是为了绝贱商人之所为。值得注意的是,案时月日例,弑成君例日,此处不书日,是为了表明舍之得位不正。

【译文】

【经】齐公子商人弑杀了他的国君舍。

【传】这是未踰年的国君，经言“弑其君舍”是为何？自己拥立了国君，自己又把国君杀了，是成就死者，以此来绝贱生者。

【经】宋子哀来奔。

【传】宋子哀者何？无闻焉尔。

【译文】

【经】宋子哀来前来投奔。

【传】宋子哀是什么人？没听老师说起过。

【经】冬，单伯如齐[①]，齐人执单伯。齐人执子叔姬。

【传】执者曷为或称行人[②]，或不称行人？称行人而执者，以其事执也。不称行人而执者，以己执也[③]。单伯之罪何？道淫也。恶乎淫？淫乎子叔姬。然则曷为不言齐人执单伯及子叔姬？内辞也，使若异罪然[④]。

【注释】

①单伯如齐：单伯为鲁国之大夫，称“伯”，表明是鲁国命于天子之大夫。单伯如齐，是因鲁女子叔姬（鲁文公同母之妹）嫁于齐侯，单伯负责护送。在途中，两人有淫佚之行，后至齐国，被人识破，故齐人将此二人拘捕起来。

②行人：使者的通称。

③以己执也：因自身之罪而被执，非因出使之事而被执。

④内辞也，使若异罪然：内辞，为鲁国避讳之辞。异罪，即不同的罪过。经若书“齐人执单伯及子叔姬”，表示两人因一事被执，则很容易想到二人有淫佚之罪。今书“齐人执单伯”，“齐人执子叔

姬”，则表示二人因不同的事情被执，此为“使若异罪然”。值得注意的是，案伯讨之例，称爵而执者，伯讨也；称人而执者，非伯讨也。此处单伯与子叔姬淫佚，其罪当执，应为伯讨，而经不书“齐侯”而书“齐人”者，是为鲁国深讳之辞。又不书“子叔姬归于齐”，亦是深讳。

【译文】

【经】冬，单伯去了齐国。齐人拘捕了单伯。齐人拘捕了子叔姬。

【传】拘捕人，为何有时称“行人”，有时不称“行人”？称“行人”而执者，是因其出使之事而被执。不称“行人”而执者，是因其自身之罪而被执。单伯有什么罪行？在途中淫佚。与谁淫佚？与子叔姬淫佚。然则经文为何不书“齐人执单伯及子叔姬”？这是为鲁国避讳之辞，好像二人是因不同的罪行而被执的。

【经】十有五年，春，季孙行父如晋。

【译文】

【经】十五年，春，季孙行父出使去了晋国。

【经】三月，宋司马华孙来盟①。

【注释】

①宋司马华孙来盟：司马为宋国官名，华孙为其名氏。案经书“宋司马华孙来盟”，是非常奇怪的书法：首先，未书“宋公使司马华孙来盟”。第二，依“宋无大夫”之例，仅书“宋司马来盟”即可，不需书“华孙”。何休以为，《春秋》如此书法，是说明宋有乱政，罪在宋国，不在华孙本人。

【译文】

【经】三月，宋司马华孙来结盟。

【经】夏，曹伯来朝。

【译文】

【经】夏，曹伯来鲁国朝见。

【经】齐人归公孙敖之丧[①]。

【传】何以不言来？内辞也[②]。胁我而归之，筍将而来也[③]。

【注释】

①齐人归公孙敖之丧：案公孙敖去年九月卒于齐，齐因子叔姬淫佚，连带厌恶鲁国之人，故胁迫鲁国接受公孙敖之尸体。

②内辞也：即为鲁国避讳之辞。案鲁受齐国胁迫，有大耻辱，需避讳。故不书“来归”，则表明齐人仅是归公孙敖之丧，未言归至何国，以此为鲁国杀耻。

③筍将而来也：筍者，竹箯，一名编舆。将，送也。即取公孙敖之尸体，置于编舆中，传送而来，胁鲁令受之。

【译文】

【经】齐人送来公孙敖的尸体。

【传】为何不书“来”字？是为鲁国避讳之辞。因为齐国威胁我国而送回公孙敖的尸体，装在编舆中送过来。

【经】六月，辛丑，朔，日有食之，鼓用牲于社。

【译文】

【经】六月,辛丑,朔日,发生了日食,于社坛擂鼓,并用牲祭祀。

【经】单伯至自齐[1]。

【注释】

①单伯至自齐:单伯因淫于子叔姬,故被齐人所执,至此放回。何休云:"大夫不致,此致者,喜患祸解也。不省去氏者,淫当绝,使若他单伯至也。"

【译文】

【经】单伯从齐国回来。

【经】晋郤缺帅师伐蔡,戊申,入蔡。

【传】入不言伐[1],此其言伐何?至之日也[2]。其日何[3]?至之日也。

【注释】

①入不言伐:伐,指推兵入境伐击之。入,指攻入都城,得而不居。就用兵之意而言,入深而伐浅,《春秋》之例,举重者书之,故云"入不言伐"。

②至之日也:即至之日,便攻入都城。案用兵当有节制,应先至国境侵责之,不服,方推兵入境伐击之。而此处郤缺至之日便攻入蔡国都城,残暴至极,故《春秋》"伐"、"入"并举。

③其日何:案时月日例,入例时,伤害多则月。此处书日,故而发问。下文云"至之日也",即此处之书日,是为了表明郤缺至之日便入人国,见其暴虐也。

【译文】

【经】晋郤缺帅师伐击蔡国。戊申，攻入蔡国都城。

【传】《春秋》书“入”则不书“伐”，此处书“伐”是为何？是表明至之日便攻入都城。经书日，是为何？是表明郤缺至之日便攻入都城。

【经】秋，齐人侵我西鄙。

【译文】

【经】秋，齐人侵责我国西部边境。

【经】季孙行父如晋。

【译文】

【经】季孙行父出使去了晋国。

【经】冬，十有一月，诸侯盟于扈①。

【注释】

①诸侯盟于扈：案文公七年，亦有扈之盟，因当时鲁文公失序，故不序列与会之诸侯；此处扈之盟亦不序列诸侯，是顺遂文公七年之讳文，好像凡是在扈地的结盟，详情皆不可得知，以此为文公减耻。

【译文】

【经】冬，十一月，诸侯在扈地结盟。

【经】十有二月，齐人来归子叔姬。

【传】其言来何[①]？闵之也[②]。此有罪，何闵尔？父母之于子，虽有罪，犹若其不欲服罪然[③]。

【注释】

①其言来何：对比上文“齐人归公孙敖之丧”不言“来”字，故而发问。

②闵之也：闵，闵伤也。子叔姬因淫佚，故被齐侯所出，《春秋》从鲁国的角度闵伤其弃绝来归，故书“来”字。

③父母之于子，虽有罪，犹若其不欲服罪然：父母，子叔姬为文公同母之妹，此处言“父母”者，何休以为，当时文公之母尚在，孝子当伸母恩。《春秋》之中，恩义并施，如就王法而言，子叔姬确实有罪；从亲恩而言，对于有罪之子女，当怜悯之，为之避讳罪过，亲亲相隐，直在其中。故此处不书“子叔姬来归”（此为弃归之辞）。

【译文】

【经】十二月，齐人来送回子叔姬。

【传】经文书“来”是为何？是闵伤子叔姬弃绝来归。子叔姬有罪，为何闵伤她？父母对于子女，即使子女有罪，也好像不想让子女服罪的样子。

【经】齐侯侵我西鄙，遂伐曹，入其郛。

【传】郛者何？恢郭也[①]。入郛书乎？曰不书[②]。入郛不书，此何以书？动我也[③]。动我者何？内辞也，其实我动焉尔[④]。

【注释】

①恢郭也：恢，大也。郭，城外大郭，即外城。

②日不书：案战伐之例，攻入都城之外城，也仅书“围”；若书“入”，则表明都城被攻破，敌人得而不居。

③动我也：惊动我国。意谓齐国想要通过攻入曹国（鲁同姓之国）外城的行为，来惊动鲁国。

④其实我动焉尔：我动，即鲁国自身恐惧。鲁国因子叔姬之事，畏惧齐国，见齐国攻入曹国之郭，而心怀恐惧。如直书“我动”，则鲁国微弱甚，有耻，故《春秋》为之避讳，不言鲁国恐惧，而言齐国想要恐吓鲁国，以此杀耻。

【译文】

【经】齐侯侵责我国西部边境。于是伐击曹国，攻入了曹国之郛。

【传】郛是什么？是广大的外城。《春秋》常例，记录外城被攻入吗？回答道，不记录。攻入外城不记录，那么此书为何记录？是齐国想要以此来恐吓我国。恐吓我国是什么意思？是为鲁国避讳之辞，实际是我国恐惧了。

【经】十有六年，春，季孙行父会齐侯于阳穀，齐侯弗及盟①。

【传】其言弗及盟何？不见与盟也②。

【注释】

①齐侯弗及盟：字面的意思是，齐侯没来得及结盟，季孙行父便离开了。

②不见与盟也：鲁因子叔姬之事，想与齐国结盟，而齐侯不愿意。如此则鲁国受辱有耻，故《春秋》为之避讳，言“齐侯不及盟”。

【译文】

【经】十六年,春,季孙行父与齐侯在阳穀相会,齐侯没来得及结盟。

【传】经书齐侯没来得及结盟,是什么意思?实际上是齐侯不肯结盟。

【经】夏,五月,公四不视朔①。

【传】公曷为四不视朔?公有疾也。何言乎公有疾不视朔②?自是公无疾不视朔也。然则曷为不言公无疾不视朔?有疾犹可言也,无疾不可言也③。

【注释】

①视朔:即"告月"、"告朔",参见文公六年"闰月不告月"条。

②何言乎公有疾不视朔:案有疾而不视朔,无恶,不当书,故而发问。

③无疾不可言也:无疾而不视朔,失奉天之道,为大恶,需避讳,故云"无疾不可言也"。

【译文】

【经】夏,五月,公四次不视朔。

【传】公为何四次不视朔?公有疾病在身。为何书公有疾而不视朔?从此公没有疾病,也不视朔。然则为何不说公无疾而不视朔?有疾不视朔,还可以说。无疾不视朔,就不能说了。

【经】六月,戊辰,公子遂及齐侯盟于犀丘。

【译文】

【经】六月,戊辰,公子遂与齐侯在犀丘结盟。

【经】秋，八月，辛未，夫人姜氏薨[1]。

【注释】

①夫人姜氏：此为文公之母圣姜。

【译文】

【经】秋，八月，辛未，夫人姜氏薨没了。

【经】毁泉台。

【传】泉台者何？郎台也[1]，郎台则曷为谓之泉台？未成为郎台，既成为泉台。毁泉台何以书？讥。何讥尔？筑之讥，毁之讥，先祖为之，己毁之，不如勿居而已矣[2]。

【注释】

①郎台：鲁庄公在郎地所筑之台（即庄公三十一年“筑台于郎”），因其在泉水边上，故称为“泉台”。

②先祖为之，己毁之，不如勿居而已矣：庄公筑泉台是为了游乐，若毁之，则暴扬先人之恶，不如勿居，令其自行毁坏。

【译文】

【经】毁坏泉台。

【传】泉台是什么？是郎台。是郎台，为何称之为泉台？未建成时，以所在之地命名，称为郎台。建成之后，称为泉台。为何记录毁坏泉台？是讥刺。讥刺什么？筑造时讥刺，毁坏时讥刺。先祖建造郎台，自己毁坏郎台，不如不用它就是了。

【经】楚人、秦人、巴人灭庸。

【译文】

【经】楚人、秦人、巴人灭亡了庸国。

【经】冬，十有一月，宋人弑其君处臼。

【传】弑君者曷为或称名氏，或不称名氏？大夫弑君称名氏①，贱者穷诸人②；大夫相杀称人③，贱者穷诸盗④。

【注释】

①大夫弑君称名氏：如“晋里克弑其君卓子”，书“里克”之名氏。

②贱者穷诸人：贱者，指士。案名例，士称“人”，弑君亦称人，故云“穷诸人”。如此条，即是宋国之士弑杀了国君，故书“宋人”。

③大夫相杀称人：如文公九年“晋人杀其大夫先都”，为大夫相杀。

④贱者穷诸盗：贱者，指士。即士杀大夫，称“盗”，如襄公十年“盗杀郑公子斐、公子发、公子辄”。

【译文】

【经】冬，十一月，宋人弑杀了他们的国君处臼。

【传】弑君为何有的称名氏，有的不称名氏？大夫弑君，称大夫之名氏，贱者士弑君，则书人。大夫相杀称人，贱者士杀大夫，则称盗。

【经】十有七年，春，晋人、卫人、陈人、郑人伐宋。

【译文】

【经】十七年，春，晋人、卫人、陈人、郑人伐击宋国。

【经】夏，四月，癸亥，葬我小君圣姜。

【传】圣姜者何？文公之母也。

【译文】

【经】夏，四月，癸亥，安葬我国小君圣姜。

【传】圣姜是什么人？是文公的母亲。

【经】齐侯伐我西鄙。

【译文】

【经】齐侯伐击我国西部边境。

【经】六月，癸未，公及齐侯盟于穀。

【译文】

【经】六月，癸未，公与齐侯在穀地结盟。

【经】诸侯会于扈①。

【注释】

①诸侯会于扈：此处不序列诸侯，亦是顺遂文公七年扈之盟，不序列诸侯之讳文。

【译文】

【经】诸侯在扈地相会。

【经】秋，公至自穀。

【译文】

【经】秋，公从穀地归国。

【经】冬，公子遂如齐。

【译文】

【经】冬，公子遂出使去了齐国。

【经】十有八年，春，王二月，丁丑，公薨于台下[①]。

【注释】

①公薨于台下：案何休之意，公薨于正寝、高寝、小寝为得礼，薨于台下则为非礼。

【译文】

【经】十八年，春，王二月，丁丑，公在台下薨殁。

【经】秦伯罃卒[①]。

【注释】

①秦伯罃（yíng）卒：即秦穆公。之前《春秋》将秦国视为夷狄，因穆公能变，故书其卒。

【译文】

【经】秦伯罃去世了。

【经】夏，五月，戊戌，齐人弑其君商人[①]。

【注释】

①齐人弑其君商人：案文公十四年“齐公子商人弑其君舍”，则商人为弑君之贼，此处被杀，宜用讨贼之辞，书“齐人杀商人”。此处却用士弑君之辞言之，何休云：“齐人已君事之，杀之宜当坐弑君。”

【译文】

【经】夏，五月，戊戌，齐人弑杀了他们的国君商人。

【经】六月，癸酉，葬我君文公。

【译文】

【经】六月，癸酉，安葬我们的国君文公。

【经】秋，公子遂、叔孙得臣如齐[①]。

【注释】

①公子遂、叔孙得臣如齐：孔广森以为，鲁国二卿如齐，是为弑子赤而请于齐，又见弑子赤，是公子遂立谋，而叔孙得臣与闻弑君。

【译文】

【经】秋，公子遂、叔孙得臣去了齐国。

【经】冬，十月，子卒。

【传】子卒者孰谓？谓子赤也[①]。何以不日？隐之也。何隐尔？弑也[②]。弑则何以不日[③]？不忍言也[④]。

【注释】

①子赤：是鲁文公与夫人姜氏之子。文公薨后，被弑杀。案嗣君之名例，君薨称子某，既葬称子，此处文公已葬，故经书“子”，而不书“子赤”。

②弑也：未逾年君被弑，此为大恶，《春秋》内大恶讳，故不言“弑”，而言“卒”。子赤被公子遂所弑，详见成公十五年“三月，乙巳，仲婴齐卒”条传文。

③弑则何以不日：据庄公三十二年，子般被弑书日。

④不忍言也：何休云：“所闻世，臣子恩痛王父深厚，故不忍言其日，与子般异。”

【译文】

【经】冬，十月，子卒。

【传】子卒指的是谁？是子赤。为何不书日？是隐痛他。为何隐痛？因为他是被弑杀的。被弑杀，为何不书日？因为年代在所闻世不忍心书日。

【经】夫人姜氏归于齐[①]。

【注释】

①夫人姜氏归于齐：夫人姜氏，即子赤之母。归，大归也，即一去不复返之意。文公去世，子赤被弑，鲁宣公篡位，夫人姜氏无所留归，故有去道。

【译文】

【经】夫人姜氏回到了齐国。

【经】季孙行父如齐。

【译文】

【经】季孙行父去了齐国。

【经】莒弑其君庶其。

【传】称国以弑何[①]？称国以弑者，众弑君之辞[②]。

【注释】

①称国以弑何：案《春秋》之例，大夫弑君称名氏，士弑君则称“人”，故而发问。

②称国以弑者，众弑君之辞：何休云：“一人弑君，国中人人尽喜，故举国以明失众，当坐绝也。”

【译文】

【经】莒国杀了他们的国君庶其。

【传】为何称国以弑？称国以弑，是众人弑君的文辞。

宣公第七

【题解】

据何休《解诂》，宣公为僖公妾子，其母为顷熊。宣公通过弑杀子赤上台，在位共十八年。宣公在位期间的大事主要有十二年的晋楚邲之战，晋国内部不和导致战败，楚庄王称霸，鲁国也派公孙归父到楚言和；宣公十五年（前594），鲁国实行著名的“初税亩”，即不问土地面积和所有者身份，一律按亩征税，这标志着井田制的崩坏，是中国古代经济史上的重大改革。

宣公篇主要的义理有：涉及君臣之义者，有赵盾不讨贼而被认定为弑君，见二年“晋赵盾弑其君夷獆”、六年“晋赵盾、卫孙免侵陈”条；元年“晋放其大夫胥甲父于卫”条，见大夫去君，有三年待放之礼；八年“《万》入去籥”条，见大夫卒，君为之废一时之祭。涉及夷夏之辨者，见十二年“邲之战”条、十八年“楚子旅卒”条。涉及“通三统”者，如十六年“成周宣谢灾”条，见周不复兴，《春秋》当新王之义。此外十一年“楚人杀陈夏徵舒”条，又发“实与而文不与”之传，一方面肯定楚庄王之讨贼，另一方面指出其僭越天子之处。十五年“宋人及楚人平”条，则涉及人道主义精神与君臣之义上的取舍。

【经】元年，春，王正月，公即位①。

【传】继弑君不言即位[②],此其言即位何？其意也[③]。

【注释】

①公即位:即位者为鲁宣公。何休以为,宣公为鲁僖公之妾子。

②继弑君不言即位:先君被弑,则于嗣君之元年不书“公即位”三字,此为《春秋》常例,其中之原因,是隐痛嗣君遭遇先君篡弑之祸。另一方面,无论是成君被弑,还是未逾年君被弑,《春秋》隐痛如一,故继未逾年之君,亦不书即位。

③其意也:即“如其意也”。文公薨,本应由子赤继位,公子遂欲立宣公,故而弑杀子赤,则宣公与公子遂为一党,故《春秋》顺遂宣公欲即位之意,书“公即位”以著其恶。

【译文】

【经】元年,春,王正月,公即位。

【传】继承被弑杀的国君,依例不书嗣君之即位,此处为何书即位?是顺遂宣公的心意。

【经】公子遂如齐逆女[①]。三月,遂以夫人妇姜至自齐[②]。

【传】遂何以不称公子？一事而再见者,卒名也[③]。夫人何以不称姜氏？贬。曷为贬？讥丧娶也。丧娶者公也,则曷为贬夫人？内无贬于公之道也[④]。内无贬于公之道,则曷为贬夫人？夫人与公一体也[⑤]。其称妇何？有姑之辞也[⑥]。

【注释】

①公子遂如齐逆女:此是公子遂为宣公迎娶齐女为夫人。然鲁文公薨于上一年二月,则宣公有丧在身,故此处属于丧娶。案《春秋》之例,丧娶则当贬去逆女大夫之氏,书“遂如齐逆女”,此处因

公子遂有弑子赤之恶,《春秋》之例,内大夫弑君,亦贬去氏,两者有嫌,故不去氏。

②遂:即公子遂。此处是省去"公子"之氏。

③卒名也:卒,竟也。卒名,即竟举其名,省去其氏。因公子遂如齐逆女,与护送夫人至鲁国,属于一件事,故而省文。

④内无贬于公之道也:《春秋》以鲁为内,不可将"公"贬称"人",之所以如此,何休云:"明下无贬上之义。"

⑤夫人与公一体也:案礼制,夫妻一体也,荣辱共之。

⑥有姑之辞也:媳妇称妇,婆婆称姑。案《春秋》之例,姑若存,则夫人以妇礼至,书"夫人妇姜氏";若姑已没,则以夫人之礼至,书"夫人姜氏"。经书"夫人妇姜",无"氏"字,即是贬夫人之辞。

【译文】

【经】公子遂为公去齐国迎接新娘。三月,公子遂带着夫人妇姜自齐国来到鲁国。

【传】"遂"为何不称"公子"之氏?一件事而第二次出现时,竟书其名。夫人为何不称"姜氏"?是贬抑她。为何贬抑?为了讥刺丧中娶妻。丧中娶妻的是公,那么为何要贬抑夫人?因为对于鲁国来说,没有贬抑国君的道理。鲁国没有贬抑国君的道理,那么为何贬抑夫人。因为夫人与公夫妻一体,荣辱与共。经书"妇"是为何?"妇"是儿媳妇相对于婆婆的称谓。

【经】夏,季孙行父如齐。

【译文】

【经】夏,季孙行父出使去了齐国。

【经】晋放其大夫胥甲父于卫[①]。

【传】放之者何？犹曰：无去是云尔。然则何言尔？近正也[②]。此其为近正奈何？古者大夫已去，三年待放[③]。君放之，非也；大夫待放，正也[④]。古者臣有大丧，则君三年不呼其门[⑤]。已练可以弁冕[⑥]，服金革之事[⑦]。君使之，非也，臣行之，礼也。闵子要绖而服事[⑧]，既而曰："若此乎，古之道不即人心[⑨]。"退而致仕。孔子盖善之也[⑩]。

【注释】

①放：流放。

②近正也：接近正法，正法指古代大夫去君，三年待放之礼。

③三年待放：案古代礼制，臣以道事君，不可则止，若三谏不从，则可去之，此谓"大夫已去"。然非骤然离去，而是在郊外自我流放三年，等待国君用其言。国君则在此三年之中，不绝其禄，若欲其还，则赐之以环，若不欲其还，则赐之以玦，听其所去，不得阻拦。此为三年待放之礼。

④君放之，非也，大夫待放，正也：待放为大夫自重的体现，故晋侯命令胥甲父不可离开卫国，是非礼的。而胥甲父听从国君之命，是符合正道的。

⑤君三年不呼其门：此指臣下有父母之丧，则君王三年不使之服事，顾全人子之情。以下所论，非三年待放之礼，而是就上文"君放之，非也；大夫待放，正也"而申论丧礼夺情中的君臣之义。

⑥已练可以弁冕：练，亲人去世一周年时举行的小祥之祭。弁冕，指代吉服从政。即练祭之后，国君可夺情使臣下从政。何休以为，此是衰世之礼，故下文云"君使之非也"。

⑦金革之事：兵事。

⑧闵子要绖而服事：闵子，闵子骞，孔子弟子，以孝闻。要绖，系于腰间的丧带。案礼制，练祭之后，男子仍系要绖。此处指闵子骞在丧中，而国君夺情，故系着要绖，服金革之事。

⑨古之道不即人心：古之道，此处指代国君金革夺情，实则此非古制，因不敢直言国君，故以“古之道”为辞。即，近也。

⑩孔子盖善之也：孔子善之有三点：第一，闵子要绖服事，得事君之义。第二，退而服丧，不失亲亲之恩。第三，称言“古之道”，不讪谤其君。

【译文】

【经】晋国把他的大夫胥甲父流放到了卫国。

【传】“放之”是什么意思？相当于说不准离开的意思。为何记录此事？这种作法接近正道。接近正道是怎么回事？古代大夫离开国君，三年待放。晋君命令胥甲父不准离开卫国，是非礼的；胥甲父待放，不离开卫国，是符合正道的。古代臣下有父母之丧，则国君三年不上门招唤。衰世之礼，练祭过后，可以服弁冕，从事军政。国君夺情，是非礼的。臣子听从国君夺情之命，是合礼的。闵子骞带着要绖而从事军政，事毕之后，说：“像这个样子，古代的制度不近人情。”退身致仕。孔子对此是赞赏的。

【经】公会齐侯于平州。

【译文】

【经】公与齐侯在平州相会。

【经】公子遂如齐。

【译文】

【经】公子遂出使去了齐国。

【经】六月，齐人取济西田。

【传】外取邑不书，此何以书？所以赂齐也。曷为赂齐？为弑子赤之赂也①。

【注释】

①为弑子赤之赂也：案子赤之母，是齐国大夫之女。宣公篡子赤之位，恐为齐所诛，故以济西田贿赂齐国。值得注意的是，此处虽书“齐人取济西田”，齐国只是口头答应，并未取之。虽则如此，齐国仍坐受赂之罪。

【译文】

【经】六月，齐人取得了济西田。

【传】鲁国之外的取邑，例所不书，此处为何书？济西田是鲁国贿赂齐国的。为何贿赂齐国？是为弑杀子赤而贿赂。

【经】秋，邾娄子来朝。

【译文】

【经】秋，邾娄子来鲁国朝见。

【经】楚子、郑人侵陈，遂侵宋。

【译文】

【经】楚子、郑人侵责陈国，于是侵责宋国。

【经】晋赵盾帅师救陈。宋公、陈侯、卫侯、曹伯会晋师于斐林，伐郑。

【传】此晋赵盾之师也，曷为不言赵盾之师？君不会大夫之辞也①。

【注释】

①君不会大夫之辞也：案斐林之会，宋公、陈侯、卫侯、曹伯实被赵盾所召，故经别言“会晋师于斐林”，若非赵盾所召，则当书“宋公、陈侯、卫侯、曹伯、晋赵盾会于斐林”。既然赵盾为会主，当书“晋赵盾、宋公、陈侯、卫侯、曹伯会于斐林”，然而赵盾是臣，以臣召君，干犯名义，故《春秋》不书“晋赵盾”而书“晋师”，此为君不会大夫之辞。

【译文】

【经】晋赵盾帅师救援陈国。宋公、陈侯、卫侯、曹伯在斐林与晋师相会，伐击郑国。

【传】这是晋国赵盾的师旅，为何不言是赵盾之师？这是国君不能被大夫所会的文辞。

【经】冬，晋赵穿帅师侵柳。

【传】柳者何？天子之邑也①。曷为不系乎周②？不与伐天子也③。

【注释】

①天子之邑也：案柳为天子之邑，有大夫守之，当时晋国与柳邑大夫有忿争，故而侵之。

②系乎周：案《春秋》之例，邑皆系属于国。此处柳为天子之邑，本

当系属于周。

③不与伐天子也：不赞同伐击天子。案《春秋》之例，侵的对象是国家，柳不系属于周，好像柳是一个诸侯国，此处则是两国相伐，非是伐天子。以此为周天子避讳。

【译文】

【经】冬，晋赵穿帅师侵责柳。

【传】柳是什么地方？是天子的城邑。为何不系属于周？是不赞同伐击周天子。

【经】晋人、宋人伐郑。

【译文】

【经】晋人、宋人伐击郑国。

【经】二年，春，王二月，壬子，宋华元帅师，及郑公子归生帅师，战于大棘，宋师败绩，获宋华元①。

【注释】

①获宋华元：案《春秋》之义，国君死社稷，大夫死众，华元未能死众而被俘，当绝贱之。经不书“获华元”，而书“获宋华元”者，明耻辱及宋国。

【译文】

【经】二年，春，王二月，壬子，宋华元帅师与郑公子归生帅师在大棘合战，宋师败绩，宋华元被俘获。

【经】秦师伐晋。

【译文】

【经】秦师伐击晋国。

【经】夏,晋人、宋人、卫人、陈人侵郑。

【译文】

【经】夏,晋人、宋人、卫人、陈人侵责郑国。

【经】秋,九月,乙丑,晋赵盾弑其君夷獆[①]。

【注释】

①晋赵盾弑其君夷獆(gāo):夷獆,即晋灵公。弑君者实为赵穿,《春秋》因赵盾不讨贼,故云赵盾弑君,详见宣公六年"春,晋赵盾、卫孙免侵陈"条传文。

【译文】

【经】秋,九月,乙丑,晋赵盾弑杀了他的国君夷獆。

【经】冬,十月,乙亥,天王崩[①]。

【译文】

【经】冬,十月,乙亥,天王(周匡王)驾崩。

【经】三年,春,王正月,郊牛之口伤,改卜牛[①],牛死[②],乃不郊,犹三望[③]。

【传】其言之何?缓也。曷为不复卜?养牲养二卜[④],帝牲不吉，则扳稷牲而卜之。帝牲在于涤三月[⑤]。于稷者，唯具是视[⑥]。郊则曷为必祭稷？王者必以其祖配[⑦]。王者则曷为必以其祖配？自内出者，无匹不行。自外至者，无主不止[⑧]。

【注释】

①郊牛之口伤，改卜牛：郊牛，天帝享用的牺牲，即传文之“帝牲”。卜牛，鲁国郊天，以周之始祖后稷配食，卜牛为后稷享用的牺牲，即传文中之“稷牲”。

②牛死：郊牛若有所损伤，则用卜牛替代，若牛再死，则不郊天。

③乃不郊，犹三望：参见僖公三十一年“夏，四月，四卜郊，不从，乃免牲，犹三望”条。

④二卜：第一卜，选牛以为帝牲、稷牲，需要占卜。第二卜，帝牲若有毁伤，以稷牲充当帝牲时，需要占卜，若不吉，或牛再死，则不郊。

⑤帝牲在于涤三月：涤，涤宫，为养帝牲之处，言涤者，取荡涤清洁之意。涤有三牢，外牢、中牢、明牢，每牢养一个月。案鲁之郊祭，一般在周历之正月（若占卜得吉），则于上年之十月、十一月、十二月，养天牲于涤宫。

⑥于稷者，唯具是视：稷牛不单独养在涤宫，只要求完好无损。

⑦配：配食天帝。

⑧自内出者，无匹不行。自外至者，无主不止：此为礼之通例，指自内而出，无所会合则不行；客自外来，若无主人，则无所依止。运用于祭祀之礼，自内出者，无主不止，孔广森云：“若祔祭新鬼，必以昭穆之类。”自外至者，无主不止，即指以后稷配食，充当主人，使天帝有所依止。

【译文】

【经】三年，春，郊牛之口有毁伤，改卜牛为郊牛。牛又死，乃不行郊天之祭，却仍然祭祀三望。

【传】经书“之”字是为何？表明养郊牛缓懈不谨敬。牛又死为何不再次占卜替代之牛？养牺牲只占卜两次。帝牲若有灾伤，则扳引稷牲，占卜是否可以替代帝牲。帝牲在涤宫中养三个月。稷牲则不养于涤宫，只看是否完好无损。郊天为何一定要祭祀后稷？因为王者尊本重始，一定要以始祖配食天帝。王者为何一定要以始祖配食天帝？好比自内而出，无所会合则不出行。自外而来，没有主人，则客人无所依止。

【经】葬匡王[①]。

【注释】

①葬匡王：案礼制，天子七月而葬，又据《春秋》之例，天子记崩不记葬，必其时也。上年十月，匡王崩，至此未满七月，属于不及时而葬，故书之。

【译文】

【经】安葬周匡王。

【经】楚子伐贲浑戎。

【译文】

【经】楚子伐击贲浑戎。

【经】夏，楚人侵郑。

【译文】

【经】夏,楚人侵责郑国。

【经】秋,赤狄侵齐。

【译文】

【经】秋,赤狄侵入齐国。

【经】宋师围曹。

【译文】

【经】宋师包围了曹国都城。

【经】冬,十月,丙戌,郑伯兰卒。

【经】葬郑缪公①。

【注释】

①葬郑缪公:案时月日例,大国之君卒日葬月,此处郑缪公葬书时,何休云:"葬不月者,子未三年而弑,故略之也。"

【译文】

【经】冬,十月,丙戌,郑伯兰去世了。

【传】安葬郑缪公。

【经】四年,春,王正月,公及齐侯平莒及郯,莒人不肯。公伐莒,取向。

【传】此平莒也，其言不肯何？辞取向也[1]。

【注释】

①辞取向也：为取向避讳之文辞。案鲁宣公本欲和解莒、郯二国，最终却夺取了向邑，是以义始而以利终。故《春秋》耻其行义为利，故为之避讳，好像是莒国不接受调解，而宣公伐取其邑，以削弱莒国，如此则恶轻。值得注意的是，经书"平莒及郯"，表明是莒国汲汲要与郯国和解，非莒国不肯平。

【译文】

【经】四年，春，王正月，公及齐侯和解莒国与郯国。莒人不肯和解，公伐击莒国，夺取向邑。

【传】此处是为莒国调解，经书"不肯"是为何？是为取向避讳之文辞。

【经】秦伯稻卒。

【译文】

【经】秦伯稻去世了。

【经】夏，六月，乙酉，郑公子归生弑其君夷。

【译文】

【经】夏，六月，乙酉，郑公子归生弑杀了他的国君夷。

【经】赤狄侵齐。

【译文】

【经】赤狄侵责齐国。

【经】秋，公如齐。

【经】公至自齐。

【译文】

【经】秋，公去了齐国。

【经】公自齐国归来。

【经】冬，楚子伐郑。

【译文】

【经】冬，楚子伐击郑国。

【经】五年，春，公如齐。

【经】夏，公至自齐。

【译文】

【经】五年，春，公去了齐国。

【经】夏，公自齐国归来。

【经】秋，九月，齐高固来逆子叔姬[①]。

【注释】

①齐高固来逆子叔姬：子叔姬为宣公同母之妹，嫁于齐国大夫高固。案礼制，大夫不外娶，则高固娶子叔姬，且越境亲迎为非礼。

【译文】

【经】秋，九月，齐高固来迎娶子叔姬。

【经】叔孙得臣卒[①]。

【注释】

①叔孙得臣卒：案《春秋》三世之例，所闻世，大夫无罪，则卒书日；有罪则不书日。此处叔孙得臣卒不书日者，何休云："知公子遂欲弑君，为人臣知贼而不言，明当诛。"

【译文】

【经】叔孙得臣去世了。

【经】冬，齐高固及子叔姬来[①]。

【传】何言乎高固之来？言叔姬之来，而不言高固之来，则不可。子公羊子曰[②]："其诸为其双双而俱至者与[③]。"

【注释】

①齐高固及子叔姬来：此为子叔姬归宁，高固与之俱来。案《公羊义疏》之意，大夫娶于国内，则其妻一岁一归宁，大夫无境外之交，大夫不外娶。今高固外娶，则子叔姬不得归宁，高固亦不可与之俱来。书其俱来者，妇人既嫁从夫，则子叔姬归宁失礼，是高固失于教戒，非鲁国失于教戒，以此为鲁国杀耻。

②子公羊子：《公羊传》著于竹帛前的先师。

③其诸为其双双而俱至者与：其诸，推测之辞。何休云："言其双行匹至，似于鸟兽。"

【译文】

【经】冬，齐高固及子叔姬来。

【传】为何书高固之来？书子叔姬之来，不书高固之来，则不可。子公羊子说："大概是因为他们双双一起到来(近于鸟兽)之故。"

【经】楚人伐郑。

【译文】

【传】楚人伐击郑国。

【经】六年，春，晋赵盾、卫孙免侵陈。

【传】赵盾弑君，此其复见何①？亲弑君者，赵穿也。亲弑君者赵穿，则曷为加之赵盾？不讨贼也。何以谓之不讨贼？晋史书贼曰："晋赵盾弑其君夷獆。"赵盾曰："天乎，无辜②。吾不弑君。谁谓吾弑君者乎？"史曰："尔为仁为义，人弑尔君，而复国不讨贼，此非弑君如何？"赵盾之复国奈何？灵公为无道，使诸大夫皆内朝③，然后处乎台上，引弹而弹之，已趋而辟丸④，是乐而已矣。赵盾已朝而出，与诸大夫立于朝，有人荷畚，自闺而出者⑤。赵盾曰："彼何也？夫畚曷为出乎闺？"呼之不至。曰："子，大夫也，欲视之，则就而视之。"赵盾就而视之，则赫然死人也⑥。赵盾曰："是何也？"曰："膳宰也。熊蹯不熟⑦，公怒以斗摮而杀之⑧。支解，将使我弃之。"赵盾曰："嘻。"趋而入，灵公望见赵盾，愬而再拜⑨。

赵盾逡巡，北面再拜稽首，趋而出[10]。灵公心怍焉，欲杀之，于是使勇士某者往杀之。勇士入其大门，则无人门焉者。入其闺，则无人闺焉者。上其堂则无人焉。俯而窥其户，方食鱼飧[11]，勇士曰："嘻。子诚仁人也。吾入子之大门，则无人焉；入子之闺，则无人焉；上子之堂，则无人焉，是子之易也[12]。子为晋国重卿，而食鱼飧，是子之俭也。君将使我杀子，吾不忍杀子也，虽然，吾亦不可复见吾君矣。"遂刎颈而死。灵公闻之怒，滋欲杀之甚，众莫可使往者，于是伏甲于宫中，召赵盾而食之。赵盾之车右祁弥明者，国之力士也，仡然从乎赵盾而入[13]，放乎堂下而立[14]。赵盾已食，灵公谓盾曰："吾闻子之剑，盖利剑也，子以示我[15]，吾将观焉。"赵盾起，将进剑，祁弥明自下呼之曰："盾[16]，食饱则出，何故拔剑于君所。"赵盾知之，躇阶而走[17]。灵公有周狗，谓之獒，呼獒而属之，獒亦躇阶而从之。祁弥明逆而踆之，绝其颔。赵盾顾曰："君之獒，不若臣之獒也。"然而宫中甲鼓而起，有起于甲中者，抱赵盾而乘之。赵盾顾曰："吾何以得此于子？"曰："子某时所食活我于暴桑下者也[18]。"赵盾曰："子名为谁？"曰："吾君孰为介[19]？子之乘矣，何问吾名。"赵盾驱而出，众无留之者。赵穿缘民众不说，起弑灵公，然后迎赵盾而入，与之立于朝，而立成公黑臀。

【注释】

①赵盾弑君，此其复见何：案《春秋》之例，弑君之贼不复见，为《春秋》所诛绝。宣公二年，经书"晋赵盾弑其君夷獆"，此处复见，故而发问。

②辜：罪也。

③内朝：路寝之廷，路寝门外为外朝。

④已：何休云："已，已诸大夫也。"

⑤自闺而出者：闺，闺门。宫中之小门谓之闺。内朝在闺门之内，赵盾立于外朝，故见人从闺门而出。

⑥赫然：赫，分裂也。赫然，已肢解之貌。

⑦熊蹯：熊掌。

⑧斗：酌酒之器，有柄。摮（áo）：旁击头项。

⑨愬而再拜：愬，惊貌。再拜，拜了两拜。案礼制，臣当先拜君，在堂下再拜稽首，君答再拜。此处灵公先拜者，何休云："知其欲谏，欲以敬拒之，使不复言也。"

⑩赵盾逡巡，北面再拜稽首，趋而出：逡巡，退却。稽首，拜头至地。赵盾见灵公先拜，则灵公已知己意，故趋而出。

⑪飧：水泡饭。古人一日两餐，重早餐，晚餐则食早上之剩饭。

⑫易：省也。

⑬仡然：壮勇之貌。

⑭放：至也。

⑮子以示我：案礼制，当以剑柄授君，剑锋向己。灵公想届时推剑杀死赵盾，故命赵盾示剑。

⑯盾：案祁弥明是赵盾的家臣，此书直呼盾名，因在晋灵公之前，所谓"君前臣名"也。

⑰躇阶：下台阶时，不暇以次。案礼制，升降台阶，或是连步（即前脚升一阶，后脚与前脚并拢），或是越等（即前脚升一阶，后脚过前脚而再升一阶）。此处紧急，故躇阶而走。

⑱暴桑：蒲苏桑，枝叶茂盛的大桑树。

⑲吾君孰为介：何休云："介，甲也。犹曰：我晋君谁为兴此甲兵？岂不为盾乎？"

【译文】

【经】六年,春,晋赵盾、卫孙免侵责陈国。

【传】赵盾先前弑君,此处为何再次出现?亲手弑杀国君的人是赵穿。亲手弑杀国君的人是赵穿,那么为何将弑君之文加于赵盾?因为赵盾不诛讨弑君之贼。为何不讨贼就被加弑君之文?晋国史官记录弑君之贼云:“晋赵盾弑杀了他的国君夷獆。”赵盾说:“天呐,无罪!我没有弑君,谁说我是弑君之贼?”史官说:“你为仁为义,有人弑杀了你的国君,而你回国后不讨贼,这不是弑君是什么?”赵盾回国是怎么回事?晋灵公所行无道,使诸大夫在内朝朝见,然后自己登台,用弹弓弹射他们,他的大夫们为了躲避而四处逃散,晋灵公以此为乐。赵盾朝罢而出,与诸大夫一起立于外朝。有人扛着畚从内朝小门出来。赵盾问道:“那是什么?畚为何从闺门出来?”呼叫那人,却不过来,说:“您是大夫,想看的话,过来看就是了。”赵盾走进一看,则是被肢解的死人。赵盾问:“这是为何?”那人回答道:“这是膳宰,因为熊掌没有烧熟,公怒,用斗击打致死,肢解了,命我丢弃。”赵盾说:“哎!”小步急走入内廷。灵公望见赵盾,惊慌失措,朝赵盾拜了两拜。赵盾退却,朝北再拜稽首,小步快走而出。灵公恼羞成怒,欲杀赵盾。于是派了一个勇士去行刺。勇士进入大门,大门处没有人;进入小门,小门处没有人;上到厅堂,堂上也没有人。俯首从门缝中窥望,见赵盾正在吃鱼和水泡饭。勇士说:“哎。您真是仁义之人。我进入您家大门,没人在那里;进入您家小门,也没有人;登上您家厅堂,也没有人,这表明您很俭易。您作为晋国重卿,而吃鱼和水泡饭,这表明您很俭朴。国君派我来杀您,我不忍心加害。虽然如此,我也不可以再见国君了。”于是刎颈而死。灵公听说此事,大怒,愈加想要杀害赵盾,但无人可使。于是在宫中埋伏甲兵,召赵盾进宫赴宴。赵盾的卫士有叫祁弥明的,是国中的大力士,勇武地跟随赵盾进宫,走至堂下侍立。赵盾食毕,灵公对赵盾说:“我听说你的佩剑,是把利剑,你给我展示一下,我想看看。”赵盾起身,将要进剑,祁弥明从堂下高呼:“赵盾!吃饱了就出来,为何在国君面前拔剑?”赵盾醒悟,匆忙走下台阶。灵公有忠心之狗,被称为獒,灵公呼獒追赶赵盾,獒也快速下阶而去。祁弥明迎着踢了上去,踢断了獒的面颔。赵盾回头说:“国君的獒,不如臣下的獒啊。”然而宫中埋伏的甲士擂鼓而起。有人从甲士中冲出来,将赵盾抱到车上。赵盾回头说:“我凭什么能得您的救命之恩?”那人回答说:“您某时的施舍,在暴桑之下将我救活。”赵盾说:“您叫什么名字?”回答说:“我们国君是为谁埋伏的甲士?您乘车就是了!问我名字作什么?”赵盾驱驰而出,宫中没人阻拦。赵穿顺着民众不满的情绪,起来弑杀了灵公,然后将赵盾迎回,使之立于朝堂之上恢复大夫之位,而拥立成公黑臀为君。

【经】夏,四月。

【译文】

【经】夏,四月。

【经】秋,八月,螽①。

【注释】

①螽(zhōng):发生了蝗灾。

【译文】

【经】秋,八月,发生了蝗灾。

【经】冬,十月。

【译文】

【经】冬，十月。

【经】七年，春，卫侯使孙良夫来盟。

【译文】

【经】七年，春，卫侯派遣孙良夫来结盟。

【经】夏，公会齐侯伐莱。

【经】秋，公至自伐莱。

【译文】

【经】夏，公会同齐侯伐击莱国。

【经】秋，公从伐莱之役归国。

【经】大旱。

【译文】

【经】发生了大旱灾。

【经】冬，公会晋侯、宋公、卫侯、郑伯、曹伯于黑壤。

【译文】

【经】冬，公与晋侯、宋公、卫侯、郑伯、曹伯在黑壤相会。

【经】八年,春,公至自会。

【译文】

【经】八年,春,公从黑壤之会归国。

【经】夏,六月,公子遂如齐,至黄乃复[1]。

【传】其言至黄乃复何?有疾也。何言乎有疾乃复?讥。何讥尔?大夫以君命出,闻丧徐行而不反[2]。

【注释】

①至黄乃复:黄为齐地。公子遂奉命出使齐国,因有疾,故至黄地而折返回国。乃,难辞也,公子遂确实有疾,故书“乃”。

②大夫以君命出,闻丧徐行而不反:丧,指父母之丧。大夫奉命出使,听闻有父母之丧,不忍疾行,君当使人代之,然大夫不得私自回国。引此者,表明闻父母之丧,尚且不能私自归国,何况有疾。如此则公子遂废君之命,当绝其身。

【译文】

【经】夏,六月,公子遂出使去齐国,行至黄地,才折返回国。

【传】经文为何书“至黄乃复”?因为公子遂有疾。说有疾才折返回国是为何?是讥刺他。为何讥刺?大夫奉君命出使,听闻父母之丧,尚且缓慢前行而不敢折返,何况有疾却私自折返。

【经】辛巳,有事于大庙[1]。

【经】仲遂卒于垂[2]。

【传】仲遂者何?公子遂也。何以不称公子?贬。曷为贬？为弑子赤贬[3]。然则曷为不于其弑焉贬？于文则无罪，于子则无年[4]。

【经】壬午，犹绎，《万》入去籥。

【传】绎者何？祭之明日也[5]。《万》者何？干舞也[6]。籥者何？籥舞也[7]。其言《万》入去籥何？去其有声者[8]，废其无声者[9]，存其心焉尔[10]。存其心焉尔者何？知其不可而为之也。犹者何？通可以已也[11]。

【注释】

①辛巳，有事于大庙：有事，此处指宗庙四时之祭。又案时月日例，失礼宗庙例日。此处书日者，因公子遂卒，当废绎祭（正祭第二日傧尸之祭），而宣公不废，是失礼鬼神。

②仲遂卒于垂：仲遂，即公子遂。仲为公子遂之字。垂，齐地。先前公子遂出使齐国，有疾，至黄乃复，行至齐国垂地而卒，未及返回鲁国。

③为弑子赤贬：《春秋》之例，鲁国大夫如有弑君之罪，则贬去其氏。如公子翚弑隐公，故终隐公之篇贬称"翚"，明其为隐公之罪人。公子遂弑子赤，在文公十八年，详细情况见成公十五年"仲婴齐卒"条传文。

④于文则无罪，于子则无年：文，指文公。子，指子赤。据《春秋》终始之义，一年不二君，先君去世之年，仍属于先君，故嗣君逾年即位。公子遂弑子赤，在文公十八年，若于弑时贬之，则嫌公子遂为文公之罪人，故云"于文则无罪"。子赤未逾年即被弑杀，无年可贬，故云"于子则无年"。故至其卒时方贬。另一方面，此处不贬称"遂"，而书"仲遂"者，是为成公十五年"仲婴齐卒"条张本，表明婴齐以公子遂之字为氏。

⑤祭之明日也：祭，指宗庙正祭。诸侯宗庙正祭，以大夫为尸（代死者受祭之人），灌地降神。至第二日，因前日尸代祖受祭劳乏，故傧礼之，此为绎祭。绎祭为尸而设，故不灌地降神。

⑥干舞：干，盾牌。干舞，即持盾牌而舞，无乐，属于武舞。《万》为干舞的篇名，周武王以万人取天下，故以《万》为名。

⑦籥（yuè）舞：籥，一种乐器，如笛，三孔。籥舞，即持羽毛，吹籥而舞，属于文舞，有乐。

⑧去其有声者：有声者，指籥舞。

⑨废其无声者：废，置也，不去也。无声者，指《万》舞。

⑩存其心焉尔：即心犹存于乐舞。案大夫去世，本不应该举行绎祭；即便正祭之时听闻大夫去世，也要去掉乐舞，何况是绎祭；今宣公仍行绎祭，又不去《万》舞，是其心犹存于乐舞，是一再失礼，无恩于大夫。

⑪通可以已也：与可以停止之意相通。

【译文】

【经】辛巳，在太庙中举行四时之祭。

【经】仲遂在垂地去世。

【传】仲遂是什么人？是公子遂。为何不称“公子”之氏？是贬抑他。为何贬抑？为弑杀子赤而贬抑他。然则为何不在弑子赤之时贬抑？因为公子遂非文公之罪人，子赤又无年可贬。

【经】壬午，仍然举行绎祭。《万》舞入于宗庙，罢去籥舞。

【传】绎祭是什么意思？是正祭第二天所行的傧尸之祭。《万》舞是什么？是持盾牌的武舞。籥舞是什么？是持羽吹籥的文舞。经书“《万》入去籥”之是为何？是去掉了有声之舞，保留了无声之舞，心仍存于乐舞。心存于乐舞是什么意思？是明知不可而仍行之。“犹”是什么意思？与可以停止之意相通。

【经】戊子，夫人熊氏薨。

【译文】

【经】戊子，夫人熊氏薨没了。

【经】晋师、白狄伐秦。

【译文】

【经】晋师、白狄伐击秦国。

【经】楚人灭舒蓼。

【译文】

【经】楚人灭亡了舒蓼。

【经】秋，七月，甲子，日有食之，既。

【译文】

【经】秋，七月，甲子，发生了日食，食尽。

【经】冬，十月，己丑，葬我小君顷熊，雨不克葬。庚寅，日中而克葬。

【传】顷熊者何？宣公之母也。而者何？难也[①]。乃者何？难也[②]。曷为或言而，或言乃？乃难乎而也[③]。

【注释】

①而者何？难也：难，为难之辞。经书“而”字，见鲁国臣子之为难。小君顷熊因下雨不能下葬，至第二日中午方下葬，则臣子有大不忍，故而为难。

②乃者何？难也：《春秋》书“乃”字，亦是为难之辞。此处指定公十五年九月“丁巳，葬我君定公，雨不克葬。戊午，日下昃，乃克葬”。

③乃难乎而也：同为难辞，书“乃”要比书“而”更加为难。

【译文】

【经】冬，十月，己丑，安葬我们的小君顷熊，下雨不能安葬。庚寅，至中午而下葬。

【传】顷熊是谁？是宣公的母亲。为何书“而”？是为难之辞。“乃”是什么意思？是为难之辞。《春秋》为何有时书“而”，有时书“乃”？“乃”比“而”更要为难。

【经】城平阳。

【译文】

【经】修筑平阳城。

【经】楚师伐陈。

【译文】

【经】楚师伐击陈国。

【经】九年，春，王正月，公如齐。

【经】公至自齐。

【译文】

【经】九年，春，王正月，公去了齐国。

【经】公自齐国归来。

【经】夏，仲孙蔑如京师。

【译文】

【经】夏，仲孙蔑出使去了京师。

【经】齐侯伐莱。

【译文】

【经】齐侯伐击莱国。

【经】秋，取根牟。

【传】根牟者何？邾娄之邑也。曷为不系乎邾娄？讳亟也[①]。

【注释】

①讳亟也：亟，疾也。上年鲁有小君之丧，邾娄子使人来加礼，因其为常事，故《春秋》未书。此时距加礼尚不足一年，便攻取邾娄之邑，故为鲁国避讳。

【译文】

【经】秋，攻取了根牟邑。

【传】根牟是什么地方？是邾娄国的城邑。为何不系属于邾娄国？是为鲁国避讳过于急切。

【经】八月，滕子卒。

【译文】

【经】八月，滕子去世了。

【经】九月，晋侯、宋公、卫侯、郑伯、曹伯会于扈。

【译文】

【经】九月，晋侯、宋公、卫侯、郑伯、曹伯在扈地相会。

【经】晋荀林父帅师伐陈。

【译文】

【经】晋荀林父帅师伐击陈国。

【经】辛酉，晋侯黑臀卒于扈①。

【传】扈者何？晋之邑也。诸侯卒其封内不地，此何以地？卒于会②，故地也。未出其地，故不言会也③。

【注释】

①晋侯黑臀：即晋成公，宣公二年，晋赵盾弑晋灵公，而拥立成公黑臀。则黑臀属于篡位，然之前无篡文，故此处不书其葬，以明

其篡。

②卒于会：上文“九月，晋侯、宋公、卫侯、郑伯、曹伯会于扈”，晋侯黑臀卒于会上。当时多有伐丧之举，故诸侯卒于会上有危。

③未出其地，故不言会也：扈为晋国之邑，故言“未出其地”。不言会，即不书“晋侯黑臀卒于会”。诸侯去世于不同的地方，危险程度不一样，何休以为，死于出师用兵最危险，死于会盟（地点在他国）次之，死于别国又次之，死于本国危险罪轻，因为左右皆是臣民。

【译文】

【经】辛酉，晋侯黑臀在扈地去世。

【传】扈是什么地方？是晋国的城邑。诸侯在境内去世，《春秋》不书具体的地点，此处为何记录地点？因为在扈之会上去世，故而记录地点。由于未出境，所以不书“卒于会”。

【经】冬，十月，癸酉，卫侯郑卒①。

【注释】

①卫侯郑卒：此处不书其葬，因其在僖公三十年，杀无罪之大夫公子瑕。《春秋》之例，外诸侯杀无罪大夫，则去其葬。

【译文】

【经】冬，十月，癸酉，卫侯郑去世了。

【经】宋人围滕。

【译文】

【经】宋人包围了滕国都城。

【经】楚子伐郑。

【译文】

【经】楚子伐击郑国。

【经】晋郤缺帅师救郑。

【译文】

【经】晋郤缺帅师救援郑国。

【经】陈杀其大夫泄冶。

【译文】

【经】陈国杀了他的大夫泄冶。

【经】十年,春,公如齐。公至自齐。齐人归我济西田。

【传】齐已取之矣①,其言我何?言我者,未绝于我也。曷为未绝于我?齐已言取之矣②,其实未之齐也。

【注释】

①齐已取之矣:此指宣公元年“六月,齐人取济西田”,宣公弑子赤,故以济西田贿赂齐国。

②齐已言取之矣:已,同以。即宣公六年,齐人只是口头答应取济西田,人民贡赋尚属于鲁国,故下文云“其实未之齐也”。此处齐侯见宣公事齐有礼,故归还之。因其未之齐,故不言“取济西田”

而书“齐人归我济西田”，则鲁国无取邑之恶。

【译文】

【经】十年，春，公去了齐国。公从齐国归来。齐人来归还我们的济西田。

【传】齐国已经取得了济西田，经书“我”是为何？书“我”，表明济西田没有与我国断绝。没有与我国断绝是怎么回事？齐国仅是口头答应取济西田，其实没有真正归属齐国。

【经】夏，四月，丙辰，日有食之。

【译文】

【经】夏，四月，丙辰，发生了日食。

【经】己巳，齐侯元卒。

【译文】

【经】己巳，齐侯元去世了。

【经】齐崔氏出奔卫。

【传】崔氏者何？齐大夫也。其称崔氏何[①]？贬。曷为贬？讥世卿[②]。世卿，非礼也。

【注释】

①其称崔氏何：案名例，大国大夫称名氏，此处书氏而未书名，故而发问。

②讥世卿：参见隐公三年“夏，四月，辛卯，尹氏卒”条。

【译文】

【经】齐崔氏出奔去了卫国。

【传】崔氏是什么人？是齐国的大夫。经称之为“崔氏”是为何？是贬抑他。为何贬抑？是讥刺他家世代为卿。世代为卿，是不合礼的。

【经】公如齐。

【经】五月，公至自齐。

【译文】

【经】公去了齐国奔丧。

【经】五月，公从齐国归来。

【经】癸巳，陈夏徵舒弑其君平国①。

【注释】

①平国：即陈灵公。

【译文】

【经】癸巳，陈夏徵舒弑杀了他的国君平国。

【经】六月，宋师伐滕。

【译文】

【经】六月，宋师伐击滕国。

【经】公孙归父如齐,葬齐惠公。

【译文】

【经】公孙归父出使去了齐国,安葬齐惠公。

【经】晋人、宋人、卫人、曹人伐郑。

【译文】

【经】晋人、宋人、卫人、曹人伐击郑国。

【经】秋,天王使王季子来聘。

【传】王季子者何?天子之大夫也①。其称王季子何?贵也。其贵奈何?母弟也②。

【注释】

①天子之大夫也:案名例,天子上大夫称字。经书"王季子","季"为其字,故知是天子之大夫。

②母弟也:即是当今天子之同母弟,故地位尊贵。又案名例,"王季子"之称谓,即知是天子母弟。"王子",表明是先王之子,称字则表明是母弟。非母弟之王子,庶长则称且字,如"王札子",其余王子则称名,如"王子虎(叔服)"。详参文公元年"天王使叔服来会葬"条注释。

【译文】

【经】秋,天王派遣王季子来鲁国聘问。

【传】王季子是什么人?是天子的大夫。称之为"王季子"是为何?因为他尊贵。因何尊贵?他是天子的同母弟。

【经】公孙归父帅师伐邾娄，取蘱。

【译文】

【经】公孙归父帅师伐击邾娄国，攻取了蘱邑。

【经】大水。

【译文】

【经】发大水。

【经】季孙行父如齐。

【译文】

【经】季孙行父出使去了齐国。

【经】冬，公孙归父如齐。

【译文】

【经】冬，公孙归父出使去了齐国。

【经】齐侯使国佐来聘。

【译文】

【经】齐侯派遣国佐来鲁国聘问。

【经】饥。

【传】何以书？以重书也①。

【注释】

①以重书也：民食不足，百姓不可复兴，危亡将至，故重而书之，明当自省减，开仓廪，赡振乏。

【译文】

【经】发生了饥荒。

【传】为何记录此事？因性质严重而记录。

【经】楚子伐郑。

【译文】

【经】楚子伐击郑国。

【经】十有一年，春，王正月。

【译文】

【经】十一年，春，王正月。

【经】夏①，楚子、陈侯、郑伯盟于辰陵。

【注释】

①夏：案时月日例，盟例日，恶其不信也，小信书月，大信书时。此处书时者，陈夏徵舒弑君，楚庄王为讨伐夏徵舒，为辰陵之盟，故

书大信之辞。

【译文】

【经】夏，楚子、陈侯、郑伯在辰陵结盟。

【经】公孙归父会齐人伐莒。

【译文】

【经】公孙归父会同齐人伐击莒国。

【经】秋，晋侯会狄于欑函[1]。

【注释】

①晋侯会狄于欑(cuàn)函：两国相会，称为离会。案《春秋》三世之例，传闻世仅书鲁国之离会，如隐公二年“公会戎于潜”，不书外诸侯之离会；至所闻世，书外诸侯之离会，此条即是。

【译文】

【经】秋，晋侯与狄在欑函相会。

【经】冬，十月，楚人杀陈夏徵舒。

【传】此楚子也，其称人何？贬。曷为贬？不与外讨也[1]。不与外讨者，因其讨乎外而不与也。虽内讨，亦不与也[2]。曷为不与？实与，而文不与[3]。文曷为不与？诸侯之义，不得专讨也。诸侯之义不得专讨，则其曰实与之何？上无天子，下无方伯，天下诸侯有为无道者，臣弑君，子弑父，力能讨之，则讨之可也。

【注释】

①不与外讨也:不与,不赞同。外讨,即至外国诛讨该国弑君之贼。案礼制,弑君之贼,国内人人能讨,方伯奉天子之命,亦能诛讨之。此处陈国之弑君,与楚国无涉,而楚庄王杀夏徵舒,又无天子之命,是专天子之权,故不与也。且庄王为贤君,以贤君讨重罪,若不贬抑庄王,则不知其有非礼之处。

②虽内讨,亦不与也:内讨,即专杀大夫。案礼制,大夫是国之股肱,是天子命与诸侯治国者,故诸侯不得专杀大夫。

③实与,而文不与:实际上赞同,而文辞上不赞同。反映在书法上,经书"楚人杀陈夏徵舒"与讨贼之辞(陈人杀夏徵舒)相似,此为实与;同时贬"楚子"为"楚人",则是文不与。

【译文】

【经】冬,十月,楚人杀了陈夏徵舒。

【传】这是楚子,为何称之为"楚人"?是贬抑他。为何贬抑?因为不赞成外讨。不赞成外讨,是因诛讨的是外国的弑君贼所以不赞同。即是在国内专杀大夫,也是不赞同的。为何不赞同?实际上赞同,而文辞上不赞同。文辞上为何不赞同?诸侯之义,不得擅自征讨。诸侯之义不得擅自征讨,那么说实际上赞同是为何?上无天子,下无方伯,天下诸侯有无道之行的,臣弑杀君王,儿子弑杀父亲,有能力征讨的,征讨是可以的。

【经】丁亥,楚子入陈①,纳公孙甯、仪行父于陈。

【传】此皆大夫也,其言纳何?纳公党与也②。

【注释】

①丁亥,楚子入陈:楚庄王杀夏徵舒后,生贪利之心,占领了陈国,

后幡然悔悟，不取其国而存陈。案时月日例，入例时，伤害多则月。此处书日者，是恶楚庄王有贪利之心。仍书“楚子”而不贬抑者，因其幡然悔悟，保存陈国。

②纳公党与也：公，指陈灵公。党与，指公孙甯、仪行父。何休云：“徵舒弑君，甯、仪行父如楚诉徵舒，徵舒之党从后绝其位，楚为讨徵舒而纳之。本以助公见绝，故言纳公党与。”楚庄王纳公党与于陈，则见其终无取陈之心。

【译文】

【经】丁亥，楚子攻入了陈国都城，把公孙甯、仪行父送入陈国。

【传】此二人都是大夫，经书“纳”是为何？是送入陈灵公的党羽。

【经】十有二年，春，葬陈灵公。

【传】讨此贼者，非臣子也，何以书葬？君子辞也①。楚已讨之矣，臣子虽欲讨之，而无所讨也。

【注释】

①君子辞也：君子宽恕之辞。案《春秋》之例，君弑，臣子不讨贼，则不书国君之葬。此处楚国已为陈国讨贼，则臣子无贼可讨，《春秋》宽恕之，故书陈灵公之葬。

【译文】

【经】十二年，安葬陈灵公。

【传】此处诛讨弑君贼之人，不是陈国臣子，为何书葬？这是君子宽恕之辞。楚国已经诛讨弑君贼了，陈国臣子即使想要讨贼，也无贼可讨了。

【经】楚子围郑。

【译文】

【经】楚子包围了郑国都城。

【经】夏，六月，乙卯，晋荀林父帅师，及楚子战于邲，晋师败绩。

【传】大夫不敌君[①]，此其称名氏以敌楚子何？不与晋而与楚子为礼也[②]。曷为不与晋而与楚子为礼也？庄王伐郑，胜乎皇门，放乎路衢[③]。郑伯肉袒[④]，左执茅旌，右执鸾刀[⑤]，以逆庄王，曰："寡人无良边垂之臣[⑥]，以干天祸，是以使君王沛焉，辱到敝邑。君如矜此丧人[⑦]，锡之不毛之地，使帅一二耋老而绥焉[⑧]，请唯君王之命。"庄王曰："君之不令臣交易为言[⑨]，是以使寡人得见君之玉面，而微至乎此。"庄王亲自手旌，左右抝军[⑩]，退舍七里。将军子重谏曰："南郢之与郑[⑪]，相去数千里，诸大夫死者数人，厮、役、扈、养死者数百人[⑫]。今君胜郑而不有，无乃失民臣之力乎？"庄王曰："古者杅不穿，皮不蠹，则不出于四方[⑬]。是以君子笃于礼，而薄于利，要其人，而不要其土。告从不赦，不祥。吾以不祥道民，灾及吾身，何日之有。"既则晋师之救郑者至，曰请战。庄王许诺。将军子重谏曰："晋，大国也，王师淹病矣[⑭]。君请勿许也。"庄王曰："弱者吾威之，强者吾辟之，是以使寡人无以立乎天下。"令之还师而逆晋寇。庄王鼓之，晋师大败，晋众之走者，舟中之指可掬矣[⑮]。庄王曰："嘻。吾两君不相好，百姓何罪。"令之还师而佚晋寇。

【注释】

①大夫不敌君：敌，对等。案书“战”，则表明双方的地位是对等的。若大夫与君交战，则将大夫贬称人，以明君臣之分。如僖公二十八年，楚国大夫子玉得臣与晋文公战于城濮，《春秋》将其贬称“楚人”。此处楚子是君，荀林父是臣，未将荀林父贬称“晋人”，故下传发问。

②不与晋而与楚子为礼：与，赞许。礼，知礼。案下文，楚庄王胜郑而不有，有君子之行，是为知礼。荀林父无善善之心，在郑围已解的情况下，还挑起战争，是为不知礼。

③胜乎皇门，放乎路衢：胜，攻克。皇门，郑国都城之郭门。放，至于。路衢，郭内的大道。

④肉袒：此为受刑右袒，即脱去内外衣之右袖而露臂。

⑤左执茅旌，右执鸾刀：何休云：“茅旌，祀宗庙所用迎道神，指护祭者。……鸾刀，宗庙割切之刀，环有和，锋有鸾。执宗庙器者，示以宗庙不血食自归首。”

⑥寡人无良边垂之臣：寡人，郑伯自称。良，善也。边垂之臣，此指楚国边境之臣。郑伯以为自己得罪了楚国边垂之臣，使得两国交兵。言边垂之臣者，是谦辞，不敢直言楚庄王。

⑦丧人：丧亡之人，郑伯自称。

⑧使帅一二耋老而绥焉：何休云：“六十称耋，七十称老。绥，安也。谦不敢多索丁夫，愿得主帅一二老夫以自安。”

⑨君之不令臣交易为言：令，善也。交易，往来也。庄王以为，因郑伯不善之臣往来有恶言，故而两国交兵。不指称郑伯，亦是庄王之谦辞。

⑩㧑：指挥。

⑪南郢：楚国都城。

⑫厮、役、扈、养：何休云：“艾草为防者曰厮。汲水浆者曰役。养马

者曰亀。炊烹者曰养。”

⑬古者杅不穿，皮不蠹，则不出于四方：杅，饮水器。穿，败也。皮，裘也。蠹，坏也。孔广森云：“杅积而穿，器有余也。皮藏而蠹，币有余也……言师出则废财，故国必余富，然后敢从四方之事。以明今伐郑致有损丧，固其所也。”

⑭淹：久也。

⑮舟中之指可掬矣：掬，双手捧取。何休云：“时晋乘舟渡邲水战，兵败反走，欲急去，先入舟者斩后板舟者指，指堕舟中，身堕邲水中而死。”

【译文】

【经】夏，六月，晋荀林父帅师与楚子在邲水之畔交战，晋师败绩。

【传】大夫与国君不对等，经书荀林父之名，使之与楚子对等，是为何？是不赞许晋而赞许楚子为知礼。不赞许晋而赞许楚子为知礼，是为何？楚庄王讨伐郑国，攻克了郑国的皇门，至于郭内的大道。郑伯袒露右臂，左手持茅旌，右手持鸾刀，迎接庄王，说：“我得罪了贵国的边陲之臣，招致了天祸，使得您怒不可遏，屈辱到敝邑。您如果哀矜我这个丧国之人，赐予我不毛之地，使我领着一两个老臣而自安。我将唯命是听。”庄王说：“是您有不善之臣往来为恶言，使我见到了您的玉面，还不至于到这个地步。”庄王亲自手持旌旗，左右指挥军队，后退了七里。将军子重进谏道：“南郢与郑国，相距数千里。好几个大夫战死了，各类杂役死伤不计其数。现在国君您战胜了郑国，却不占有，岂不是白白损失了民臣之力吗？”庄王说：“古时候，杅不积压而穿，皮裘不累积而毁坏，则不出兵征战。所以君子笃厚礼义，而薄贱利益，降服其人，而不强占他们的土地。郑国已经宣告服从，不赦免，则居心不善。我用不善的居心来引导人民，灾祸逮及我自己，就用不了多少时间了。”之后晋国救援郑国的军队到了，说：“请战。”庄王许诺。将军子重进谏道：“晋，是大国。我军已经困顿很久了。君王请不要许诺。”庄王说：“弱小的人我就威慑他们,强大的人我就躲避他们,这样会使我无法在天下立足。"命令军队调转迎战晋寇。庄王擂鼓进攻,晋师大败。晋国逃亡的士兵争抢扒船,船中被砍断的手指可以用双手捧起。庄王说:"哎。我们两个国君不相好,百姓有何罪过。"下令回师,放晋军逃亡。

【经】秋,七月。

【译文】

【经】秋,七月。

【经】冬,十有二月,戊寅,楚子灭萧。

【译文】

【经】冬,十二月,戊寅,楚子灭亡了萧国。

【经】晋人、宋人、卫人、曹人同盟于清丘。

【译文】

【经】晋人、宋人、卫人、曹人在清丘同心结盟。

【经】宋师伐陈。

【译文】

【经】宋师伐击陈国。

【经】卫人救陈。

【译文】

【经】卫人救援陈国。

【经】十有三年，春，齐师伐卫。

【译文】

【经】十三年，春，齐师伐击卫国。

【经】夏，楚子伐宋。

【译文】

【经】夏，楚子伐击宋国。

【经】秋，螺。

【译文】

【经】秋，发生了蝗灾。

【经】冬，晋杀其大夫先縠。

【译文】

【经】冬，晋国杀了他的大夫先縠。

【经】十有四年，春，卫杀其大夫孔达。

【译文】

【经】十四年，春，卫国杀了他的大夫孔达。

【经】夏，五月，壬申，曹伯寿卒[①]。

【注释】

①壬申，曹伯寿卒：曹伯寿，即曹文公，为公子喜时之父。案时月日例，小国之君卒月葬时，此处书日者，因公子喜时有让国之功（参见昭公二十年“夏，曹公孙会自鄸出奔宋”条传文），故褒扬其父。而下文之“葬曹文公”，也当蒙“九月”。

【译文】

【经】夏，五月，壬申，曹伯寿去世了。

【经】晋侯伐郑。

【译文】

【经】晋侯伐击郑国。

【经】秋，九月，楚子围宋[①]。

【注释】

①九月，楚子围宋：案时月日例，围例时。此处书月者，何休云：“恶久围宋，使易子而食之。”

【译文】

【经】秋，九月，楚子包围了宋国都城。

【经】葬曹文公。

【译文】

【经】（九月）安葬曹文公。

【经】冬，公孙归父会齐侯于穀。

【译文】

【经】冬，公孙归父在穀地与齐侯相会。

【经】十有五年，春，公孙归父会楚子于宋。

【译文】

【经】十五年，春，公孙归父与楚子在宋国相会。

【经】夏，五月，宋人及楚人平[①]。

【传】外平不书，此何以书？大其平乎己也[②]。何大乎其平乎己？庄王围宋，军有七日之粮尔，尽此不胜，将去而归尔，于是使司马子反乘堙而窥宋城[③]。宋华元亦乘堙而出，见之，司马子反曰："子之国何如？"华元曰："惫矣。"曰："何如？"曰："易子而食之，析骸而炊之[④]。"司马子反曰："嘻。甚矣惫。虽然，吾闻之也，围者钳马而秣之[⑤]，使肥者应客，是何子之情也[6]？"华元曰："吾闻之，君子见人之厄则矜之，小人见人之厄则幸之。吾见子之君子也，是以告情于子也。"司马子反曰："诺。勉之矣。吾军亦有七日之粮尔，尽此不胜，将去而归尔。"揖而去之。反于庄王，庄王曰："何如？"司马子反曰："惫矣。"曰："何如？"曰："易子而食之，析骸而炊之。"庄王曰："嘻，甚矣惫。虽然，吾今取此，然后而归尔。"司马子反曰："不可。臣已告之矣，军有七日之粮尔。"庄王怒曰："吾使子往视之，子曷为告之？"司马子反曰："以区区之宋，犹有不欺人之臣，可以楚而无乎？是以告之也。"庄王曰："诺。舍而止。虽然，吾犹取此，然后归尔。"司马子反曰："然则君请处于此，臣请归尔。"庄王曰："子去我而归，吾孰与处于此？吾亦从子而归尔。"引师而去之。故君子大其平乎己也。此皆大夫也，其称人何？贬。曷为贬？平者在下也[7]。

【注释】

①平：和解。

②大其平乎己也：己，自己，此处指楚国的司马子反与宋国的华元。此处两国之和解是二大夫擅自订立的，故云"平乎己"。《春秋》因二大夫有仁心，故褒扬之。具体的书法，是鲁国之外的和解，例所不书，此处书楚、宋之平，即为褒扬之文。

③堙：为攻城而堆积的土山。

④析：破也。骸：人之骨。

⑤钳马而秣之：何休云："秣者，以粟置马口中。钳者，以木衔其口，不欲令食粟。示有畜积。"

⑥情:实情,此处为透漏实情。

⑦平者在下也:下,指大夫。司马子反与华元私下和解,虽然发自仁心,然而毕竟伤害了君臣之义,故贬抑之,不书名氏而称“人”。

【译文】

【经】夏,五月,宋人与楚人和解。

【传】鲁国之外的和解,例所不书,此处为何书?是褒扬大夫私下和解。为何褒扬大夫私下和解?楚庄王包围宋国都城,军队只有七天的粮草了,如果七天内不胜,就要撤兵归国了。于是派司马子反登上攻城的土山去窥望宋城。宋国的华元也登上土山来见他。司马子反问道:“你们国中现在怎么样了?”华元说:“极其困乏了。”问:“到什么程度?”说:“交换孩子食以充饥,劈裂人骨当柴烧。”司马子反说:“哎!的确困乏极了。但是我听说,被包围的人,在马口中放置木衔,然后喂马,派肥胖的人来接待客人表示粮草充裕。您为何透露实情?”华元说:“我听闻,君子见人困厄则怜悯,小人见人困厄则庆幸。我见您是君子,所以以实情相告。”司马子反说:“好。努力吧。我军也只有七天的粮草了,七天不胜,就要退兵归国了。”作揖而去,回报给庄王。庄王说:“宋国怎么样了?”司马子反说:“已经极度困乏了。”说:“具体怎样?”说:“交换孩子食以充饥,劈裂人骨当柴烧。”庄王说:“哎,的确困乏极了。即使这样,我要夺取宋国,然后再回国。”司马子反说:“不行。臣已经告诉他们,我军只有七天的粮草了。”庄王发怒道:“我是派你去刺探宋国,为什么告诉他们?”司马子反说:“以小小的宋国,犹有不欺骗人的臣子,楚国可以没有吗?所以告诉他了。”庄王说:“好吧。筑舍驻扎下来。即使宋国知道我军粮少,我也要攻取宋国,然后回去。”司马子反说:“那么请国君留在此处,臣请求归国。”庄王说:“你离开我而归国,我和谁留处此地?我也和你一起回去吧。”率领军队离开了。所以君子褒扬二大夫私下和解。这里司马子反和华元是大夫,为何称之为“人”?是贬抑他们。为何贬抑?因为毕竟和解的是臣子未禀告国君,有失君臣之义。

【经】六月，癸卯，晋师灭赤狄潞氏[①]，以潞子婴儿归[②]。

【传】潞何以称子？潞子之为善也躬[③]，足以亡尔。虽然，君子不可不记也。离于夷狄，而未能合于中国。晋师伐之，中国不救，狄人不有，是以亡也。

【注释】

①赤狄潞氏：此为夷狄。案名例，《春秋》对于夷狄有“州、国、氏、人、名、字、子”七等进退之法。此处称“氏”，即是夷狄之号。

②潞子婴儿：此为赤狄潞氏之君，名婴儿。然此处不称“氏”，而称“子”，是因其有向中国之心，而褒进之。

③潞子之为善也躬：为善，即去夷狄之俗而向中国。躬，王引之《经义述闻》以为：“古‘躬’与‘穷’通。潞子去俗归义，而无党援，遂至于穷困。下文云‘离于夷狄，而未能合于中国，晋师伐之，中国不能救，狄人不有’，是其穷于为善之事也。”

【译文】

【经】六月，癸卯，晋师灭亡了赤狄潞氏，将潞子婴儿俘虏了回去。

【传】潞为何称“子”？潞子为善道，穷困孤立，导致了灭亡。即使这样，君子不可以不记录。离弃夷狄之俗，却未能与中国合同礼义，晋师讨伐他，中国不救援，夷狄不护佑，所以灭亡了。

【经】秦人伐晋。

【译文】

【经】秦人伐击晋国。

【经】王札子杀召伯、毛伯。

【传】王札子者何？长庶之号也[①]。

【注释】

①长庶之号也：即是当今周天子之庶长兄。案名例，天子庶长兄不称名，称且字，此处之“札”，即为且字。详参文公元年“天王使叔服来会葬”条注释。

【译文】

【经】王札子杀了召伯、毛伯。

【传】王札子是什么人？是天子庶长兄的称号。

【经】秋，螺。

【译文】

【经】秋，发生了蝗灾。

【经】仲孙蔑会齐高固于牟娄。

【译文】

【经】仲孙蔑与齐高固在牟娄相会。

【经】初税亩[①]。

【传】初者何？始也。税亩者何？履亩而税也。初税亩何以书？讥。何讥尔？讥始履亩而税也。何讥乎始履亩而税？古者什一而藉[②]，古者曷为什一而藉？什一者，天下之中正也。多乎什一，大桀小桀[③]，寡乎什一，大貉小貉[④]。什一者，天下之中正也，什一行而颂声作矣。

【注释】

①初税亩：周代诸侯实行贡法井田制，一井八家，共九百亩，其中一百亩为公田，每家私田一百亩。八家共耕公田，以劳役为地租，即传文所说的“藉”。此处鲁宣公打破贡法井田制，不再设公田，而收取私田收入的十分之一作为地租，并且以收成最好的一块私田作为标准。此为初税亩。

②古者什一而藉：案《公羊义疏》的讲法，井田制中，一井九百亩，私田为八百亩，公田一百亩，其中二十亩作为八家之庐舍，则八家实耕公田八十亩，如此则是十一而税。今宣公以私田收成最好的一块为标准，收取十一税，则超过了井田制中十一而税的标准，故为《春秋》所讥。

③多乎什一，大桀小桀：桀，夏桀。税收超过井田制中的十一税，则是奢泰比于夏桀，故称“大桀小桀”。

④寡乎什一，大貉小貉：貉，蛮貉。何休云：“蛮貉无社稷、宗庙、百官制度之费，税薄。”故低于十一税，则是蛮貉之行。

【译文】

【经】初次实行税亩的制度。

【传】“初”是什么意思？是开始的意思。“税亩”是什么意思？是履亩收税。初次实行税亩的制度，为何记录？是讥刺。讥刺什么？讥刺开始履亩收税。为何讥刺开始履亩收税？古时候借民力耕田，十中取一。古时候为何要十一而藉？十一而税，是天下最合理的制度。超出十一，好比是大桀小桀。不足十一，好比是大貉小貉。

【经】冬，蝝生①。

【传】未有言蝝生者，此其言蝝生何？蝝生不书，此何以书？幸之也[2]。幸之者何？犹曰：受之云尔[3]。受之云尔者何？上变古易常[4]，应是而有天灾，其诸则宜于此焉变矣。

【注释】

①蝝(yuán)：未生翅的蝗虫。

②幸之也：幸，侥幸，庆幸。

③受之云尔：受，接受。即庆幸接受这个天灾。此处涉及到《公羊》学对于灾异的态度。案天人感应的思想，国家有失，则天先降灾以谴告之；谴告而不变，则降怪异之象以惊骇之，灾异的目的是期望人君改过自新，是天意之仁。故此处虽有天灾，当庆幸天意之仁，而接受之。

④上变古易常：上，指鲁宣公。变古易常，指上文之"初税亩"。

【译文】

【经】冬，出现了未生翅的蝗虫。

【传】《春秋》中没有记录未生翅的蝗虫的，此处记录是为何？出现未生翅的蝗虫是不记录的，此处为何记录？是庆幸有天灾。为何庆幸？好比是说，应该接受天灾。接受天灾是什么意思？国君变乱古制常法，因此而有天灾，大概应该就此机缘而有所改变。

【经】饥。

【译文】

【经】发生了饥荒。

【经】十有六年，春，王正月，晋人灭赤狄甲氏及留吁。

【译文】

【经】十六年,春,王正月,晋人灭亡了赤狄甲氏以及留吁。

【经】夏,成周宣谢灾。

【传】成周者何?东周也[1]。宣谢者何?宣宫之谢也[2]。何言乎成周宣谢灾?乐器藏焉尔。成周宣谢灾,何以书?记灾也。外灾不书,此何以书?新周也[3]。

【注释】

①东周:案何休之意,昭公二十二年,周景王驾崩,敬王即位,而王子猛与之争立。王子猛入居王城,自号西周,因而天下之人称成周为东周。《公羊传》称"东周",是据后世之称谓。

②宣宫之谢也:宣宫,即周宣王之庙。宣王有中兴之功,故不毁其庙。谢,屋之无室者。

③新周也:即把周当成新的"二王后"。《春秋》当新王,则周为《春秋》之二王后,故依为二王后记灾之例,记录周的灾异。

【译文】

【经】夏,成周宣谢发生了火灾。

【传】成周是什么地方?是东周。宣谢是什么?是周宣王庙的谢。成周宣谢发生了火灾,为何记录?因为宣王所作的乐器藏在里面。成周宣谢发生了火灾,为何记录?是记录灾害。鲁国之外的灾害,例所不书,此处为何记录?是将周朝视为新的二王后。

【经】秋,郯伯姬来归[1]。

【注释】

①郯伯姬来归：郯伯姬，即鲁女嫁于郯国者。案郯伯姬起初是作为媵妾嫁去的，故《春秋》未书其嫁，后被立为嫡。妇人被弃称“来归”。案时月日例，有罪被弃书时，无罪则书月。

【译文】

【经】秋，郯伯姬被弃来归。

【经】冬，大有年。

【译文】

【经】冬，大丰收。

【经】十有七年，春，王正月，庚子，许男锡我卒。

【经】丁未，蔡侯申卒。

【经】夏，葬许昭公。

【经】葬蔡文公①。

【注释】

①葬蔡文公：案时月日例，大国之君卒日葬月。此处蔡文公之葬不书月者，何休云：“齐桓、晋文没后，先背中国与楚，故略之。”

【译文】

【经】十七年，春，王正月，庚子，许男锡我去世了。

【经】丁未，蔡侯申去世了。

【经】夏，安葬许昭公。

【经】安葬蔡文公。

【经】六月，癸卯，日有食之。

【译文】

【经】六月，癸卯，发生了日食。

【经】己未，公会晋侯、卫侯、曹伯、邾娄子，同盟于断道。
【经】秋，公至自会。

【译文】

【经】己未，公会同晋侯、卫侯、曹伯、邾娄子在断道同心结盟。

【经】秋，公自断道会盟归国。

【经】冬，十有一月，壬午，公弟叔肸卒①。

【注释】

①公弟叔肸卒：此为鲁宣公同母弟公子肸，"叔"为其字。何休云："宣公篡立，叔肸不仕其朝，不食其禄，终身于贫贱。……《春秋》公子不为大夫者不卒，卒而字者，起其宜为天子上大夫也。"

【译文】

【经】冬，公弟叔肸去世了。

【经】十有八年，春，晋侯、卫世子臧伐齐。

【译文】

【经】十八年，春，晋侯、卫世子臧伐击齐国。

【经】公伐杞。

【译文】

【经】公伐击杞国。

【经】夏，四月。

【译文】

【经】夏，四月。

【经】秋，七月，邾娄人戕鄫子于鄫[①]。

【传】戕鄫子于鄫者何？残贼而杀之也。

【注释】

①邾娄人戕鄫子于鄫：戕，戕害，此处是肢解杀人。书“于鄫”者，刺鄫国无守备。

【译文】

【经】秋，七月，邾娄人在鄫国戕害了鄫子。

【传】在鄫国戕害了鄫子，是什么意思？是残贼杀害之。

【经】甲戌，楚子旅卒[①]。

【传】何以不书葬？吴、楚之君不书葬，辟其号也[②]。

【注释】

①楚子旅：即楚庄王。

②吴、楚之君不书葬，辟其号也：号，王号。时吴楚之君僭称王。案《春秋》之例，卒从正，葬从臣子辞（详参隐公八年“八月，葬蔡宣公”条），此处若书葬，当书“葬楚庄王”，则是书其僭号。《春秋》为避其僭号，故不书其葬。

【译文】

【经】甲戌，楚子旅去世了。

【传】为何不书葬？《春秋》不书吴、楚之君的葬礼，是为了规避他们僭越的王号。

【经】公孙归父如晋。

【译文】

【经】公孙归父出使去了晋国。

【经】冬，十月，壬戌，公薨于路寝。

【译文】

【经】冬，十月，壬戌，公在路寝薨没。

【经】归父还自晋，至柽①，遂奔齐。

【传】还者何？善辞也。何善尔？归父使于晋，还自晋，至柽，闻君薨家遣②，墠帷③，哭君成踊④，反命乎介⑤，自是走之齐⑥。

【注释】

①柽（chēng）：鲁地。

②君薨家遣:君薨,指鲁宣公薨没。遣,放逐。公孙归父为公子遂之子,公子遂有弑杀子赤之恶,罪及归父,故全家被放逐。

③墠(shàn)帷:扫地曰墠。帷,张帷幕。因要哭君,故扫地张帷幕。

④哭君成踊:踊,辟踊,即男子跺脚,女子捶胸,表示哀痛至极。成踊,成三日五哭踊之礼。案此为奔丧之礼,初闻丧之日、第二日皆朝夕二哭踊,第三日朝哭踊。归父因家遣,不得归鲁,故行奔丧之礼,得礼之变。

⑤介:出聘时的副使。

⑥自是走之齐:哭君成踊后,出奔到了齐国。书此者,见归父临难,仍能守君臣之礼。值得注意的是,案时月日例,内大夫奔,有罪者不书日,无罪者书日。此处归父出奔,不书日者,因公子遂弑君,依王法,当被诛绝,则公孙归父本不当立为大夫,故此处虽有小善,仍从有罪之例。

【译文】

【经】归父自晋国归还,行至柽地,遂出奔至齐国。

【传】"还"是什么意思?是归国之善辞。归父有何善行?归父出使聘问晋国,正从晋国归来,行至柽地,听闻国君薨没,全家被放逐,就扫地张帷幕,哀哭国君,行三日五辟踊之礼,让副使回国复命,然后才逃至齐国。

成公第八

【题解】

成公为宣公之子，名黑肱，其母为穆姜，公元前590年即位，前573年薨于位，与文公、宣公一样，在位亦十八年。

鲁成公在位时，诸侯争霸之战仍然在持续，成公二年，齐晋两国发生鞌之战，齐国大败，某种程度上减轻了鲁国的外部压力；成公十六年，晋楚发生鄢陵之战，楚国亦大败，显示这一时期晋国仍有较强实力。不过到成公晚期，晋国接连发生三郤与伯宗、晋厉公之间，晋厉公与栾书、中行偃之间的激烈冲突，导致厉公被杀，多家大夫遭灭门，显示这一时期中原盟主晋国内外矛盾纷争加剧，这些事件也部分波及了鲁国内政。本篇主要的义理有：元年“王师败绩于贸戎”条，实为晋败王师，而不言晋，是为了彰显“王者无敌”之义。二年鞌之战“齐侯使国佐如师”条，见大夫不敌君之义，亦表明齐顷公被获逃遁，不能死位，为《春秋》所诛绝。十五年“仲婴齐卒”条，见为人后者为之子之义，亦见大夫以下兄弟不可相后。十五年“钟离之会”，见“夷夏之辩”与“大一统”的关系，即是“从近者始”。

【经】元年，春，王正月，公即位[①]。

【注释】

①公：鲁成公。据《史记》，成公名黑肱，为宣公之子。

【译文】

【经】元年，春，王正月，公即位。

【经】二月，辛酉，葬我君宣公。

【译文】

【经】二月，辛酉，安葬我们的国君宣公。

【经】无冰。

【译文】

【经】没有结冰。

【经】三月，作丘甲①。

【传】何以书？讥。何讥尔？讥始丘使也。

【注释】

①作丘甲：丘，行政单位，四井为邑，四邑为丘。甲，铠甲。作丘甲，即命令丘民自己制造铠甲。案古制，兵器、铠甲皆由国家制造，归国家所有，出兵时颁兵甲，还师则收兵甲。且制作铠甲需要有专门的人才，古有四民，士农工商，工负责制作铠甲。此处使丘民作甲，一则加重民众负担，一则使得“四民相兼”，故《春秋》讥之。

【译文】

【经】三月，命令丘民制作铠甲。

【传】为何记录此事？是讥刺。讥刺什么？讥刺开始命令丘民作甲。

【经】夏，臧孙许及晋侯盟于赤棘。

【译文】

【经】夏，臧孙许与晋侯在赤棘结盟。

【经】秋，王师败绩于贸戎[①]。

【传】孰败之？盖晋败之。或曰贸戎败之。然则曷为不言晋败之？王者无敌，莫敢当也[②]。

【注释】

①贸戎：地名。

②王者无敌，莫敢当也：敌，对等。案《春秋》之例，书“战”则表示双方的地位平等。此处交战的双方，周天子是君，晋是臣，两者不对等，故《春秋》不书“战”，以此正君臣之义。

【译文】

【经】秋，王师在贸戎被击败了。

【传】谁击败了王师？大概是晋国，有人说是贸戎。为何不说是晋国击败了王师？没人能与王者匹敌，没人配与王者交手。

【经】冬，十月。

【译文】

【经】冬，十月。

【经】二年，春，齐侯伐我北鄙。

【译文】

【经】二年，春，齐侯伐击我国北部边境。

【经】夏，四月，丙戌，卫孙良夫帅师及齐师战于新筑，卫师败绩。

【译文】

【经】夏，四月，丙戌，卫孙良夫帅师在新筑与齐师交战，卫师败绩。

【经】六月，癸酉，季孙行父、臧孙许、叔孙侨如、公孙婴齐帅师，会晋郤克、卫孙良夫、曹公子手，及齐侯战于鞌，齐师败绩。

【传】曹无大夫，公子手何以书[①]？忧内也[②]。

【注释】

①曹无大夫，公子手何以书：案《春秋》之例，传闻世，小国无大夫，略而称人；至所闻世，小国有大夫。然小国有大夫，仅书大夫之名，不书氏，以此区别与大国大夫之称名氏。此处曹为小国，而公子手称名氏，故而发问。

②忧内也：内，指鲁国。担忧鲁国，故随同鲁国出战。何休云："《春

秋》托王于鲁,因假以见王法,明诸侯有能从王者,征伐不义,克胜有功,当褒之,故与大夫。”

【译文】

【经】六月,癸酉,季孙行父、臧孙许、叔孙侨如、公孙婴齐帅师,会同晋郤克、卫孙良夫、曹公子手,在鞌地与齐侯交战,齐师败绩。

【传】曹国没有大夫,此处为何书公子手之名氏?因为他担忧鲁国。

【经】秋,七月,齐侯使国佐如师。己酉,及国佐盟于袁娄。

【传】君不使乎大夫[①],此其行使乎大夫何?佚获也[②]。其佚获奈何?师还齐侯[③],晋郤克投戟,逡巡,再拜稽首马前。逢丑父者,顷公之车右也[④],面目与顷公相似,衣服与顷公相似,代顷公当左[⑤],使顷公取饮。顷公操饮而至,曰:“革取清者[⑥]。”顷公用是佚而不反。逢丑父曰:“吾赖社稷之神灵,吾君已免矣。”郤克曰:“欺三军者,其法奈何?”曰:“法斮[⑦]。”于是斮逢丑父。己酉,及齐国佐盟于袁娄。曷为不盟于师,而盟于袁娄?前此者,晋郤克与臧孙许同时而聘于齐。萧同姪子者[⑧],齐君之母也,踊于棓而窥客[⑨],则客或跛或眇[⑩],于是使跛者迓跛者,使眇者迓眇者。二大夫出,相与踦闾而语[⑪],移日然后相去。齐人皆曰:“患之起,必自此始。”二大夫归,相与率师为鞌之战,齐师大败。齐侯使国佐如师,郤克曰:“与我纪侯之甗[⑫],反鲁卫之侵地,使耕者东亩,且以萧同姪子为质,则吾舍子矣。”国佐曰:“与我纪侯之甗,请诺。反鲁卫之侵地,请诺。使耕者东亩,是则土齐也;萧同姪子者,齐君之母也,齐君之母,犹晋君之母也,不可,请战。壹战不胜，请再。再战不胜，请三。三战不胜，则齐国尽子之有也，何必以萧同姪子为质。”揖而去之。郤克眣鲁、卫之使[13]，使以其辞而为之请[14]，然后许之。逮于袁娄而与之盟。

【注释】

①君不使乎大夫：案国君与大夫地位不平等，故不向大夫派遣使者，即便有外交行为，也不书“使”文。如闵公二年，鲁国无君，齐侯派遣高子来结盟，不书“齐侯使高子来盟”，而是书“齐高子来盟”。此处书“齐侯使国佐如师”，使得齐顷公与大夫对等，以此诛绝顷公。

②佚获也：被俘而逃亡，此指鞌之战时。

③还：绕也。

④车右：古代国君战车上有三人，御者居中，国君居左，卫士居右，称为车右。

⑤代顷公当左：即齐顷公与逢丑父身份互换。

⑥革取清者：何休云：“革，更也。军中人多，水泉浊，欲使远取清者，因亡去。”

⑦法斮(zhuó)：依军法当斩。

⑧萧同姪子：萧，国名，萧君字叔同，因其为附庸之国，故称字。姪子者，萧君之侄女。

⑨踊：上也。棓：铺于不平处的跳板。

⑩踦：有足疾，走路瘸拐，指郤克。眇：一目盲，此指臧孙许。

⑪相与踦闾而语：何休云：“闾，当道门。闭一扇，开一扇，一人在外，一人在内，曰踦闾。将别，恨为齐所侮戏，谋伐之，而不欲使人听之。”

⑫纪侯之甗：何休云："齐襄公灭纪所得甗邑，其土肥饶，欲得之。"

⑬眣（shùn）：使眼色。

⑭使以其辞而为之请：其，国佐。国佐揖而去，则有伤郤克之威，故郤克给鲁、卫大夫使眼色，让他们为国佐求情，郤克方能再与国佐结盟，而不伤军威。

【译文】

【经】秋，七月，齐侯派遣国佐来到军中。己酉，与国佐在袁娄结盟。

【传】国君不向大夫派遣使者，此处为何向晋国大夫派遣使者？因为齐顷公被俘逃逸是被轻贱。他被俘逃逸是怎么回事？鞌之战时，军队包围了齐侯，晋郤克扔去戟，向后退却，在马前再拜稽首。逢丑父，是顷公的车右，面目与顷公相似，衣服与顷公相似，替代顷公居于车左。命令顷公取水，顷公取水而至，又说："换干净点的水来。"顷公于是逃逸不回来了。逢丑父说："我们依靠着社稷的神灵，我们国君已经脱离危难了。"郤克说："欺骗三军，军法如何处置？"回答说："依军法当斩。"于是斩杀逢丑父。己酉，与齐国佐在袁娄结盟。为何不在军中结盟，而在袁娄结盟？鞌之战以前，晋郤克与我国的臧孙许一起去齐国聘问。萧同侄子，是齐顷公的母亲。登上跳板窥视来客，来客有人跛脚有人偏盲，于是派遣跛脚之人去迎接跛脚之客，派遣偏盲之人去迎接偏盲之客。二大夫出来，偏倚在闾门内外谈话，过了很长时间才离去。齐人都说："祸患必从今日而起。"二大夫归国，相约率领师众打了鞌之战，齐师大败。齐侯派遣国佐前往敌军处求和。郤克说："割让原来纪侯的甗邑给我国，归还之前侵夺的鲁、卫二国的土地，耕地都变为东西走向，并且以萧同侄子作为人质，那么我们就饶过你们。"国佐说："'割让原来纪侯的甗邑给晋国'，答应你。'归还之前侵夺的鲁、卫二国的土地'，答应你。使齐国耕地变为东西向，则是以齐土为晋地；萧同侄子，是我君之母，齐君之母，也就是晋君之母，这两点不能答应。请开战。一战不胜，请再战。再战不胜，请三战。三站不胜，则齐国全归你们所有了,何必要以萧同姪子作为人质。”作揖而去。郤克向鲁、卫大夫使眼色,让他们为国佐求情,然后郤克许诺。追到袁娄才与国佐结盟。

【经】八月,壬午,宋公鲍卒。

【译文】

【经】八月,壬午,宋公鲍去世了。

【经】庚寅,卫侯遬卒。

【译文】

【经】庚寅,卫侯遬去世了。

【经】取汶阳田。

【传】汶阳田者何?鞌之赂也[①]。

【注释】

①鞌之赂也:鞌之战的贿赂,取之于齐,即上文所云“反鲁、卫之侵地”。依《春秋》之例,当书“取齐汶阳田”,不系属于齐国者,何休云:“耻内乘胜胁齐,求赂得邑,故讳使若非齐邑。”

【译文】

【经】夺取汶阳田。

【传】汶阳田是什么?是鞌之战的贿赂。

【经】冬，楚师、郑师侵卫。

【译文】

【经】冬，楚师、郑师侵责卫国。

【经】十有一月，公会楚公子婴齐于蜀①。

【经】丙申，公及楚人、秦人、宋人、陈人、卫人、郑人、齐人、曹人、邾娄人、薛人、鄫人盟于蜀。

【传】此楚公子婴齐也②，其称人何？得壹贬焉尔③。

【注释】

①公会楚公子婴齐于蜀：案《春秋》之例，君不会大夫，此处不避讳公与婴齐相会者（依例当书“及楚公子婴齐会于蜀”），是为下文贬婴齐张本。

②此楚公子婴齐也：因上文“公会楚公子婴齐于蜀”，此处蜀之盟又有“楚人”，则知楚人实为公子婴齐。

③得壹贬焉尔：壹贬，专一于贬楚公子婴齐。依《春秋》之例，若鲁君与外诸侯大夫结盟，则避讳不书“公”。此处书“公”，则《春秋》之意不在公，而在于与会之人。联系上文书“楚公子婴齐”。此处却书“楚人”，则知此条是专一于贬婴齐。之所以贬者，何休云：“婴齐，楚专政骄蹇臣也，数道其君率诸侯侵中国，故独先举于上，乃贬之，明本在婴齐，当先诛其本，乃及其末。”

【译文】

【经】十一月，公与楚公子婴齐在蜀地相会。

【经】丙申，公与楚人、秦人、宋人、陈人、卫人、郑人、齐人、曹人、邾娄人、薛人、鄫人在蜀地结盟。

【传】这里是楚公子婴齐,称之为"楚人"是为何？是专一于贬抑他。

【经】三年,春,王正月,公会晋侯、宋公、卫侯、曹伯伐郑。

【译文】

【经】三年,春,王正月,公会同晋侯、宋公、卫侯、曹伯伐击郑国。

【经】辛亥,葬卫缪公。

【译文】

【经】辛亥,安葬卫缪公。

【经】二月,公至自伐郑。

【译文】

【经】二月,公从伐郑之役归国。

【经】甲子,新宫灾,三日哭。

【传】新宫者何？宣公之宫也①。宣宫则曷为谓之新宫？不忍言也②。其言三日哭何？庙灾三日哭③,礼也。新宫灾,何以书？记灾也。

【注释】

①宣公之宫也：案文公十三年传文"周公称大庙,鲁公称世室,群公

称宫”，宣公之宫，即宣公之庙。

②不忍言也：案宗庙是先君精神所依之地，而发生火灾，则伤痛鬼神无所依归。且宣公为成公之父，祢庙有灾，孝子不忍直言“宣宫”，因其属于新立之庙，故变言“新宫”。

③三日哭：君臣服素缟哭三日，痛伤鬼神无所依归。《礼记·檀弓下》云：“有焚其先人之室，则三日哭。”

【译文】

【经】甲子，新宫发生了火灾，哀哭三日。

【传】新宫是什么？是宣公庙。宣公庙为何称之为新宫？因为不忍正言。经书哀哭三日是为何？宗庙发生火灾，哀哭三日，是合礼的。新宫发生火灾，为何记录？是记录灾害。

【经】乙亥，葬宋文公。

【译文】

【经】乙亥，安葬宋文公。

【经】夏，公如晋。

【译文】

【经】夏，公去了晋国。

【经】郑公子去疾率师伐许。

【译文】

【经】郑公子去疾率师伐击许国。

【经】公至自晋。

【译文】

【经】公从晋国回来。

【经】秋，叔孙侨如率师围棘。

【传】棘者何？汶阳之不服邑也[1]。其言围之何[2]？不听也[3]。

【注释】

①汶阳之不服邑也：案去年，鲁国取齐汶阳之田，而棘是其中的一个小邑，不服于鲁国。

②其言围之何：案《春秋》之例，封内兵不书，鲁国已取汶阳之田，则此处属于封内之兵，本不应书，故而发问。

③不听也：何休云："不听者，叛也。不言叛者，为内讳。……不先以文德来之，而便以兵围之，当与围外邑同罪，故言围也。"

【译文】

【经】秋，叔孙侨如率师包围了棘邑。

【传】棘是什么地方？是汶阳不臣服鲁国的城邑。经书围是为何？表明棘邑不听顺。

【经】大雩。

【译文】

【经】举行大雩祭。

【经】晋郤克、卫孙良夫伐将咎如。

【译文】

【经】晋郤克、卫孙良夫伐击将咎如。

【经】冬,十有一月,晋侯使荀庚来聘。

【经】卫侯使孙良夫来聘。

【经】丙午,及荀庚盟。

【经】丁未,及孙良夫盟。

【传】此聘也,其言盟何[①]?聘而言盟者,寻旧盟也[②]。

【注释】

①此聘也,其言盟何:案《春秋》之中,“盟”重于“聘”,若因聘问而结盟,则仅书“盟”。此处盟而书聘,故而发问。

②寻旧盟也:寻绎旧盟。书寻绎旧盟者,是恶其不信也,何休云:“二国既修礼相聘,不能相亲信,反复相疑,故举聘以非之。”

【译文】

【经】冬,十一月,晋侯派遣荀庚来鲁国聘问。

【经】卫侯派遣孙良夫来鲁国聘问。

【经】丙午,(公)与荀庚结盟。

【经】丁未,(公)与孙良夫结盟。

【传】这里是聘问鲁国,经书盟是为何?聘问而言盟的,是寻绎先前的盟约。

【经】郑伐许[①]。

【注释】

①郑伐许：案《春秋》之例，诸夏之国称爵，夷狄则单称国号。此处单称郑，是将郑国视为夷狄。何休云："谓之郑者，恶郑襄公与楚同心，数侵伐诸夏，自此之后，中国盟会无已，兵革数起，夷狄比周为党，故夷狄之。"

【译文】

【经】郑国伐击许国。

【经】四年，春，宋公使华元来聘。

【译文】

【经】四年，春，宋公派遣华元来鲁国聘问。

【经】三月，壬申，郑伯坚卒。

【译文】

【经】三月，壬申，郑伯坚去世了。

【经】杞伯来朝。

【译文】

【经】杞伯来鲁国朝见。

【经】夏，四月，甲寅，臧孙许卒。

【译文】

【传】夏,四月,甲寅,臧孙许去世了。

【经】公如晋。

【译文】

【经】公去了晋国。

【经】葬郑襄公。

【译文】

【经】(四月)安葬郑襄公。

【经】秋,公至自晋。

【译文】

【经】秋,公从晋国归来。

【经】冬,城运。

【译文】

【经】冬,修筑运邑。

【经】郑伯伐许[①]。

【注释】

①郑伯伐许：郑伯，即郑伯费，为郑襄公之子。襄公卒于三月，此时郑伯费是未踰年君。以嗣君名例，君薨称子某，既葬称子，踰年即位，三年称公。则本当书“郑子”。此处书“郑伯”者，因其在丧中用兵，全无思慕之心，乐成君位，故《春秋》书“郑伯”，如其意以著其恶。

【译文】

【经】郑伯伐击许国。

【经】五年，春，王正月，杞叔姬来归。

【译文】

【经】五年，春，王正月，杞叔姬被弃来归。

【经】仲孙蔑如宋。

【译文】

【经】仲孙蔑出使去了宋国。

【经】夏，叔孙侨如会晋荀秀于穀。

【译文】

【经】夏，叔孙侨如与晋荀秀在穀地相会。

【经】梁山崩①。

【传】梁山者何？河上之山也。梁山崩，何以书？记异也。何异尔？大也。何大尔？梁山崩，壅河，三日不沵[2]。外异不书[3]，此何以书？为天下记异也[4]。

【注释】

①梁山崩：梁山，黄河边上的山，在晋国境内。此时崩塌，阻断黄河，三日不流。

②沵(liú)："流"之古字。

③外异不书：《春秋》之例，仅为鲁国与二王后记录灾异，梁山在晋国境内，晋又非二王后，本在外异不书之例。

④为天下记异也：何休以为，山是君之象，黄河为正道之象。梁山崩壅塞黄河，象诸侯失势，王道绝，大夫专政。因其象征着礼乐征伐自大夫出，天下皆如此，故为天下记异。

【译文】

【经】梁山崩塌。

【传】梁山是什么？是黄河边上的山。梁山崩塌，为何记录？是记录异象。有何异象？崩塌严重。严重到什么地步？梁山崩塌，壅塞黄河，三日河水不流。鲁国之外的异象，例所不书，此处为何记录？是为天下记录异象。

【经】秋，大水。

【译文】

【经】秋，发大水。

【经】冬，十有一月，己酉，天王崩。

【译文】

【经】冬,十一月,己酉,天王(周定王)驾崩了。

【经】十有二月,己丑,公会晋侯、齐侯、宋公、卫侯、郑伯、曹伯、邾娄子、杞伯,同盟于虫牢。

【译文】

【经】十二月,己丑,公会同晋侯、齐侯、宋公、卫侯、郑伯、曹伯、邾娄子、杞伯,在虫牢同心结盟(约备强楚)。

【经】六年,春,王正月①,公至自会。

【注释】

①王正月:案时月日例,公致例时,此处书月者,因之前鞌之战,鲁国大夫俘虏国齐侯,则此处公与齐侯见面有危。

【译文】

【经】六年,春,王正月,公从虫牢之会归国。

【经】二月,辛巳,立武宫①。

【传】武宫者何?武公之宫也。立者何?立者不宜立也,立武宫,非礼也。

【注释】

①立武宫:武宫,即鲁武公之庙。此处立武宫者,鞌之战前,臧孙许曾向鲁武公祈祷,后得胜,故立武公之庙。然案礼制,诸侯立五

庙,太祖庙不毁,其余四庙,则亲过高祖而毁。鲁武公属于毁庙之君,为之立庙为非礼。又据时月日例,失礼宗庙例日。

【译文】

【经】二月,辛巳,立武宫。

【传】武宫是什么?是鲁武公之庙。"立"是什么意思?书"立",表明不宜立。立武公之庙,是非礼的。

【经】取鄟。

【传】鄟者何?邾娄之邑也。曷为不系于邾娄?讳亟也①。

【注释】

①讳亟也:亟,疾也。案去年十二月,鲁侯与邾娄子都参加了虫牢之盟,此时便取其城邑,则鲁国之背信弃义,何其速也。《春秋》为鲁国避讳,故不将鄟(专)邑系属于邾娄国。

【译文】

【经】夺取鄟邑。

【传】鄟邑是什么地方?是邾娄国的城邑。为何不系属于邾娄国?是为鲁国取邑之速。

【经】卫孙良夫率师侵宋。

【译文】

【经】卫孙良夫率师侵责宋国。

【经】夏,六月,邾娄子来朝。

【译文】

【经】夏，六月，邾娄子来鲁国朝见。

【经】公孙婴齐如晋。

【译文】

【经】公孙婴齐出使去了晋国。

【经】壬申，郑伯费卒①。

【注释】

①郑伯费：即郑悼公。《春秋》不书其葬者，郑国作为虫牢之盟的与会国，下文楚公子婴齐伐郑之丧，中国不能救援，之后晋国又伐其丧（晋栾书率师侵郑），则中国有大恶。此处《春秋》为中国避讳，不书郑伯费之葬，就好像晋栾书率师侵郑，不是伐丧一般。

【译文】

【经】壬申，郑伯费去世了。

【经】秋，仲孙蔑、叔孙侨如率师侵宋。

【译文】

【经】秋，仲孙蔑、叔孙侨如率师侵责宋国。

【经】楚公子婴齐率师伐郑。

【译文】

【经】楚公子婴齐率师伐击郑国。

【经】冬,季孙行父如晋。

【译文】

【经】冬,季孙行父出使去了晋国。

【经】晋栾书率师侵郑。

【译文】

【经】晋栾书率师侵责郑国。

【经】七年,春,王正月,鼷鼠食郊牛角①,改卜牛,鼷鼠又食其角,乃免牛。

【注释】

①鼷(xī)鼠食郊牛角:鼷鼠,鼠名,小而有剧毒。郊牛、卜牛、免牛,参见宣公"三年,春,王正月,郊牛之口伤,改卜牛。牛死,乃不郊,犹三望"条注释。

【译文】

【经】七年,春,王正月,鼷鼠食咬了郊牛的角。改换卜牛为郊牛,鼷鼠又食咬卜牛之角,于是将牛放掉。

【经】吴伐郯。

【译文】

【经】吴伐击郑国。

【经】夏，五月，曹伯来朝。

【译文】

【经】夏，五月，曹伯来鲁国朝见。

【经】不郊，犹三望。

【译文】

【经】不行郊天之祭，却仍旧祭祀三望。

【经】秋，楚公子婴齐率师伐郑。

【译文】

【经】秋，楚公子婴齐率师伐击郑国。

【经】公会晋侯、齐侯、宋公、卫侯、曹伯、莒子、邾娄子、杞伯救郑。八月，戊辰，同盟于马陵。公至自会。

【译文】

【经】公会同晋侯、齐侯、宋公、卫侯、曹伯、莒子、邾娄子、杞伯救援郑国。八月，戊辰，在马陵同心结盟。公从马陵之会归国。

【经】吴入州来。

【译文】

【经】吴国攻入州来国都城。

【经】冬，大雩。

【译文】

【经】冬，举行大雩祭。

【经】卫孙林父出奔晋。

【译文】

【经】卫孙林夫出奔到了晋国。

【经】八年，春，晋侯使韩穿来言汶阳之田①，归之于齐。

【传】来言者何？内辞也，胁我，使我归之也②。曷为使我归之？鞌之战，齐师大败，齐侯归，吊死视疾，七年不饮酒，不食肉。晋侯闻之曰："嘻。奈何使人之君七年不饮酒，不食肉③，请皆反其所取侵地。"

【注释】

①汶阳之田：本为鲁国领地，被齐国侵夺，成公二年鞌之战后，齐国返还汶阳之田。

②胁我，使我归之也：事实上，是晋国胁迫鲁国将汶阳之田归还齐

国，然鲁国受胁迫则有耻，故避讳。经书“来言”，好像是晋国派使者来与鲁国商量归还之事，未见胁迫，而鲁国因佩服齐侯之义，而归还汶阳之田。另一方面，如果真是鲁国闻义自归，当书“归于齐”，而经书“归之于齐”，则见鲁国实受胁迫。

③奈何使人之君七年不饮酒，不食肉：齐侯吊死问疾，是劝死士；不饮酒食肉，则志在复仇，故晋侯高其义，畏其德，故返还齐之侵地。

【译文】

【经】八年，春，晋侯派遣韩穿来商量汶阳之田，鲁国将汶阳之田归还给了齐国。

【传】“来言”是什么意思？是为鲁国避讳之辞。实际是胁迫我国，使我国归还汶阳之田。为何胁迫我国归还汶阳之田？鞌之战，齐师大败。齐侯归国，吊死问伤，七年不饮酒，不食肉。晋侯听闻此事，说：“哎，怎么能让一国之君七年不饮酒，不食肉呢？请诸侯都返还齐国之前侵夺的土地。”

【经】晋栾书帅师侵蔡。

【译文】

【经】晋栾书帅师侵责蔡国。

【经】公孙婴齐如莒。

【译文】

【经】公孙婴齐出使去了莒国。

【经】宋公使华元来聘。

【译文】

【经】宋公派遣华元来鲁国聘问。

【经】夏，宋公使公孙寿来纳币。

【传】纳币不书[1]，此何以书？录伯姬也[2]。

【注释】

①纳币不书：纳币，参见隐公二年“纪履緰来逆女”条注释⑥。纳币属于常事，《春秋》常事不书。

②录伯姬也：伯姬，鲁女嫁为宋国夫人者，后守礼而死（详见襄公三十年夏“五月，甲午，宋灾，伯姬卒”条）。《春秋》褒扬伯姬守节，故详录其嫁娶之礼。

【译文】

【经】夏，宋公派遣公孙寿来纳币。

【传】纳币是常事，例所不书，此处为何记录？是详录伯姬嫁娶之礼。

【经】晋杀其大夫赵同、赵括。

【译文】

【经】晋国杀了他的大夫赵同、赵括。

【经】秋，七月，天子使召伯来锡公命。

【传】其称天子何？元年春王正月，正也，其余皆通矣[1]。

【注释】

①元年春王正月，正也，其余皆通矣：案礼制，当称天子为“王”，故经文“元年春王正月”中的“王”字（即“春”下之“王”），为天子之正称。其余，指《春秋》中有称“天王”、“天子”、“王”（非“春”下之“王”，如“王使荣叔来锡桓公命”之类）者，皆为通称。称天王，因当时吴楚之君僭称王，故周天子上系于“天”，称“天王”以正其义。天子，是爵称，表明是天之子。值得注意的是，礼制上，以“王”为正称；而时王之称，则以“天王”为正，若称“天子”或“王”（非“春”下之“王”），皆有讥刺，如此条。何休云：“此锡命称天子者，为王者长爱幼少之义，欲进勉幼君，当劳来与贤师良傅，如父教子，不当赐也。”

【译文】

【经】秋，七月，天子派遣召伯来赐予公加恩的诏命。

【传】经称“天子”是为何？“元年春王正月”中的“王”，是礼制上的正称，其余（天王、天子、非“春”下之“王”）都是通称。

【经】冬，十月，癸卯，杞叔姬卒[1]。

【注释】

①杞叔姬卒：杞叔姬，为鲁国嫁为杞国夫人者，成公五年被弃绝，回到鲁国；此时去世，至下年春，鲁国胁迫杞国迎回叔姬的灵柩，可谓穷凶极恶。案《春秋》之例，内女嫁为诸侯夫人，则书其卒；若弃绝而归，则不书其卒。今书杞叔姬之卒者，是避讳下一年鲁国胁迫杞国之事，好像杞伯姬尚为杞国夫人，故使杞国迎回其

灵柩。

【译文】

【经】冬，十月，癸卯，杞叔姬去世了。

【经】晋侯使士燮来聘。

【译文】

【经】晋侯派遣士燮来鲁国聘问。

【经】叔孙侨如会晋士燮、齐人、邾娄人伐郯。

【译文】

【经】叔孙侨如会同晋士燮、齐人、邾娄人伐击郯国。

【经】卫人来媵①。

【传】媵不书，此何以书？录伯姬也。

【注释】

①卫人来媵：媵，动词，送媵妾。案礼制，一国嫁女，而二国媵之，此处为媵伯姬。又案《春秋》之例，媵为常事，例所不书，此处伯姬有贤德，故详录之。

【译文】

【经】卫人来送伯姬的媵妾。

【传】送媵妾，例所不书，此处为何记录？是详录伯姬嫁娶之礼。

【经】九年，春，王正月，杞伯来逆叔姬之丧以归。

【传】杞伯曷为来逆叔姬之丧以归？内辞也，胁而归之也[①]。

【注释】

①内辞也，胁而归之也：案杞伯姬被弃，则与夫家已绝，夫无逆出妻之丧而葬者。则鲁国胁迫杞国迎回灵柩，是穷凶极恶的表现。故《春秋》为之避讳，书"杞伯来逆叔姬之丧"，好像是杞伯自己要来，非受胁迫。另一方面书"以归"，与"执"而"以归"（表明被执者是受胁迫而去别的国家的）文辞相同，则表明事实上杞伯是被胁迫的。《春秋》讳文而不没实。

【译文】

【经】九年，春，王正月，杞伯来迎叔姬的灵柩回国。

【传】杞伯为何来迎叔姬的灵柩回国？这是为鲁国避讳的文辞，实际上是胁迫杞国迎回叔姬的灵柩。

【经】公会晋侯、齐侯、宋公、卫侯、郑伯、曹伯、莒子、杞伯同盟于蒲。

【经】公至自会。

【译文】

【经】公会同晋侯、齐侯、宋公、卫侯、郑伯、曹伯、莒子、杞伯，在蒲地同心结盟。

【经】公从盟会之地归国。

【经】二月，伯姬归于宋。

【经】夏，季孙行父如宋致女[1]。

【传】未有言致女者，此其言致女何？录伯姬也。

【注释】

①致女：何休云："古者，妇人三月而后庙见称妇，择日而祭于祢，成妇之义也。父母使大夫操礼而致之。必三月者，取一时足以别贞信，贞信著，然后成妇礼。"

【译文】

【经】二月，伯姬嫁到宋国。

【经】夏天，鲁国季孙行父到宋国送女方嫁妆等礼物。

【传】经文没有记录致女的，这里为什么说致女？是为了详细记录伯姬嫁娶之礼。

【经】晋人来媵。

【传】媵不书，此何以书？录伯姬也。

【译文】

【经】晋人来送伯姬的媵妾。

【传】送媵妾，例所不书，此处为何记录？是详录伯姬嫁娶之礼。

【经】秋，七月，丙子，齐侯无野卒。

【译文】

【经】秋，七月，丙子，齐侯无野去世了。

【经】晋人执郑伯。

【译文】

【经】晋人拘捕了郑伯。

【经】晋栾书帅师伐郑。

【译文】

【经】晋栾书帅师伐击郑国。

【经】冬,十有一月,葬齐顷公。

【译文】

【经】冬,十一月,安葬齐顷公。

【经】楚公子婴齐帅师伐莒,庚申①,莒溃。

【经】楚人入运②。

【注释】

①庚申:案时月日例,溃例月。此处书日者,何休云:"责中国无信,同盟不能相救,至为夷狄所溃。"

②楚人入运:孔广森云:"文十二年,行父城运,则运本内邑,是时盖已叛属莒。内邑不言叛,故经无明文。"

【译文】

【经】楚公子婴齐帅师伐击莒国,庚申,莒国溃散。

【传】楚人攻入运邑

【经】秦人、白狄伐晋。

【译文】

【经】秦人、白狄伐击晋国。

【经】郑人围许。

【译文】

【经】郑人包围了许国都城。

【经】城中城。

【译文】

【经】修筑中城。

【经】十年,春,卫侯之弟黑背率师侵郑。

【译文】

【经】十年,春,卫侯同母弟黑背率师侵责郑国。

【经】夏,四月,五卜郊,不从,乃不郊。

【传】其言乃不郊何①?不免牲②,故言乃不郊也。

【注释】

①其言乃不郊何:案《春秋》之例,“乃”是为难之辞。若郊祭占卜不吉而废郊,仅书“不郊”即可,不需云“乃不郊”,故而发问。

②不免牲:牲,指郊天所用之牛。若卜郊不吉,则免去天牲。何休云:“卜郊不吉,则为牲作玄衣纁裳,使有司玄端放之于南郊,明本为天,不敢留天牲。”此处成公数次占卜皆不吉,心有怨恨,故不免牲。如此则属于盗天牲,有大恶,需要避讳,故经文不明云“不免牲”,而云“乃不郊”,好像有什么为难之事,故而不行郊祭。另一方面,鲁国占卜郊祭之可否,当三卜,此处五卜亦是非礼;而郊祭当行于一二三月,此处四月行郊祭,亦为非礼。

【译文】

【经】夏,四月,五次占卜郊祭之可否,不吉,乃不举行郊祭。

【经】五月,公会晋侯、齐侯、宋公、卫侯、曹伯伐郑[①]。

【注释】

①伐郑:成公伐郑,下未有致文(即“公至自伐”,或“公至自会”之文),何休以为,上文成公因数次卜郊不吉,而不免天牲,有大恶,此处不书致文,夺其臣子之辞,以见其恶。

【译文】

【经】五月,公会同晋侯、齐侯、宋公、卫侯、曹伯,伐击郑国。

【经】齐人来媵。

【传】媵不书,此何以书?录伯姬也。三国来媵,非礼也[①]。曷为皆以录伯姬之辞言之?妇人以众多为侈也[②]。

【注释】

①三国来媵，非礼也：案礼制，诸侯娶于一国，而二国往媵之，今三国来媵（卫晋齐），故为非礼。

②妇人以众多为侈也：何休云："侈，大也。朝廷侈于妒上，妇人侈于妒下，伯姬以至贤，为三国所争媵，故侈大其能容之。"

【译文】

【经】齐人来送伯姬的媵妾。

【传】送媵妾，例所不书，此书为何记录？是详录伯姬嫁娶之礼。三国送来媵妾，是非礼的，为何仍旧以详录伯姬的文辞言之？是张大伯姬能容众多妇人的贤德。

【经】丙午，晋侯獳卒①。

【注释】

①晋侯獳（nòu）卒：《春秋》之例，外诸侯杀无罪之大夫，则不书葬。成公八年，晋侯杀无罪大夫赵同、赵括，故不书其葬。

【译文】

【经】丙午，晋侯獳去世了。

【经】秋，七月。

【译文】

【经】秋，七月。

【经】公如晋①。

【注释】

①公如晋：此事发生在冬季，案《春秋》编年，四时具，然后为年，本当书“冬，公如晋”。此处去冬者，因成公无事天之意，如上文之不免牲，此处去晋国奔丧，至明年三月而归，又错过了郊祭的时间。故《春秋》去冬，表明成公当被诛绝。

【译文】

【经】公去了晋国奔丧。

【经】十有一年，春，王三月，公至自晋。

【译文】

【经】十一年，春，王三月，公从晋国归来。

【经】晋侯使郤州来聘。己丑，及郤州盟①。

【注释】

①及郤州盟：案《春秋》之例，聘而书盟，是寻绎旧盟。

【译文】

【经】晋侯派遣郤州来鲁国聘问，己丑，公与郤州结盟。

【经】夏，季孙行父如晋。

【译文】

【经】夏，季孙行父出使去了晋国。

【经】秋，叔孙侨如如齐。

【译文】

【经】秋，叔孙侨如出使去了齐国。

【经】冬，十月。

【译文】

【经】冬，十月。

【经】十有二年，春，周公出奔晋。

【传】周公者何？天子之三公也。王者无外，此其言出何①？自其私土而出也②。

【注释】

①王者无外，此其言出何：周天子是天下共主，普天之下莫非王土，无所不包，故曰“王者无外”。此处书“出”奔，则是有外之辞，故而发问。

②私土：即周公之封国。何休云：“周公骄蹇，不事天子，出居私土，不听京师之政，天子召之而出走，明当并绝其国，故以出国录也。”

【译文】

【经】十二年，春，周公出奔到了晋国。

【传】周公是什么人？是天子的三公。王者没有境外，此处言“出”是为何？因为周公是从自己的封国出奔的。

【经】夏，公会晋侯、卫侯于沙泽。

【译文】

【经】夏，公与晋侯、卫侯在沙泽相会。

【经】秋，晋人败狄于交刚。

【译文】

【经】秋，晋人在交刚击败了狄。

【经】冬，十月。

【译文】

【经】冬，十月。

【经】十有三年，春，晋侯使郤锜来乞师。

【译文】

【经】十三经，春，晋侯派遣郤锜来乞求援军。

【经】三月，公如京师。

【经】夏，五月，公自京师，遂会晋侯、齐侯、宋公、卫侯、郑伯、曹伯、邾娄人、滕人伐秦。

【传】其言自京师何？公凿行也[①]。公凿行奈何？不敢过天子也。

【注释】

①公凿行也：凿，更造。孔广森以为，凿行是趁着间隙行他事。此处公本欲伐击秦国，途经京师，不敢过天子而不朝，复生事修朝礼而后行。《春秋》书公之凿行，善其有尊待天子之心。

【译文】

【经】三月，公去了京师。

【经】夏，五月，公从京师出发，于是会同晋侯、齐侯、宋公、卫侯、郑伯、曹伯、邾娄人、滕人，伐击秦国。

【传】经言“自京师”是为何？因为公乘伐秦的间隙，更造朝见了天子。公为何在伐秦的间隙，去京师朝见？因为公不敢途经京师，而不朝见天子。

【经】曹伯庐卒于师。

【译文】

【经】曹伯庐在师旅中去世。

【经】秋，七月①，公至自伐秦。

【注释】

①七月：案时月日例，致例时。此处书月者，何休云：“危公幼而远用兵。”

【译文】

【经】秋，七月，公从伐秦之役归国。

【经】冬，葬曹宣公。

【译文】

【经】冬，安葬曹宣公。

【经】十有四年，春，王正月，莒子朱卒。

【译文】

【经】十四年，春，王正月，莒子朱去世了。

【经】夏，卫孙林父自晋归于卫。

【译文】

【经】夏，卫孙林夫从晋国回到了卫国。

【经】秋，叔孙侨如如齐逆女。

【译文】

【经】秋，叔孙侨如去齐国为公迎接新娘。

【经】郑公子喜率师伐许。

【译文】

【经】郑公子喜率师伐击许国。

【经】九月，侨如以夫人妇姜氏至自齐[①]。

【注释】

①侨如：即叔孙侨如，此处仅书名者，《春秋》之例，一事而再见者，竟书其名。

【译文】

【经】九月，侨如带着夫人妇姜自齐国来到鲁国。

【经】冬，十月，庚寅，卫侯臧卒。

【译文】

【经】冬，十月，庚寅，卫侯臧去世了。

【经】秦伯卒[1]。

【注释】

①秦伯卒：案此处不书秦伯之名者，因秦国隐匿嫡子之名，择勇力者而立之，故不知其名，详参昭公五年"秦伯卒"条。

【译文】

【经】秦伯去世了。

【经】十有五年，春，王二月，葬卫定公。

【译文】

【经】十五年，春，王二月，安葬卫定公。

【经】三月，乙巳，仲婴齐卒。

【传】仲婴齐者何？公孙婴齐也。公孙婴齐，则曷为谓之仲婴齐？为兄后也。为兄后，则曷为谓之仲婴齐？为人后者为之子也①。为人后者为其子，则其称仲何？孙以王父字为氏也②。然则婴齐孰后？后归父也。归父使于晋而未反③，何以后之？叔仲惠伯④，傅子赤者也。文公死，子幼。公子遂谓叔仲惠伯曰："君幼，如之何？愿与子虑之。"叔仲惠伯曰："吾子相之，老夫抱之，何幼君之有？"公子遂知其不可与谋，退而杀叔仲惠伯，弑子赤而立宣公。宣公死，成公幼。臧宣叔者⑤，相也。君死不哭，聚诸大夫而问焉曰："昔者叔仲惠伯之事，孰为之？"诸大夫皆杂然曰："仲氏也，其然乎？"于是遣归父之家，然后哭君。归父使乎晋，还自晋，至柽，闻君薨家遣，墠帷，哭君成踊，反命于介，自是走之齐。鲁人徐伤归父之无后也⑥，于是使婴齐后之也⑦。

【注释】

①为人后者为之子也：过继给某人，就要成为某人的儿子。此处公孙婴齐与公孙归父均为公子遂之子，婴齐后归父，则视为归父之子，故案孙以王父字为氏之例，称公孙婴齐为仲婴齐。

②孙以王父字为氏也：王父，即祖父。此是诸侯子孙得氏的法则，诸侯之子氏"公子"，诸侯之孙氏"公孙"，公孙之子则以祖父的字为氏。此处"仲"为公子遂之字，公孙婴齐为归父之后，则为公子遂之孙，故以"仲"为氏。

③归父使于晋而未反：宣公十八年"公孙归父如晋。归父还自晋，至柽，遂奔齐"。

④叔仲惠伯：即叔彭生。"叔"为氏，称"叔仲"者，因"仲"为其父武

仲之字,故连言之,犹言叔氏之仲也,此为私称。惠为谥号。伯为字。

⑤臧宣叔者:即臧孙许,宣为谥号,叔为字。

⑥鲁人徐伤归父之无后也:何休云:“徐者,皆共之辞也,关东语。”弑子赤者为公子遂,归父本人无罪,又归父虽全家被放逐,仍然哭君成礼,然后出奔,故鲁人皆伤之。

⑦于是使婴齐后之也:婴齐后归父,属于兄弟相后,大夫以下兄弟相后,是非礼的。何休云:“弟无后兄之义,为乱昭穆之序,失父子之亲,故不言仲孙(如臧孙、季孙之类),明不与子为父孙。”

【译文】

【经】三月,乙巳,仲婴齐去世了。

【传】仲婴齐是什么人?是公孙婴齐。公孙婴齐,那么为何称之为仲婴齐?因为被立为兄长的后嗣。成为兄长的后嗣,那么为何称之为仲婴齐?立为别人的后嗣,就成为别人的儿子。立为别人的后嗣,就成为别人的儿子,那么为何称“仲”?孙子以祖父的字为氏。那么婴齐继承谁?继承归父。归父出使去晋国却没有归国,为什么继承归父?叔仲惠伯,是子赤的师傅。鲁文公死,子赤年幼。公子遂对叔仲惠伯说:“国君年幼,怎么办?愿与你一起谋划。”叔仲惠伯说:“你辅佐国君,老夫抱着国君,哪有什么幼君?”公子遂知道他不可能参加谋划,回去就杀了叔仲惠伯,弑杀了子赤,而拥立宣公。宣公死,成公年幼,臧宣叔为辅佐大臣。国君去世后不哭,聚集众大夫说:“以前叔仲惠伯之事,是谁所为?”众大夫纷纷说:“是仲氏所为,难道不是吗?”于是放逐归父全家,然后哀哭国君。归父出使去了晋国,正从晋国归来,途经柽地,听闻国君薨没,全家被放逐,就扫地张帷幕,哀哭国君,行三日五辟踊之礼,让介回国复命,然后才逃至齐国。鲁国人都闵伤归父绝后,于是使婴齐继嗣归父。

【经】癸丑，公会晋侯、卫侯、郑伯、曹伯、宋世子成、齐国佐、邾娄人，同盟于戚。晋侯执曹伯，归之于京师①。

【经】公至自会。

【注释】

①晋侯执曹伯，归之于京师：曹伯，即曹成公负刍。此处执之者，曹伯庐去世，负刍篡公子喜时之君位（详见昭公二十年，"夏，曹公孙会自鄸出奔宋"条传文），故晋侯执之，为伯讨。

【译文】

【经】癸酉，公会同晋侯、卫侯、郑伯、曹伯、宋世子成、齐国佐、邾娄人，在戚地同心结盟。晋侯拘捕了曹伯，送去京师治罪。

【经】公从戚之会归国。

【经】夏，六月①，宋公固卒。

【注释】

①六月：案时月日例，大国之君卒书日。此处书月者，何休云："多取三国媵，非礼，故略之。"

【译文】

【经】夏，六月，宋公固去世了。

【经】楚子伐郑。

【译文】

【经】楚子伐击郑国。

【经】秋,八月,庚辰,葬宋共公。

【译文】

【经】秋,八月,庚辰,安葬宋共公。

【经】宋华元出奔晋。

【经】宋华元自晋归于宋①。

【经】宋杀其大夫山②。

【经】宋鱼石出奔楚③。

【注释】

①宋华元自晋归于宋:《春秋》之例,书“归”者,出入无恶。案宋共公卒,华元为大夫山所谮,出奔晋国。后晋人理其罪,而宋人迎回华元,诛杀山。《春秋》书“归”,表明华元出入无恶。

②宋杀其大夫山:山,《公羊义疏》以为是荡山。此处不书氏者,是为了说明宋君是为了华元之事,而杀山的。若书其氏,则是平常君杀大夫之辞。

③宋鱼石出奔楚:鱼石与山有亲,恐被殃及,故而出奔。

【译文】

【经】宋华元出奔去了晋国。

【经】宋华元从晋国回到了宋国。

【经】宋国杀了他的大夫山。

【经】宋鱼石出奔去了楚国。

【经】冬,十有一月,叔孙侨如会晋士燮、齐高无咎、宋华元、卫孙林父、郑公子鳝、邾娄人,会吴于钟离。

【传】曷为殊会吴[1]？外吴也。曷为外也？《春秋》内其国而外诸夏，内诸夏而外夷狄[2]。王者欲一乎天下[3]，曷为以外内之辞言之？言自近者始也。

【注释】

①殊会吴：殊，分别也。即用“会”字分别诸夏与吴。若不殊会，当书“叔孙侨如会晋士燮、齐高无咎、宋华元、卫孙林父、郑公子鰌、邾娄人、吴于钟离”。

②《春秋》内其国而外诸夏，内诸夏而外夷狄：此为《春秋》异内外的思想，《春秋》假托鲁国为王者，彰显王者治理天下的次序。在传闻世，治起于衰乱之中，则先治其国，故以鲁国为内，以诸夏为外。至所闻世，见治升平，则治诸夏，故以诸夏为内，以夷狄为外。此处殊会吴，即是内诸夏而外夷狄的体现。至所见世，则天下大同，故远近大小若一。下文所言之“自近者始”，也就是这个意思。

③王者欲一乎天下：此据大一统而言，《春秋》以元之气正天之端，以天之端正王之政，以王之政正诸侯之即位，以诸侯之即位正境内之治。王者之泽遍乎四海，此处却分别鲁国、诸夏与夷狄，故而发问。

【译文】

【经】冬，十一月，叔孙侨如会同晋士燮、齐高无咎、宋华元、卫孙林夫、郑公子鰌、邾娄人，在钟离与吴国相会。

【传】为何单独列出“会吴”？是以吴为外。为何以吴为外？《春秋》以鲁国为内，而以诸夏为外；以诸夏为内，而以夷狄而外。王者欲一统于天下，为何要用内外之辞来记录呢？意思是王者治理天下从近者开始。

【经】许迁于叶。

【译文】

【经】许国迁都到了叶邑。

【经】十有六年,春,王正月,雨,木冰①。

【传】雨木冰者何?雨而木冰也。何以书?记异也②。

【注释】

①木冰:树木枝条上结冰。刘尚慈先生云:"雨而木冰的成因是:天空云层温度较高,故下雨而不降雪;此时,地面温度低,雨着木而凝结成雾松。"

②记异也:何休云:"木者,少阳,幼君、大臣之象。冰者,疑阴,兵之类也。冰胁木者,君臣将执于兵之征也。"

【译文】

【经】十六年,春,王正月,下雨,树木结冰。

【传】"雨木冰"是什么意思?是下雨而树枝上结冰。为何记录此事?是记录异象。

【经】夏,四月,辛未,滕子卒。

【译文】

【经】夏,四月,辛未,滕子去世了。

【经】郑公子喜帅师侵宋。

【译文】

【经】郑公子喜帅师侵袭宋国。

【经】六月，丙寅，朔，日有食之。

【译文】

【经】六月，丙寅，朔日，发生了日食。

【经】晋侯使栾黡来乞师。

【译文】

【经】晋侯派遣栾黡来请求援军。

【经】甲午，晦[①]。

【传】晦者何？冥也。何以书？记异也。

【注释】

①晦：昼晦，白天昏暗。

【译文】

【经】甲午，昼晦。

【传】“晦”是什么意思？是白天冥晦昏暗。为何记录此事？是记录异象。

【经】晋侯及楚子、郑伯战于鄢陵，楚子、郑师败绩。

【传】败者称师[①]，楚何以不称师？王痍也。王痍者何？

伤乎矢也。然则何以不言师败绩？末言尔[②]。

【注释】

①败者称师：案偏战之例，若有胜负，当书某日，某及某战于某地，某师败绩。

②末言尔：末，无也。案《春秋》之例，国君重于师众，此处楚王为流矢所伤，重于师败绩，既然王痍，就不需要再言“师败绩”。

【译文】

【经】（甲午）晋侯与楚子、郑伯在鄢陵合战，楚子、郑师败绩。

【传】战败者称“师”，楚国为何不称“楚师败绩”？因为楚王受伤了。楚王怎么受伤的？被箭射伤。然则为何不言“楚师败绩”？国君受伤，就不用再言“楚师败绩”。

【经】楚杀其大夫公子侧。

【经】秋，公会晋侯、齐侯、卫侯、宋华元、邾娄人于沙随，不见公。公至自会。

【传】不见公者何？公不见见也[①]。公不见见，大夫执，何以致会[②]？不耻也。曷为不耻？公幼也[③]。

【注释】

①公不见见也：即公不被会见。原因是上“晋侯使栾黡来乞师”，鲁国并未答应，故而晋侯怨怼，欲执公。

②公不见见，大夫执，何以致会：大夫执，即季孙行父代公被晋人所执。经不书“执季孙行父”者，以“公不见见”为重。案《春秋》之例，公与二国以上出会盟，得意致会，不得意不致。此处公不见见，大夫执，是不得意，却致会，故而发问。

③公幼也：案礼制，有不与童子为礼的规定，《白虎通·爵》云："童子当受爵命者，使大夫就其国而命之，明王者不与童子为礼也。"此处成公年少，不被诸侯会见，正合"不与童子为礼"的规定，故而可以杀耻。

【译文】

【经】秋，公与晋侯、齐侯、卫侯、宋华郝娄人在沙随相会，不会见公。公从沙随之会归国。

【传】"不见公"是什么意思？是公不被诸侯会见。公不被诸侯会见，鲁国大夫被拘捕，为何致会？因为没有耻辱。为何没有耻辱？因为公年幼。

【经】公会尹子、晋侯、齐国佐、邾娄人伐郑[①]。

【注释】

①尹子：案名例，诸侯入为天子大夫，称子。

【译文】

【经】公会同尹子、晋侯、齐国佐、邾娄人伐击郑国。

【经】曹伯归自京师。

【传】执而归者名，曹伯何以不名？而不言复归于曹何[①]？易也[②]。其易奈何？公子喜时在内也。公子喜时在内，则何以易？公子喜时者，仁人也，内平其国而待之，外治诸京师而免之。其言自京师何？言甚易也[③]，舍是无难矣。

【注释】

①执而归者名，曹伯何以不名，而不言复归于曹何：案《春秋》之例，

诸侯有罪被执，而天子释放之，则书诸侯之名，又书复归，如僖公二十八年“曹伯襄复归于曹”。书诸侯之名，表明天子释放有罪之人，赏罚不明。书复归，则表示“出有恶，归无恶”，即之前被执，是执当其罪，归国则有天子之命，故无恶。此处曹伯负刍因篡公子喜时之位而被执，是执当其罪，却不书名，又不书“复归于曹”，故而发问。

②易：容易。

③其言自京师何？言甚易也：依《春秋》之例，有罪诸侯被释放，本当书“曹伯负刍复归于曹”，此处书“归自京师”，与“公至自京师”一般，像平常的自京师归国，非是被释之辞，故言甚易也。值得注意的是，经文言“易也”、“甚易也”是从公子喜时的角度讲的，喜时不愿意看到曹伯有罪，故《春秋》缘喜时之心而书之，并非曹伯真的无罪。

【译文】

【经】曹伯从京师归国。

【传】诸侯有罪被执，释放时书名，曹伯为何不书名？为何不书“复归于曹”？因为被释放很容易。为何容易？因为公子喜时在国内。公子喜时在国内，那么为何容易？公子喜时，是仁义之人，对内，治理好国家，而等候曹伯归来；对外，治讼于京师而免除曹伯之罪。经书“自京师”是为何？表明释放曹伯非常容易，除了从京师回来之外，没有其他困难了。

【经】九月，晋人执季孙行父，舍之于招丘①。

【传】执未有言舍之者，此其言舍之何？仁之也②，曰：在招丘，悕矣③。执未有言仁之者，此其言仁之何？代公执也。其代公执奈何？前此者，晋人来乞师而不与。公会晋侯④，将执公，季孙行父曰："此臣之罪也。"于是执季孙行父。成公将会晋厉公[5]，会不当期，将执公。季孙行父曰："臣有罪，执其君，子有罪，执其父，此听失之大者也[6]。今此臣之罪也[7]，舍臣之身，而执臣之君，吾恐听失之为宗庙羞也。"于是执季孙行父。

【注释】

①舍：释放。

②仁之也：凌曙以为，"仁"与"人"通，《方言》"凡相怜哀，……九疑湘潭之间谓之人兮"。

③悕（xī）：悲悯。

④公会晋侯：此指上文沙随之会。

⑤成公将会晋厉公：此指上文"公会尹子、晋侯、齐国佐、邾娄人伐郑"。

⑥听：听狱。

⑦今此臣之罪也：何休云："过则称己，美则称君。"

【译文】

【经】九月，晋人拘捕了季孙行父，在招丘释放了他。

【传】被拘捕未有言及释放的，此处言及释放是为何？哀怜季孙行父。说，季孙行父在招丘，可悲啊。被拘捕没有言及哀怜他的，此处言及哀怜他是为何？因为他代替公被拘捕。他代替公被拘捕是怎么回事？先前，晋人来乞求援军，鲁国没有答应，公（在沙随）与晋侯相会，晋侯将要拘捕公。季孙行父说："这是微臣的罪责。"于是拘捕了季孙行父。鲁成公将要会同晋厉公伐郑，成公延误了会期，将要拘捕公。季孙行父说："臣下有罪，却拘捕国君；儿子有罪，却拘捕父亲，这是听狱中的大失误。如今，这是微臣的罪过，舍去微臣，而拘捕微臣的国君，我恐怕听狱的失误，会使宗庙蒙羞。”于是拘捕了季孙行父。

【经】冬，十月，乙亥，叔孙侨如出奔齐。

【译文】

【经】冬，十月，乙亥，叔孙侨如出奔到了齐国。

【经】十有二月，乙丑，季孙行父及晋郤州盟于扈。

【译文】

【经】十二月，乙丑，季孙行父与晋郤州在扈地结盟。

【经】公至自会。

【译文】

【经】公从会盟之地归国。

【经】乙酉①，刺公子偃。

【注释】

①乙酉：案《春秋》之例，内讳杀大夫，而书“刺之”。又案时月日例，内杀大夫，有罪者不日，无罪者日。则此处公子偃为无罪。

【译文】

【经】乙酉，杀公子偃。

【经】十有七年，春，卫北宫结率师侵郑。

【译文】

【经】十七年，春，卫北宫结率师侵责郑国。

【经】夏，公会尹子、单子、晋侯、齐侯、宋公、卫侯、曹伯、邾娄人伐郑。

【经】六月，乙酉，同盟于柯陵。

【经】秋，公至自会。

【译文】

【经】夏，公会同尹子、单子、晋侯、齐侯、宋公、卫侯、曹伯、邾娄人，伐击郑国。

【经】六月，乙酉，以上诸人在柯陵同心结盟。

【经】秋，公从柯陵之会归国。

【经】齐高无咎出奔莒。

【译文】

【经】齐高无咎出奔去了莒国。

【经】九月，辛丑，用郊。

【传】用者何？用者不宜用也。九月，非所用郊也①。然则郊曷用？郊用正月上辛②。或曰：用，然后郊③。

【注释】

①九月，非所用郊也：案鲁国郊祭之制，占卜周历一月、二月、三月郊祭，其他时间则是非礼。详见僖公三十一年“夏，四月，四卜郊，不从，乃免牲，犹三望”条注释。

②郊用正月上辛：古人用天干地支记日，正月上辛，指周历正月上旬之辛日。案周天子郊天，用夏历正月（周历三月）上辛。鲁国是诸侯，因周公之德，而能郊祭，然下周天子一等，则需占卜周历一、二、三月上辛之日，得吉，方能郊祭。此处言“郊用（周历）正月上辛”者，是《春秋》规定的后世百王之法。

③或曰：用，然后郊：这是对于经文“用郊”的另外一种解释，以“用”为祭祀后稷的名称，即先祭祀后稷，再举行郊祭。此处当以第一种解释“用者不宜用”为正。

【译文】

【经】九月，辛丑，用郊。

【传】用是什么意思？书用，就表示不宜用。九月，不是举行郊祭的时间。那么郊祭在何时举行？郊祭用正月上辛日。另有一种说法，祭祀了后稷，方举行郊祭。

【经】晋侯使荀罃来乞师。

【译文】

【经】晋侯派遣荀罃来乞求援军。

【经】冬，公会单子、晋侯、宋公、卫侯、曹伯、齐人、邾娄人伐郑。

【经】十有一月[①]，公至自伐郑。

【注释】

①十有一月：案时月日例，公致例时，此处书月，是为了下条“壬申，公孙婴齐卒于貍轸”而出，详下文注释①。

【译文】

【经】公会同单子、晋侯、宋公、卫侯、曹伯、齐人、邾娄人，伐击郑国。

【经】十一月，公从伐郑之役归国。

【经】壬申，公孙婴齐卒于貍轸。

【传】非此月日也[①]，曷为以此月日卒之？待君命，然后卒大夫[②]。曷为待君命，然后卒大夫？前此者，婴齐走之晋[③]。公会晋侯[④]，将执公，婴齐为公请，公许之反为大夫，归至于貍轸而卒[⑤]。无君命，不敢卒大夫。公至，曰：“吾固许之反为大夫。”然后卒之。

【注释】

①非此月日也：即公孙婴齐之卒，非在十一月之壬申日。案下条，丁巳为十二月之朔日，逆推之，则壬申为十月十六日。故云非此月日也。

②待君命，然后卒大夫：等待君命达到，方书大夫之卒。案《春秋》之例，只记录内大夫之卒。公孙婴齐先前出奔，被绝，不为大夫；因沙随之会，为鲁成公请命，故成公许诺他复为鲁国大夫；然婴齐卒于十月十六日，成公归国在十一月，君命未达鲁国，故不敢在“十一月，公至自伐郑”之前，书公孙婴齐之卒。故颠倒时间顺序，在公致之后，方书“壬申，公孙婴齐卒于貍轸”。之所以“待君命，然后卒大夫”，是因大夫无自爵之义。

③婴齐走之晋：先前婴齐出奔晋国。然《春秋》未记录此事，因婴齐

为公请命有功，抵消了出奔之罪。

④公会晋侯：此指上年的沙随之会。

⑤貍轸：鲁地。

【译文】

【经】壬申，公孙婴齐在貍轸去世了。

【传】十一月没有壬申日，为何以十一月之壬申日记录公孙婴齐之卒？等待君命到达之后，才记录大夫之卒。等待君命到达之后，才记录大夫之卒，是为何？先前，婴齐出奔至晋国。公与晋侯在沙随相会，将要拘捕公。婴齐为公请命，公许诺让他回国后复为大夫。婴齐归国，十月十六日行至貍轸就去世了。当时没有君命，不敢以大夫之例记录婴齐之卒。十一月公归国，说："我是答应他归国后复为大夫的。"于是以大夫之例书婴齐之卒。

【经】十有二月，丁巳，朔，日有食之。

【译文】

【经】十二月，丁巳，朔日，发生了日食。

【经】邾娄子貜且卒。

【译文】

【经】邾娄子貜且去世了。

【经】晋杀其大夫郤锜、郤州、郤至。

【译文】

【经】晋国杀了他的大夫郤锜、郤州、郤至。

【经】楚人灭舒庸。

【译文】

【经】楚人灭亡了舒庸。

【经】十有八年，春，王正月，晋杀其大夫胥童。

【译文】

【经】十八年，春，王正月，晋国杀了他的大夫胥童。

【经】庚申①，晋弑其君州蒲②。

【注释】

①庚申：庚申，为二月之日。经不书“二月，庚申”而使上系于正月者，何休以为，以此说明，州蒲正月被幽禁，二月被弑杀。又案时月日例，弑君例时，此处书日者，亦为表明正月被幽禁，二月被弑杀。

②晋弑其君州蒲：州蒲，即晋厉公。案《春秋》之例，大夫弑君称名氏，士弑君则称人；称国以弑，众弑君之辞，表明一人弑君，国中人人欢喜，见国君之失众。厉公连杀四大夫，臣下人人恐被殃及，故称国以弑。又案时月日例，弑君例时，此处书日者，为了表明厉公滥杀大夫，故致此祸。

【译文】

【经】庚申，晋国弑杀了他们的国君州蒲。

【经】齐杀其大夫国佐。

【译文】

【经】齐国杀了他的大夫国佐。

【经】公如晋。

【译文】

【经】公去了晋国。

【经】夏，楚子、郑伯伐宋。

【经】宋鱼石复入于彭城①。

【注释】

①宋鱼石复入于彭城：鱼石，宋国大夫，成公十五年，宋杀其大夫山，鱼石与山有亲，故畏惧出奔。彭城，宋邑。案史实，是楚子、郑伯伐击宋国，取彭城，使鱼石居之。然案《春秋》之义，诸侯不得专封，不能直书楚子封鱼石于彭城。故《春秋》书“复入”，仍将彭城视为宋国之邑，好像鱼石仅是据邑背叛国君，并未接受楚国的专封。另一方面，若真是据邑叛国，当书“宋鱼石入于彭城以叛”，经无“以叛”二字，上又有楚子伐宋之文，可见实为鱼石受楚之专封。

【译文】

【经】夏,楚子、郑伯伐击宋国。

【经】宋鱼石复入于彭城。

【经】公至自晋。

【译文】

【经】公从晋国归来。

【经】晋侯使士匄来聘[1]。

【注释】

①晋侯:此为晋侯周,即晋悼公。案礼制,此时悼公属于未逾年之君,本应称“子”,然居丧期间,派遣使者聘鲁,下文又有派遣大夫乞师,亲自出会同盟于虚朾,故《春秋》如其意,书“晋侯”。士匄(gài):晋大夫。

【译文】

【经】晋侯派遣士匄来聘问鲁国。

【经】秋,杞伯来朝。

【译文】

【经】秋,杞伯来鲁国朝见。

【经】八月,邾娄子来朝。

【译文】

【经】八月，邾娄子来鲁国朝见。

【经】筑鹿囿[1]。

【传】何以书？讥。何讥尔？有囿矣，又为也[2]。

【注释】

①鹿囿：囿，游猎之地。

②有囿矣，又为也：何休云："刺奢泰妨民。"

【译文】

【经】筑造鹿囿。

【传】为何记录此事？是讥刺。为何讥刺？已经有园囿了，却又建造新的。

【经】己丑，公薨于路寝。

【译文】

【经】己丑，公在路寝薨没。

【经】冬，楚人、郑人侵宋。

【译文】

【经】冬，楚人、郑人侵责宋国。

【经】晋侯使士彭来乞师。

【译文】

【经】晋侯派遣士彭来乞求援军。

【经】十有二月，仲孙蔑会晋侯、宋公、卫侯、邾娄子、齐崔杼，同盟于虚朾。

【译文】

【经】十二月，仲孙蔑会同晋侯、宋公、卫侯、邾娄子、齐崔杼，在虚朾同心结盟。

【经】丁未，葬我君成公。

【译文】

【经】丁未，安葬我们的国君成公。

襄公第九

【题解】

襄公为成公妾子，其母为莒女定弋。襄公于公元前572年即位时年仅四岁，由贵族“三桓”季孙氏、叔孙氏、孟孙氏掌权辅佐，由于三家相互制衡，国内政局相对平稳。外部环境也比成公时安定，仅有襄公十二年晋率诸侯伐齐的平阴之战和晋悼公在位时为争夺对郑国的控制而发生的晋楚战争，孔子父亲叔梁纥参与了后一场战争并建立功勋，襄公二十二年(前551)，孔子出生。

襄公在位三十一年，篇中重要的义理有：诸侯之权力下移到大夫手中，如十二年“季孙宿帅师救台，遂入运”条，见襄公不得为政；十六年“溴梁之盟”，遍刺天下之大夫，君若赘旒然；三十年“澶渊之会”发“卿不得忧诸侯”之传。此外，五年“叔孙豹、鄫世子巫如晋”条、六年“莒人灭鄫”条，见异姓不得为后。十一年“作三军”条，讥刺鲁国变乱古制。十九年“晋士匄帅师侵齐，至穀，闻齐侯卒，乃还”条，见不伐丧之义。二十九年“吴子使札来聘”，见吴季子让国之贤，与亲亲相隐之义，又见“夷夏之辩”中，“许夷狄不一而足”的义理。三十年“叔弓如宋，葬宋共姬”条，见共姬守礼之贞。此外还有诸多义理，散见于经传之中。

【经】元年，春，王正月，公即位[①]。

【注释】

①公即位：公，指鲁襄公，为鲁成公之妾子，母亲为莒女定弋。

【译文】

【经】元年，春，王正月，公即君位。

【经】仲孙蔑会晋栾黡、宋华元、卫甯殖、曹人、莒人、邾娄人、滕人、薛人围宋彭城。

【传】宋华元曷为与诸侯围宋彭城？为宋诛也。其为宋诛奈何？鱼石走之楚，楚为之伐宋，取彭城，以封鱼石①。鱼石之罪奈何？以入是为罪也②。楚已取之矣，曷为系之宋③？不与诸侯专封也④。

【注释】

①楚为之伐宋，取彭城，以封鱼石：参见成公十八年"夏，楚子、郑伯伐宋。宋鱼石复入于彭城"条。

②以入是为罪也：是，指彭城。即鱼石之罪在入于彭城。案成公十八年，书"宋鱼石复入于彭城"。《春秋》之例，复入者，出无恶而入有恶。鱼石先前出奔，因宋公杀大夫山，鱼石与山有亲，恐被殃及，故出奔为无恶。后入彭城，则既背叛宋君，又受楚之专封，故云"以入是为罪也"。

③楚已取之矣，曷为系之宋：案《春秋》常例，"地从主人"，即从后属之主人命名。此处楚已取彭城，当云"楚彭城"，经却书"宋彭城"，故而发问。

④不与诸侯专封也：案《春秋》之义，诸侯不得专封，即使是齐桓公之存亡继绝，亦是"实与而文不与"。何况此处楚国夺取宋国彭城，封给鱼石，以此离间宋国。故仍将彭城系属于宋国。

【译文】

【经】仲孙蔑会同晋栾黡、宋华元、卫甯殖、曹人、莒人、邾娄人、滕人、薛人包围宋国的彭城邑。

【传】宋华元为何与诸侯包围宋国的彭城邑？因为诸侯是为宋国诛讨叛贼。诸侯为宋国诛讨叛贼是怎么回事？鱼石出奔到楚国，楚国为他伐击宋国，夺取了彭城邑，封给了鱼石。鱼石的罪恶是什么？以进入彭城邑就有罪。楚国已经夺取了彭城，为何还将彭城系属于宋国？因为不赞成诸侯擅自分封。

【经】夏，晋韩屈帅师伐郑。

【译文】

【经】夏，晋韩屈帅师伐击郑国。

【经】仲孙蔑会齐崔杼、曹人、邾娄人、杞人，次于合[1]。

【注释】

①次于合：次，止次，军队驻扎。合，郑地。下文“楚公子壬夫帅师侵宋”，此处仲孙蔑等，本为救宋兴兵，却止次于合，故《春秋》书之，刺其欲救宋而不能。

【译文】

【经】仲孙蔑会同齐崔杼、曹人、邾娄人、杞人，止次在合地。

【经】秋，楚公子壬夫帅师侵宋。

【译文】

【经】秋，楚公子壬夫帅师侵袭宋国。

【经】九月，辛酉，天王崩。

【译文】

【经】九月，辛酉，天王（周简王）驾崩。

【经】邾娄子来朝。

【译文】

【经】邾娄子来鲁国朝见。

【经】冬，卫侯使公孙剽来聘。

【译文】

【经】冬，卫侯派遣公孙剽来鲁国聘问。

【经】晋侯使荀罃来聘。

【译文】

【经】晋侯派遣荀罃来鲁国聘问。

【经】二年，春，王正月，葬简王①。

【注释】

①葬简王：案《春秋》之例，天子记崩不记葬，必其时也。不及时而葬则书，过时而葬则书，我有往则书。此处周简王于上年九月崩，至此不足七个月，属于不及时而葬，故书之。

【译文】

【经】二年，春，王正月，安葬周简王。

【经】郑师伐宋。

【译文】

【经】郑师伐击宋国。

【经】夏，五月，庚寅，夫人姜氏薨①。

【注释】

①夫人姜氏：指齐姜，为鲁宣公夫人。

【译文】

【经】夏，五月，庚寅，夫人姜氏薨没。

【经】六月，庚辰，郑伯睔卒①。

【注释】

①郑伯睔(gǔn)卒：《春秋》未书郑伯睔之葬，是避讳诸侯伐郑之丧（即下文“冬，仲孙蔑会晋荀罃、齐崔杼、宋华元、卫孙林父、曹人、邾娄人、滕人、薛人、小邾娄人于戚，遂城虎牢”）。

【译文】

【经】六月，庚辰，郑伯睔去世了。

【经】晋师、宋师、卫甯殖侵郑。

【译文】

【经】晋师、宋师、卫甯殖侵责郑国。

【经】秋，七月，仲孙蔑会晋荀罃、宋华元、卫孙林父、曹人、邾娄人于戚。

【译文】

【经】秋，七月，仲孙蔑与晋荀罃、宋华元、卫孙林夫、曹人、邾娄人在戚地相会。

【经】己丑，葬我小君齐姜。

【传】齐姜者何？齐姜与缪姜，则未知其为宣夫人与？成夫人与①？

【注释】

①齐姜与缪姜，则未知其为宣夫人与，成夫人与：齐姜，为鲁宣公夫人，齐为谥号。缪姜，为鲁成公夫人，缪为谥号。此处《公羊传》云："齐姜与缪姜，则未知其为宣夫人与？成夫人与？"并非是弄不清两者的身份，而是为襄公避讳在嫡母丧中用兵，详襄公九年"冬，公会晋侯、宋公、卫侯、曹伯、莒子、邾娄子、滕子、薛伯、杞

伯、小邾娄子、齐世子光伐郑”条。

【译文】

【经】己丑，安葬我们的小君齐姜。

【传】齐姜是什么人？齐姜与缪姜，不知道谁是鲁宣公的夫人？谁是鲁成公的夫人？

【经】叔孙豹如宋。

【经】冬，仲孙蔑会晋荀罃、齐崔杼、宋华元、卫孙林父、曹人、邾娄人、滕人、薛人、小邾娄人于戚，遂城虎牢。

【传】虎牢者何？郑之邑也①。其言城之何？取之也。取之则曷为不言取之？为中国讳也。曷为为中国讳？讳伐丧也②。曷为不系乎郑？为中国讳也。大夫无遂事③，此其言遂何？归恶乎大夫也④。

【注释】

①郑之邑也：案襄公十年有“戍郑虎牢”之文，则知虎牢为郑国之邑。

②讳伐丧也：案郑伯睔卒于六月，则此时郑国尚在丧中，诸国大夫夺取郑国虎牢邑，属于伐丧。《春秋》为诸夏避讳伐丧，故不书郑伯睔之葬，不将虎牢系属于郑国，不书“取虎牢”而书“城虎牢”。

③大夫无遂事：遂为生事之辞。大夫当秉君命而行，不得擅自生事。

④归恶乎大夫也：经文书“遂城虎牢”，好像这是大夫擅自生事，与诸侯无关。如此则将伐丧之恶归在大夫身上。值得注意的是，事实上夺取虎牢邑，并非是大夫擅自生事，若真是生事，可直言“遂取郑虎牢”以谴责之，不需避讳。

【译文】

【经】叔孙豹去宋国。

【经】冬，仲孙蔑与晋荀罃、齐崔杼、宋华元、卫孙林夫、曹人、邾娄人、滕人、薛人、小邾娄人在戚地相会，于是修筑虎牢邑。

【传】虎牢是什么地方？是郑国的城邑。经书“城虎牢”是为何？实际是夺取了虎牢。夺取了虎牢，为何不书“取虎牢”？是为中国避讳。为什么为中国避讳？避讳中国伐郑之丧。为何不将虎牢系属于郑国？是为中国避讳伐郑之丧。大夫不能擅自生事，此处书大夫擅自生事是为何？是归罪于大夫，为诸侯避讳。

【经】楚杀其大夫公子申。

【译文】

楚国杀了他的大夫公子申。

【经】三年，春，楚公子婴齐帅师伐吴。

【译文】

【经】三年，春，楚公子婴齐帅师伐击吴国。

【经】公如晋。

【经】夏，四月，壬戌，公及晋侯盟于长樗。公至自晋[1]。

【注释】

①公至自晋：案《春秋》之例，公与一国出会盟，得意致地，不得意不致。此处书“公至自晋”，表明公得意于晋。

【译文】

【经】公去了晋国。

【经】夏，四月，壬戌，公与晋侯在长樗结盟。公从晋国归来。

【经】六月，公会单子、晋侯、宋公、卫侯、郑伯、莒子、邾娄子、齐世子光，己未[①]，同盟于鸡泽。陈侯使袁侨如会。

【传】其言如会何？后会也[②]。

【经】戊寅，叔孙豹及诸侯之大夫，及陈袁侨盟。

【传】曷为殊及陈袁侨[③]？为其与袁侨盟也[④]。

【经】秋，公至自会。

【注释】

①己未：案此处“己未”二字置于“齐世子光”之下，“同盟”之上，好像是盟日之定否全在齐世子光。参见文公十四年“六月，公会宋公、陈侯、卫侯、郑伯、许男、曹伯、晋赵盾，癸酉，同盟于新城”条。

②后会也：即袁侨错过了盟期。案后会之书法，若诸侯与袁侨结盟，当书“陈侯使袁侨会盟”，此处书“如会”者，表明诸侯未与之结盟，故下有诸侯大夫与袁侨结盟之文。

③殊及陈袁侨：殊，分别也。即经书用“及”字，将袁侨与诸侯大夫分别开来。

④为其与袁侨盟也：即诸侯大夫之结盟，本为袁侨之故。书此者，陈为楚之与国，陈侯有慕中国之心，然有疾不能前来，故使袁侨如会，诸侯喜得陈国，因国君与大夫身份不对等，故使大夫与之结盟。

【译文】

【经】六月，公会同单子、晋侯、宋公、卫侯、郑伯、莒子、邾娄子、齐世子光，己未，在鸡泽同心结盟。陈侯派遣袁侨到会。

【传】经言“如会”是为何？因为袁侨后期而至。

【经】戊寅，叔孙豹及诸侯之大夫，及陈袁侨结盟。

【传】为何用“及”字单独列出陈袁侨？因为此次就是为了与袁侨结盟。

【经】公从鸡泽之盟归国。

【经】冬，晋荀䓨帅师伐许。

【译文】

【经】冬，晋荀䓨帅师伐击许国。

【经】四年，春，王三月，己酉，陈侯午卒。

【译文】

【经】四年，春，王三月，己酉，陈侯午去世了。

【经】夏，叔孙豹如晋。

【译文】

【经】夏，叔孙豹出使去了晋国。

【经】秋，七月，戊子，夫人弋氏薨。

【译文】

【经】秋，七月，戊子，夫人弋氏薨没。

【经】葬陈成公。

【译文】

【经】安葬陈成公。

【经】八月，辛亥，葬我小君定弋[①]。

【传】定弋者何？襄公之母也。

【注释】

①定弋：莒女，鲁襄公之生母，鲁成公之妾。

【译文】

【经】八月，辛亥，安葬我们的小君定弋。

【传】定弋是什么人？是襄公的母亲。

【经】冬，公如晋。

【译文】

【经】冬，公去了晋国。

【经】陈人围顿。

【译文】

【经】陈人包围了顿国都城。

【经】五年，春，公至自晋。

【译文】

【经】五年，春，公从晋国归来。

【经】夏，郑伯使公子发来聘。

【译文】

【经】夏，郑伯派遣公子发来鲁国聘问。

【经】叔孙豹、鄫世子巫如晋。

【传】外相如不书①，此何以书？为叔孙豹率而与之俱也②。叔孙豹则曷为率而与之俱？盖舅出也③。莒将灭之，故相与往殆乎晋也④。莒将灭之，则曷为相与往殆乎晋？取后乎莒也。其取后乎莒奈何？莒女有为鄫夫人者⑤，盖欲立其出也⑥。

【注释】

①外相如不书：外诸侯之间的互相往来，例所不书。此处鄫世子巫如晋，属于外相如，本在不书之例。

②为叔孙豹率而与之俱也：即鄫世子巫被鲁国大夫叔孙豹领着一起去晋国。这一点可以从书法上看出，若叔孙豹与鄫世子巫都去晋国，途中偶然相会，当书“叔孙豹及鄫世子巫如晋”，以“及”字区别内外。今不书“及”字，则是不外鄫世子，可见鄫世子是被叔孙豹领着去晋国的。

③盖舅出也：舅出，一舅之甥。案何休之意，鄫子娶了两次亲，世子巫是前夫人所生。鄫前夫人与鲁襄公之母定弋，为姊妹，则襄公与鄫世子巫为从母昆弟，是同一舅舅的外甥，故云“舅出也”。

④殆：通“治”，讼理也。

⑤莒女有为鄫夫人者：依何休之意，莒女，为鄫子后娶之夫人。

⑥盖欲立其出也：出，外孙。鄫后夫人有女无男，将其女还嫁于莒子，生一外孙。鄫子宠幸后夫人，欲立其外孙为后。案礼制，立异姓为后，实同灭国，故鄫世子巫前往晋国诉讼。值得注意的是，鄫世子巫前往晋国诉讼，虽是暴扬父亲之恶，然而灭国的性质更加严重，故《春秋》赞许之。

【译文】

【经】叔孙豹、鄫世子巫去了晋国。

【传】鲁国之外的国家相互往来，例所不书，此处为何记录？因为是叔孙豹领着鄫世子巫一起去晋国的。叔孙豹为何领着鄫世子巫一起去晋国？大概鄫世子巫和鲁襄公是一舅之甥。莒国将灭亡鄫国，所以一起去晋国诉讼。莒国将要灭亡鄫国，那么为何一起去晋国诉讼？是鄫子欲立莒国人为嗣，并非是莒国兴兵灭鄫。鄫子欲立莒国人为后是怎么回事？莒国一女子嫁于鄫子为后夫人，大概是想要立自己的外孙为嗣。

【经】仲孙蔑、卫孙林父会吴于善稻[①]。

【注释】

①仲孙蔑、卫孙林父会吴于善稻：善稻之会，是晋侯想要与吴国相会，故先派遣鲁、卫两国与吴国通好。故此次并非鲁国自主的外交行为。又案《春秋》假托鲁国为王者，故文辞有内外之别，鲁国国君或大夫与他国国君或大夫并列时，则用“及”字区别内外，以此尊鲁。此处仲孙蔑与卫孙林夫之间未书“及”字，是为了说明鲁国作为王者却被晋国指使，有耻辱，故不分别内外。

【译文】

【经】仲孙蔑、卫孙林父与吴国在善稻相会。

【经】秋，大雩。

【译文】

【经】秋，举行大雩祭。

【经】楚杀其大夫公子壬夫。

【译文】

【经】楚国杀了他的大夫公子壬夫。

【经】公会晋侯、宋公、陈侯、卫侯、郑伯、曹伯、莒子、邾娄子、滕子、薛伯、齐世子光、吴人、鄫人于戚。

【传】吴何以称人[①]？吴鄫人云，则不辞[②]。

【经】公至自会。

【注释】

①吴何以称人：案《春秋》对于夷狄，有七等进退之法，即"州、国、氏、人、名、字、子"依次褒进。上文善稻之会书"吴"，则是称国，此处书"吴人"，则是称人，故而发问。

②吴鄫人云，则不辞：吴若还是称国，经文就会出现"吴鄫人"的文辞，"国"列在"人"之上，不顺，是为不辞。为了避免这种情况，就褒进吴国而称人。此处之所以要将吴国置于鄫国之上，是贬抑

鄫国。鄫子立外孙为后，违反了父死子继的礼制，连夷狄都不如。

【译文】

【经】公与晋侯、宋公、陈侯、卫侯、郑伯、曹伯、莒子、邾娄子、滕子、薛伯、齐世子光、吴人、鄫人在戚地相会。

【传】吴为何称人？吴若仍称国，就会有“吴鄫人”这种不顺的文辞。

【经】公从戚之会归国。

【经】冬，戍陈。

【传】孰戍之？诸侯戍之。曷为不言诸侯戍之？离至不可得而序[1]，故言我也[2]。

【注释】

①离至不可得而序：何休云：“离至，离别前后至也。陈坐欲与中国，被强楚之害，中国宜杂然同心救之，乃解怠前后至，故不序，以刺中国之无信。”

②故言我也：我指鲁国，即用鲁国的书法记录此事。第一，以鲁国至陈之时书之。第二，书“戍陈”，未出主语，与鲁国微者的书法相同。然而鲁国的微者不可能独自驻守陈国，故知是因诸侯离至不可序列，故而姑且用鲁国的书法记录之。

【译文】

【经】冬，驻守陈国。

【传】是谁驻守陈国？是诸侯驻守陈国。为何不说是诸侯驻守陈国？因为诸侯前后离散到来，没办法序列，所以姑且按鲁国的书法记录此事。

【经】楚公子贞帅师伐陈。

【经】公会晋侯、宋公、卫侯、郑伯、曹伯、莒子、邾娄子、滕子、薛伯、齐世子光，救陈。

【经】十有二月，公至自救陈。

【译文】

【经】楚公子贞帅师伐击陈国。

【经】公会同晋侯、宋公、卫侯、郑伯、曹伯、莒子、邾娄子、滕子、薛伯、齐世子光，救援陈国。

【经】十二月，公从救陈之役归国。

【经】辛未，季孙行父卒。

【译文】

【经】辛未，季孙行父去世了。

【经】六年，春，王三月，壬午，杞伯姑容卒。

【译文】

【经】六年，春，王三月，壬午，杞伯姑容去世了。

【经】夏，宋华弱来奔。

【译文】

【经】夏，宋华弱来投奔鲁国。

【经】秋，葬杞桓公。

【译文】

【经】秋，安葬杞桓公。

【经】滕子来朝。

【译文】

【经】滕子来鲁国朝见。

【经】莒人灭鄫[1]。

【注释】

①莒人灭鄫：莒人，即莒国之公子，鄫子之外孙。此处鄫子舍弃世子巫，立莒国之外孙为嗣，违反了父死子继的礼制，同于灭国。《晋书·秦秀传》："圣人岂不知外孙亲邪，但以义理推之，则无父子尔。"又案时月日例，灭国例月，此处书时者，表明是以异姓为后，同于灭国，非兵灭也。

【译文】

【经】莒人灭亡了鄫国。

【经】冬，叔孙豹如邾娄。

【译文】

【经】冬，叔孙豹出使去了邾娄国。

【经】季孙宿如晋。

【译文】

【经】季孙宿出使去了晋国。

【经】十有二月，齐侯灭莱。

【传】曷为不言莱君出奔？国灭君死之，正也[①]。

【注释】

①国灭君死之，正也：案礼制，国君当死社稷，若不死社稷，则《春秋》书其出奔而诛绝之。此处莱国被灭，莱君被杀，是符合礼制的，若后有王者兴起，当复其国。

【译文】

【经】十二月，齐侯灭亡了莱国。

【传】为何不书莱君出奔？国家被灭，国君死社稷，是符合正道的。

【经】七年，春，郯子来朝。

【译文】

【经】七年，春，郯子来鲁国朝见。

【经】夏，四月，三卜郊，不从，乃免牲[①]。

【注释】

①免牲：卜郊以及免牲之制，参见僖公三十一年“夏，四月，四卜郊，

不从，乃免牲，犹三望”条。

【译文】

【经】夏，四月，三次卜郊，不吉，才免去天牲。

【经】小邾娄子来朝。

【译文】

【经】小邾娄子来鲁国朝见。

【经】城费。

【译文】

【经】修筑费邑。

【经】秋，季孙宿如卫。

【译文】

【经】秋，季孙宿出使去了卫国。

【经】八月，螺。

【译文】

【经】八月，发生了蝗灾。

【经】冬，十月，卫侯使孙林父来聘。壬戌，及孙林父盟①。

【注释】

①及孙林父盟：案《春秋》之例，聘而言盟，是寻绎旧盟。

【译文】

【经】冬，十月，卫侯派遣孙林夫来鲁国聘问。壬戌，公与孙林夫结盟。

【经】楚公子贞帅师围陈。

【译文】

【经】楚公子贞帅师包围了陈国都城。

【经】十有二月，公会晋侯、宋公、陈侯、卫侯、曹伯、莒子、邾娄子于鄬。郑伯髡原如会，未见诸侯，丙戌，卒于操。

【传】操者何？郑之邑也。诸侯卒其封内不地①，此何以地？隐之也。何隐尔？弑也。孰弑之？其大夫弑之。曷为不言其大夫弑之？为中国讳也。曷为为中国讳？郑伯将会诸侯于鄬，其大夫谏曰："中国不足归也，则不若与楚。"郑伯曰："不可。"其大夫曰："以中国为义，则伐我丧②。以中国为强，则不若楚。"于是弑之。郑伯髡原何以名③？伤而反，未至乎舍而卒也④。未见诸侯，其言如会何？致其意也⑤。

【经】陈侯逃归⑥。

【注释】

①诸侯卒其封内不地：案《春秋》之例，外诸侯卒于国内，则不记录死亡的地点，此处本应书“郑伯髡原卒”即可。

②伐我丧：此指襄公二年，冬，“城虎牢”之事。当年六月郑伯睔卒，冬，诸夏之国便夺取郑国虎牢邑。

③郑伯髡原何以名：案礼制，诸侯不生名，卒则名，失地名。

④伤而反，未至乎舍而卒也：案史实，郑伯髡原在赴会途中，被臣子所伤，中途折返，未到达昨日舍止之地，便卒于操邑。如会时书名者，是表明弑君之行为发生在赴会途中，只是伤而未死，后折返至操邑，才死亡。

⑤致其意也：经书“公会晋侯……于鄬。郑伯髡原如会。”是郑伯后期而至的书法。郑伯实未到会，书“如会”者，是顺遂郑伯欲如会之心。另一方面，郑伯之被弑，因中国伐郑之丧之无德，则中国有大耻辱，故讳弑言卒。

⑥陈侯逃归：何休云：“郑伯欲与中国，卒逢其祸，诸侯莫有恩痛自疾之心，于是惧，然后逃归。故书以刺中国之无义。加逃者，抑陈侯也。孔子曰：‘夷狄之有君，不如诸夏之亡。’不当背也。”

【译文】

【经】十二月，公与晋侯、宋公、陈侯、卫侯、曹伯、莒子、邾娄子，在鄬地相会。郑伯髡原赴会，未见到诸侯。丙戌，在操邑去世。

【传】操是什么地方？是郑国的城邑。诸侯死于国内，依例不书死亡的地点，此处为何记录地点？是隐痛他。为何隐痛？是被弑杀的。谁弑杀的郑伯？是他的大夫弑杀的。为何不言郑国大夫弑杀国君？是为中国避讳。为什么为中国避讳？郑伯将要在鄬地会见诸侯，他的大夫进谏道：“中国不足以归附，不如顺从楚国。”郑伯说：“不可。”他的大夫说：“如果认为中国有仁义，却在我有国丧时进攻我国。如果认为中国强大，那还不如楚国。”于是弑杀了郑伯。郑伯髡原为何书名？因为在途中被弑受伤，折返回国，未至昨日舍止之地，便去世了。郑伯髡原实未见到诸侯，经书“如会”是为何？是顺遂郑伯依附中国的心意。

【经】陈侯从会上逃回陈国。

【经】八年，春，王正月[①]，公如晋。

【注释】

①王正月：案时月日例，朝聘例时，此处书月者，何休云：“起鄬之会，郑伯以弑，陈侯逃归，公独修礼于大国，得自安之道，故善录之。”

【译文】

【经】八年，春，王正月，公去了晋国。

【经】夏，葬郑僖公。

【传】贼未讨，何以书葬？为中国讳也[①]。

【注释】

①为中国讳也：郑僖公，即郑伯髡原。案《春秋》之例，君弑，贼不讨不书葬。僖公欲从中国，而被大夫弑杀，究其原因是中国之无德，故上文为中国避讳，书“郑伯髡原卒”，此处是顺遂讳文，故书其葬。值得注意的是，案时月日例，大国之君葬书月，此处书时，可见郑僖公本不应书葬。

【译文】

【经】夏，安葬郑僖公。

【传】弑君贼未被诛讨，为何书葬？是为中国避讳。

【经】郑人侵蔡，获蔡公子燮。

【传】此侵也，其言获何[1]？侵而言获者，适得之也[2]。

【注释】

①此侵也，其言获何：案《春秋》之例，书“侵”仅是在边境侵责之，用兵之意浅；“获”则是两军合战后，方能俘获大夫，用兵之意深。此处既书“侵”，又书“获”，深浅悬绝，故而发问。

②适得之也：适，正好。即在边境侵责之时，刚好碰到公子燮，“值其不备，获得之”。

【译文】

【经】郑人侵责蔡国，俘获了蔡公子燮。

【传】这是侵责蔡国，经言“获”是为何？侵责而言“获”，是正好碰到公子燮，将其擒获。

【经】季孙宿会晋侯、郑伯、齐人、宋人、卫人、邾娄人于邢丘。

【译文】

【经】季孙宿与晋侯、郑伯、齐人、宋人、卫人、邾娄人在邢丘相会。

【经】公至自晋。

【译文】

【经】公从晋国归来。

【经】莒人伐我东鄙。

【译文】

【经】莒人伐击我国东部边境。

【经】秋,九月,大雩。

【译文】

【经】秋,九月,举行大雩祭。

【经】冬,楚公子贞帅师伐郑。

【译文】

【经】冬,楚公子贞帅师伐击郑国。

【经】晋侯使士匄来聘。

【译文】

【经】晋侯派遣士匄来鲁国聘问。

【经】九年,春,宋火。

【传】曷为或言灾,或言火?大者曰灾,小者曰火[①]。然则内何以不言火[②]?内不言火者,甚之也[③]。何以书?记灾也。外灾不书,此何以书?为王者之后记灾也。

【注释】

①大者曰灾，小者曰火：正寝、社稷、宗庙、朝廷有火灾称为“灾”。除此之外的地方有火灾则称“火”。

②然则内何以不言火：内，指鲁国。如僖公二十年夏“五月，乙巳，西宫灾”，“西宫”属于小寝，本应书“火”，经却书“灾”，故而发问。

③内不言火者，甚之也：鲁国的火灾，不分别大小，一律书“灾”，此为“甚之”。何休云：“《春秋》以内为天下法，动作当先自克责，故小有火，如大有灾。”

【译文】

【经】九年，春，宋国失火。

【传】《春秋》为什么有时记录“灾”，有时记录“火”？大处（正寝、社稷、宗庙、朝廷）发生火灾，称为“灾”；小处发生火灾，称为“火”。然则鲁国的火灾为何不言“火”（而都言“灾”）？鲁国的火灾不言“火”，是把火灾看得很严重（小火有如大灾，当戒慎恐惧）。为何记录此事？是记录灾害。鲁国之外的灾害，例所不书，此处为何记录？是为王者之后记录灾害。

【经】夏，季孙宿如晋。

【译文】

【经】夏，季孙宿出使去了晋国。

【经】五月，辛酉，夫人姜氏薨。

【经】秋，八月，癸未，葬我小君缪姜①。

【经】冬，公会晋侯、宋公、卫侯、曹伯、莒子、邾娄子、滕子、薛伯、杞伯、小邾娄子、齐世子光伐郑。十有二月，己亥，同盟于戏。

【注释】

①缪姜:缪姜为鲁成公夫人,是鲁襄公的嫡母。襄公当为之服齐衰三年之重服,却在丧中亲自伐郑,有不子之恶。故《春秋》在襄公伐郑之后,不书致文("公至自会"或"公至自伐郑"),夺襄公臣子之辞。另一方面,《春秋》亦为襄公避讳大恶。襄公二年,"葬我小君齐姜",《公羊传》云:"齐姜与缪姜,则未知其为宣夫人与?成夫人与?"案齐姜为鲁宣公夫人,于襄公为祖母。礼,为祖母服齐衰不杖期,轻于为母亲之齐衰三年。居祖母之丧出兵,要比居嫡母之丧出兵,罪恶来得轻。《公羊传》故意弄不清齐姜与缪姜的身份,就是为此处襄公居重丧而用兵避讳。

【译文】

【经】五月,辛酉,夫人姜氏薨没。

【经】秋,八月,癸未,安葬我国的小君缪姜。

【经】冬,公会同晋侯、宋公、卫侯、曹伯、莒子、邾娄子、滕子、薛伯、杞伯、小邾娄子、齐世子光,伐击郑国。十二月,乙亥,在戏地同心结盟。

【经】楚子伐郑。

【译文】

【经】楚子伐击郑国。

【经】十年,春,公会晋侯、宋公、卫侯、曹伯、莒子、邾娄子、滕子、薛伯、杞伯、小邾娄子、齐世子光,会吴于柤。

【经】夏,五月,甲午[①],遂灭偪阳。公至自会[②]。

【注释】

①甲午:案时月日例,灭例月。此处书日者,何休云:"甚恶诸侯不崇礼义以相安,反遂为不仁,开道强夷(吴国)灭中国,中国之祸连蔓日及,故疾录之。"

②公至自会:案《春秋》之例,公与二国以上出会用兵,得意致会,不得意致伐;若取邑与灭国,则得意明矣,不书致会。此处灭了偪阳国,得意明矣,不需书"公至自会",书者,是为襄公避讳,好像襄公并未参与灭亡偪阳,而是从柤之会归国的。

【译文】

【经】十年,春,公会同晋侯、宋公、卫侯、曹伯、莒子、邾娄子、滕子、薛伯、杞伯、小邾娄子、齐世子光,在柤地与吴国相会。

【经】夏,五月,甲午,(上文与会之诸侯)于是灭亡了偪阳国。公自柤之会归国。

【经】楚公子贞、郑公孙辄帅师伐宋。

【译文】

【经】楚公子贞、郑公孙辄帅师伐击宋国。

【经】晋师伐秦。

【译文】

【经】晋师伐击秦国。

【经】秋,莒人伐我东鄙。

【译文】

【经】秋，莒人伐击我国东部边境。

【经】公会晋侯、宋公、卫侯、曹伯、莒子、邾娄子、齐世子光、滕子、薛伯、杞伯、小邾娄子伐郑。

【译文】

【经】公会同晋侯、宋公、卫侯、曹伯、莒子、邾娄子、齐世子光、滕子、薛伯、杞伯、小邾娄子，伐击郑国。

【经】冬，盗杀郑公子𬱖、公子发、公孙辄[①]。

【注释】

①盗杀郑公子𬱖、公子发、公孙辄：案《春秋》之例，大夫相杀称“人”，士杀大夫则称“盗”，详见文公十六年“冬，十有一月，宋人弑其君处臼”条。此处书“盗”，则是郑国的士，杀了以上三大夫。

【译文】

【经】冬，盗杀了郑公子𬱖、公子发、公孙辄。

【经】戍郑虎牢。

【传】孰戍之？诸侯戍之。曷为不言诸侯戍之？离至不可得而序，故言我也[①]。诸侯已取之矣[②]，曷为系之郑？诸侯莫之主有[③]，故反系之郑。

【注释】

①离至不可得而序，故言我也：参见襄公五年“冬，戍陈”条。

②诸侯已取之矣:诸侯于襄公二年,已夺取了虎牢邑,因避讳伐郑之丧,故未书"取虎牢",而云"城虎牢"。

③诸侯莫之主有:诸侯夺取郑国虎牢邑,本为防备楚国,并非是占为已有。

【译文】

【经】戍卫郑国的虎牢邑。

【传】是谁去戍卫?是诸侯戍卫虎牢。为何不言诸侯戍卫虎牢?因为诸侯先后离散到来,没办法序列,所以姑且按鲁国的书法记录此事。诸侯已经夺取了虎牢邑,为何系属于郑国?诸侯没有将虎牢占为已有,所以仍旧系属于郑国。

【经】楚公子贞帅师救郑。

【译文】

【经】楚公子贞帅师救援郑国。

【经】公至自伐郑。

【译文】

【经】公从伐郑之役归国。

【经】十有一年,春,王正月,作三军[1]。

【传】三军者何?三卿也[2]。作三军何以书?讥。何讥尔?古者上卿、下卿,上士、下士[3]。

【注释】

①作三军：案军制，天子六军，方伯三军，州牧二军。鲁国为州牧，有二军。如今设置中军，总为三军。

②三卿也：何休云："为军置三卿官也。"古代军队由命卿率领，鲁国之二军，由司徒、司空率领。司徒、司空为上卿，底下各有一中卿、一下卿辅佐，故一军有三卿。鲁国之上卿还有司马，因其事省，底下只有一下卿。如今添置中军，由司马率领，故为之添一中卿，形成一军三卿之制。

③古者上卿、下卿，上士、下士：此言古代司马之官制。司马为上卿，又有一下卿辅佐，又有上士相上卿，下士相下卿。如今为设立中军，而在司马之下添一中卿，则违背礼制。何休云："襄公委任强臣，国家内乱，兵革四起，军职不共，不推其原，乃益司马作中卿官，逾王制，故讥之。"

【译文】

【经】十一年，春，王正月，建立三军。

【传】三军是什么？是为中军设立三卿之官。为何记录建立三军？是讥刺。讥刺什么？古代司马之官制只有上卿、下卿、上士、下士。

【经】夏，四月，四卜郊，不从，乃不郊①。

【注释】

①乃不郊：案成公十年传"其言乃不郊何？不免牲，故言乃不郊也"，则此处书"乃不郊"，亦未免牲。

【译文】

【经】夏，四月，四次占卜郊祭之可否，不吉，乃不行郊祭。

【经】郑公孙舍之帅师侵宋。

【译文】

【经】郑公孙舍之帅师侵责宋国。

【经】公会晋侯、宋公、卫侯、曹伯、齐世子光、莒子、邾娄子、滕子、薛伯、杞伯、小邾娄子伐郑。

【经】秋，七月，己未，同盟于京城北①。

【经】公至自伐郑。

【注释】

①京城：惠栋以为，京为郑国之邑，隐公元年，《左传》有“京城大叔”之文。

【译文】

【经】公会同晋侯、宋公、卫侯、曹伯、齐世子光、莒子、邾娄子、滕子、薛伯、杞伯、小邾娄子，伐击郑国。

【经】秋，七月，己未，诸侯在京城以北同心结盟。

【经】公从伐郑之役归国。

【经】楚子、郑伯伐宋。

【译文】

【经】楚子、郑伯伐击宋国。

【经】公会晋侯、宋公、卫侯、曹伯、齐世子光、莒子、邾娄子、滕子、薛伯、杞伯、小邾娄子伐郑，会于萧鱼。

【传】此伐郑也，其言会于萧鱼何？盖郑与会尔[①]。

【经】公至自会。

【注释】

①盖郑与会尔：诸侯伐郑，郑国降服，故而参加了萧鱼之会。此处记录萧鱼之会者，何休云："中国以郑故，三年之中五起兵，至是乃服，其后无干戈之患二十余年，故喜而详录其会，起得郑为重。"

【译文】

【经】公会同晋侯、宋公、卫侯、曹伯、齐世子光、莒子、邾娄子、滕子、薛伯、杞伯、小邾娄子，伐击郑国。在萧鱼相会。

【传】这里是伐击郑国，为何言及在萧鱼相会？大概是郑国参与会盟了。

【经】公从萧鱼之会归国。

【经】楚人执郑行人良霄。

【译文】

【经】楚人拘捕了郑国的使者良宵。

【经】冬，秦人伐晋。

【译文】

【经】冬，秦人伐击晋国。

【经】十有二年,春,王三月,莒人伐我东鄙,围台①。

【传】邑不言围②,此其言围何?伐而言围者,取邑之辞也③。伐而不言围者,非取邑之辞也。

【注释】

①台:鲁国之邑。

②邑不言围:《春秋》之例,唯有国都被包围,方书“围”,若城邑被围,则仅书“伐某国”。

③伐而言围者,取邑之辞也:此为外国夺取鲁国城邑的书法。内邑被夺,不书“取”字,而是书“伐”又书“围”。

【译文】

【经】十二年,春,王三月,莒人伐击我国东部边境,包围了台邑。

【传】包围城邑,《春秋》是不书“围”的,这里书“围”是为何?书“伐”又书“围”,是外国夺取内邑的文辞。书“伐”而不书“围”,不是外国夺取内邑的文辞。

【经】季孙宿帅师救台,遂入运①。

【传】大夫无遂事,此其言遂何?公不得为政尔②。

【注释】

①遂入运:运邑为鲁国之邑,因靠近莒国,常叛鲁国。季孙宿“入运”者,为讨叛也。又案《春秋》之例,书“入”者,得而不居也。此因季孙宿平乱之后,将运纳为私邑,鲁襄公未得运邑,故书“入运”;若运归于襄公,当书“取运”。

②公不得为政尔:何休云:“时公微弱,政教不行,故季孙宿遂取运而自益其邑。”

【译文】

【经】季孙宿帅师救援台邑，于是攻入运邑。

【传】大夫不得擅自生事，此处记录季孙宿擅自生事，是为何？表明公不能执掌国政了。

【经】夏，晋侯使士彭来聘。

【译文】

【经】夏，晋侯派遣士彭来鲁国聘问。

【经】秋，九月，吴子乘卒[1]。

【注释】

①吴子乘卒：吴子乘，是季札之父。《春秋》因季札有贤德（详见襄公二十九年“吴子使札来聘”条传文），缘季札之意，必欲尊荣其父，故书乘之卒。

【译文】

【经】秋，九月，吴子乘去世了。

【经】冬，楚公子贞帅师侵宋。

【译文】

【经】冬，楚公子贞帅师侵责宋国。

【经】公如晋。

【译文】

【经】公去了晋国。

【经】十有三年，春，公至自晋。

【译文】

【经】十三年，春，公从晋国归来。

【经】夏，取诗。

【传】诗者何？邾娄之邑也。曷为不系乎邾娄？讳亟也①。

【注释】

①讳亟也：襄公十一年，萧鱼之会，鲁国、邾娄国皆与会。时隔两年，鲁国便夺取了邾娄之邑，贪利之心过于急切，故需避讳。

【译文】

【经】夏，夺取诗邑。

【传】诗是什么地方？是邾娄国的城邑。为何不系属于邾娄国？是避讳鲁国取邑过于急切。

【经】秋，九月，庚辰，楚子审卒。

【译文】

【经】秋，九月，庚辰，楚子审去世了。

【经】冬，城防。

【译文】

【经】冬，修筑防邑。

【经】十有四年，春，王正月①，季孙宿、叔老会晋士匄、齐人、宋人、卫人、郑公孙虿、曹人、莒人、邾娄人、滕人、薛人、杞人、小邾娄人②，会吴于向。

【注释】

①王正月：案时月日例，会例时，此处书月者，何休云："月者，危刺诸侯委任大夫，交会强夷，臣日以强，三年之后，君若赘旒然。"

②虿（chài）：人名。

【译文】

【经】十四年，春，王正月，季孙宿、叔老会同晋士匄、齐人、宋人、卫人、郑公孙虿、曹人、莒人、邾娄人、滕人、薛人、杞人、小邾娄人，在向地与吴国相会。

【经】二月，乙未，朔，日有食之。

【译文】

【经】二月，乙未，朔日，发生了日食。

【经】夏，四月，叔孙豹会晋荀偃、齐人、宋人、卫北宫结、郑公孙虿、曹人、莒人、邾娄人、滕人、薛人、杞人、小邾娄人伐秦。

【译文】

【经】夏，四月，叔孙豹会同晋荀偃、齐人、宋人、卫北宫结、郑公孙虿、曹人、莒人、邾娄人、滕人、薛人、杞人、小邾娄人，伐击秦国。

【经】己未，卫侯衎出奔齐①。

【注释】

①卫侯衎(kàn)出奔齐：卫侯衎实为甯殖与孙林夫所逐（详见襄公二十七年"卫杀其大夫甯喜。卫侯之弟鱄出奔晋"条），然而以臣逐君，干犯名义，故以国君出奔为文。又案时月日例，大国之君出奔当书月，此处书日者，起此实为以臣逐君。

【译文】

【经】己未，卫侯衎出奔去了齐国。

【经】莒人侵我东鄙。

【译文】

【经】莒人侵责我国东部边境。

【经】秋，楚公子贞帅师伐吴。

【译文】

【经】秋，楚公子贞帅师伐击吴国。

【经】冬，季孙宿会晋士匄、宋华阅、卫孙林父、郑公孙虿、莒人、邾娄人于戚。

【译文】

【经】冬，季孙宿于晋士匄、宋华阅、卫孙林父、郑公孙虿、莒人、邾娄人，在戚地相会。

【经】十有五年，春，宋公使向戌来聘。

【经】二月，己亥，及向戌盟于刘。

【译文】

【经】十五年，春，宋公派遣向戌来鲁国聘问。

【经】二月，己亥，公与向戌在刘地结盟（寻绎旧盟）。

【经】刘夏逆王后于齐。

【传】刘夏者何①？天子之大夫也。刘者何？邑也②。其称刘何？以邑氏也。外逆女不书，此何以书？过我也③。

【注释】

①刘夏者何：刘为氏，夏为名。刘夏是外诸侯入为天子大夫者，依名例，当称“刘子”。此处是天子娶齐女为王后，派刘夏前去迎接。案礼制，逆王后当使三公，使大夫逆王后为非礼，故书刘夏之名。

②邑也：诸侯入为天子大夫，在王畿之内有块采邑，以所赐之采邑为氏。何休云：“所谓采者，不得有其土地、人民，采取其租

税尔。"

③过我也：经过鲁国。何休云："明鲁当共送迎之礼。"

【译文】

【经】刘夏去齐国迎接王后。

【传】刘夏是什么人？是天子的大夫。刘是什么？是王畿之内，天子赐予刘夏的采邑。刘夏称"刘"是为何？是以采邑为氏。鲁国以外的迎接新娘，例所不书，此处为何记录？因为经过我国当有迎送之礼。

【经】夏，齐侯伐我北鄙，围成[①]。公救成，至遇[②]。

【传】其言至遇何？不敢进也[③]。

【注释】

①齐侯伐我北鄙，围成：成，鲁国之邑。案《春秋》之例，伐而言围，是外国夺取鲁国城邑的文辞。

②遇：鲁地。

③不敢进也：齐侯夺取成邑，鲁襄公率兵救援，因实力悬殊，故行至遇地，不敢进兵。《春秋》以襄公重民命，量力不责，故书"至遇"。若是谴责襄公，当书"次于遇"，讥刺救援迟缓。

【译文】

【经】夏，齐侯伐击我国北部边境，包围了成邑。公救援成邑，行军至遇地。

【传】经言"至遇"是为何？因为实力悬殊，公不敢进兵。

【经】季孙宿、叔孙豹帅师城成郛[①]。

【注释】

①季孙宿、叔孙豹帅师城成郛：郛，郭也，外城。孔广森以为，齐国已经夺取了成邑，此处季孙宿、叔孙豹能修筑成邑之郭，则已夺回成邑。

【译文】

【经】季孙宿、叔孙豹帅师修筑城邑之郭。

【经】秋，八月，丁巳，日有食之。

【译文】

【经】秋，八月，丁巳，发生了日食。

【经】邾娄人伐我南鄙。

【译文】

【经】邾娄人伐击我国南部边境。

【经】冬，十有一月，癸亥，晋侯周卒。

【译文】

【经】冬，十一月，癸亥，晋侯周去世了。

【经】十有六年，春，王正月，葬晋悼公。

【译文】

【经】十六年，春，王正月，安葬晋悼公。

【经】三月，公会晋侯、宋公、卫侯、郑伯、曹伯、莒子、邾娄子、薛伯、杞伯、小邾娄子于溴梁①。戊寅，大夫盟。

【传】诸侯皆在是，其言大夫盟何？信在大夫也②。何言乎信在大夫？遍刺天下之大夫也。曷为遍刺天下之大夫？君若赘旒然③。

【经】晋人执莒子、邾娄子以归④。

【注释】

①卫侯：此处是卫侯剽，并非卫侯衎。《春秋》因恶衎，而不书剽之“立”，详见襄公二十六年“甲午，卫侯衎复归于卫”条传文。溴(jù)梁：溴，水名。梁，大堤。

②信在大夫也：信用在大夫，即盟约之定否，全在大夫。

③赘旒(liú)：赘，系属之辞。旒，旌旗边缘之饰物。赘旒，比喻大夫专权，国君如系属于旌旗边缘的饰物一般。

④晋人执莒子、邾娄子以归：案《春秋》之例，称人而执，非伯讨也。则莒子、邾娄子无罪，晋人不当执之。又诸侯不得专治诸侯，当归于京师，由天子定罪。此处晋人将莒子、邾娄子带回国内，则是恶上加恶。

【译文】

【经】三月，公与晋侯、宋公、卫侯、郑伯、曹伯、莒子、邾娄子、薛伯、杞伯、小邾娄子，在溴梁相会。戊寅，大夫结盟。

【传】诸侯都在，经言“大夫盟”是为何？是否定盟取决于大夫。取决于大夫是为何？普遍讥刺天下的大夫。为何普遍讥刺天下的大夫？大夫专政，国君就像赘旒一样。

【经】晋人拘捕莒子、邾娄子，带回了国内。

【经】齐侯伐我北鄙。

【译文】

【经】齐侯伐击我国北部边境。

【经】夏，公至自会。

【译文】

【经】夏，公从溴梁之会归国。

【经】五月，甲子，地震。

【译文】

【经】五月，甲子，发生了地震。

【经】叔老会郑伯、晋荀偃、卫甯殖、宋人伐许。

【译文】

【经】叔老会同郑伯、晋荀偃、卫甯殖、宋人伐击许国。

【经】秋，齐侯伐我北鄙，围成[①]。

【注释】

①围成：孔广森以为，成邑已被季孙宿、叔孙豹收复，此处又被齐国攻取。

【译文】

【经】秋，齐侯伐击我国北部边境，包围了成邑。

【经】大雩。

【译文】

【经】举行大雩祭。

【经】冬，叔孙豹如晋。

【译文】

【经】冬，叔孙豹出使去了晋国。

【经】十有七年，春，王二月，庚午，邾娄子瞷卒。

【译文】

【经】十七年，春，王二月，庚午，邾娄子瞷去世了。

【经】宋人伐陈。

【译文】

【经】宋人伐击陈国。

【经】夏，卫石买帅师伐曹。

【译文】

【经】夏，卫石买帅师伐击曹国。

【经】秋，齐侯伐我北鄙，围洮。

【经】齐高厚帅师伐我北鄙，围防。

【译文】

【经】秋，齐侯伐击我国北部边境，包围了洮邑。

【经】齐高厚帅师伐击我国北部边境，包围了防邑。

【经】九月，大雩。

【译文】

【经】九月，举行大雩祭。

【经】宋华臣出奔陈。

【译文】

【经】宋华臣出奔去了陈国。

【经】冬，邾娄人伐我南鄙。

【译文】

【经】冬，邾娄人伐击我国南部边境。

【经】十有八年，春，白狄来。白狄者何？夷狄之君也。何以不言朝，不能朝也[①]。

【注释】

①不能朝也：夷狄之君，不能升降揖让，不能行朝礼。

【译文】

【经】十六年，春，白狄来。

【传】白狄是什么？是夷狄的君王。为何不言“朝”？因为夷狄不能行朝礼。

【经】夏，晋人执卫行人石买。

【译文】

【夏】晋人拘捕了卫国的使者石买。

【经】秋，齐师伐我北鄙。

【译文】

【经】秋，齐师伐击我国北部边境。

【经】冬，十月，公会晋侯、宋公、卫侯、郑伯、曹伯、莒子、邾娄子、滕子、薛伯、杞伯、小邾娄子，同围齐[①]。曹伯负刍卒于师。

【注释】

①同围齐:按照一般的书法,仅书"围齐"即可,书"同围齐",孔广森云:"特言同者,深著齐无道,诸侯同心欲围之。"又据下文,此处并未真正包围齐国都城,只是诸侯之意愿,详见下文祝阿之盟。

【译文】

【经】冬,十月,公会同晋侯、宋公、卫侯、郑伯、曹伯、莒子、邾娄子、滕子、薛伯、杞伯、小邾娄子,意欲一同包围齐国都城。曹伯负刍在师旅中去世。

【经】楚公子午帅师伐郑。

【译文】

【经】楚公子午帅师伐击郑国。

【经】十有九年,春,王正月,诸侯盟于祝阿①。

【经】晋人执邾娄子。

【经】公至自伐齐。

【传】此同围齐也,何以致伐②?未围齐也。未围齐,则其言围齐何?抑齐也③。曷为抑齐?为其亟伐也④。或曰:为其骄蹇,使其世子处乎诸侯之上也⑤。

【注释】

①诸侯:指上文"同围齐"之诸侯。

②何以致伐:上有"公会晋侯以下,同围齐"之文,案例当书"公至自围齐"。今书"公至自伐"表明诸侯并未真正围齐。

③抑齐也：未围齐，而经书“围齐”，是为了贬抑、惩罚齐国。何休以为，用兵之道，灭最甚，入次之，围又次之；齐国之罪不至于被灭，书“围”则减于“灭”二等，当夺爵削土。

④亟伐：屡次侵伐他国，上文频频夺取鲁国城邑，即为亟伐。

⑤使其世子处乎诸侯之上也：世子，即齐世子光。齐侯使世子光出会，光又序列在诸侯之上，如襄公十一年，“公会晋侯、宋公、卫侯、曹伯、齐世子光、莒子、邾娄子、滕子、薛伯、杞伯、小邾娄子伐击郑国”，这是骄蹇的表现。

【译文】

【经】十九年，春，王正月，诸侯在祝阿结盟。

【经】晋人拘捕了邾娄子。

【经】公从伐齐之役归国。

【传】这里是包围齐国都城，为何书公从伐齐之役归国？事实上并没有包围齐国都城。未围齐，那么经书“围齐”是为何？是为了贬抑齐国，齐罪当被围。为何贬抑齐国？因为他屡次伐击他国。有人认为，因为齐国骄蹇，在序列诸侯时，使世子列在诸侯之上。

【经】取邾娄田自漷水[①]。

【传】其言自漷水何？以漷为竟也。何言乎以漷为竟？漷移也。

【注释】

①漷(kuò)水：水名。鲁国与邾娄国以漷水为边境。今漷水改道，移入了邾娄国境内，鲁国顺势夺取了邾娄国的领地。案诸侯土地本有度数，不因河水改道而变化，则鲁国当坐取邑之罪。

【译文】

【经】夺取了邾娄国的田地，自漷水起。

【传】为何说是“自漷水”？因为鲁国与邾娄国以漷水为边境。说以漷水为边境是为何？因为漷水改道了。

【经】季孙宿如晋。

【译文】

【经】季孙宿出使去了晋国。

【经】葬曹成公。

【译文】

【经】安葬曹成公。

【经】夏，卫孙林父帅师伐齐。

【译文】

【经】夏，卫孙林夫帅师伐击齐国。

【经】秋，七月，辛卯，齐侯瑗卒。

【经】晋士匄帅师侵齐，至穀，闻齐侯卒，乃还。

【传】还者何？善辞也。何善尔？大其不伐丧也。此受命乎君而伐齐，则何大乎其不伐丧？大夫以君命出，进退在大夫也[①]。

【注释】

①大夫以君命出，进退在大夫也：何休云："礼：兵不从中御外，临事制宜，当敌为师，唯义所在。士匄闻齐侯卒，引师而去，恩动孝子之心，义服诸侯之君，是后兵寝数年，故起时善之。言乃者，士匄有难重废君命之心，故见之。"

【译文】

【经】秋，七月，辛卯，齐侯瑗去世了。

【经】晋士匄帅师侵责齐国，行军至縠邑，听闻齐侯去世，乃还师。

【传】"还"是什么？是善辞。有何善处？褒扬士匄不讨伐有丧事的国家。这里是奉国君之命讨伐齐国，为何褒扬士匄不伐齐国之丧？大夫以君命出使，进退由大夫作主。

【经】八月，丙辰，仲孙蔑卒。

【译文】

【经】八月，丙辰，仲孙蔑去世了。

【经】齐杀其大夫高厚。

【译文】

【经】齐国杀了他的大夫高厚。

【经】郑杀其大夫公子喜。

【译文】

【经】郑国杀了他的大夫公子喜。

【经】冬[①]，葬齐灵公。

【注释】

①冬：案时月日例，大国之君葬书月。此处书时者，是贬抑齐世子光，因葬为生者之事。齐世子光代父从政，处诸侯之上，不孝，故贬抑之。

【译文】

【经】冬，安葬齐灵公。

【经】城西郛。

【译文】

【经】修筑国都西部的外城。

【经】叔孙豹会晋士匄于柯。

【译文】

【经】叔孙豹与晋士匄在柯地相会。

【经】城武城。

【译文】

【经】修筑武城。

【经】二十年，春，王正月，辛亥，仲孙遬会莒人，盟于向。

【译文】

【经】二十年,春,王正月,辛亥,仲孙遬会同莒人,在向地结盟。

【经】夏,六月,庚申,公会晋侯、齐侯、宋公、卫侯、郑伯、曹伯、莒子、邾娄子、滕子、薛伯、杞伯、小邾娄子,盟于澶渊。

【经】秋,公至自会。

【译文】

【经】夏,六月,庚申,公会同晋侯、齐侯、宋公、卫侯、郑伯、曹伯、莒子、邾娄子、滕子、薛伯、杞伯、小邾娄子,在澶渊结盟。

【经】秋,公从澶渊会盟归国。

【经】仲孙遬帅师伐邾娄。

【译文】

【经】仲孙遬帅师伐击邾娄国。

【经】蔡杀其大夫公子燮。

【经】蔡公子履出奔楚。

【译文】

【经】蔡国杀了他的大夫公子燮。

【经】蔡公子履畏惧,出奔到楚国。

【经】陈侯之弟光出奔楚。

【译文】

【经】陈侯的同母弟光出奔到了楚国。

【经】叔老如齐。

【译文】

【经】叔老出使去了齐国。

【经】冬，十月，丙辰，朔，日有食之。

【译文】

【经】冬，十月，丙辰，朔日，发生了日食。

【经】季孙宿如宋。

【译文】

【经】季孙宿出使去了宋国。

【经】二十有一年，春，王正月，公如晋。

【译文】

【经】二十一年，春，王正月，公去了晋国。

【经】邾娄庶其以漆、闾丘来奔[①]。

【传】邾娄庶其者何？邾娄大夫也。邾娄无大夫[②]，此何以书？重地也[③]。

【注释】

①邾娄庶其以漆、闾丘来奔：庶其，为邾娄大夫之名。漆、闾丘为庶其之封地，庶其带着封地投奔鲁国。

②邾娄无大夫：案《春秋》之例，大国大夫称名氏，小国大夫略称人，邾娄为小国，故云“邾娄无大夫”。

③重地也：邾娄无大夫，庶其窃邑叛国，性质严重，故书其名，表明庶其之罪重，鲁国受邑之罪亦重。

【译文】

【经】邾娄庶其带着漆、闾丘二邑来投奔鲁国。

【传】邾娄庶其是什么人？是邾娄国的大夫。邾娄没有大夫，此处为何书庶其之名？是重视封地。

【经】夏，公至自晋。

【译文】

【经】夏，公从晋国归来。

【经】秋，晋栾盈出奔楚。

【译文】

【经】秋，晋栾盈出奔到了楚国。

【经】九月，庚戌，朔，日有食之。

【经】冬，十月，庚辰，朔，日有食之。

【译文】

【经】九月，庚戌，朔日，发生了日食。

【经】冬，十月，庚辰，朔日，发生了日食。

【经】曹伯来朝。

【译文】

【经】曹伯来鲁国朝见。

【经】公会晋侯、齐侯、宋公、卫侯、郑伯、曹伯、莒子、邾娄子于商任。

【译文】

【经】公与晋侯、齐侯、宋公、卫侯、郑伯、曹伯、莒子、邾娄子，在商任相会。

【传】十有一月，庚子，孔子生①。

【注释】

①十一月，庚子，孔子生：陆德明《经典释文》云："'庚子，孔子生'，传文。上有'十月，庚辰'，此亦十月也。一本作'十一月庚子'，又本无此句。"阮校以为，"十一月"当作"十月"。此条为公羊经师补记孔子出生之日。

【译文】

【传】十一月，庚子，孔子出生。

【经】二十有二年，春，王正月，公至自会①。

【注释】

①王正月，公至自会：会，指上年商任之会。案时月日例，致例时，此处书月者，先前，漷水改道，鲁襄公强占了邾娄国的领地，又受其叛臣之邑，故与邾娄子相会有危。

【译文】

【经】二十二年，春，王正月，公从商任之会归国。

【经】夏，四月。

【译文】

【经】夏，四月。

【经】秋，七月，辛酉，叔老卒。

【译文】

【经】秋，七月，辛酉，叔老去世了。

【经】冬，公会晋侯、齐侯、宋公、卫侯、郑伯、曹伯、莒子、邾娄子、滕子、薛伯、杞伯、小邾娄子于沙随。公至自会。

【译文】

【经】冬，公与晋侯、齐侯、宋公、卫侯、郑伯、曹伯、莒子、邾娄子、滕子、薛伯、杞伯、小邾娄子，在沙随相会。公从沙随之会归国。

【经】楚杀其大夫公子追舒。

【译文】

【经】楚国杀了他的大夫公子追舒。

【经】二十有三年，春，王二月，癸酉，朔，日有食之。

【译文】

【经】二十三年，春，王二月，癸酉，朔日，发生了日食。

【经】三月，己巳，杞伯匄卒。

【译文】

【经】三月，己巳，杞伯匄去世了。

【经】夏，邾娄鼻我来奔①。

【传】邾娄鼻我者何？邾娄大夫也。邾娄无大夫，此何以书？以近书也②。

【注释】

①邾娄鼻我来奔：鼻我，邾娄大夫之名。

②以近书也：因治近升平而书。《春秋》分十二公为三世，隐桓庄闵僖为传闻世(衰乱世)，文宣成襄为所闻世(升平世)，昭定哀为所见世(太平世)。《春秋》以三世之划分，表明王者治理天下之次序，由内及外，由大及小。何休云："所传闻世，见治始起，外诸夏，录大略小，大国有大夫，小国略称人。所闻之世，内诸夏，治小如大，廪廪近升平，故小国有大夫，治之渐也。"此处书邾娄鼻我之名，是表明所闻世，治近升平，当治小国。值得注意的是，《春秋》三世治乱之序，与现实刚好相反，所闻世实未升平，故仅举邾娄一国，以明升平之法而已。

【译文】

【经】夏，邾娄鼻我来投奔鲁国。

【传】邾娄鼻我是什么人？是邾娄国的大夫。邾娄国没有大夫，此处为何书鼻我之名？是因世近升平的缘故。

【经】葬杞孝公。

【译文】

【经】安葬杞孝公。

【经】陈杀其大夫庆虎及庆寅。

【经】陈侯之弟光自楚归于陈①。

【注释】

①陈侯之弟光自楚归于陈：案《春秋》之例，书"归"者，表明出入无恶。襄公二十年，陈侯之弟光被庆虎、庆寅诬陷，出奔楚国，出无恶。此处陈侯杀了庆虎、庆寅，将光迎回，故入无恶。

【译文】

【经】陈国杀了他的大夫庆虎及庆寅。

【经】陈侯的同母弟光从楚国回到了陈国。

【经】晋栾盈复入于晋,入于曲沃。

【传】曲沃者何?晋之邑也。其言入于晋,入于曲沃何?栾盈将入晋,晋人不纳,由乎曲沃而入也①。

【注释】

①由乎曲沃而入也:何休云:"栾盈本欲入晋,篡大夫位,晋人不纳,更入于曲沃,得其士众,以入晋国。曲沃大夫当坐,故复言入。"

【译文】

【经】晋栾盈复入晋国,入于曲沃。

【传】曲沃是什么地方?是晋国的城邑。经言"入于晋,入于曲沃"是为何?栾盈将要进入晋国篡大夫之位,晋人不接纳,从曲沃而进入晋国。

【经】秋,齐侯伐卫,遂伐晋。

【译文】

【经】秋,齐侯伐击卫国,于是伐击晋国。

【经】八月,叔孙豹帅师救晋,次于雍渝。

【传】曷为先言救,而后言次?先通君命也①。

【注释】

①先通君命也：叔孙豹奉鲁襄公之命，救援晋国，中途擅自止次。《春秋》之义，臣不得壅塞君命，故先书“救晋”，再书“止次”，以此顺遂国君之命。

【译文】

【经】八月，叔孙豹帅师救援晋国，止次在雍渝。

【传】为何先言“救”，而后言“次”？是先顺遂国君之命。

【经】已卯，仲孙遬卒。

【译文】

【经】已卯，仲孙遬去世了。

【经】冬，十月，乙亥，臧孙纥出奔邾娄。

【译文】

【经】冬，十月，乙亥，臧孙纥出奔到了邾娄国。

【经】晋人杀栾盈。

【传】曷为不言杀其大夫？非其大夫也①。

【注释】

①非其大夫也：案栾盈于襄公二十一年出奔楚国，则被诛绝，不为大夫。上文入于晋，入于曲沃，遂篡得大夫之位，然未得君命，故云“非其大夫也”。

【译文】

【经】晋人杀了栾盈。

【传】经为何不言“杀其大夫”？因为栾盈不是晋国的大夫。

【经】齐侯袭莒。

【译文】

【经】齐侯袭击莒国。

【经】二十有四年，春，叔孙豹如晋。

【译文】

【经】二十四年，春，叔孙豹出使去了晋国。

【经】仲孙羯帅师侵齐。

【译文】

【经】仲孙羯帅师侵责齐国。

【经】夏，楚子伐吴。

【译文】

【经】夏，楚子伐击吴国。

【经】秋，七月，甲子，朔，日有食之，既。

【译文】

【经】秋，七月，甲子，朔日，发生了日食，食尽。

【经】齐崔杼帅师伐莒。

【译文】

【经】齐崔杼帅师伐击莒国。

【经】大水。

【译文】

【经】发大水。

【经】八月，癸巳，朔，日有食之。

【译文】

【经】八月，癸巳，朔日，发生了日食。

【经】公会晋侯、宋公、卫侯、郑伯、曹伯、莒子、邾娄子、滕子、薛伯、杞伯、小邾娄子于陈仪。

【译文】

【经】公与晋侯、宋公、卫侯、郑伯、曹伯、莒子、邾娄子、滕子、薛伯、杞伯、小邾娄子在陈仪相会。

【经】冬，楚子、蔡侯、陈侯、许男伐郑。

【译文】

【经】冬，楚子、蔡侯、陈侯、许男伐击郑国。

【经】公至自会。

【译文】

【经】公从陈仪之会归国。

【经】陈鍼宜咎出奔楚。

【译文】

【经】陈鍼宜咎出奔去了楚国。

【经】叔孙豹如京师。

【译文】

【经】叔孙豹出使去了京师。

【经】大饥①。

【注释】

①大饥：何休云："有死伤曰大饥，无死伤曰饥。"

【译文】

【经】发生了大饥荒。

【经】二十有五年，春，齐崔杼帅师伐我北鄙。

【译文】

【经】二十五年，春，齐崔杼帅师伐击我国北部边境。

【经】夏，五月，乙亥，齐崔杼弑其君光。

【译文】

【经】夏，五月，乙亥，齐崔杼弑杀了他的国君光。

【经】公会晋侯、宋公、卫侯、郑伯、曹伯、莒子、邾娄子、滕子、薛伯、杞伯、小邾娄子于陈仪。

【译文】

【经】公会同晋侯、宋公、卫侯、郑伯、曹伯、莒子、邾娄子、滕子、薛伯、杞伯、小邾娄子，在陈仪相会。

【经】六月，壬子①，郑公孙舍之帅师入陈。

【注释】

①壬子：案时月日例，入例时，杀害多则书月。此处书日者，何休云："陈、郑俱楚之与国，今郑背楚入陈，明中国当忧助郑，以离楚

弱陈，故为中国忧录之。”

【译文】

【经】六月，壬子，郑公孙舍之帅师攻入了陈国都城。

【经】秋，八月，己巳，诸侯同盟于重丘[1]。

【注释】

①诸侯：指上文陈仪之会的诸侯。案《春秋》之例，盟重于会，若既会且盟，则仅书盟。此处会、盟并举者，何休以为，诸侯会盟，是为诛讨齐国的弑君贼崔杼，故详录之。

【译文】

【经】秋，八月，己巳，诸侯在重丘同心结盟。

【经】公至自会。

【译文】

【经】公从会盟归国。

【经】卫侯入于陈仪[1]。

【传】陈仪者何？卫之邑也。曷为不言入于卫[2]？谖君以弑也[3]。

【注释】

①卫侯：指卫侯衎，此处未书其名，孔广森以为，卫侯衎出奔书名，复归书名，故此书省文。案襄公十四年，卫侯衎被孙氏、甯氏所

逐，出奔齐国，而卫侯剽篡位。此时卫侯衎诈称愿回归卫国，居陈仪邑，作剽之臣子，伺机谋夺君位，至襄公二十六年，弑杀了卫侯剽。

②曷为不言入于卫：案《春秋》之例，从外归国篡位，当书入于国。卫侯衎有篡位之行，依例当书“卫侯入于卫”，此处却书“入于陈仪”，故而发问。

③谖（xuān）君以弑也：谖，诈也。卫侯衎先称愿居陈仪，后伺机弑君，属于使诈之行为。《春秋》耻其所为，而书“入于陈仪”，表明使诈篡位自此始。

【译文】

【经】卫侯进入了陈仪。

【传】陈仪是什么地方？是卫国的城邑。为何不言“入于卫”？因为卫侯衎行诈弑君自此开始。

【经】楚屈建帅师灭舒鸠。

【译文】

【经】楚屈建帅师师灭亡了舒鸠。

【经】冬，郑公孙囆帅师伐陈。

【译文】

【经】冬，郑公孙囆帅师伐击陈国。

【经】十有二月，吴子谒伐楚，门于巢，卒[①]。

【传】门于巢卒者何？入门乎巢而卒也。入门乎巢而卒者何？入巢之门而卒也。吴子谒何以名②？伤而反，未至乎舍而卒也③。

【注释】

①吴子谒伐楚，门于巢，卒：门，入门。吴子谒欲讨伐楚国，途径巢国，却不行假途之礼，强行进入巢国城门，守门者以为要攻击巢国，射杀了吴子谒。经文未书巢人杀吴子谒者，何休云："君子不怨所不知，故与巢得杀之，使若吴为自死文，所以强守御也。"

②吴子谒何以名：案礼制，诸侯不生名。

③伤而反，未至乎舍而卒也：舍，昨日舍止之地。吴子谒受伤折返，未到达昨日舍止之地，便去世。

【译文】

【经】十二月，吴子谒伐击楚国，进入巢国之门，去世了。

【传】进入巢国之门去世了，是什么意思？是因为进入巢国之门而去世的。因为进入巢国之门而去世，是什么意思？是强行进入巢国之门，而被射杀的。为何书吴子谒之名？因为吴子谒受伤折返，未到达昨日舍止之地，便去世了。

【经】二十有六年，春，王二月，辛卯，卫甯喜弑其君剽①。

【注释】

①卫甯喜弑其君剽：甯喜是为卫侯衎而弑杀了剽，详见襄公二十七年"卫杀其大夫甯喜。卫侯之弟鱄出奔晋"条。

【译文】

【经】二十六年，春，王二月，辛卯，卫甯喜弑杀了他的国君剽。

【经】卫孙林父入于戚以叛[1]。

【注释】

①卫孙林父入于戚以叛:戚,孙林父的封邑。孙林父于襄公十四年驱逐卫侯衎,而立剽。此时甯喜为衎弑剽,故孙林父据邑反叛。此处卫侯衎虽是篡夺君位,然孙林父仍属于叛国,因为按照礼制,大夫之邑为国君所封,若不能事君,则当奉身而退,不得据邑周旋。

【译文】

【经】卫孙林夫进入戚邑,反叛国君。

【经】甲午,卫侯衎复归于卫。

【传】此谖君以弑也,其言复归何[1]?恶剽也。曷为恶剽?剽之立于是,未有说也[2]。然则曷为不言剽之立?不言剽之立者,以恶卫侯也[3]。

【注释】

①其言复归何:案《春秋》之例,书"复归"者,出有恶,入无恶。此处卫侯衎之"入",实为篡位,非是无恶,故而发问。

②剽之立于是,未有说也:说,悦也。襄公十四年,卫侯衎出奔,剽即位。然剽的身份为公孙,依礼制之次序,不当即位,又无贤德,故卫人不悦剽。此处卫侯衎篡位,《春秋》书"复归",不是说卫侯衎无恶(经书卫侯衎之名,即表明篡位当绝),而是以此方式说明剽无资格继承君位。

③不言剽之立者,以恶卫侯也:案《春秋》之例,"立"为篡辞。卫侯衎出奔,剽无即位的资格,那么当书剽之"立"。然而《春秋》未书

者，不是说剽非篡位，而是以此说明，卫侯衎失众，被臣下所逐，当被诛绝。值得注意的是，《春秋》对于衎、剽，各打五十大板。衎之恶，在于失众出奔。剽之恶，在于次不当立，又无贤德。孔广森云：“明于恶剽之说，则为臣者儆；明于恶衎之说，则为君者惧。”

【译文】

【经】甲午，卫侯衎复归于卫国。

【传】这里是使诈弑君，为何言“复归”？是为了厌恶剽。为何厌恶剽？剽立为国君，直到此时都没有人喜悦。然则为何没有言及剽立为国君这件事？不言及剽立为国君，是为了表现厌恶卫侯衎。

【经】夏，晋侯使荀吴来聘。

【译文】

【经】夏，晋侯派遣荀吴来鲁国聘问。

【经】公会晋人、郑良霄、宋人、曹人于澶渊。

【译文】

【经】公与晋人、郑良霄、宋人、曹人，在澶渊相会。

【经】秋，宋公杀其世子痤[①]。

【注释】

①宋公杀其世子痤：宋公，宋平公。案《春秋》之例，君杀无罪大夫，或枉杀世子，则去国君之葬。此处世子痤有罪，故《春秋》于昭公

十一年，书宋平公之葬。

【译文】

【经】秋，宋公杀了他的世子痤。

【经】晋人执卫甯喜。

【传】此执有罪，何以不得为伯讨[①]？不以其罪执之也。

【注释】

①何以不得为伯讨：案《春秋》之例，称爵而执者，伯讨也；称人而执者，非伯讨也。卫甯喜为弑君贼，晋侯执之，当为伯讨，此处却书"晋人"，故而发问。

【译文】

【经】晋人拘捕了卫甯喜。

【传】这里是拘捕有罪之人，为何不作伯讨之辞？因为此处并非因弑君之罪而拘捕他。

【经】八月，壬午，许男甯卒于楚。

【译文】

【经】八月，壬午，许男甯在楚国去世。

【经】冬，楚子、蔡侯、陈侯伐郑。

【译文】

【经】冬，楚子、蔡侯、陈侯伐击郑国。

【经】葬许灵公。

【译文】

【经】安葬许灵公。

【经】二十有七年，春，齐侯使庆封来聘。

【译文】

【经】二十七年，春，齐侯派遣庆封来鲁国聘问。

【经】夏，叔孙豹会晋赵武、楚屈建、蔡公孙归生、卫石恶、陈孔瑗、郑良霄、许人、曹人于宋。

【译文】

【经】夏，叔孙豹与晋赵武、楚屈建、蔡公孙归生、卫石恶、陈孔瑗、郑良霄、许人、曹人，在宋国相会。

【经】卫杀其大夫甯喜。卫侯之弟鱄出奔晋。

【传】卫杀其大夫甯喜，则卫侯之弟鱄曷为出奔晋？为杀甯喜出奔也。曷为为杀甯喜出奔？卫甯殖与孙林父逐卫侯[①]，而立公孙剽。甯殖病将死，谓喜曰："黜公者，非吾意也，孙氏为之。我即死，女能固纳公乎？"喜曰："诺。"甯殖死，喜立为大夫，使人谓献公曰："黜公者，非甯氏也，孙氏为之。吾欲纳公，何如？"献公曰："子苟欲纳我，吾请与子盟。"喜曰："无所用盟[②]，请使公子鱄约之。"献公谓公子鱄曰："甯氏将纳我,吾欲与之盟,其言曰:'无所用盟,请使公子鱄约之。'子固为我与之约矣。"公子鱄辞曰:"夫负羁絷[3],执铁锧[4],从君东西南北,则是臣仆庶孽之事也[5]。若夫约言为信,则非臣仆庶孽之所敢与也。"献公怒曰:"黜我者,非甯氏与孙氏,凡在尔。"公子鱄不得已而与之约。已约,归至杀甯喜。公子鱄挈其妻子而去之。将济于河,携其妻子,而与之盟[6],曰:"苟有履卫地,食卫粟者,昧雉彼视[7]。"

【注释】

①甯殖:甯喜之父。卫侯:卫侯衎,即卫献公。

②无所用盟:何休云:"时喜见献公多诈,欲使公子鱄保之,故辞不肯盟,曰:臣纳君,义也,无用为盟矣。"

③羁:马络头。絷:马绊足。

④铁锧:铁,斧。锧,铁椹。铁锧为古代的刑具。

⑤臣仆庶孽:何休云:"仆,从者。庶孽,众贱子,犹树之有孽生。"

⑥而与之盟:此时公子鱄恐渡河时发生意外,自己的意愿不能达成,故与家人盟誓。

⑦昧雉彼视:昧,割也。雉,野鸡。当时割雉盟誓,说若有违此盟,视同此割雉。《公羊传》记录此事者,一见卫侯衎之无信,一见公子鱄之有罪。何休以为,鱄之罪有三:第一,卫侯衎被孙、甯所逐,见鱄不能为兄维系君臣;第二,衎出奔后,移心事剽,及衎复入,又与甯喜相约弑剽;第三,甯喜被衎所杀,鱄持其硁硁之信而出奔,暴扬兄之恶行。

【译文】

【经】卫国杀了他的大夫甯喜。卫侯的母弟鱄出奔去了晋国。

【传】卫国杀了他的大夫甯喜,那么卫侯的母弟鱄为何要出奔到晋国？是为杀甯喜而出奔的。为何是为杀甯喜而出奔的？卫甯殖与孙林父驱逐了卫侯衎而拥立公孙剽为国君。甯殖病重将死，对甯喜说："罢黜公，不是我的意思，实际是孙氏所为。我快死了，你必定能迎回公吗？"甯喜说："允诺。"甯殖去世，甯喜被立为大夫，派人告知卫献公，说："罢黜公的，不是甯氏，是孙氏所为。我想迎回公，您看怎样？"献公说："你如真能迎回我，我请与你结盟。"甯喜说："君臣之间不用结盟，请与公子鱄约誓即可。"献公对公子鱄说；"甯氏将要迎回我，我想要与他结盟，他说：'不用结盟，请与公子鱄约誓即可。'你为了我一定要与他约誓。"公子鱄说："背负羁絷，手执铁锁，随从国君到东西南北，是臣仆庶子的事情。像约誓为信，就不是臣仆庶子所敢参与的。"献公发怒道："罢黜我的，不是甯氏和孙氏，都在你！"公子鱄不得已，而与甯喜约誓。已经约誓了，献公归国，杀了甯喜。公子鱄带着妻子儿女离开卫国，即将渡黄河的时候，与家人盟誓道："以后若再踏上卫国的土地，吃卫国的粮食，就视同割雉！"

【经】秋，七月，辛巳，豹及诸侯之大夫盟于宋[1]。

【传】曷为再言豹？殆诸侯也[2]。曷为殆诸侯？为卫石恶在是也，曰恶人之徒在是矣[3]。

【注释】

①豹及诸侯之大夫盟于宋：豹，即叔孙豹，不书氏者，上文宋之会，已详列叔孙豹及诸侯大夫之名氏，依《春秋》之例，一事而再见者，竟书其名。

②殆：危也。

③恶人之徒在是：恶人，指卫侯衎。恶人之徒，指石恶。何休云："卫侯衎不信，而使恶臣石恶来，故深为诸侯危惧，其将负约为

祸原。”

【译文】

【经】秋，七月，辛巳，豹与诸侯的大夫在宋国结盟。

【传】为何再言豹？是危殆诸侯。为何危殆诸侯？因为卫国的石恶在里面，就是说，恶人的同党在里面。

【经】冬，十有二月，乙亥，朔，日有食之。

【译文】

【经】冬，十二月，乙亥，朔日，发生了日食。

【经】二十有八年，春，无冰。

【译文】

【经】二十八年，春，没有结冰。

【经】夏，卫石恶出奔晋。

【译文】

【经】夏，卫石恶出奔到了晋国。

【经】邾娄子来朝。

【译文】

【经】邾娄子来鲁国朝见。

【经】秋，八月，大雩。

【译文】

【经】秋，八月，举行大雩祭。

【经】仲孙羯如晋。

【译文】

【经】仲孙羯出使去了晋国。

【经】冬，齐庆封来奔。

【译文】

【经】冬，齐庆封来投奔鲁国。

【经】十有一月，公如楚①。

【注释】

①十有一月，公如楚：案时月日例，朝例时，公朝楚国则皆书月，何休云："危公朝夷狄也。"

【译文】

【经】十一月，公去了楚国。

【经】十有二月，甲寅，天王崩。

【译文】

【经】十二月，甲寅，天王周灵王驾崩。

【经】乙未[①]，楚子昭卒。

【注释】

①乙未：何休以为，此为闰十二月之日。

【译文】

【经】乙未，楚子昭去世了。

【经】二十有九年，春，王正月，公在楚。

【传】何言乎公在楚？正月以存君也[①]。

【注释】

①正月以存君：何休云："正月，岁终而复始，臣子喜其君父与岁终而复始，执贽存之。"若公在国内，则书正月以存君；今公在楚国，有危，故书"正月，公在楚"以存君。

【译文】

【经】二十九年，春，王正月，公在楚国。

【传】为何言公在楚国？正月是臣子喜其君父与岁终始的日子，而此时公在楚有危。

【经】夏，五月，公至自楚。

【译文】

【经】夏，五月，公从楚国归来。

【经】庚午，卫侯衎卒。

【译文】

【经】庚午，卫侯衎去世了。

【经】阍弑吴子馀祭。

【传】阍者何？门人也[①]，刑人也。刑人，则曷为谓之阍？刑人，非其人也[②]。君子不近刑人[③]，近刑人，则轻死之道也。

【注释】

①门人：守门之人。古代有以刑余之人充当门人的制度。

②刑人，非其人也：《春秋》以为，以刑人充当门人，是所任非人。案《春秋》之例，大夫弑君称名氏，士弑君则称人，士以下弑君则称盗。此处本应书“盗弑吴子馀祭”，为了表示刑人不宜用作阍人，故变“盗”言“阍”。

③君子不近刑人：何休云：“（刑人）公家不畜，士庶不友，放之远地，欲去听所之。”

【译文】

【经】阍弑杀了吴子馀祭。

【传】阍是什么人？是守门之人，以刑余之人为之。刑余之人弑君，为何称之为“阍”？以刑余之人充当门人，是所任非人。君子不接近刑余之人，接近刑人，是轻死之道。

【经】仲孙羯会晋荀盈、齐高止、宋华定、卫世叔齐、郑公孙段、曹人、莒人、邾娄人、滕人、薛人、小邾娄人，城杞。

【译文】

【经】仲孙羯会同晋荀盈、齐高止、宋华定、卫世叔齐、郑公孙段、曹人、莒人、邾娄人、滕人、薛人、小邾娄人，修筑杞国都城。

【经】晋侯使士鞅来聘。

【译文】

【经】晋侯派遣士鞅来鲁国聘问。

【经】杞子来盟[①]。

【注释】

①杞子来盟：《春秋》罢黜了杞国二王后的地位，将其降为伯爵，此处称“子”，是因其微弱，不能自己修筑都城，使得宗庙社稷有危，故而贬抑之。

【译文】

【经】杞子来鲁国朝见。

【经】吴子使札来聘。

【传】吴无君无大夫[①]，此何以有君有大夫？贤季子也。何贤乎季子？让国也[②]。其让国奈何？谒也，馀祭也，夷昧也，与季子同母者四。季子弱而才，兄弟皆爱之，同欲立之以为君。谒曰：“今若是迮而与季子国[③]，季子犹不受也。请无与子而与弟，弟兄迭为君，而致国乎季子。”皆曰诺。故诸为君者，皆轻死为勇，饮食必祝，曰：“天苟有吴国，尚速有悔于予身[4]。”故谒也死，馀祭也立；馀祭也死，夷昧也立；夷昧也死，则国宜之季子者也。季子使而亡焉。僚者，长庶也，即之。季子使而反，至而君之尔。阖庐曰[5]：“先君之所以不与子国，而与弟者，凡为季子故也。将从先君之命与，则国宜之季子者也。如不从先君之命与，则我宜立者也。僚恶得为君乎？”于是使专诸刺僚，而致国乎季子。季子不受，曰：“尔弑吾君，吾受尔国，是吾与尔为篡也。尔杀吾兄，吾又杀尔，是父子兄弟相杀，终身无已也[6]。”去之延陵[7]，终身不入吴国。故君子以其不受为义，以其不杀为仁。贤季子，则吴何以有君有大夫？以季子为臣，则宜有君者也。札者何？吴季子之名也。《春秋》贤者不名，此何以名？许夷狄者，不壹而足也。季子者，所贤也，曷为不足乎季子？许人臣者必使臣，许人子者必使子也[8]。

【注释】

①吴无君无大夫：无君，即不称吴国国君夷昧为“吴子”。无大夫，即吴国大夫略称人。无君无大夫，因吴为夷狄。此处却书“吴子”，又书吴季子之名“札”，是有君有大夫之辞，故下文发问。

②让国也：此指昭公二十七年，阖闾弑杀吴王僚，而致国乎季子，季子不受，而阖闾即位，详下传。

③迮(zé)：仓促，一下子。

④尚：犹努力。速：疾也。悔：咎。予：我也。

⑤阖庐：吴子谒长子，即公子光。

⑥终身无已也：王引之《经义述闻》以为“身”为衍文。

⑦去之延陵：延陵，吴国之邑。阖闾是弑君贼，依臣子之义，则季子不得不讨贼；阖闾又是兄长之子，依亲亲之恩，季子又不忍杀害；季子若要恩义两全，就不得不离开吴国，终身不仕。又案礼制，公子无去国之义，季子为公子，不能离开吴国，故居延陵，终身不入都城。

⑧许人臣者必使臣，许人子者必使子也：案臣子之道，欲与君父共享尊荣，故《春秋》在赞许臣子时，连同其君父一起赞许，使其不失臣子之道。此处因褒扬季子让国之功，而称吴国国君为"吴子"，即是一例。

【译文】

【经】吴子派遣札来鲁国聘问。

【传】吴国没有国君，不书吴君之爵，没有大夫而略称"人"，此处为何作有君有大夫之辞？因为季子有贤德。季子有何贤德？让国。季子让国是怎么回事？谒、馀祭、夷昧，与季子是四个同母兄弟。季子年少而有贤才，兄弟都喜爱他，一同想要立季子为君。谒说："现在如果一下子就将吴国交给季子，季子好像不会接受。请大家不要将君位传给儿子，而是兄弟更迭为君，最终把君位传给季子。"都说："允诺。"所以即位的国君，都轻死为勇，饮食前都祷告道："上天如果保有吴国，愿尽快降临灾祸到我身上。"所以谒去世，馀祭立为国君。馀祭去世，夷昧立为国君。夷昧去世，那么君位理应轮到季子。当时季子出使，没在国内。僚，是庶长兄，按照兄终弟及之义继承了君位。季子出使回来，一到国内便君事僚。阖闾说："先君之所以不将君位传给儿子，而传给弟弟，都是因为要传位给季子的缘故。假使遵从先君之命，那么君位当传给季子。如果不遵从先君之命，那么我应当即位。僚怎么能即位呢？"于是派专诸刺杀了僚，而将吴国交给季子。季子不接受，说："你弑杀了我的国君，我如果在你手里接受吴国，是我与你一起篡位。你杀了我的兄长，我又杀你，是父子兄弟之间互相残杀，终究没有尽头。"季子离开去了延陵邑，终身不入国都。所以君子以季子不接受吴国为义，以季子不杀阖闾为仁。称许季子有贤德，为何使吴国有君有大夫？以季子作为臣下，那么吴国宜有国君。“札”是什么？是吴季子的名。《春秋》不称贤者之名，此处为何称名？赞许夷狄，不一下子到位。季子是大贤，为何不一下子许足而称字。赞许人臣，一定要全其人臣之道；赞许人子，一定要全其人子之道。

【经】秋，九月，葬卫献公。

【译文】

【经】秋，九月，安葬卫献公。

【经】齐高止出奔北燕。

【译文】

【经】齐高止出奔到了北燕国。

【经】冬，仲孙羯如晋。

【译文】

【经】冬，仲孙羯出使去了晋国。

【经】三十年，春，王正月，楚子使薳颇来聘。

【译文】

【经】三十年，春，王正月，楚子派遣薳颇来鲁国聘问。

【经】夏，四月[①]，蔡世子般弑其君固。

【注释】

①四月：案时月日例，弑君例日，此处书月者，何休云："深为中国隐痛有子弑父之祸，故不忍言其日。"

【译文】

【经】夏，四月，蔡世子般弑杀了他的国君固。

【经】五月，甲午，宋灾，伯姬卒。

【译文】

【经】五月，甲午，宋国发生了大火灾，伯姬去世了。

【经】天王杀其弟年夫[①]。

【经】王子瑕奔晋。

【注释】

①天王杀其弟年夫：天王，周景王。案礼制，天子有专杀之权，故平日之杀大夫、杀同母弟，《春秋》皆不书之。此处景王之父周灵王于襄公二十八年十二月驾崩，此时景王尚在丧中，却忍心杀害同母弟，毫无思慕父亲之心，故书之。

【译文】

【经】天王杀了他的同母弟年夫。

【经】王子瑕出奔到了晋国。

【经】秋，七月，叔弓如宋，葬宋共姬①。

【传】外夫人不书葬②，此何以书？隐之也。何隐尔？宋灾，伯姬卒焉。其称谥何？贤也。何贤尔？宋灾，伯姬存焉，有司复曰："火至矣，请出。"伯姬曰："不可。吾闻之也，妇人夜出，不见傅、母③，不下堂。傅至矣，母未至也。"逮乎火而死。

【注释】

①宋共姬：即五月去世之伯姬，为鲁女嫁为宋公夫人者，"共"为谥号。

②外夫人不书葬：《春秋》之例，内女嫁为诸侯夫人者，书其卒，不书其葬。

③傅、母：何休云："礼：后、夫人必有傅、母，所以辅正其行，卫其身也。选老大夫为傅，选老大夫妻为母。"

【译文】

【经】秋，七月，叔弓去了宋国，安葬宋共姬。

【传】内女嫁为诸侯夫人，例不书葬，此处为何记录伯姬之葬？是伤痛她。为何伤痛她。因为伯姬死了。经称伯姬的谥号"共"是为何？因为伯姬有贤德。有何贤德？宋国有大火灾，伯姬在里面。有司禀告道："大火烧过来了，请离去。"伯姬说："不可以。我听闻，妇人如果夜间出门，没有见到傅、母则不下堂。傅已经到了，母还没到。"大火烧过来，伯姬死了。

【经】郑良霄出奔许，自许入于郑。郑人杀良霄。

【译文】

【经】郑良霄出奔到了许国，从许国进入郑国。郑人杀了良霄。

【经】冬，十月，葬蔡景公。

【传】贼未讨，何以书葬？君子辞也[①]。

【注释】

①君子辞：君子避讳之辞。上文蔡世子般弑杀蔡侯固，《春秋》为中国避讳，不书日。此处则继续为中国讳，好像蔡世子并非真的弑杀了君父，而是像许世子一般，是加弑（详参昭公十九年"冬，葬许悼公"条），故而书景公之葬。

【译文】

【经】癸酉，安葬蔡景公。

【传】弑君贼未被诛讨，为何书景公之葬？是君子避讳之辞。

【经】晋人、齐人、宋人、卫人、郑人、曹人、莒人、邾娄人、滕人、薛人、杞人、小邾娄人会于澶渊，宋灾故。

【传】宋灾故者何？诸侯会于澶渊，凡为宋灾故也。会未有言其所为者，此言所为何？录伯姬也。诸侯相聚，而更宋之所丧[①]，曰：死者不可复生尔，财复矣。此大事也，曷为使微者？卿也。卿则其称人何[②]？贬。曷为贬？卿不得忧诸侯也[③]。

【注释】

①更：复也。

②卿则其称人何：案名例，大夫称名氏。

③卿不得忧诸侯也：卿大夫之义，当担忧国内之事。担忧外国之事，为国君之职。大夫担忧外国之事，则是擅自作福，僭越国君。

【译文】

【经】晋人、齐人、宋人、卫人、郑人、曹人、莒人、邾娄人、滕人、薛人、杞人、小邾娄人，在澶渊相会，是因宋国遭遇火灾的缘故。

【传】"宋灾故"是什么意思？诸侯在澶渊相会，都是因为宋国遭遇火灾的缘故。相会没有说明所为何事的，此处说明所为何事，是为何？是重录伯姬之贤。诸侯聚敛财物，而补偿宋国的损失，说，死去的人不能复生了，只能补偿你们财物了。这里是大事，为何派遣微者？与会的实际是卿大夫。是卿大夫，为何称人？是贬抑他们。为何贬抑？卿大夫不得担忧外诸侯。

【经】三十有一年，春，王正月。

【译文】

【经】三十一年，春，王正月。

【经】夏，六月，辛巳，公薨于楚宫①。

【注释】

①楚宫：何休云："公朝楚，好其宫，归而作之，故名之云尔。"

【译文】

【经】夏，六月，辛巳，公在楚宫薨没。

【经】秋，九月，癸巳，子野卒①。

【注释】

①子野卒：子野，襄公之子，本应继承君位，然居丧过哀毁性，不幸去世。

【译文】

【经】秋，九月，癸巳，子野去世了。

【经】己亥，仲孙羯卒。

【译文】

【经】己亥，仲孙羯去世了。

【经】冬，十月，滕子来会葬①。

【注释】

①滕子来会葬：案诸侯会葬，属于常事不书的范围，此处书者，襄公不肖，诸侯莫肯来会葬，只有滕子前来，故录滕子之厚，见诸侯之薄。

【译文】

【经】冬，十一月，滕子前来参加襄公的葬礼。

【经】癸酉，葬我君襄公。

【译文】

【经】癸酉，安葬我们的国君襄公。

【经】十有一月，莒人弑其君密州①。

【注释】

①莒人弑其君密州：莒子密州生去疾及展，展立为世子。后密州欲立去疾，而废展。展因民众不满密州之暴虐，而弑君。

【译文】

【经】十一月，莒人弑杀了他的国君密州。

昭公第十

【题解】

昭公，鲁襄公与夫人齐归之子。在位三十二年，然于二十五年谋逐季氏，反被季氏所逐，流亡国外，死后方归鲁国。按照《春秋》"三世"理论，昭公为"所见世"之始。

昭公篇主要的义理有：元年"秦伯之弟鍼出奔晋"条，见《春秋》笃母弟之义。十一年"楚子虔诱蔡侯般，杀之于申"条，见"怀恶而讨不义，君子不予也"。十一年"楚师灭蔡，执蔡世子有以归，用之"条，见"诛君之子不立"之旨。十三年"楚公子比自晋归于楚，弑其君虔于乾谿""楚公子弃疾弑公子比"条，见受胁迫而立为国君者，当"效死不立"。十九年"许世子止弑其君买""葬许悼公"条，见《春秋》"原心定罪"之旨。二十年"曹公孙会自鄸出奔宋"条，见公子喜时让国之贤。二十三年"鸡父之战"，明"中国亦新夷狄也"。二十五年"齐侯唁公于野井"条，见鲁昭公之失国。三十一年"黑弓以滥来奔"条，见叔术让国之贤。

【经】元年，春，王正月，公即位①。

【注释】

①公即位：公，指鲁昭公。为鲁襄公与嫡夫人齐归所生。上年子野

居丧过哀去世，非被弑杀，故昭公仍书“公即位”。

【译文】

【经】元年，春，王正月，公即君位。

【经】叔孙豹会晋赵武、楚公子围、齐国酌、宋向戌、卫石恶、陈公子招、蔡公孙归生、郑轩虎、许人、曹人于漷。

【传】此陈侯之弟招也，何以不称弟[①]？贬。曷为贬？为杀世子偃师贬。曰：陈侯之弟招杀陈世子偃师[②]。大夫相杀称人，此其称名氏以杀何？言将自是弑君也[③]。今将尔，词曷为与亲弑者同[④]？君亲无将，将而必诛焉。然则曷为不于其弑焉贬[⑤]？以亲者弑，然后其罪恶甚[⑥]。《春秋》不待贬绝而罪恶见者，不贬绝以见罪恶也。贬绝然后罪恶见者，贬绝以见罪恶也[⑦]。今招之罪已重矣，曷为复贬乎此？著招之有罪也。何著乎招之有罪？言楚之托乎讨招以灭陈也[⑧]。

【注释】

①何以不称弟：案名例，母弟称弟，母兄称兄。经文中的“陈公子招”，为陈侯同母弟，却不书“陈侯之弟招”，故而发问。

②陈侯之弟招杀陈世子偃师：事在昭公八年，彼处经文即是“陈侯之弟招杀陈世子偃师”。下文是针对八年之经文发问。

③言将自是弑君也：世子为君之副贰，杀世子，则表明有弑君之心，故云“将自是弑君也”。又案昭公八年经传之文，弑陈侯者为孔瑗，而招为主谋。

④今将尔，词曷为与亲弑者同：将，将要弑君，即只有弑君之动机。词，指八年之经文“陈侯之弟招弑陈世子偃师”。亲弑者，此处指弑君自立者，《春秋》之例，称名氏弑君，为弑君自立之文辞。招

弑世子，经书招之名氏，与弑君自立者之文辞相同。以此表明招弑世子，就有弑君之动机，一旦有动机，就与弑君之罪相同。

⑤然则曷为不于其弑焉贬：八年招弑世子偃师，未有贬招之文，故而发问。

⑥以亲者弑，然后其罪恶甚：亲，亲亲之人。陈侯之弟招，既是先君之子，又是今君同母弟，属于亲者，却忍心弑杀世子偃师，又欲弑君，则罪恶更甚，不需贬绝，即可见其罪，故“不于其弑焉贬”。

⑦贬绝然后罪恶见者，贬绝以见罪恶也：即罪责不明显，需要《春秋》贬绝，方能见其罪。如宣公十一年，“楚人杀陈夏徵舒”。楚庄王为贤君，夏徵舒为弑君之贼，以贤君讨重罪，大快人心，然庄公却有“专讨”之罪，若不贬之为“楚人”，则专讨之罪不见。

⑧楚之托乎讨招以灭陈：昭公八年，楚人假托为陈哀公讨贼而灭陈。而招是弑君之主谋，应归咎于招。如此则招之罪有二，第一，弑杀世子，图谋弑君，这是不待贬绝而罪见者；第二，招致楚人灭陈之罪，此罪不显，故于此处预先贬绝之。

【译文】

【经】叔孙豹与晋赵武、楚公子围、齐国酌、宋向戌、卫石恶、陈公子招、蔡公孙归生、郑轩虎、许人、曹人，在漷水之畔相会。

【传】这里的公子招是陈侯的母弟招，为何不称弟？是贬抑他。为何贬抑？是为弑杀世子偃师之事而贬抑他，经文书“陈侯之弟招杀陈世子偃师”。大夫相杀称人，杀世子为何称招之名氏？表明招由此将要弑杀国君。现在招只是将要弑君，文辞为何与亲手弑君而自立者相同？对于国君与至亲，不能有将要弑杀的动机，一旦有将要弑杀的动机，就必定要诛杀。然则为何不在弑杀世子时贬抑招？以至亲之人，行弑杀之事，那么他的罪恶更甚。《春秋》对于不需要通过贬绝就能看见的罪恶，就通过不贬绝来彰显罪恶。对于贬绝之后才能看见的罪恶，就通过贬绝来彰显罪恶。如今招的罪恶已经很重了，为何又在此处贬抑他？

是昭著招的罪恶。为何昭著招的罪恶？就是说楚国假托讨伐招而灭亡了陈国。

【经】三月，取运。

【传】运者何？内之邑也。其言取之何？不听也[①]。

【注释】

①不听也：何休云："不听者，叛也。不言叛者，为内讳，故书取以起之。不先以文德来之，而便以兵取之，当与外取邑同罪，故书取。"

【译文】

【经】三月，夺取运邑。

【传】运是什么地方？是鲁国的城邑。经言"取"是为何？因为运邑反叛，讳叛言取。

【经】夏，秦伯之弟鍼出奔晋。

【传】秦无大夫，此何以书？仕诸晋也。曷为仕诸晋？有千乘之国，而不能容其母弟，故君子谓之出奔也[①]。

【注释】

①出奔：何休云："弟贤当任用之，不肖当安处之，乃仕之他国，与逐之无异，故云尔。"

【译文】

【经】夏，秦伯的同母弟鍼出奔到了晋国。

【传】秦国没有大夫，此处为何书鍼之名？因为鍼出仕晋国。为何出仕晋国？秦伯有千乘之国，却容不下同母弟，所以君子称鍼之出仕晋国,与出奔没有区别。

【经】六月,丁巳,邾娄子华卒。

【译文】

【经】六月,丁巳,邾娄子华去世了。

【经】晋荀吴帅师败狄于大原①。

【传】此大卤也,曷为谓之大原?地、物从中国②,邑、人名从主人③。原者何?上平曰原,下平曰隰。

【注释】

①大原:地名,中国谓之大原,夷狄谓之大卤。

②地、物从中国:地形、诸物之名,随从中国的称谓,使人易晓。

③邑、人名从主人:邑名、人名无形名可正,故随从主人的命名。

【译文】

【经】晋荀吴帅师在大原击败了狄。

【传】这是大卤,为何称之为大原?地形、器物之名,遵从中国的称谓。邑名、人名,遵从主人的称谓。原是什么?地势高而平坦者,称为原;地势地而平坦者,称为隰。

【经】秋,莒去疾自齐入于莒①。

【经】莒展出奔吴。

【注释】

①莒去疾:即莒子密州之子,公子去疾。密州生公子展、公子去疾,

本立公子展为嗣，后欲立去疾，而废展。密州为君暴虐，展因民众之不满，而弑杀密州，去疾出奔齐国。事见襄公三十一年。如此则展与去疾，皆无即位之资格。故此处去疾得齐人之力，夺得君位，《春秋》书“莒去疾”，以当国之辞言之，见其篡位。下文书“莒展”，亦用当国之辞，见其与去疾争篡。

【译文】

【经】秋，莒去疾从齐国进入了莒国篡位。

【经】莒展出奔去了吴国。

【经】叔弓帅师疆运田①。

【传】疆运田者何？与莒为竟也。与莒为竟，则曷为帅师而往？畏莒也②。

【注释】

①疆：划定疆界。

②畏莒也：莒国有公子去疾之乱，恐莒国转侵鲁国，故兴兵与莒国划定疆界。然而贼乱之人，自顾不暇，不需畏惧，故《春秋》书之，刺鲁国之微弱。

【译文】

【经】叔弓帅师划定运田的疆界。

【传】为何划定运田的疆界？是与莒国划定疆界。与莒国划定疆界，为何帅师而往？是畏惧莒国。

【经】葬邾娄悼公。

【译文】

【经】安葬邾娄悼公。

【经】冬,十有一月,己酉,楚子卷卒[①]。

【经】楚公子比出奔晋[②]。

【注释】

①楚子卷卒:孔广森以为,此处实为公子围(后改名为虔,即楚灵王)弑君自立,经不书弑者,是为鲁国避讳。下七年,鲁昭公如楚,朝见楚灵王,有大恶,故此处避讳弑君之事。

②楚公子比出奔晋:公子比出奔是避内难。

【译文】

【经】冬,十一月,己酉,楚子卷去世了。

【经】楚公子比出奔去了晋国。

【经】二年,春,晋侯使韩起来聘。

【译文】

【经】二年,春,晋侯派遣韩起来鲁国聘问。

【经】夏,叔弓如晋。

【译文】

【经】夏,叔弓出使去了晋国。

【经】秋，郑杀其大夫公孙黑。

【译文】

【经】秋，郑国杀了他的大夫公孙黑。

【经】冬，公如晋，至河乃复。

【传】其言至河乃复何？不敢进也①。

【经】季孙宿如晋②。

【注释】

①不敢进也：鲁昭公前往晋国朝见，行至黄河边上，听闻晋侯要拘捕他，故畏惧折返。经书“至河乃复”，“乃”是难辞，好像是河水有难，不得渡河，故未去晋国，以此为昭公杀耻。

②季孙宿如晋：此处昭公不得入晋，而季孙宿得入。孔广森云：“昭公之篇，屡言至河乃复，盖皆季氏为之，使公不得志于晋。”

【译文】

【经】冬，公去晋国，行至黄河边，乃折返回国。

【传】经言“至河乃复”是为何？是畏惧晋国，不敢继续前行。

【经】季孙宿去了晋国。

【经】三年，春，王正月，丁未，滕子泉卒。

【译文】

【经】三年，春，王正月，丁未，滕子泉去世了。

【经】夏，叔弓如滕。

【译文】

【经】夏，叔弓出使去了滕国会葬。

【经】五月[①]，葬滕成公。

【注释】

①五月：案时月日例，小国之君卒月葬时，此处书月者，因之前鲁襄公薨没，唯独滕子前来会葬，此处滕子去世，鲁昭公应亲自会葬，却派遣叔弓前往，失礼尤重，故书月责之。

【译文】

【经】五月，安葬滕成公。

【经】秋，小邾娄子来朝。

【译文】

【经】秋，小邾娄子来鲁国朝见。

【经】八月，大雩。

【译文】

【经】八月，举行大雩祭。

【经】冬，大雨雹。

【译文】

【经】冬，下大冰雹。

【经】北燕伯款出奔齐。

【译文】

【经】北燕伯款出奔去了齐国。

【经】四年,春,王正月,大雨雪。

【译文】

【经】四年,春,王正月,下大雪。

【经】夏,楚子、蔡侯、陈侯、郑伯、许男、徐子、滕子、顿子、胡子、沈子、小邾娄子、宋世子佐、淮夷会于申。楚人执徐子。

【译文】

【经】夏,楚子、蔡侯、陈侯、郑伯、许男、徐子、滕子、顿子、胡子、沈子、小邾娄子、宋世子佐、淮夷,在申地相会。楚人拘捕了徐子。

【经】秋,七月,楚子、蔡侯、陈侯、许男、顿子、胡子、沈子、淮夷伐吴,执齐庆封,杀之。

【传】此伐吴也,其言执齐庆封何?为齐诛也。其为齐诛奈何?庆封走之吴①,吴封之于防。然则曷为不言伐防②?不与诸侯专封也③。庆封之罪何?胁齐君而乱齐国也④。

【经】遂灭厉。

【注释】

①庆封走之吴：庆封为齐国的乱臣，襄公二十八年，出奔至鲁国，之后去了吴国。去吴国不书者，因为庆封从齐国出奔，则绝于齐国，又未在鲁国当大夫，属于绝贱之人，故略之。

②然则曷为不言伐防：吴国封庆封于防，则事实上等同于一个国家，此番楚子等讨伐的是防，并未真正伐击吴国，故云“曷为不言伐防”。

③不与诸侯专封也：不赞同诸侯有封国之权。案礼制，只有天子才能封国。此处吴国封庆封于防，虽然事实上等同于一国，但因诸侯无封国之权，故不言“伐防”，而言“伐吴”。

④胁齐君而乱齐国也：案《春秋》之例，称爵而讨，为伯讨之辞。庆封“胁齐君而乱齐国”，故楚子为伯讨。值得注意的是，楚庄王讨陈夏徵舒，《春秋》贬之为“楚人”，不与专讨也。此处楚灵王也是专讨，却称“楚子”。董仲舒认为，诸侯不得专讨，已于楚庄王处说明白了，此处可以省略，而庆封罪大恶极，未有显现，故以伯讨之辞彰显庆封之罪。

【译文】

【经】秋，七月，楚子、蔡侯、陈侯、许男、顿子、胡子、沈子、淮夷伐击吴国，拘捕了齐庆封，并杀了他。

【传】这里是伐击吴国，经言拘捕齐庆封是为何？是为齐国诛讨。为齐国诛讨是怎么回事？庆封出走到吴国，吴国将他分封在防邑。然则为何不言“伐防”？不赞许诸侯有专封之权。庆封有什么罪过？胁持齐君而扰乱齐国政事。

【经】于是灭亡了厉国。

【经】九月，取鄫。

【传】其言取之何[①]？灭之也。灭之，则其言取之何？内大恶讳也②。

【注释】

①其言取之何：案《春秋》之例，邑言取，国言灭。此处鄫是一国，却用取邑之辞，故而发问。

②内大恶讳也：案灭国为大恶，《春秋》内大恶讳，故为鲁国避讳灭鄫之恶。案襄公六年，鄫子立外孙为嗣，经书“莒人灭鄫”，从字面上看，好像鄫国被莒国灭掉，而成了莒国的一个城邑，故此处书“取鄫”，好像鲁国仅是夺取了一个城邑，是小恶而已。

【译文】

【经】九月，取鄫。

【传】经言“取”字是为何？实际上是灭亡了鄫国。灭亡了鄫国，那么经言“取鄫”是为何？因为鲁国的大恶，需要避讳。

【经】冬，十有二月，乙卯，叔孙豹卒。

【译文】

【经】冬，十二月，乙卯，叔孙豹去世了。

【经】五年，春，王正月，舍中军。

【传】舍中军者何？复古也①。然则曷为不言三卿②？五亦有中，三亦有中③。

【注释】

①复古也：案古制，鲁国只有二军，襄公十一年“作三军”，添加中军，僭越王制，此处舍弃中军，是恢复古制，故《春秋》善之。值得

注意的是，据《左氏》所载，先前的“作三军”，实为孟孙、叔孙、季孙三分公室，具体来说，季孙氏分得三分之一的军队及兵赋，孟孙氏分得六分之一，叔孙氏分得十二分之一。鲁国公室尚有十二分之五的兵赋。此书舍中军，实为四分公室，季孙氏占有二分之一，孟孙、叔孙各占四分之一，而公室全无兵赋。《公羊传》未提及三分公室、四分公室之事，或许是借事明义，以为恢复古制本身，是值得赞许的。

②然则曷为不言三卿：襄公十一年“作三军”，是为司马添置中卿官，使得中军备足上中下三卿，故《公羊传》云：“三军者何？三卿也。”此处则书“舍中军”，未提及三卿官，故而发问。

③五亦有中，三亦有中：这是连带回答为何襄公十一年书“作三军”，而不书“作中军”？因为五军有中军，三军也有中军。此处因为之前有“作三军”之文，故言“舍中军”，不会有歧义。

【译文】

【经】五年，春，王正月，舍弃中军。

【传】舍弃中军是为何？是恢复古制。然则为何不像“作三军”时那样，言及三卿？因为五军也有中军，三军也有中军。

【经】楚杀其大夫屈申。

【译文】

【经】楚国杀了他的大夫屈申。

【经】公如晋。

【译文】

【经】公去了晋国。

【经】夏，莒牟夷以牟娄及防兹来奔。

【传】莒牟夷者何？莒大夫也。莒无大夫，此何以书？重地也[①]。其言及防兹来奔何？不以私邑累公邑也[②]。

【注释】

①重地也：参见襄公二十一年"邾娄庶其以漆、闾丘来奔"条。

②不以私邑累公邑也：刘敞云："私邑者，所受于君而食之者也。公邑者，非食之者也。"累，累次，并列也。《春秋》之例，以"及"字区别尊卑，如公与夫人言"及"，上下大夫言"及"。此处私邑与公邑有尊卑之差，不得并列，故以"及"字区别之。

【译文】

【经】夏，莒牟夷带着牟娄及防兹二邑来投奔鲁国。

【传】莒牟夷是什么人？是莒国的大夫。莒国没有大夫，此处为何书牟夷之名？是重视土地。经言"及防兹来奔"是为何？是不让私邑与公邑并列。

【经】秋，七月，公至自晋。

【译文】

【经】秋，七月，公从晋国归来。

【经】戊辰，叔弓帅师败莒师于濆泉。

【传】濆泉者何？直泉也。直泉者何？涌泉也。

【译文】

【经】戊辰，叔弓帅师在濆泉击败了莒师。

【传】濆泉是什么？是直泉。直泉是什么？是向上喷涌之泉。

【经】秦伯卒。

【传】何以不名？秦者，夷也，匿嫡之名也①。其名何②？嫡得之也③。

【注释】

①匿嫡之名也：何休云："嫡子生，不以名令于四竟，择勇猛者而立之。"

②其名何：《春秋》之中，亦有记录秦伯之名的，如文公十八年书"秦伯罃卒"，宣公四年书"秦伯稻卒"。

③嫡得之也：何休以为，秦伯罃、秦伯稻刚好是嫡子，故书其名。

【译文】

【经】秦伯去世了。

【传】为何不书秦伯之名？秦国是夷狄，隐匿嫡子之名，以便择立勇猛者。《春秋》中有记录秦伯之名的，是怎么回事？因为所立者刚好是嫡子。

【经】冬，楚子、蔡侯、陈侯、许男、顿子、沈子、徐人、越人伐吴。

【译文】

【经】冬，楚子、蔡侯、陈侯、许男、顿子、沈子、徐人、越人伐击吴国。

【经】六年，春，王正月，杞伯益姑卒。

【译文】

【经】六年,春,王正月,杞伯益姑去世了。

【经】葬秦景公。

【译文】

【经】安葬秦景公。

【经】夏,季孙宿如晋。

【译文】

【经】夏,季孙宿出使去了晋国。

【经】葬杞文公。

【译文】

【经】安葬杞文公。

【经】宋华合比出奔卫。

【译文】

【经】宋华合比出奔去了卫国。

【经】秋,九月,大雩。

【译文】

【经】秋，九月，举行大雩祭。

【经】楚薳颇帅师伐吴。

【译文】

【经】楚薳颇帅师伐击吴国。

【经】冬，叔弓如楚。

【译文】

【经】冬，叔弓出使去了楚国。

【经】齐侯伐北燕。

【译文】

【经】齐侯伐击北燕国。

【经】七年，春，王正月，暨齐平①。

【注释】

①暨齐平：案《春秋》之例，书"及"表示主动，书"暨"表示被动。平，和解。此处鲁国不汲汲于齐国和解者，何休云："时鲁方结婚于吴，外慕强楚，故不汲汲于齐。"《春秋》书而讥刺之。

【译文】

【经】七年，春，王正月，与齐国和解。

【经】三月，公如楚。

【译文】

【经】三月，公去了楚国。

【经】叔孙舍如齐莅盟。

【译文】

【经】叔孙舍去齐国结盟。

【经】夏，四月，甲辰，朔，日有食之。

【译文】

【经】夏，四月，甲辰，朔日，发生了日食。

【经】秋，八月，戊辰，卫侯恶卒。

【译文】

【经】秋，八月，戊辰，卫侯恶去世了。

【经】九月，公至自楚。

【译文】

【经】九月，公从楚国归来。

【经】冬，十有一月，癸未，季孙宿卒。

【译文】

【经】冬，十一月，癸未，季孙宿去世了。

【经】十有二月，癸亥[①]，葬卫襄公。

【注释】

①癸亥：案《春秋》之例，诸侯五月而葬，大国国君葬书月。此处卫襄公卒于八月，此时刚好满五月，又书日，是当时而日，危不得葬也。之所以有危，何休云："世子辄有恶疾，不早废之，临死乃命臣下废之，自下废上，鲜不为乱，故危录之。

【译文】

【经】十二月，癸亥，安葬卫襄公。

【经】八年，春，陈侯之弟招杀陈世子偃师[①]。

【注释】

①陈侯之弟招杀陈世子偃师：详细解释参见昭公元年"叔孙豹会晋赵武、楚公子围、齐国酌、宋向戌、卫石恶、陈公子招、蔡公孙归生、郑轩虎、许人、曹人于漷"条传文。

【译文】

【经】八年，春，陈侯同母弟招弑杀了陈国世子偃师。

【经】夏，四月，辛丑，陈侯溺卒。

【译文】

【经】夏，四月，辛丑，陈侯溺去世了。

【经】叔弓如晋。

【译文】

【经】叔弓出使去了晋国。

【经】楚人执陈行人于徵师，杀之。

【译文】

【经】楚人拘捕了陈国的使者于徵师，并杀了他。

【经】陈公子留出奔郑。

【译文】

【经】陈公子留出奔去了郑国。

【经】秋，蒐于红[①]。

【传】蒐者何？简车徒也[②]。何以书？盖以罕书也。

【注释】

①蒐(sōu)于红：参见桓公六年"秋，八月，壬午，大阅"条。

②简车徒也：王引之认为，"车"字为衍文。

【译文】

【经】秋，在红地举行蒐礼。

【传】蒐是什么？是检阅士兵。为什么记录？以为罕见而记录。

【经】陈人杀其大夫公子过。

【译文】

【经】陈人杀了他们的大夫公子过。

【经】大雩。

【译文】

【经】举行大雩祭。

【经】冬，十月，壬午，楚师灭陈①，执陈公子招，放之于越，杀陈孔瑗，葬陈哀公②。

【注释】

①壬午，楚师灭陈：案时月日例，灭国例月，此处书日者，见楚国假托讨贼而灭陈国。

②执陈公子招，放之于越，杀陈孔瑗，葬陈哀公：案《春秋》之例，灭国为重，不应再书流放公子招，杀孔瑗，葬陈哀公三事，今书者，是楚国假托行此三事而灭陈国。孔瑗弑杀了陈哀公，故杀之。公子招虽是弑君之主谋，然归罪于孔瑗，仅因杀世子偃师之罪，而流放至越国。

【译文】

【经】冬,十月,壬午,楚师灭亡了陈国,拘捕了陈国的公子招,将其流放至越国,杀了陈国的孔瑗,安葬了陈哀公。

【经】九年,春,叔弓会楚子于陈。

【译文】

【经】九年,春,叔弓与楚子在陈国相会。

【经】许迁于夷。

【译文】

【经】许国将都城迁至夷邑。

【经】夏四月,陈火。

【传】陈已灭矣,其言陈火何①?存陈也②。曰:存陈,悕矣③。曷为存陈?灭人之国,执人之罪人,杀人之贼,葬人之君,若是,则陈存悕矣。

【注释】

①陈已灭矣,其言陈火何:灾异为有国者戒,此处陈国已灭,不应再书陈国之火灾,故而发问。

②存陈也:何休云:"陈已灭复火者,死灰复燃之象也,此天意欲存之,故从有国记灾。"

③悕:悲悯。即楚人假托讨贼而灭陈,上天悲悯陈国之灭,故降火

灾以存之。

【译文】

【经】夏,四月,陈国发生了火灾。

【传】陈国已经灭亡了,经言“陈火”是为何?是为了留存陈国。说,这是上天留存陈国,是悲悯他。为何留存陈国?楚人灭亡了人家的国家,拘捕了人家的罪人公子招,杀了人家的弑君贼孔瑗,安葬了人家的国君陈哀公。像这样,上天留存陈国,是悲悯他。

【经】秋,仲孙貜如齐。

【译文】

【经】秋,仲孙貜出使去了齐国。

【经】冬,筑郎囿。

【译文】

【经】冬,修筑郎囿。

【经】十年,春,王正月。

【译文】

【经】十年,春,王正月。

【经】夏,晋栾施来奔。

【译文】

【经】夏,晋栾施来投奔鲁国。

【经】秋,七月,季孙隐如、叔弓、仲孤貜帅师伐莒。

【译文】

【经】秋,七月,季孙隐如、叔弓、仲孤貜帅师伐击莒国。

【经】戊子,晋侯彪卒。

【译文】

【经】戊子,晋侯彪去世了。

【经】九月,叔孙舍如晋。

【译文】

【经】九月,叔孙舍出使去了晋国。

【经】葬晋平公。

【译文】

【经】安葬晋平公。

【经】十有二月[①],甲子,宋公戌卒。

【注释】

①十有二月:案《春秋》之例,此处当书"冬,十二月",不书"冬"者,何休以为,此年鲁昭公娶吴孟子,违反了同姓不婚的礼制,有大恶,故去天时(冬)以贬之。

【译文】

【经】十二月,甲子,宋公戌去世了。

【经】十有一年,春,王正月,叔弓如宋。

【译文】

【经】十一年,春,王正月,叔弓出使去了宋国。

【经】葬宋平公。

【译文】

【经】安葬宋平公。

【经】夏,四月,丁巳,楚子虔诱蔡侯般,杀之于申。

【传】楚子虔何以名[①]?绝。曷为绝之?为其诱讨也[②]。此讨贼也[③],虽诱之,则曷为绝之?怀恶而讨不义,君子不予也[④]。

【注释】

①楚子虔何以名:楚子虔,即楚灵王,虔为名。案礼制,诸侯不生名,若生时书名,表明已被《春秋》诛绝。

②为其诱讨也:“讨”,阮本误作“封”,今据余仁仲本《春秋公羊解诂》改正。楚灵王欲灭蔡国,诈称愿与蔡侯般相会,将其诱至申地,杀之,继而讨伐蔡国,至十一月,灭蔡。

③此讨贼也:蔡侯般本弑君而立,参襄公三十年“蔡世子般弑其君固”条。

④怀恶而讨不义,君子不予也:怀恶,指楚灵王本怀灭蔡之心。不义,不义之人,指蔡侯般。予,赞同。

【译文】

【经】夏,四月,丁巳,楚子虔诱骗蔡侯般,在申地杀害了他。

【传】《春秋》为何书楚子虔之名?是诛绝他。为何诛绝他?因为他用诱骗的手段行诛讨之事。这里是诛讨弑君之贼,尽管用了诱骗的手段,为何要诛绝楚子虔?楚子虔心怀灭蔡之心而诛讨不义之人,君子不赞同这种行径。

【经】楚公子弃疾帅师围蔡。

【译文】

【经】楚公子弃疾帅师包围了蔡国都城。

【经】五月,甲申,夫人归氏薨。

【译文】

【经】五月,甲申,夫人归氏薨没了。

【经】大蒐于比蒲[①]。

【传】大蒐者何?简车徒也。何以书?盖以罕书也。

【注释】

①大蒐于比蒲：参见桓公六年"秋，八月，壬午，大阅"条。

【译文】

【经】在比蒲举行大蒐礼。

【传】大蒐礼是什么？是检阅兵车与士兵。为何记录此事？以为罕见而记录。

【经】仲孙貜会邾娄子，盟于侵羊①。

【注释】

①仲孙貜会邾娄子，盟于侵羊：案《春秋》之例，此条蒙上文之"五月"。又据时月日例，盟例日，小信月，大信时。此处不书日者，因鲁国有小君之丧，却在丧中结盟，故褒为小信之辞，使若议结善事，以此为鲁国避讳。

【译文】

【经】仲孙貜会同邾娄子，在侵羊结盟。

【经】秋，季孙隐如会晋韩起、齐国酌、宋华亥、卫北宫佗、郑轩虎、曹人、杞人于屈银。

【译文】

【经】秋，季孙隐如与晋韩起、齐国酌、宋华亥、卫北宫佗、郑轩虎、曹人、杞人，在屈银相会。

【经】九月，己亥，葬我小君齐归①。

【传】齐归者何？昭公之母也。

【注释】

①齐归：胡女，归为氏，齐为谥号，鲁襄公嫡夫人，昭公之母。

【译文】

【经】九月，己亥，安葬我们的小君齐归。

【传】齐归是什么人？是昭公的母亲。

【经】冬，十有一月，丁酉，楚师灭蔡，执蔡世子有以归，用之。

【传】此未逾年之君也，其称世子何[①]？不君灵公，不成其子也[②]。不君灵公，则曷为不成其子？诛君之子不立[③]，非怒也[④]，无继也。恶乎用之？用之防也。其用之防奈何？盖以筑防也[⑤]。

【注释】

①其称世子何：案嗣君名例，君存称世子，未逾年则称子。此处蔡世子有是蔡侯般之子，今年四月，般被楚子虔诱杀，有即位未逾年，当称蔡子，此处却书“蔡世子有”，故而发问。

②不君灵公，不成其子也：灵公，即蔡侯般。般弑杀蔡侯固，已被《春秋》诛绝，故云“不君灵公”。未逾年君称“子”者，有“以子继父”之义，此处灵公被诛绝，意味着灵公后人都没有继承君位的资格，故云“不成其子”。

③诛君之子不立：先君被诛绝，其子不能即位为君，此为《春秋》通例。值得注意的是，“诛君之子不立”，于此处张义，其余可从此例。

④怒:迁怒。

⑤盖以筑防也:防,堤防。何休云:"持其足,以头筑防,恶不以道。"

【译文】

【经】冬,十一月,丁酉,楚师灭亡蔡国,拘捕了蔡世子有,将其带回国内,用之。

【传】这是未逾年的国君,为何称之为"世子"? 因为蔡灵公不得为君,所以有不得继承君位。蔡灵公不得为君,为什么有不得继承君位? 被诛绝的国君之子,是不能立为国君的。这不是迁怒于子,而是被诛绝的国君本不应有继嗣。用在哪里? 用在堤防上。用在堤防上是怎么回事? 大概是把他筑在了堤防里。

【经】十有二年,春,齐高偃帅师,纳北燕伯于阳。

【传】伯于阳者何? 公子阳生也[①]。子曰[②]:"我乃知之矣[③]。"在侧者曰:"子苟知之,何以不革?"曰:"如尔所不知何?《春秋》之信史也,其序则齐桓、晋文[④],其会则主会者为之也[⑤],其词则丘有罪焉尔[⑥]。"

【注释】

①公子阳生:北燕国之公子。此处经文当作"公子阳生",而讹作"伯于阳",即"伯"当为"公"字,"于"当为"子"字,"阳"字之后脱一"生"字。

②子:指孔子。

③我乃知之矣:何休云:"乃,乃是岁也。时孔子年二十三,具知其事,后作《春秋》。"

④其序则齐桓、晋文:序,会盟中诸侯的序列。齐桓公、晋文公能依照德之优劣、国之大小序列诸侯,孔子作《春秋》时,不改其序。

⑤其会则主会者为之也：主会者，即非齐桓、晋文充当主会者。那么会盟的序列，不一定依照德之优劣、国之大小，孔子亦不改其序。

⑥其词则丘有罪焉尔：词，《春秋》贬绝讥刺之文辞。孔子作《春秋》，通过文辞的褒贬，彰显王道，供后世取法。然《春秋》所行的，乃是天子之事，孔子有德无位，故云“有罪焉尔”。

【译文】

【经】十二年，春，齐高偃帅师，将北燕伯送入阳邑。

【传】经文“伯于阳”是什么意思？其实当作“公子阳生”。孔子说：“我那个时候知道此事。”旁边的人说：“您既然知道，为何不更改？”孔子说：“对于你们不知道的事情，又将如何呢？《春秋》是可信的史书。诸侯会盟，按照齐桓公、晋文公的排序；不是齐桓公、晋文公主持的会盟，则按照主会者所定的序列；而其中寓有贬绝讥刺的文辞，则是丘的罪过。”

【经】三月，壬申，郑伯嘉卒。

【译文】

【经】三月，壬申，郑伯嘉去世了。

【经】夏，宋公使华定来聘。

【译文】

【经】夏，宋公派遣华定来鲁国聘问。

【经】公如晋，至河乃复。

【译文】

【经】公去晋国,行至黄河边上,乃折返回国。

【经】五月,葬郑简公。

【译文】

【经】五月,安葬郑简公。

【经】楚杀其大夫成然。

【译文】

【经】楚国杀了他的大夫成然。

【经】秋,七月。

【译文】

【经】秋,七月。

【经】冬,十月,公子整出奔齐。

【译文】

【经】冬,十月,公子整出奔到了齐国。

【经】楚子伐徐。

【译文】

【经】楚子伐击徐国。

【经】晋伐鲜虞[1]。

【注释】

①晋伐鲜虞：案《春秋》之例，诸夏之国称爵号，若单称国名，则是夷狄之。此处将晋国视为夷狄，因为鲜虞与晋同姓，在楚国灭亡了陈、蔡，诸夏岌岌可危的情况下，晋国不思安定诸侯，却讨伐同姓之国，有大恶，故夷狄之。

【译文】

【经】晋伐击鲜虞。

【经】十有三年，春，叔弓帅师围费。

【译文】

【经】十三年，春，叔弓帅师包围了费邑。

【经】夏，四月，楚公子比自晋归于楚，弑其君虔于乾谿[1]。

【传】此弑其君，其言归何[2]？归无恶于弑立也[3]。归无恶于弑立者何？灵王为无道，作乾谿之台，三年不成。楚公子弃疾胁比而立之，然后令于乾谿之役曰："比已立矣，后归者不得复其田里。"众罢而去之，灵王经而死[4]。

【注释】

①乾谿:楚地,楚灵王在此筑台。案《春秋》之例,不书弑君的地点,此处书地者,见灵王遭遇篡弑之祸,由乾谿筑台之故。

②其言归何:案《春秋》之例,书“归”,表明出入无恶。昭公元年,公子比为避内难而出奔,是出无恶;此处归国,有弑君之文,入非无恶,故而发问。

③归无恶于弑立也:弑立,指公子弃疾立公子比为君,因而弑君之事。依何休之意,公子弃疾诈告公子比,得晋人之力可以归国,公子比到了楚国,被弃疾胁迫立为国君。可见公子比本无弑君之心,故云“归无恶于弑立”。另一方面,《春秋》又将“弑君”之文加到公子比身上,认为公子比应“效死不立”,以此杜绝乱臣贼子坐享他人弑君之利。

④经:自缢。

【译文】

【经】夏,四月,楚公子比从晋国回归到楚国,在乾谿弑杀了他的国君虔。

【传】这里是弑杀了国君,经文为何言“归”?因为公子比归国,在弑立之事上没有恶的动机。公子比归国,在弑立之事上没有恶的动机,是怎么回事?楚灵王所行无道,筑作乾谿之台,三年没有建成。楚公子弃疾胁迫公子比,将其立为国君。然后命令乾谿的役夫们:“公子比已经立为国君了,后回去的不能恢复他的田地家园。”大家都停罢离去,灵王自缢而死。

【经】楚公子弃疾弑公子比。

【传】比已立矣,其称公子何[①]?其意不当也。其意不当,则曷为加弑焉尔[②]?比之义,宜乎效死不立[③]。大夫相杀称人，此其称名氏以弑何[4]？言将自是为君也[5]。

【注释】

①比已立矣，其称公子何：上文公子弃疾立公子比为君，此处又弑杀之，与齐公子商人先立公子舍为君，再弑杀之相似。彼处书“弑其君舍”，此处书“公子”，两者不同，故而发问。

②曷为加弑焉尔：此处讨论上文“楚公子比自晋归于楚，弑其君虔于乾谿”的书法。既然公子比本意不想当国君，《春秋》为何要加弑君之文。

③比之义，宜乎效死不立：公子比在受胁迫时，应誓死不立。公子比未能如此，导致了楚子虔被弑，《春秋》为了防止后世乱臣贼子坐享他人弑君之利，故将弑文加在公子比身上。

④大夫相杀称人，此其称名氏以弑何：经文书“弑公子比”，不书“弑其君”，表明公子比没有当国君之心。那么这里就是大夫相杀，依《春秋》之例，大夫相杀称人，本应书“楚人杀其公子比”，此处却书公子弃疾之名氏，故而发问。

⑤言将自是为君也：案《春秋》之例，弑君自立者，书名氏以弑，如“齐公子商人弑其君舍”。今公子弃疾弑比自立，故与弑君自立者同文，不同于一般的大夫相杀。

【译文】

【经】楚公子弃疾弑杀了公子比。

【传】比已经被立为国君了，此处为何称其为“公子”？因为公子比本意不想当国君。公子比本意不想当国君，为何将弑君之文加到他身上？公子比的道义，应该宁死也不立为国君。大夫相杀称人，此处书公子弃疾的名氏，又书弑，是为何？表明公子弃疾从此成为了国君。

【经】秋,公会刘子、晋侯、齐侯、宋公、卫侯、郑伯、曹伯、莒子、邾娄子、滕子、薛伯、杞伯、小邾娄子于平丘。八月,甲戌,同盟于平丘,公不与盟。晋人执季孙隐如以归。公至自会。

【传】公不与盟者何?公不见与盟也①。公不见与盟,大夫执,何以致会②?不耻也。曷为不耻?诸侯遂乱,反陈、蔡③,君子不耻不与焉。

【注释】

①公不见与盟也:何休云:"时晋主会,疑公如楚,不肯与公盟,故讳,使若公自不肯与盟。"

②公不见与盟,大夫执,何以致会:案《春秋》之例,公与二国以上出会盟,得意致会,不得意不致。此处公不见与盟,大夫被执,是不得意,却致会,故而发问。

③诸侯遂乱,反陈、蔡:诸侯相会,本为诛讨楚公子弃疾,弃疾恐惧,使陈、蔡复国,诸侯不复讨楚,成就了楚国之乱。顺遂楚乱,为不道义之事,故公虽不见盟,亦无耻辱。

【译文】

【经】秋,公与刘子、晋侯、齐侯、宋公、卫侯、郑伯、曹伯、莒子、邾娄子、滕子、薛伯、杞伯、小邾娄子,在平丘相会。八月,甲戌,在平丘同心结盟。公未参与结盟。晋人拘捕了季孙隐如,将其带回国内。公从平丘之会归国。

【传】公未参加结盟是为何?实际公欲结盟而不被接纳。公结盟不被接纳,大夫被拘捕,为何致会?因为没有耻辱。为何没有耻辱?诸侯成就了楚国公子弃疾弑君之乱,弃疾使陈、蔡复国,君子未参与其中,是没有耻辱的。

【经】蔡侯庐归于蔡。

【经】陈侯吴归于陈。

【传】此皆灭国也，其言归何[1]？不与诸侯专封也[2]。

【注释】

①其言归何：案《春秋》书“归”，是有国之辞。此处陈、蔡被灭，已无国可言，经书“归于蔡”、“归于陈”，故而发问。

②不与诸侯专封也：诸侯，指楚子弃疾。案礼制，唯天子方有封国之权。此处陈、蔡已灭，弃疾使其复国，则是擅自封国。《春秋》不赞同楚之专封，故书“蔡侯庐归于蔡”、“陈侯吴归于陈”，好像陈、蔡二国尚存，二君只是归国而已。同时陈、蔡二君接受专封，亦有罪，故书名以绝之。

【译文】

【经】蔡侯庐回到了蔡国。

【经】陈侯吴回到了陈国。

【传】这都是被灭亡的国家，经言“归”是为何？是不赞成诸侯擅自封国。

【经】冬，十月，葬蔡灵公[1]。

【注释】

①葬蔡灵公：蔡灵公，即蔡侯般。般弑父而立，后被楚人诱杀。案《春秋》之例，君弑贼不讨，则不书国君之葬，以为无臣子也。此处蔡侯般被杀，却书葬者，因般弑父而立，被《春秋》诛绝，已无臣子可言，故不责臣子讨贼。

【译文】

【经】冬,十月,安葬蔡灵公。

【经】公如晋,至河乃复。

【译文】

【经】公去晋国,行至黄河边上,折返回国。

【经】吴灭州来。

【译文】

【经】吴灭亡了州来。

【经】十有四年,春,隐如至自晋[①]。

【注释】

①隐如:即季孙隐如,此处不书其氏者。上年平丘之会,被晋国所执,现在归国,属于一事而再见者,竟书其名。

【译文】

【经】十四年,春,隐如从晋国归来。

【经】三月,曹伯滕卒。

【译文】

【经】三月,曹伯滕去世了。

【经】夏，四月。

【译文】

【经】夏，四月。

【经】秋，葬曹武公。

【译文】

【经】秋，安葬曹武公。

【经】八月，莒子去疾卒。

【经】冬，莒杀其公子意恢[①]。

【注释】

①莒杀其公子意恢：公子益恢，去疾之庶兄弟。案《春秋》之例，莒国无大夫，略称人，此处书“公子意恢”之名氏，是表明意恢公子之身份，又见莒国嗣君尚未逾年，便杀父亲之庶兄弟，不孝尤甚。又据《公羊义疏》之意，嗣君不孝，故不书去疾之葬。

【译文】

【经】八月，莒子去疾去世。

【经】冬，莒国杀了他的公子意恢。

【经】十有五年，春，王正月，吴子夷昧卒。

【译文】

【经】十五年，春，王正月，吴子夷昧去世了。

【经】二月，癸酉，有事于武宫[①]，籥入[②]，叔弓卒，去乐卒事[③]。

【传】其言去乐卒事何？礼也。君有事于庙，闻大夫之丧，去乐，卒事。大夫闻君之丧，摄主而往[④]，大夫闻大夫之丧，尸事毕而往[⑤]。

【注释】

①有事于武宫：武宫，鲁武公之庙。有事，指祭祀。

②籥（yuè）：一种乐器，如笛，三孔。此处指宗庙中之籥舞，即持羽毛，吹籥而舞，属于文舞，有乐。

③去乐卒事：撤去乐舞，而卒竟祭祀之事。国君在祭祀时听闻大夫之丧，去乐卒事，表明国君恩痛不忍举乐。

④摄主而往：摄，代理。主，主祭者。何休云："臣闻君之丧，义不可以不即行，故使兄弟若宗人摄行主事而往。不废祭者，古礼也。"

⑤尸事：尸，替代死者受祭之人，尸事，指傧尸之事。在宗庙正祭中，尸代替死者受祭。正祭完毕，念及尸之辛劳，故以宾礼待之，此为傧尸之礼。大夫之祭，正祭与傧尸在同一天，故闻大夫之丧，待傧尸之礼卒竟，方才前往。

【译文】

【经】二月，癸酉，在武宫举行祭祀之事。羽舞上场后，听闻叔弓去世，撤去乐舞，卒竟祭祀之事。

【传】经言"去乐卒事"是为何？这是合礼的。君有宗庙祭祀之事，听闻大夫去世，撤去乐舞，卒竟祭祀之事。大夫听闻国君去世，使人代为祭祀，自己前往奔丧。大夫听闻大夫去世，待傧尸之礼完成，前往奔丧。

【经】夏，蔡昭吴奔郑[1]。

【注释】

①蔡昭吴奔郑：昭吴，蔡国大夫。案《春秋》之例，此处当书“出奔”而字，今不书“出”字，因有国方能言“出”，蔡受楚之专封而复国，未有天子之命，故夺其有国之辞。

【译文】

【经】夏，蔡昭吴逃到了郑国。

【经】六月，丁巳，朔，日有食之。

【译文】

【经】六月，丁巳，朔日，发生了日食。

【经】秋，晋荀吴帅师伐鲜虞。

【译文】

【经】秋，晋荀吴帅师伐击鲜虞。

【经】冬，公如晋。

【译文】

【经】冬，公去了晋国。

【经】十有六年，春，齐侯伐徐。

【译文】

【经】十六年,春,齐侯伐击徐国。

【经】楚子诱戎曼子,杀之。

【传】楚子何以不名①?夷狄相诱,君子不疾也。曷为不疾?若不疾,乃疾之也②。

【注释】

①楚子何以不名:此据昭公十一年夏“楚子虔诱蔡侯般,杀之于申”,书楚子之名。

②若不疾,乃疾之也:疾,憎恨。诱杀是使诈之行为,故为人所憎。此处夷狄相诱,不憎恨之者,非真的不憎恨,而是以为夷狄无知,不用中国之礼义责之。

【译文】

【经】楚子诱骗戎曼子,将其杀害。

【传】为何不书楚子之名?夷狄互相诱骗,君子不憎恨。为何不憎恨?说是不憎恨,实际是憎恨的,只是因其无知而薄责之。

【经】夏,公至自晋。

【译文】

【经】夏,公从晋国归来。

【经】秋,八月,己亥,晋侯夷卒。

【译文】

【经】秋，九月，己亥，晋侯夷去世了。

【经】九月，大雩。

【译文】

【经】九月，举行大雩祭。

【经】季孙隐如如晋。

【经】冬，十月，葬晋昭公。

【译文】

【经】季孙隐如去晋国。

【经】冬，十月，安葬晋昭公。

【经】十有七年，春，小邾娄子来朝。

【译文】

【经】十七年，春，小邾娄子来鲁国朝见。

【经】夏，六月，甲戌，朔，日有食之。

【译文】

【经】夏，六月，甲戌，朔日，发生了日食。

【经】秋,郯子来朝。

【译文】

【经】秋,郯子来鲁国朝见。

【经】八月,晋荀吴帅师灭贲浑戎。

【译文】

【经】八月,晋荀吴帅师灭亡了贲浑戎。

【经】冬,有星孛于大辰。

【传】孛者何?彗星也。其言于大辰何?在大辰也。大辰者何?大火也[①]。大火为大辰,伐为大辰[②],北辰亦为大辰[③]。何以书?记异也。

【注释】

①大火:二十八宿中的心宿。

②伐:参宿中一字斜排的三颗小星。

③北辰:北极星。古人以大火、伐星定季节,又以北极星定方向,故均称之为大辰。

【译文】

【经】冬,有星孛出现在大辰之中。

【传】孛是什么?是彗星。经言"入于大辰"是什么意思?是出现在大辰中。大辰是什么?是大火。大火是大辰,伐星是大辰,北极星也是大辰。为何记录此事?是记录异象。

【经】楚人及吴战于长岸。

【传】诈战不言战[1],此其言战何?敌也[2]。

【注释】

①诈战不言战:案《春秋》之例,诈战则书"某败某师于某地",书"败"不书"战"。

②敌也:未分胜负。故不可书"败"字,只能书"战"。

【译文】

【经】楚人与吴国在长岸合战。

【传】诈战不书"战"字,此处为何书"战"?因为没有分出胜负。

【经】十有八年,春,王三月,曹伯须卒。

【译文】

【经】十八年,春,王三月,曹伯须去世了。

【经】夏,五月,壬午,宋、卫、陈、郑灾。

【传】何以书?记异也。何异尔?异其同日而俱灾也。外异不书,此何以书?为天下记异也。

【译文】

【经】夏,五月,壬午,宋国、卫国、陈国、郑国发生了火灾。

【传】为何记录此事?是记录异象。有何怪异之处?怪其同一天一起发生灾害。鲁国之外的灾害,例所不书,此处为何记录?是为天下记录异象。

【经】六月，邾娄人入鄅。

【译文】

【经】六月，邾娄人攻入了鄅国都城。

【经】秋，葬曹平公。

【译文】

【经】秋，安葬曹平公。

【经】冬，许迁于白羽。

【译文】

【经】冬，许国迁都到了白羽邑。

【经】十有九年，春，宋公伐邾娄。

【译文】

【经】十九年，春，宋公伐击邾娄国。

【经】夏，五月，戊辰，许世子止弑其君买[1]。

【注释】

①戊辰，许世子止弑其君买：案《春秋》之例，弑君例日，若诸夏之国有世子弑君之事，则不忍书日。此处许世子并非真的弑君，"弑"

文是《春秋》所加(详见下文),故书日。

【译文】

【经】夏,五月,戊辰,许世子止弑杀了他的国君买。

【经】己卯,地震。

【译文】

【经】己卯,发生了地震。

【经】秋,齐高发帅师伐莒。

【译文】

【经】秋,齐高发帅师伐击莒国。

【经】冬,葬许悼公。

【传】贼未讨,何以书葬?不成于弑也。曷为不成于弑?止进药而药杀也。止进药而药杀,则曷为加弑焉尔[①]?讥子道之不尽也。其讥子道之不尽奈何?曰:乐正子春之视疾也[②],复加一饭则脱然愈[③],复损一饭则脱然愈,复加一衣则脱然愈,复损一衣则脱然愈。止进药而药杀,是以君子加弑焉尔。曰:许世子止弑其君买,是君子之听止也[④]。葬许悼公,是君子之赦止也[⑤]。赦止者,免止之罪辞也[⑥]。

【注释】

①加弑:许世子实未弑君,故上文书"许世子止弑其君买",是《春

秋》所加。

②乐正子春:曾子弟子,以孝闻。

③脱然:何休云:"脱然,疾除貌也。言消息得其节。"

④听止:治止之罪。

⑤赦止:宽恕止。案《春秋》之例,君弑贼不讨不书葬,此处书许悼公之葬,则表明许世子止并非真的弑君,而被《春秋》宽恕。

⑥免止之罪辞也:宽恕许世子止,仅是免除了他的弑君之罪,止不能再继承君位。按照《穀梁传》的记载,许世子止非但没有继位,而且伤痛自责而死。反过来说,许世子止不继承君位,才能证实他无弑君之心。

【译文】

【经】冬,安葬许悼公。

【传】弑君贼未被诛讨,为何书葬?因为许世子止不是真的弑君。为何不是真的弑君?止进奉药,而药杀了许悼公。止进奉药,药杀了许悼公,那么为何《春秋》将弑君之文加到止身上?是讥刺止没有尽到人子之道。讥刺没有尽到人子之道是怎么回事?说:乐正子春探视父母的疾病,再加一些饭就马上痊愈,再减少一些饭就马上痊愈,再添些衣服就马上痊愈,再减少些衣服就马上痊愈。止进奉药,而药杀了许悼公,所以君子将弑君之文加到了他身上。经文说,"许世子止弑其君买",是君子治他的罪;经文书"葬许悼公",是君子赦免了他。赦免止,是免去他弑君之罪的文辞。

【经】二十年,春,王正月。

【译文】

【经】二十年,春,王正月。

【经】夏，曹公孙会自鄸出奔宋①。

【传】奔未有言自者，此其言自何？畔也。畔则曷为不言其畔②？为公子喜时之后讳也。《春秋》为贤者讳，何贤乎公子喜时？让国也。其让国奈何？曹伯庐卒于师③，则未知公子喜时从与④？公子负刍从与？或为主于国，或为主于师⑤。公子喜时见公子负刍之当主也⑥，逡巡而退。贤公子喜时，则曷为为会讳？君子之善善也长，恶恶也短。恶恶止其身，善善及子孙⑦。贤者子孙，故君子为之讳也。

【注释】

①曹公孙会自鄸出奔宋：鄸，公孙会之封地。此处实是公孙会以鄸邑投奔宋国。

②畔则曷为不言其畔：案《春秋》之例，据邑投敌，当书“曹公孙会以鄸出奔宋”，今书“自鄸”，好像公孙会仅是从鄸邑出奔，无据邑投敌之事。

③曹伯庐卒于师：事在成公十三年。

④公子喜时：曹伯庐母弟，庐无子嗣，喜时当即君位。下句“公子负刍”为喜时之庶兄，即后来的曹成公。

⑤或为主于国，或为主于师：主于国，即守国。主于师，即随从国君出征。案礼制，国君出征，使世子守国，其次宜为君者随从出征。此处本应由喜时守国，负刍随从，可能负刍有疾病，两者互换，故云“或为主于国，或为主于师”。

⑥当主：即担当丧主。案礼制，国君去世，世子担当丧主，表明宜即君位。今曹伯庐去世，本应由喜时担当丧主，负刍欲即位，故自为丧主。

⑦恶恶止其身，善善及子孙：《春秋》对待恶人，仅处罚本人，不迁怒

于子孙;对于善人,则可恩及子孙。此处以公子喜时让国之功,抵消公孙会出奔之恶,即是一例。

【译文】

【经】夏,曹公孙会从鄸邑出奔到宋国。

【传】出奔没有说“自”何地的,此处言“自鄸出奔宋”是为何?实际是以鄸邑反叛曹国。是反叛,为何不言“畔”?是为公子喜时的后人避讳。《春秋》为贤者避讳,公子喜时有何贤德?有让国之贤。公子喜时让国是怎么回事?当年曹伯庐死于师旅之中,不知是公子喜时随从?还是公子负刍随从?其中一人守国,一人随从出征。公子喜时见到公子负刍当了丧主,便恭顺退让。认为公子喜时有贤德,那么为何要为公孙会避讳?君子褒扬善行,褒扬得长远;憎恶恶行,憎恶得短暂。憎恶恶行,仅限于本人;褒扬善行,恩泽延及子孙。公孙会是贤者的子孙,所以君子为他避讳。

【经】秋,盗杀卫侯之兄辄。

【传】母兄称兄,兄何以不立①?有疾也。何疾尔?恶疾也②。

【注释】

①兄何以不立:案礼制,立嫡以长。

②恶疾也:何休云:“恶疾谓瘖、聋、盲、疠、秃、跛、伛,不逮人伦之属也。书者,恶卫侯兄有疾,不怜伤厚遇,营卫不固,至令见杀,失亲亲也。”

【译文】

【经】秋,盗杀了卫侯同母兄辄。

【传】同母兄称为“兄”,有兄长,为何不立为国君?因为辄有疾病。

有何疾病？是恶性的疾病，不能侍奉宗庙。

【经】冬，十月①，宋华亥、向甯、华定出奔陈。

【注释】

①十月：案时月日例，外大夫出奔例时，此处书月者，何休云："危三大夫同时出奔，将为国家患，明当防之。"

【译文】

【经】冬，十月，宋华亥、向甯、华定出奔陈国。

【经】十有一月，辛卯，蔡侯庐卒。

【译文】

【经】十有一月，辛卯，蔡侯庐去世了。

【经】二十有一年，春，王三月，葬蔡平公。

【译文】

【经】二十一年，春，王三月，安葬蔡平公。

【经】夏，晋侯使士鞅来聘。

【译文】

【经】夏，晋侯派遣士鞅来鲁国聘问。

【经】宋华亥、向甯、华定自陈入于宋南里以畔。

【传】宋南里者何？若曰因诸者然[①]。

【注释】

①因诸：齐国关押犯人之地。此处宋国的南里，亦是关押犯人之地。依《春秋》之例，若是一般的据邑以叛，书“南里”即可，此处是三人劫狱散囚以抗君，于国家尤危，故书“宋南里”。

【译文】

【经】宋华亥、向甯、华定从陈国进入宋国的南里，反叛国君。

【传】宋国的南里是什么地方？与齐国的因诸一样，是关押囚犯之地。

【经】秋，七月，壬午，朔，日有食之。

【译文】

【经】秋，七月，壬午，朔日，发生了日食。

【经】八月，乙亥，叔痤卒。

【译文】

【经】八月，乙亥，叔痤去世了。

【经】冬，蔡侯朱出奔楚[①]。

【注释】

①冬，蔡侯朱出奔楚：此处蔡侯朱是被东国篡位，故而出奔。又案

时月日例，大国之君出奔例月，此书时者，因其投奔楚国，故略之。

【译文】

【经】冬，蔡侯朱出奔去了楚国。

【经】公如晋，至河乃复。

【译文】

【经】公去晋国，行至黄河边上，乃折返回国。

【经】二十有二年，春，齐侯伐莒。

【译文】

【经】二十二年，春，齐侯伐击莒国。

【经】宋华亥、向甯、华定自宋南里出奔楚。

【译文】

【经】宋华亥、向甯、华定从宋南里，出奔去了楚国。

【经】大蒐于昌奸。

【译文】

【经】在昌奸举行大蒐礼。

【经】夏，四月，乙丑，天王崩。

【译文】

【经】夏，四月，乙丑，天王(周景王)驾崩了。

【经】六月，叔鞅如京师。

【经】葬景王。

【译文】

【经】六月，叔鞅去京师。

【经】安葬周景王。

【经】王室乱①。

【传】何言乎王室乱②？言不及外也③。

【注释】

①王室乱：此指周景王死后，敬王即位，刘子、单子拥立王子猛作乱之事。

②何言乎王室乱：案《春秋》之例，天子之居当称“京师”。

③言不及外也：案“京师”之称，京者，大也；师者，众也；天子之居，必以众大之辞言之。此处王子猛作乱，无诸侯之救，如一家之乱，故变“京师”而言“王室”。

【译文】

【经】周王室发生动乱。

【传】经言“王室乱”是为何？是说天子衰微，如一家之乱，影响不及家外。

【经】刘子、单子以王猛居于皇。

【传】其称王猛何？当国也①。

【注释】

①当国也：把持国政，谋夺篡位。王猛即王子猛，因其欲当国，故以当国之辞言之，去掉“王子”之氏，冠以国氏，称为“王猛”。时王猛年幼，篡位之谋发自刘子、单子，故经书“刘子、单子以王猛居于皇”。

【译文】

【经】刘子、单子带着王猛居于皇邑。

【传】此为王子猛，经文称“王猛”是为何？表示他想要把持国政。

【经】秋，刘子、单子以王猛入于王城。

【传】王城者何？西周也①。其言入何？篡辞也②。

【注释】

①西周也：案《公羊传》及何休之意，王城与成周为两地，王猛进入王城，自号为西周主，后人因此称王城为西周，成周为东周。

②篡辞也：何休云：“时虽不入成周，已得京师地半，称王置官，自号西周，故从篡辞言入，起其事也。”

【译文】

【经】秋，刘子、单子带着王猛进入了王城。

【传】王城是什么地方？是西周。经言“入”是为何？是篡位的文辞。

【经】冬，十月，王子猛卒。

【传】此未逾年之君也，其称王子猛卒何[①]？不与当也。不与当者，不与当父死子继，兄死弟及之辞也[②]。

【注释】

①此未逾年之君也，其称王子猛卒何：案嗣君名例"君存称世子，君薨称子某，未逾年称子"，篡位成功者，亦适用此名例。此处王猛若篡成，则当书"王子卒"。又案《春秋》之例，外未逾年君卒不书。此处称之为"王子猛"，又书其卒，异于常例，故而发问。

②不与当父死子继，兄死弟及之辞也：案《春秋》之例，若篡位成功，则以嗣君之名例称之，此为"父死子继、兄死弟及之辞"。若依此例，当书"王子卒"。而王猛仅入于王城，未入于成周，篡位未成，故不以"父死子继、兄死弟及之辞"称之。

【译文】

【经】冬，十月，王子猛去世了。

【传】这是未逾年之君，为何称其为"王子猛"？是不赞成他当未逾年之君。不赞成他当未逾年之君，是不用父死子继，兄死弟及的文辞书其卒。

【经】十有二月，癸酉，朔，日有食之。

【译文】

【经】十二月，癸酉，朔日，发生了日食。

【经】二十三年，春，王正月，叔孙舍如晋。

【译文】

【经】二十三年，春，王正月，叔孙舍出使去了晋国。

【经】癸丑，叔鞅卒。

【译文】

【经】癸丑，叔鞅去世了。

【经】晋人执我行人叔孙舍。

【译文】

【经】晋人拘捕了我国的使者叔孙舍。

【经】晋人围郊。

【传】郊者何？天子之邑也。曷为不系于周①？不与伐天子也②。

【注释】

①曷为不系于周：案《春秋》之例，邑皆系属于国。此处郊为天子之邑，本当系属于周。

②不与伐天子也：天子是君，晋国是臣，地位不对等，故不赞同讨伐天子。案《春秋》之例，“围”的对象是国都，此处郊不系属于周，好像把郊当成一个诸侯国，如此则像两国相伐，非是伐天子，以此为周天子避讳。

【译文】

【经】晋人包围了郊。

【传】郊是什么地方？是天子的城邑。为何不系属于周？是不赞同晋人讨伐天子。

【经】夏，六月[1]，蔡侯东国卒于楚。

【注释】

①六月：案时月日例，大国诸侯卒书日，此处书月者，因蔡侯东国背叛中国，附从楚国，故略之。又蔡侯东国是篡蔡侯朱之君位（事在昭公二十一年），而无篡辞，故此处不书其葬，明其篡位。

【译文】

【经】夏，六月，蔡侯东国在楚国去世。

【经】秋，七月，莒子庚舆来奔。

【译文】

【经】秋，七月，莒子庚舆来投奔鲁国。

【经】戊辰，吴败顿、胡、沈、蔡、陈、许之师于鸡父，胡子髡、沈子楹灭，获陈夏啮。

【传】此偏战也，曷为以诈战之辞言之[1]？不与夷狄之主中国也[2]。然则曷为不使中国主之[3]？中国亦新夷狄也[4]。其言灭获何？别君臣也。君死于位曰灭，生得曰获；大夫生死皆曰获。不与夷狄之主中国，则其言获陈夏啮何[5]？吴少进也[6]。

【注释】

①此偏战也，曷为以诈战之辞言之：案《春秋》之中，战争分为两类，一为偏战，一为诈战。偏战是两军各据一边，约定时间，堂堂正正厮杀；诈战则是偷袭。《春秋》对此有不同的书法，偏战则书：“某日，某及某战于某地，某师败绩”；若诈战则书：“某败某师于某地”，不书日期。此处书“戊辰”，表明是偏战，又书“败”字，则是诈战的书法，两者矛盾，故而发问。

②不与夷狄之主中国也：主，指偏战中的主客。如书“某日，甲及乙战于某地”，则甲为主，乙为客。《春秋》谴责挑起战争者，故以反抗者为主，表明正义所在。此处顿、胡等六国师众，实为楚国伐击吴国，若案偏战之例，当以吴国为主，书“戊辰，吴及顿、胡、沈、蔡、陈、许之师战于鸡父”。然《春秋》又重夷夏之辨，吴是夷狄，不可以主中国，故不以偏战之辞书之。

③然则曷为不使中国主之：若使中国主之，当书“戊辰，顿、胡、沈、蔡、陈、许之师及吴战于鸡父”。

④中国亦新夷狄也：何休云：“中国所以异乎夷狄者，以其能尊尊也。王室乱，莫肯救，君臣上下坏败，亦新有夷狄之行，故不使主之。”

⑤则其言获陈夏啮(niè)何：案《春秋》又有“不与夷狄之获中国”之文，参见庄公十年“秋，九月，荆败蔡师于莘，以蔡侯献舞归”条注释③。此处却书“获陈夏啮”，故而发问。

⑥吴少进也：少，稍微。何休云：“能结日偏战，行少进，故从中国辞治之。”

【译文】

【经】戊辰，吴国在鸡父击败了顿、胡、沈、蔡、陈、许之师，灭亡了胡子髡、沈子楹，俘获了陈夏啮。

【传】这里是结日偏战，为何用诈战的文辞言之？不赞成夷狄与中国打仗，以夷狄为主。然则为何不使中国主战？中国也是新的夷狄。经言“灭”、“获”是什么意思？是区别君臣。国君死在位上称灭，被生擒称获；大夫生擒战死皆称获。不赞成夷狄与中国打仗，以夷狄为主，为何经书“获陈夏啮”？因为吴国稍有进步，能结日偏战，故能用中国之文辞言之。

【经】天王居于狄泉[1]。

【传】此未三年，其称天王何[2]？著有天子也[3]。

【经】尹氏立王子朝[4]。

【注释】

①天王居于狄泉：天王，指周敬王。周景王驾崩，敬王当即位，而尹氏拥立王子朝为君，故敬王出奔至狄泉。

②此未三年，其称天王何：案礼制，天子三年然后称王。周景王于昭公二十二年四月崩，至此未满三年，则敬王尚在丧中，不应称其为“天王”，故而发问。

③著有天子也：何休云：“时庶孽并篡（指王子猛、王子朝），天王失位徙居，微弱甚，故急著正其号，明天下当救其难而事之。”

④尹氏立王子朝：时王子朝年幼，罪在尹氏，故经不书当国之辞“王朝”，而书“王子朝”。

【译文】

【经】天王居于狄泉邑。

【传】此处未服满三年丧，经称其为“天王”是为何？是为了强调有天子。

【经】尹氏拥立王子朝。

【经】八月，乙未，地震。

【译文】

【经】八月，乙未，发生了地震。

【经】冬，公如晋，至河，公有疾乃复。

【传】何言乎公有疾乃复？杀耻也①。

【注释】

①杀耻也：此处鲁昭公实为畏惧晋国，故不敢前往，有大恶。经托言“公有疾”，以杀畏晋之耻。

【译文】

【经】冬，公去晋国。行至黄河边，公生病了，乃折返回国。

【传】为何说“公有疾乃折返”？是以此减杀畏惧晋国之耻。

【经】二十有四年，春，王二月，丙戌，仲孙貜卒。

【译文】

【经】二十四年，春，王二月，丙戌，仲孙貜去世了。

【经】叔孙舍至自晋①。

【注释】

①叔孙舍至自晋：案上年春，叔孙舍被晋人拘捕，至此放回。王引之《经义述闻》以为，“叔孙”二字为衍文，因为按照《春秋》之例，

一事而再见者卒名。

【译文】

【经】叔孙舍从晋国归来。

【经】夏，五月，乙未，朔，日有食之。

【译文】

【经】夏，五月，乙未，朔日，发生了日食。

【经】秋，八月，大雩。

【译文】

【经】秋，八月，举行大雩祭。

【经】丁酉，杞伯郁釐卒。

【译文】

【经】丁酉，杞伯郁釐去世了。

【经】冬，吴灭巢。

【译文】

【经】冬，吴灭亡了巢国。

【经】葬杞平公。

【译文】

【经】安葬杞平公。

【经】二十有五年，春，叔孙舍如宋。

【译文】

【经】二十五年，春，叔孙舍出使去了宋国。

【经】夏，叔倪会晋赵鞅、宋乐世心、卫北宫喜、郑游吉、曹人、邾娄人、滕人、薛人、小邾娄人于黄父。

【译文】

【经】夏，叔倪与晋赵鞅、宋乐世心、卫北宫喜、郑游吉、曹人、邾娄人、滕人、薛人、小邾娄人，在黄父相会。

【经】有鸜鹆来巢。

【传】何以书？记异也。何异尔？非中国之禽也，宜穴又巢也[1]。

【注释】

①非中国之禽也，宜穴又巢也：鸜鹆，非中国之鸟，宜穴居，今却来作巢。何休以为，鸜鹆之读音与"权欲"相同，本该穴居，却来作巢，象权臣欲国，自下居上之征，其后鲁昭公被季氏驱逐。

【译文】

【经】有鸜鹆来作巢。

【传】为何记录此事？是记录异象。有何奇异之处？不是中国的禽鸟，本宜穴居，却来作巢。

【经】秋，七月，上辛[①]，大雩。季辛[②]，又雩。

【传】又雩者何？又雩者，非雩也[③]，聚众以逐季氏也[④]。

【注释】

①上辛：古人以天干地支记日，上辛，即七月上旬之辛日。

②季辛：即下辛，七月下旬之辛日。

③又雩者，非雩也：又雩，指季辛日之雩祭。案雩为求雨之祭，《春秋》之例，一个季度不雨，方举行雩祭。此处上辛日已行雩祭，故知季辛日非行雩祭，而另有其事。

④聚众以逐季氏也：鲁昭公欲驱逐季氏，故依托上辛日之雩祭，聚集师众，至季辛日，行驱逐之事，事败，出奔齐国。故《春秋》为昭公避讳，不书"逐季氏"，而书"又雩"。

【译文】

【经】秋，七月，上辛日，举行大雩祭。季辛日，又举行雩祭。

【传】又举行雩祭是为何？又行雩祭，不是真的行雩祭，而是公聚众驱逐季氏。

【经】九月，己亥，公孙于齐，次于杨州。

【译文】

【经】九月，己亥，公逊遁至齐国，止次在杨州。

【经】齐侯唁公于野井[①]。

【传】唁公者何？昭公将弑季氏[2]，告子家驹曰："季氏为无道，僭于公室久矣。吾欲弑之，何如？"子家驹曰："诸侯僭于天子，大夫僭于诸侯久矣。"昭公曰："吾何僭矣哉？"子家驹曰："设两观，乘大路，朱干、玉戚以舞《大夏》，八佾以舞《大武》，此皆天子之礼也[3]。且夫牛马，维娄委己者也而柔焉[4]。季氏得民众久矣，君无多辱焉。"昭公不从其言，终弑之而败焉，走之齐。齐侯唁公于野井，曰："奈何君去鲁国之社稷。"昭公曰："丧人不佞[5]，失守鲁国之社稷，执事以羞[6]。"再拜颡[7]。庆子家驹曰[8]："庆子免君于大难矣。"子家驹曰："臣不佞，陷君于大难，君不忍加之以𫓧锧[9]，赐之以死。"再拜颡。高子执箪食，与四脡脯，国子执壶浆[10]，曰："吾寡君闻君在外，馂饔未就[11]，敢致糗于从者[12]。"昭公曰："君不忘吾先君，延及丧人，锡之以大礼。"再拜稽首，以衽受[13]。高子曰："有夫不祥[14]，君无所辱大礼。"昭公盖祭而不尝[15]。景公曰："寡人有不腆先君之服，未之敢服；有不腆先君之器，未之敢用[16]，敢以请。"昭公曰："丧人不佞，失守鲁国之社稷，执事以羞，敢辱大礼，敢辞。"景公曰："寡人有不腆先君之服，未之敢服；有不腆先君之器，未之敢用，敢固以请。"昭公曰："以吾宗庙之在鲁也，有先君之服，未之能以服；有先君之器，未之能以出，敢固辞。"景公曰："寡人有不腆先君之服，未之敢服；有不腆先君之器，未之敢用，请以飨乎从者。"昭公曰："丧人其何称[17]？"景公曰："孰君而无称？"昭公于是嗷然而哭，诸大夫皆哭。既哭，以人为菑[18]，以幦为席[19]，以鞍为几，以遇礼相见。孔子曰："其礼与其辞足观矣[20]。"

【注释】

①唁：慰问失国之人。

②昭公将弑季氏：弑，杀也，有姑且试之的含义，其语上下通用，故此处云“昭公将弑季氏”。

③此皆天子之礼也：指上文之“设两观，乘大路，朱干、玉戚以舞《大夏》，八佾以舞《大武》”，揭示鲁国僭越天子之礼。具体来说。观，指宫门口的高台望楼，亦称为象魏、阙。案礼制，天子外阙两观，诸侯内阙一观。大路，路，车也。案礼制，天子乘大路，诸侯乘路车。朱干，红色的盾牌。玉戚，玉制斧头。《大夏》，乐舞名，为夏代之乐。八佾，佾，乐舞之行列，八佾，即八八六十四人。案礼制，天子八佾，诸侯四佾。《大武》，乐舞名，为周武王之乐。案周公有大德，故鲁国祭祀周公能用天子之礼，然而后世国君将其用于群公之庙，僭越天子而不自知。

④且夫牛马，维娄委己者也而柔焉：案王引之《经义述闻》的解释，维，通“惟”，仅仅之意。娄，同“屡”，屡次之意。委，通“喂”，喂食之意。柔，顺也。即牛马仅对屡次喂食给它的人柔顺，比喻季氏得民众久矣。

⑤丧人不佞：丧人，丧国之人，此为鲁昭公自称。佞，善也。

⑥执事以羞：依徐彦之意，鲁昭公以自己尊卑比于齐国的执事，举措不善，而失守鲁国社稷，由是之故，耻辱累及齐侯。

⑦再拜颡：颡，叩头，即顿首、稽颡，为凶礼之拜。此处鲁昭公失国，故以丧礼自处。

⑧庆：庆贺。

⑨𫓧锧：𫓧，斧。锧，铁砧。𫓧锧为古代的刑具。

⑩高子执箪食，与四脡脯，国子执壶浆：国子、高子，皆为齐国尊贵的大夫。箪，竹制的圆形器皿。食，指下文的“糗”，是稻黍制成的糕。脡脯，直的干肉。此处为招待鲁昭公进食。

⑪馂饔(jùn yōng)未就:馂,熟食。饔,熟肉。

⑫敢致糗于从者:糗,稻黍制成的糕。从者,鲁昭公随从之人,此处不敢直指昭公本人,故言致糗于从者。

⑬以衽受:衽,在衣下两旁,掩裳际,形如燕尾者。当时鲁昭公谦不敢求索器物,故用衽接受饭食。

⑭有夫不祥:何休云:"犹曰人皆有夫不善。"

⑮祭而不尝:古人饮食时,前取一点食物置于笾豆之间,以祭典先人,示不忘本。此处鲁昭公先祭典先人,而不尝饭食,因为饮食之礼,尚有礼让之节。

⑯寡人有不腆先君之服,未之敢服,有不腆先君之器,未之敢用:何休云:"腆,厚也。服谓齐侯所着衣服也。言未敢服者,见鲁侯乃敢服之,谦辞也。"器,指上文的箪、壶等器。亦谓此等器皿,见鲁侯乃敢用之,以此劝昭公饮食。

⑰丧人其何称:何休云:"行礼,宾主当各有所称。时齐侯以诸侯遇礼接昭公,昭公自谦失国,不敢以故称自称,故执谦问之。"

⑱以人为菑(zì):矮墙。以人充当矮墙,以便行遇礼时分别内外。

⑲以幦(mì)为席:幦,覆于车轼上的皮革。遇礼中以此为席。

⑳其礼与其辞足观矣:孔子赞许鲁昭公此处全然守礼,文辞得体。何休云:"言昭公素能若此,祸不至是。"

【译文】

【经】齐侯在野井慰问公。

【传】为何要慰问公?昭公将要弑杀季氏,告诉子家驹说:"季氏为臣无道,僭越公室很久了,我想要除掉他,怎么样?"子家驹说:"诸侯僭越天子,大夫僭越诸侯已经很久了。"昭公说:"我有何僭越之处?"子家驹说:"设立两观,乘坐大路,用朱干、玉戚舞《大夏》,用八佾舞《大武》,这些都是天子的礼制。况且牛马仅对经常给它喂食的人柔顺,季氏得民心已经很久了。国君请不要自取其辱。"昭公不听从他的谏言,终究去弑杀季氏,后失败而出走齐国。齐侯在野井慰问公,说:"您怎么离开了鲁国的社稷?"昭公说:"我这个丧国之人不善,失守了鲁国的社稷,让您蒙羞了。"再拜稽颡。齐侯庆贺子家驹道:"庆贺您使国君幸免大难。"子家驹说:"微臣不善,使国君陷于大难,是国君不忍心加我刑罚,赐我一死。"再拜稽颡。高子手执盛有饭食的箪器,四条干肉,国子手执酒壶,说:"我们国君听闻您在外,还没有饮食,敢致糗于您的随从。"昭公说:"您不忘却我国先君,恩惠延及到我,赐以大礼。"再拜稽首,用衽接受。高子说:"人都有不善之时,您不要行此折辱的大礼。"昭公一概先祭祀,却不尝食物。齐景公说:"我有不丰厚的先君之服,平时不敢穿,见到鲁侯您才敢穿。我有不丰厚的先君的器皿,平时不敢用,见到鲁侯您才敢用,敢请您用膳。"昭公说:"我这丧国之人不善,失守鲁国的社稷,使您蒙羞,不敢当此大礼,敢推辞。"景公说:"我有不丰厚的先君之服,平时不敢穿,见到鲁侯您才敢穿。我有不丰厚的先君的器皿,平时不敢用,见到鲁侯您才敢用,再次敢请您用膳。"昭公说:"因为我的祖庙在鲁国,有先君的衣服,却不能穿,有先君的器皿,却不能拿出来用,敢再次推辞。"景公说:"我有不丰厚的先君之服,平时不敢穿,见到鲁侯您才敢穿。我有不丰厚的先君的器皿,平时不敢用,见到鲁侯您才敢用,敢请招待您的随从。"昭公答应以遇礼相接,问道:"我这丧国之人,当用何种称呼?"景公说:"哪个国君没有称呼呢?"昭公于是嚎啕大哭,诸大夫都哭。哭罢,以人作为矮墙,以幦作为席子,以马鞍作为几案,以遇礼相见。孔子说:"昭公此处的礼节与文辞可观。"

【经】冬,十月,戊辰,叔孙舍卒。

【译文】

【经】冬,十月,戊辰,叔孙舍去世了。

【经】十有一月，己亥，宋公佐卒于曲棘。

【传】曲棘者何？宋之邑也。诸侯卒其封内不地，此何以地？忧内也[①]。

【注释】

①忧内也：即担忧鲁国。何休云："时宋公闻昭公见逐，欲忧纳之，至曲棘而卒，故恩录之。"

【译文】

【经】十有一月，己亥，宋公佐在曲棘去世。

【传】曲棘是什么地方？是宋国的城邑。诸侯在其封内去世，依例不记录地点，此处为何记录？因为宋国担忧鲁国，故详录之。

【经】十有二月，齐侯取运[①]。

【传】外取邑不书，此何以书？为公取之也。

【注释】

①齐侯取运：运为鲁国之城邑。案外国夺取内邑之例，当书"伐"，又书"围运"。此处未有伐文，是齐侯以言语取于季氏，使鲁昭公居之。

【译文】

【经】十二月，齐侯夺取了运邑。

【传】外诸侯的夺取城邑，例所不书，此处为何记录？因为是为公夺取的。

【经】二十有六年，春，王正月，葬宋元公。

【译文】

【经】二十六年，春，王正月，安葬宋元公。

【经】三月，公至自齐，居于运。

【译文】

【经】三月，公自齐国归来，居于运邑。

【经】夏，公围成①。

【注释】

①公围成：鲁昭公居于运邑，意图复国，故率军包围了成邑。《春秋》书“公围成”，是谴责鲁昭公不修文德，烦扰民众。

【译文】

【经】夏，公包围了成邑。

【经】秋，公会齐侯、莒子、邾娄子、杞伯盟于鄟陵。公至自会，居于运①。

【注释】

①公至自会，居于运：何休云：“致会者，责臣子，明公已得意于诸侯，不忧助纳之，而使居于运。”

【译文】

【经】秋，公会同齐侯、莒子、邾娄子、杞伯，在鄟陵结盟。公从会盟归来，居于运邑。

【经】九月，庚申，楚子居卒。

【译文】

【经】九月，庚申，楚子居去世了。

【经】冬，十月，天王入于成周。

【传】成周者何？东周也①。其言入何②？不嫌也③。

【注释】

①东周也：昭公二十二年，王猛图谋篡位，进入王城，自号为西周主，后人因此称王城为西周，成周为东周。

②其言入何：案《春秋》之例，“入”为篡位之辞。

③不嫌也：没有篡位的嫌疑。案《春秋》之中，“入”字有二义，重难言“入”（如庄公二十四年“夫人姜氏入”）；篡位亦言“入”。昭公二十三年，周敬王因王子朝之乱，出奔郑国，《春秋》书“天王出居郑”，著明有天子。此处祸乱平定，敬王返回成周，书“入”表明返国不易，不嫌篡位。

【译文】

【经】冬，十月，天王进入了成周。

【传】成周是什么？是东周。经言“入”是为何？天王没有篡位的嫌疑，故可言“入”。

【经】尹氏、召伯、毛伯以王子朝奔楚。

【译文】

【经】尹氏、召伯、毛伯带着王子朝出奔去了楚国。

【经】二十有七年，春，公如齐。公至自齐，居于运。

【译文】

【经】二十七年，春，公去了齐国。公从齐国归来，居于运邑。

【经】夏，四月，吴弑其君僚[①]。

【注释】

①吴弑其君僚：此处实为阖闾（即公子光）派专诸刺杀了吴王僚（详见襄公二十九年“吴子使札来聘”条），依例当书“吴光弑其君僚”，此处未言阖闾弑君者，是为吴季子避讳。季子不忍父子兄弟相杀，而让国于阖闾，欲使阖闾享国。

【译文】

【经】夏，四月，吴国弑杀了他们的国君僚。

【经】楚杀其大夫郤宛。

【译文】

【经】楚国杀了他的大夫郤宛。

【经】秋，晋士鞅、宋乐祁犁、卫北宫喜、曹人、邾娄人、滕人会于扈。

【译文】

【经】秋，晋士鞅、宋乐祁犁、卫北宫喜、曹人、邾娄人、滕人，在扈地相会。

【经】冬，十月，曹伯午卒。

【译文】

【经】冬，十月，曹伯午去世了。

【经】邾娄快来奔。

【传】邾娄快者何？邾娄之大夫也。邾娄无大夫，此何以书？以近书也①。

【注释】

①以近书也：因为治近太平而书。参见襄公二十三年，“夏，邾娄鼻我来奔”条，彼处是因治近升平而书，此处则是表明太平世之法。

【译文】

【经】邾娄快来投奔鲁国。

【传】邾娄快是什么人？是邾娄国的大夫。邾娄国没有大夫，此处为何书快之名？是因治近太平而书。

【经】公如齐。公至自齐，居于运。

【译文】

【经】公去了齐国。公从齐国归来，居于运邑。

【经】二十有八年,春,王三月[①],葬曹悼公。

【经】公如晋,次于乾侯[②]。

【注释】

①王三月:案《春秋》之例,一月有二事,则月份记在第一件事上,又比较二事之轻重,上事重,则上事蒙月;下事重,则上事不蒙月,下事蒙月。此处之"王三月"即为下文"公如晋"而出。葬曹悼公,实为书时,正合小国之君卒月葬时之例。

②公如晋,次于乾侯:乾侯,晋国之邑。又案时月日例,朝聘例时,此处"公如晋"实书月,何休云:"月者,闵公内为强臣所逐,外如晋不见答,次于乾侯。"

【译文】

【经】二十八年,春,王三月,安葬曹悼公。

【经】公去晋国,止次在乾侯。

【经】夏,四月,丙戌,郑伯甯卒。

【经】六月,葬郑定公。

【经】秋,七月,癸巳,滕子甯卒。

【经】冬,葬滕悼公。

【译文】

【经】夏,四月,丙戌,郑伯甯去世了。

【经】六月,安葬郑定公。

【经】秋,七月,癸巳,滕子甯去世了。

【经】冬,安葬滕悼公。

【经】二十有九年，春，公至自乾侯①，居于运。

【注释】

①公至自乾侯：何休云："不致以晋者，不见容于晋，未至晋。"

【译文】

【经】二十九年，春，公自乾侯归来，居于运邑。

【经】齐侯使高张来唁公。

【译文】

【经】齐侯派遣高张来慰问公。

【经】公如晋，次于乾侯。

【译文】

【经】公去晋国，止次在乾侯。

【经】夏，四月，庚子，叔倪卒。

【译文】

【经】夏，四月，庚子，叔倪去世了。

【经】秋，七月。

【译文】

【经】秋，七月。

【经】冬，十月，运溃①。

【传】邑不言溃②，此其言溃何？郛之也③。曷为郛之？君存焉尔。

【注释】

①运溃：先前鲁昭公发动运邑之民包围成邑，此处民众不堪扰乱，叛变昭公。昭公出走，之后居于晋国乾侯邑。

②邑不言溃：案《春秋》之例，国言溃，邑言叛。

③郛(fú)之也：郛，外城，古代城郭外围的大城。郛之，即国之。因鲁昭公居于运，故将运邑视为一国。又案《春秋》之例，国溃，则国君当绝，此处书“运溃”，表明鲁昭公当被诛绝。

【译文】

【经】冬，十月，运邑溃散。

【传】城邑不言溃散，此处说运邑溃散是为何？是将运邑视为一国。为何将其视为一国？因为国君在里面。

【经】三十年，春，王正月，公在乾侯①。

【注释】

①王正月，公在乾侯：案礼制，正月是一年周而复始之月，臣子喜其君父与岁月相终始，故执贽见之，此为“正月存君”之礼。此处鲁昭公失国，臣子不能执贽见之，故书“公在乾侯”以存之，表明当“忧纳公”。

【译文】

【经】三十年，春，王正月，公在乾侯。

【经】夏，六月，庚辰，晋侯去疾卒。

【经】秋，八月，葬晋顷公。

【译文】

【经】夏，六月，庚辰，晋侯去疾去世了。

【经】秋，八月，安葬晋顷公。

【经】冬，十有二月，吴灭徐，徐子章禹奔楚。

【译文】

【经】冬，十二月，吴国灭亡了徐国，徐子章禹出奔去了楚国。

【经】三十有一年，春，王正月，公在乾侯。

【译文】

【经】三十一年，春，王正月，公在乾侯。

【经】季孙隐如会晋荀栎于適历[①]。

【注释】

①季孙隐如会晋荀栎于適历：何休云："时晋侯使荀栎责季氏不纳昭公，为此会也。季氏负捶谢过，欲纳昭公。昭公创恶季氏，不

敢入。”

【译文】

【经】季孙隐如与晋荀栎在适历相会。

【经】夏，四月，丁巳，薛伯穀卒。

【译文】

【经】夏，四月，丁巳，薛伯穀去世了。

【经】晋侯使荀栎唁公于乾侯。

【译文】

【经】晋侯派遣荀栎到乾侯慰问公。

【经】秋，葬薛献公。

【译文】

【经】安葬薛献公。

【经】冬，黑弓以滥来奔[①]。

【传】文何以无邾娄[②]？通滥也[③]。曷为通滥？贤者子孙，宜有地也。贤者孰谓？谓叔术也。何贤乎叔术？让国也。其让国奈何？当邾娄颜之时，邾娄女有为鲁夫人者，则未知其为武公与，懿公与[④]。孝公幼[⑤]，颜淫九公子于宫中，因以纳贼[⑥]，则未知其为鲁公子与，邾娄公子与。臧氏之母，养公者也[7]。君幼，则宜有养者，大夫之妾、士之妻。则未知臧氏之母者，曷为者也。养公者，必以其子入养[8]。臧氏之母闻有贼，以其子易公，抱公以逃。贼至，凑公寝而弑之。臣有鲍广父与梁买子者，闻有贼，趋而至。臧氏之母曰："公不死也，在是。吾以吾子易公矣。"于是负孝公之周，诉天子，天子为之诛颜，而立叔术，反孝公于鲁。颜夫人者，妪盈女也，国色也，其言曰："有能为我杀杀颜者，吾为其妻。"叔术为之杀杀颜者，而以为妻，有子焉，谓之盱。夏父者[9]，其所为有于颜者也。盱幼而皆爱之，食必坐二子于其侧而食之，有珍怪之食，盱必先取足焉。夏父曰："以来，人未足，而盱有余[10]。"叔术觉焉[11]，曰："嘻。此诚尔国也。"夫起而致国于夏父。夏父受而中分之，叔术曰："不可。"三分之，叔术曰："不可。"四分之，叔术曰："不可。"五分之，然后受之。公扈子者，邾娄之父兄也[12]，习乎邾娄之故，其言曰："恶有言人之国贤若此者乎[13]！诛颜之时天子死，叔术起而致国于夏父。当此之时，邾娄人常被兵于周，曰：何故死吾天子[14]？"通滥，则文何以无邾娄？天下未有滥也[15]。天下未有滥，则其言以滥来奔何？叔术者，贤大夫也，绝之，则为叔术不欲绝；不绝，则世大夫也[15]。大夫之义不得世，故于是推而通之也[17]。

【注释】

①黑弓以滥来奔：黑弓为邾娄国大夫，滥为黑弓的封邑，这里是黑弓带着封邑投奔鲁国。黑弓为叔术的后裔。叔术为邾娄颜公的同母弟，或是庶弟，生活之时代当鲁武公、懿公、孝公之时，在春

秋之前。

②文何以无邾娄：文，指《春秋》之文辞。《公羊传》由历代经师口耳相授，在口传中，此条经文为“邾娄黑弓以滥来奔”，然文辞中无“邾娄”二字，故而发问。

③通滥也：通滥为国，即将滥视为一个国家，不系属于邾娄国，故文辞中无“邾娄”二字。

④则未知其为武公与，懿公与：武公，鲁武公，名敖。懿公，鲁懿公，名戏，为武公之子。邾娄颜公有女，嫁于鲁国，不知嫁于鲁武公，还是鲁懿公。

⑤孝公：鲁孝公，名称，为鲁懿公之弟。

⑥因以纳贼：贼，欲弑杀孝公之贼。据《史记·鲁世家》记载，鲁懿公兄子伯御，图谋篡位，弑杀了懿公。《列女传》记载，伯御又欲杀公子称（鲁孝公），则此处之贼人，或是伯御。然《公羊传》下文云：“则未知其为鲁公子与？邾娄公子与？”则未能确定贼人是鲁国公子，还是邾娄公子。因此处《公羊传》主要是强调邾娄颜公之罪行，故略于鲁国之事。

⑦公：指鲁孝公。

⑧必以其子入养：何休云：“不离人母子，因以娱公也。”

⑨夏父：妪盈女与邾娄颜公之子。上文之盱为妪盈女与叔术之子。

⑩以来，人未足，而盱有余：何休云：“以来，犹曰以彼物来置我前。人，夏父自谓也。”

⑪叔术觉焉：叔术觉察到，小时争食，大必争国，故有让国于夏父之事。

⑫公扈子者，邾娄之父兄也：公扈子，孔子作《春秋》时邾娄国君父兄辈的人，熟悉邾娄国的掌故。

⑬恶有言人之国贤若此者乎：贤，指贤者叔术。若此，指上文所言，妻嫂感儿争食而让国之事。公扈子认为，贤者哪有妻嫂之事，上

文纯属无稽之谈。

⑭何故死吾天子：即违背天子生时之命，是“死蓄吾天子”。邾娄国之史实，是天子杀了邾娄颜公，而立叔术为君。叔术本欲让国于夏父，奈何杀颜公的天子(周宣王)还在，等到宣王驾崩，方让国于夏父。然此举违背了宣王生时之命，故邾娄国经常被周讨伐。值得注意的是，颜公被诛绝，“诛君之子不立”，而夏父不能享国，之所以贤叔术者，刘逢禄云：“致国夏父，虽以家事干王事，而意合于让，夫子追进之，以救末世不让之祸。”

⑮天下未有滥也：《春秋》通滥邑为国，天下实无滥国。

⑯绝之，则为叔术不欲绝；不绝，则世大夫也：此是解释经文书“黑弓以滥来奔”且口系“邾娄”的原因。绝之，即不口系“邾娄”而书“滥黑弓来奔”，则使滥邑真的成为一个国家，而与邾娄国决绝，这是叔术不愿看到的。不绝，即口系“邾娄”而书“滥黑弓来奔”，则“(邾娄)滥黑弓”这种表达方式，表示黑弓是邾娄国世袭的大夫，故以封邑为氏，这与《春秋》“讥世卿”的精神违背，亦不可。

⑰推而通之：即推大夫以邑来奔之文，而通滥为国，以此为叔术避讳。案此处史实，是黑弓窃邑叛国，本当书“邾娄黑弓以滥来奔”，《春秋》为叔术避讳，在书法上，通滥为国，书“黑弓以滥来奔”，又考虑到天下实无滥国，叔术又不欲绝于邾娄国，故口系“邾娄”。

【译文】

【经】冬，黑弓以滥来投奔鲁国。

【传】文辞中为何没有“邾娄”二字而口传中有？是将滥邑通为一个国家。为何通滥为国？因为贤者的子孙，宜有封地。贤者指的是谁？指的是叔术。叔术有何贤德？有让国之贤。他让国是怎么回事？在邾娄颜公的时代，邾娄女有嫁为鲁国夫人的，不知是嫁于鲁武公？还是鲁懿公。鲁孝公年幼，颜公在鲁国宫内与九位公主淫乱，因而招致了弑君的贼人。不知贼人是鲁国的公子？还是邾娄国的公子。臧氏之母，是抚养孝公之人。案礼制国君年幼，宜有抚养之人，选用大夫的妾，或是士的妻子。那么不知道臧氏之母，是什么身份。抚养国君之人，一定要携带自己的儿子进宫一起抚养。臧氏之母听闻有贼人，用自己的儿子替换了孝公，抱着孝公逃走了。贼人到了，凑近孝公的寝室，弑杀了那孩子。鲁国大臣中有鲍广父与梁买子二人，听闻有贼，疾走而至。臧氏之母说："公没有死，在这里。我用我的儿子替代了公。"于是二人背负着孝公去周天子处控诉。天子为他们诛杀了邾娄颜公，另立叔术为国君，又将孝公送回鲁国。邾娄颜公的夫人，是妪盈的女儿，是国色，她声称："有能为我杀掉害死颜公的人鲍广父、梁买子，我就嫁给他。"叔术为她杀了害死颜公的人，从而以她为妻。生了个儿子，名叫盱。夏父，是妪盈女与颜公所生的儿子。盱年幼，叔术与妪盈女都很疼爱他，吃饭时必定让两个孩子坐在身旁，照顾他们的饮食。有什么珍贵新奇的食物，盱必定先取足吃够。夏父说："把食物拿过来，人家没有吃饱，盱却多有剩余。"叔术有所警觉，说："哎。这诚然是你的国家。"起来将国家交给夏父。夏父接受后，将国家分出一半，交与叔术，叔术不接受。分出三分之一，叔术不接受。分出四分之一，叔术不接受。分出五分之一，然后叔术接受。公扈子，是邾娄国君父兄辈的人，熟悉邾娄国的掌故，他说："哪有这么说一个国家的贤者的？当诛杀颜公的天子去世后，叔术才起来将国家交给夏父。在那时，邾娄国经常遭受周朝军队的攻击，他们问罪道：'为何死蓄我们天子！'"通滥为国，文辞中为何没有"邾娄"二字？因为天下实无滥国。天下实无滥国，那么经言"以滥来奔"是为何？因为叔术是贤大夫，若不口系"邾娄"二字，是将滥邑与邾娄国断绝，那么叔术是不欲如此的；若口系"邾娄"二字，不将滥邑与邾娄国分开，就表明黑弓是滥邑世袭的大夫。大夫的道义，不能世袭，所以推演大夫窃邑出奔之文，而通滥为国。

【经】十有二月,辛亥,朔,日有食之。

【译文】

【经】十二月,辛亥,朔日,发生了日食。

【经】三十有二年,春,王正月,公在乾侯。

【译文】

【经】三十二年,春,王正月,公在乾侯。

【经】取阚。

【传】阚者何?邾娄之邑也。曷为不系乎邾娄?讳亟也[①]。

【注释】

①讳亟也:亟,疾也。上文鲁国刚接受了邾娄国的滥邑,此处又夺取阚邑,贪利之心过于急切,故为之避讳。

【译文】

【经】夺取阚邑。

【传】阚邑是什么地方?是邾娄国的城邑。为何不系属于邾娄国?是为鲁国避讳取邑之心过于急切。

【经】夏,吴伐越。

【译文】

【经】夏,吴国伐击越国。

【经】秋，七月。

【译文】

【经】秋，七月。

【经】冬，仲孙何忌会晋韩不信、齐高张、宋仲几、卫世叔申、郑国参、曹人、莒人、邾娄人、薛人、杞人、小邾娄人，城成周①。

【注释】

①城成周：修筑成周城。案《春秋》之例，天子之居称京师，此处称成周者，是将周天子降为列国。

【译文】

【经】冬，仲孙何忌会同晋韩不信、齐高张、宋仲几、卫世叔申、郑国参、曹人、莒人、邾娄人、薛人、杞人、小邾娄人，修筑成周。

【经】十有二月，己未，公薨于乾侯。

【译文】

【经】十二月，己未，公在乾侯薨没。

定公第十一

【题解】

定公，为鲁昭公之子。昭公被季氏所逐，身死国外，定公受国于季氏，在位共十五年。

定公篇主要的义理有："元年，春，王"条、"（六月）戊辰，公即位"条，见定公受国于季氏，当被诛绝，又见《春秋》"定哀多微辞"之旨。元年"晋人执宋仲几于京师"条，见"大夫不得专执"之义。四年"蔡侯以吴子及楚人战于伯莒，楚师败绩"条，见"父不受诛，子复仇可也"之义。六年"季孙斯、仲孙忌帅师围运"条，见《春秋》"讥二名"之旨。八年"盗窃宝玉大弓"条，见陪臣之执国政。十二年"叔孙州仇帅师堕郈"、"季孙斯、仲孙何忌帅师堕费"条，见孔子之"堕三都"。

【经】元年，春，王。

【传】定何以无正月①？正月者，正即位也②。定无正月者，即位后也③。即位何以后？昭公在外④，得入不得入，未可知也。曷为未可知？在季氏也。定、哀多微辞⑤，主人习其读而问其传，则未知己之有罪焉尔⑥。

【注释】

①定何以无正月：定，鲁定公，昭公之子。无正月，即定公元年未书“正月”二字。

②正月者，正即位也：此处据“大一统”言“正月”之意义。案“大一统”之义，“正月”是王者政教的开端，《春秋》书“王正月，公即位”，是以王之“正月”正诸侯之“即位”。故元年之“正月”，是表示诸侯即位的合法性，与是否真的在正月行即位之礼无关。

③定无正月者，即位后也：即位后，指定公即位在六月。这是为定公避讳之辞。案《春秋》之义，“诛君之子不立”，鲁昭公失众出奔，则当诛绝，其子定公无即位之资格，故从《春秋》从“大一统”的角度，不书“正月”。此处为定公避讳，好像不书“正月”表面的意思，是因定公即位的时间在正月之后。

④昭公在外：鲁昭公薨于晋国的乾侯邑，灵柩尚在国外。季氏若不将昭公之丧迎回，则不以国君之礼葬昭公，而定公亦无即位之资格。

⑤微辞：孔广森云：“微辞者，意有所托，而辞不显，唯察其微者，乃能知之。”如此处不书“正月”，表面意思是即位时间在后，实际意思是诛君之子不立，惟有细察“正月”的含义，才能知道实际的意思。

⑥主人习其读而问其传，则未知己之有罪焉尔：主人，微辞所指的对象，此处为定公。即假设主人看到微辞而询问，也仅知道表面的意思，不知道自己有罪。之所以如此，因为定、哀时期，是孔子自己生活的年代，多有微辞者，“上以讳尊隆恩，下以避祸容身”。

【译文】

【经】元年，春，王。

【传】定公为何没有“正月”？正月在“大一统”的意义上，是用来正即位的。定公没有正月，字面的意思是即位之礼在正月之后。为何在正月之后即位？昭公的灵柩尚在国外，能不能迎回国内，还不得而知。为何不得而知？因为决定权在季氏。定公、哀公之篇，多有微辞。假设主人阅读记录他们的经文，而询问解释，也不知道自己在其中有罪。

【经】三月，晋人执宋仲几于京师。

【传】仲几之罪何？不蓑城也[①]。其言于京师何？伯讨也[②]。伯讨则其称人何[③]？贬。曷为贬？不与大夫专执也。曷为不与？实与，而文不与。文曷为不与？大夫之义，不得专执也[④]。

【注释】

①不蓑城也："蓑"，当作"衰"，依次递减之意。此处指案国力大小，依次承担修筑城池的任务。昭公三十二年"冬，仲孙何忌会晋韩不信、齐高张、宋仲几、卫世叔申、郑国参、曹人、莒人、邾娄人、薛人、杞人、小邾娄人，城成周"，是为天子修筑之事。宋仲几不愿承担任务，故被晋国大夫韩不信拘捕。

②伯讨也：案《春秋》之例，诸侯有罪，方伯讨之，归于京师，使天子治其罪。故书"于京师"，得伯讨之义。

③伯讨则其称人何：案《春秋》之例，诸侯行伯讨之事，称爵以执，如"晋侯执曹伯，归之于京师"；若非伯讨，则称人以执，如"晋人执莒子、邾娄子以归"。《公羊传》参照诸侯之例，嫌大夫执人，亦当区分伯讨、非伯讨，伯讨则书名氏，非伯讨则书人，故而发问。

④大夫之义，不得专执也：专执，指大夫行伯讨之事。案伯讨是诸侯之事，若大夫以王事执人，则是僭越诸侯之职，颠倒尊卑。此处韩不信虽因王事而执宋仲几，并由天子治罪，事件本身符合伯讨之义，然韩不信非行伯讨之人，因而《春秋》实际上赞许（书"于

京师”),而在文辞上不赞许(将韩不信贬称人)。

【译文】

【经】三月,晋人在京师拘捕了宋仲几。

【传】仲几有什么罪行?没有完成应该承担的修筑成周城墙的任务。经言“于京师”是为何?表明得伯讨之义。是伯讨那么为何称晋韩不信为晋人?是贬抑他。为何贬抑?不赞同大夫专执。为何不赞许大夫专执?实际上赞许,而文辞上不赞许。文辞上为何不赞许?大夫的道义,不能专执,否则就僭越诸侯。

【经】夏,六月,癸亥,公之丧至自乾侯。

【译文】

【经】夏,六月,癸亥,昭公的灵柩从乾侯送回。

【经】戊辰,公即位。

【传】癸亥,公之丧至自乾侯,则曷为以戊辰之日,然后即位?正棺于两楹之间,然后即位[①]。子沈子曰:“定君乎国[②],然后即位。”即位不日,此何以日?录乎内也[③]。

【注释】

①正棺于两楹之间,然后即位:案丧礼,小殓时,将尸体穿好衣服,移到堂上的床笫上,床笫位于两根楹柱之间。此处“正棺于两楹之间”,是象小殓之后夷于堂之礼,此为癸亥日(六月二十三日)所行之事。之所以要“正棺于两楹间”,因鲁昭公之丧自外而至,臣子未行始死居丧之礼,故以“正棺于两楹间”,代替始死之时。“然后即位”,指戊辰日(六月二十八日)定公行即位之礼。案礼

制，诸侯死后五日大殓，大殓之后成服（即穿上完整的丧服），嗣君方能即位。定公以“正棺于两楹间”，象始死之时，又过五日即位，象大殓后嗣君即位，得礼之变。

②定君乎国：何休云：“定昭公之丧礼于国。”

③录乎内也：何休云：“内事详录，善得五日变礼。或说：危不得以逾年正月即位，故日。”

【译文】

【经】六月戊辰日，定公即君位。

【传】癸亥日，昭公的灵柩从乾侯送回，那么为何定公以戊辰之日即君位？先将昭公灵柩移到堂上两根楹柱之间，然后定公即君位。子沈子说：“在国中安定好了昭公的丧礼，然后即君位。”即位不记录日期，此处为何记录日期？是详录鲁国之事。

【经】秋，七月，癸巳，葬我君昭公。

【译文】

【经】秋，七月，癸巳，安葬我们的国君昭公。

【经】九月，大雩。

【译文】

【经】九月，举行大雩祭。

【经】立炀宫①。

【传】炀宫者何？炀公之宫也。立者何？立者不宜立也，立炀宫，非礼也。

【注释】

①立炀宫：炀宫，鲁炀公之庙。炀公为春秋前的鲁国国君，属于毁庙之主，不宜复为之立庙。故下文云“立者不宜立也，立炀宫，非礼也。”值得注意的是，案时月日例，失礼宗庙例日，此处立炀宫不书日者，因此处是所见世，世愈近而讳愈深。

【译文】

【经】立炀宫。

【传】炀宫是什么？是炀公之庙。“立”是什么意思？书“立”表明不宜立。立炀宫，是非礼的。

【经】冬，十月，贾霜杀菽[①]。

【传】何以书？记异也[②]。此灾菽也，曷为以异书？异大乎灾也[③]。

【注释】

①菽：大豆。

②记异也：降霜独唯独杀菽，未杀他物，故为异象。何休云：“周十月，夏八月，微霜用事，未可杀菽。菽者，少类，为稼强，季氏象也。是时定公喜于得位，而不念父黜逐之耻，反为淫祀立炀宫，故天示以当早诛季氏。”

③异大乎灾也：何休云：“灾者，有害于人物，随事而至者。异者，非常可怪，先事而至者。”异大乎灾，有两方面的原因：第一，国家有失，则天先降灾以谴告之；谴告而不变，则降怪异之象以惊骇之。第二，灾有伤于物，异无伤于物，《春秋》重异不重灾，是贵教化，而贱刑罚。

【译文】

【经】冬，十月，下霜，冻死了大豆。

【传】为何记录此事？是记录异象。此处只冻死了大豆，为何用异象记录？因为异象比灾害更严重。

【经】二年，春，王正月。

【译文】

【经】二年，春，王正月。

【经】夏，五月，壬辰，雉门及两观灾①。

【传】其言雉门及两观灾何？两观微也②。然则曷为不言雉门灾及两观？主灾者，两观也③。主灾者两观，则曷为后言之？不以微及大也④。何以书？记灾也⑤。

【注释】

①雉门及两观灾：案礼制，诸侯都城有三门，从外至内，分别是雉门、库门、路门；在雉门边上设有瞭望台，这就是观；诸侯只有一座观。此处鲁国雉门立两观，是僭越了天子的制度，未言设两观者，“僭天子不可言也”。

②两观微也：观是门旁的装饰，故云“两观微也”。案《春秋》之例，书“及”字区别尊卑，故经云“雉门及两观”。

③主灾者，两观也：何休云：“时灾从两观起。”若言“雉门灾及两观”，则是雉门先起火，再波及两观，与事实不符。

④不以微及大也：微，指两观。大，指雉门。“不以微及大也”，即不书“两观灾及雉门”。

⑤记灾也：案雉门设立两观，是僭越天子的制度。昭公二十五年，子家驹劝谏昭公，已提及此事，认为昭公当先自正，然后正人。

昭公不听，反被季氏所逐，身死他国。定公作为昭公之子，当据前车之鉴，除去僭制，故上天降灾警示之。

【译文】

【经】夏，五月，壬辰，雉门以及两观发生了火灾。

【传】经言“雉门及两观灾”是为何？因为两观比雉门低微。然则为何不言“雉门灾及两观”？因为是火灾起自两观。火灾起自两观，那么为何后言两观？不以微者居“及”字之前，大者居“及”字之后。为何记录此事？是记录灾害。

【经】秋，楚人伐吴。

【译文】

【经】秋，楚人伐击吴国。

【经】冬，十月，新作雉门及两观。

【传】其言新作之何？修大也①。修旧不书，此何以书？讥。何讥尔？不务乎公室也②。

【注释】

①修大也：上文天降灾害，以为当恢复诸侯之制，雉门一观，此处仍按天子之制，修复雉门及两观，故言“修大”。

②不务乎公室也：务，勉也。公室，指鲁国国君。雉门之内，为鲁国外朝所在，五月遭火灾，至十月才修葺，故“不务公室”字面意思，是讥刺久不修。实际上，也可指三家专政，许久未行朝见公室之礼。此为微辞之实例。

【译文】

【经】冬,十月,新建雉门以及两观。

【传】经言"新作雉门及两观"是为何?重修仍超出了诸侯之制。修葺旧有建筑,例所不书,此处为何记录?是讥刺。讥刺什么?讥刺不勤勉于公室。

【经】三年,春,王正月,公如晋,至河乃复。

【译文】

【经】三年,春,王正月,公去晋国,行至黄河边,乃折返回国。

【经】三月,辛卯,邾娄子穿卒。

【译文】

【经】三月,辛卯,邾娄子穿去世了。

【经】夏,四月。

【译文】

【经】夏,四月。

【经】秋,葬邾娄庄公。

【译文】

【经】秋,安葬邾娄庄公。

【经】冬，仲孙何忌及邾娄子盟于枝[1]。

【注释】

①冬，仲孙何忌及邾娄子盟于枝：案时月日例，盟立日，小信月，大信时。此处邾娄子尚在丧中，未逾年，而鲁国强会之，是薄于父子之恩；又派遣大夫，尊卑不等。如此则鲁国有大恶，故《春秋》为之避讳，书时，好像枝之盟是“义结善事”，如此鲁国之恶就减轻了。

【译文】

【经】冬，仲孙何忌与邾娄子在枝地结盟。

【经】四年，春，王二月，癸巳，陈侯吴卒。

【译文】

【经】四年，春，王二月，癸巳，陈侯吴去世了。

【经】三月，公会刘子、晋侯、宋公、蔡侯、卫侯、陈子、郑伯、许男、曹伯、莒子、邾娄子、顿子、胡子、滕子、薛伯、杞伯、小邾娄子、齐国夏于召陵[1]，侵楚。

【注释】

①召陵：先前蔡昭公去楚国，楚国大夫囊瓦向他索要一美裘，昭公不与。楚国为此将蔡昭公拘执了数年，然后才放他回国。此处诸侯会于召陵，即为此事侵责楚国。

【译文】

【经】三月，公与刘子、晋侯、宋公、蔡侯、卫侯、陈子、郑伯、许男、曹伯、莒子、邾娄子、顿子、胡子、滕子、薛伯、杞伯、小邾娄子、齐国夏在召陵相会,侵责楚国。

【经】夏,四月,庚辰,蔡公孙归姓帅师灭沈[①],以沈子嘉归,杀之。

【注释】

①灭沈:沈国因未参加召陵之会,故而被灭。

【译文】

【经】夏,四月,庚辰,蔡公孙归姓帅师灭亡了沈国,把沈子嘉俘获了回去,将其杀害。

【经】五月,公及诸侯盟于浩油。杞伯戊卒于会。

【译文】

【经】五月,公与诸侯在浩油结盟。杞伯戊在会上去世。

【经】六月,葬陈惠公[①]。

【注释】

①葬陈惠公:陈惠公,即陈侯吴。昭公十三年,"陈侯吴归于陈",是接受楚国的专封,属于篡位。《春秋》之例,篡明则书其葬。

【译文】

【经】六月,安葬陈惠公。

【经】许迁于容城。

【译文】

【经】许国迁都到了容城。

【经】秋,七月[①],公至自会。

【经】刘卷卒[②]。

【传】刘卷者何?天子之大夫也。外大夫不卒,此何以卒?我主之也[③]。

【注释】

①七月:案时月日例,公致例时,此处之“七月”,是为下文“刘卷卒”而出。

②刘卷卒:刘卷,即上文召陵之会的“刘子”。案名例,诸侯入为天子大夫,以畿内封地为氏,称子。此处“卷”为刘子之名。

③我主之也:实际应作“主我”,即上文“公会刘子以下于召陵”,刘子是主会者。刘子主会,而言“我主之”者,因《春秋》托鲁国为王者,故变文。刘子主会,则对鲁国有恩礼,故书其卒。值得注意的是,天子大夫对鲁国有恩礼,而书其卒者,有几种情况:天子大夫有主会之恩者,在会后一年内去世,书其卒。鲁君奔丧天子,天子大夫主傧赞诸侯者,在葬后三年内去世,书其卒。鲁君薨没,天子大夫来会葬者,在葬后三年内去世,书其葬。

【译文】

【经】秋,七月,公从召陵之会归国。

【经】刘卷去世了。

【传】刘卷是什么人?是天子的大夫。鲁国之外的大夫,例不书卒,此处为何书刘卷之卒？因为他对鲁国有主会之恩。

【经】葬杞悼公。

【译文】

【经】安葬杞悼公。

【经】楚人围蔡[①]。

【注释】

①楚人围蔡：楚人，实为楚国大夫囊瓦。此处围蔡者，因蔡昭公被楚国拘禁数年，归去时云："天下诸侯，苟有能伐楚者，寡人请为之前列。"囊瓦而称楚人者，是贬抑他。详参下伯莒之战条。

【译文】

【经】楚人包围了蔡国都城。

【经】晋士鞅、卫孔圄帅师伐鲜虞。

【译文】

【经】晋士鞅、卫孔圄帅师伐击鲜虞。

【经】葬刘文公[①]。

【传】外大夫不书葬，此何以书？录我主也。

【注释】

①葬刘文公：刘文公，即上文之刘卷。

【译文】

【经】安葬刘文公。

【传】鲁国之外的大夫，例不书葬，此处书刘文公之葬，是为何？因他对鲁国有主会之恩，故详录之。

【经】冬，十有一月，庚午，蔡侯以吴子及楚人战于伯莒，楚师败绩。

【传】吴何以称子？夷狄也，而忧中国。其忧中国奈何？伍子胥父诛乎楚，挟弓而去楚，以干阖庐①。阖庐曰："士之甚，勇之甚。"将为之兴师，而复雠于楚。伍子胥复曰："诸侯不为匹夫兴师，且臣闻之，事君犹事父也，亏君之义，复父之雠，臣不为也。"于是止。蔡昭公朝乎楚，有美裘焉，囊瓦求之，昭公不与，为是拘昭公于南郢，数年然后归之。于其归焉，用事乎河②，曰："天下诸侯，苟有能伐楚者，寡人请为之前列。"楚人闻之怒③，为是兴师，使囊瓦将而伐蔡。蔡请救于吴，伍子胥复曰："蔡非有罪也，楚人为无道，君如有忧中国之心，则若时可矣。"于是兴师而救蔡。曰事君犹事父也，此其为可以复雠奈何④？曰：父不受诛，子复雠可也⑤。父受诛，子复雠，推刃之道也⑥。复雠不除害⑦。朋友相卫，而不相迿⑧。古之道也。

【注释】

①以干阖庐：何休云："不待礼见曰干，欲因阖庐以复雠。"

②用事乎河：河，黄河。用事，祭祀。蔡昭公前往晋国请求讨伐楚国，故经过黄河，因祭祀而发誓。上文召陵之会，即是晋侯应蔡

昭公之请，侵责楚国。

③楚人闻之怒：诸侯侵责楚国之后，楚国方听闻蔡昭公之誓言，怒而发兵，即上文之“楚人围蔡”。

④曰事君犹事父也，此其为可以复雠奈何：以下就伍子胥复雠之事，广论复雠的义理。事君犹事父，古人以事父之敬推及事君，故父为子之至尊，君为臣之至尊。此处问，君、父都是至尊，为何可以向君王报杀父之仇？

⑤父不受诛，子复雠可也：不受诛，罪不当诛也。父亲无罪，而被国君诛杀，则君臣之义已绝，故可以向国君复雠。值得注意的是，此处国君指诸侯，因当时可以出仕他国，故君臣之义可绝；若是天子，则普天之下，莫非王土，君臣之义不可绝，不可向天子复雠。

⑥推刃之道也：何休云：“子复雠非，当复讨其子，一往一来曰推刃。”

⑦复雠不除害：除害，即斩草除根，将仇人的子女等人一并杀害。《春秋》以为，复雠只能针对本人，否则无道义可言。

⑧朋友相卫，而不相迿（xùn）：何休云：“同门曰朋，同志曰友。相卫，不使为雠所胜。”迿，先也。即不得先于朋友出手，所以伸孝子之恩。

【译文】

【经】冬，十一月，庚午，蔡侯以吴子在伯莒与楚人合战，楚师败绩。

【传】吴为何称“子”？吴是夷狄，但有担忧中国之心。吴国担忧中国是怎么回事？伍子胥的父亲被楚王诛杀，伍子胥挟着弓箭离开了楚国，直接求见阖庐。阖庐说：“士之大贤！勇敢至极！”将要兴师为他向楚国报仇。伍子胥回答说：“诸侯不为匹夫兴师。况且微臣听闻，侍奉国君如同侍奉父亲。亏损国君的道义，以报父亲之仇，微臣不干这种事。”于是作罢。蔡昭公去楚国朝见，有一件美裘，囊瓦向昭公索求，昭公不给。为此将昭公拘禁在南郢,几年之后才释放他。蔡昭公回去向晋请兵,在黄河边祭祀,发誓道:“天下诸侯如有能讨伐楚国的,我愿为先锋。”楚人听闻此语,大怒,为此兴师,使囊瓦为将,而讨伐蔡国。蔡国向吴国求救,伍子胥说:“蔡国没有罪过,楚人为无道之行,国君如果有担忧中国之心,那么此时可以出兵了。”于是兴师救援蔡国。说侍奉国君犹如侍奉父亲,此处为何可以向国君复仇?说,父无罪而被诛杀,儿子可以向国君复仇。父亲有罪被诛杀,儿子复仇,则往来相杀不止。复仇不能斩草除根。朋友帮忙复仇时,互相护卫,不能率先刺杀仇家。这是自古以来的道义。

【经】楚囊瓦出奔郑。

【译文】

【经】楚囊瓦出奔去了郑国。

【经】庚辰,吴入楚。

【传】吴何以不称子?反夷狄也。其反夷狄奈何?君舍于君室①,大夫舍于大夫室,盖妻楚王之母也。

【注释】

①君舍于君室:何休云:“舍其室,因其妇人为妻。”此为吴国集体的一次禽兽之行,故由称子贬至称国。

【译文】

【经】庚辰,吴国攻入楚国都城。

【传】吴为何不称为“子”?因为返回了夷狄。吴国返回夷狄是怎么回事?国君住进楚君之室,大夫住进楚国大夫之室,大概是奸淫了楚王的母亲。

【经】五年,春,王正月,辛亥,朔,日有食之。

【译文】

【经】五年,春,王正月,辛亥,朔日,发生了日食。

【经】夏,归粟于蔡①。

【传】孰归之?诸侯归之。曷为不言诸侯归之?离至不可得而序,故言我也②。

【注释】

①归粟于蔡:归,馈也。何休云:"时为蔡新被强楚之兵,故归之粟。"

②离至不可得而序,故言我也:参见襄公五年"冬,戍陈"条。

【译文】

【经】夏,赠送粟米给蔡国。

【传】谁赠送的?是诸侯赠送的。为何不说是诸侯赠送?因为诸侯先后离散到来,没办法序列,所以姑且按鲁国的书法记录此事。

【经】於越入吴①。

【传】於越者何?越者何?於越者,未能以其名通也。越者,能以其名通也。

【注释】

①於越入吴:於越,即越国。依何休之意,越人自称其国为"於越",

中国称之为“越”。案《春秋》对于夷狄，有七等进退之法，即“州、国、氏、人、名、字、子”。此处越为夷狄，又在吴国新忧中国之时，攻入吴国都城，有大恶，故贬出七等之外，称其为“於越”。

【译文】

【经】於越攻入了吴国都城。

【传】於越是什么？越是什么？书“於越”，表明越国未能以其名通于中国。书“越”，表明越国能以其名通于中国。

【经】六月，丙申，季孙隐如卒。

【译文】

【经】六月，丙申，季孙隐如去世了。

【经】秋，七月，壬子，叔孙不敢卒。

【译文】

【经】秋，七月，壬子，叔孙不敢去世了。

【经】冬，晋士鞅帅师围鲜虞。

【译文】

【经】冬，晋士鞅帅师包围了鲜虞都城。

【经】六年，春，王正月，癸亥，郑游遬帅师灭许，以许男斯归。

【译文】

【经】六年，春，王正月，癸亥，郑游遬帅师灭亡了许国，将许男斯俘虏了回去。

【经】二月[①]，公侵郑。

【经】公至自侵郑。

【注释】

①二月：案时月日例，侵例时，此处书月者，何休云："月者，内有强臣之雠不能讨，而外结怨，故危之。"

【译文】

【经】二月，公侵责郑国。

【经】公从侵郑之役归国。

【经】夏，季孙斯、仲孙何忌如晋。

【译文】

【经】夏，季孙斯、仲孙何忌出使去了晋国。

【经】秋，晋人执宋行人乐祁犁。

【译文】

【经】秋，晋人拘捕了宋国的使者乐祁犁。

【经】冬，城中城。

【译文】

【经】冬，修筑中城。

【经】季孙斯、仲孙忌帅师围运。

【传】此仲孙何忌也，曷为谓之仲孙忌？讥二名[①]。二名，非礼也。

【注释】

①讥二名：二名，二字为名。仲孙何忌，即是二字为名。古代臣子需要避讳君父之名，若君父一字为名，则容易避讳，若二字为名，则不易避讳。讥二名是《春秋》独有的制度，依照三世理论，至太平世，已经没有大的罪恶，故只能讥刺二字为名这种小恶。值得注意的是，此处仅是"文致太平"，实则未能太平，《春秋》讥二名，是为太平世张法而已。

【译文】

【经】季孙斯、仲孙忌帅师包围运邑。

【传】这里是仲孙何忌，为何称之为仲孙忌？是讥刺二字为名。二字为名，是非礼的。

【经】七年，春，王正月。

【译文】

【经】七年，春，王正月。

【经】夏，四月。

【译文】

【经】夏，四月。

【经】秋，齐侯、郑伯盟于咸。

【译文】

【经】秋，齐侯、郑伯在咸地结盟。

【经】齐人执卫行人北宫结，以侵卫。

【译文】

【经】齐人拘捕了卫国的使者北宫结，继而侵袭卫国。

【经】齐侯、卫侯盟于沙泽。

【译文】

【经】齐侯、卫侯在沙泽结盟。

【经】大雩。

【译文】

【经】举行大雩祭。

【经】齐国夏帅师伐我西鄙。

【译文】

【经】齐国夏帅师伐击我国西部边境。

【经】九月，大雩。

【译文】

【经】九月，举行大雩祭。

【经】冬，十月。

【译文】

【经】冬，十月。

【经】八年，春，王正月，公侵齐。公至自侵齐。

【经】二月，公侵齐。三月，公至自侵齐。

【译文】

【经】八年，春，王正月，公侵责齐国。公从侵齐之役归国。

【经】二月，公侵责齐国。三月，公从侵齐之役归国。

【经】曹伯露卒。

【译文】

【经】曹伯露去世了。

【经】夏，齐国夏帅师伐我西鄙。

【译文】

【经】夏，齐国夏帅师伐击我国西部边境。

【经】公会晋师于瓦。公至自瓦。

【译文】

【经】公与晋师在瓦地相会。公从瓦地归来。

【经】秋，七月，戊辰，陈侯柳卒。

【译文】

【经】秋，七月，戊辰，陈侯柳去世了。

【经】晋赵鞅帅师侵郑，遂侵卫。

【译文】

【经】晋赵鞅帅师侵责郑国，于是侵责卫国。

【经】葬曹靖公。

【译文】

【经】安葬曹靖公。

【经】九月，葬陈怀公。

【译文】

【经】九月，安葬陈怀公。

【经】季孙斯、仲孙何忌帅师侵卫。

【译文】

【经】季孙斯、仲孙何忌帅师侵责卫国。

【经】冬，卫侯、郑伯盟于曲濮。

【译文】

【经】冬，卫侯、郑伯在曲濮结盟。

【经】从祀先公①。

【传】从祀者何？顺祀也。文公逆祀，去者三人②。定公顺祀，叛者五人③。

【注释】

①从祀先公：从祀，顺祀也。先公，指鲁闵公、鲁僖公。文公二年“八月，丁卯，大事于大庙，跻僖公”，将僖公神主置于闵公之前，此为逆祀。此处则纠正过来，故云“从祀先公”。

②去者三人：何休云：“谏不从而去之。”

③叛者五人：何休云：“谏不以礼而去，曰叛。”根据《左传》所载，此

处实为阳虎借着从祀先公，想要除去三家。孔广森云："季氏专鲁国，然后舍中军，阳虎专季氏，然后从祀先公，而《春秋》书之，壹若国之典制者，称其美不称其恶，臣子之义；重其礼不重其事，制作之意也。察于此，可以治《公羊》之学矣。"

【译文】

【经】从祀先公。

【传】从祀是什么意思？是在祭祀中捋顺先公的次序。文公在祭祀中颠倒闵公、僖公的次序，以礼劝谏而离去的有三人。定公在祭祀中捋顺闵公、僖公的次序，不以礼劝谏而离去的有五人。

【经】盗窃宝玉大弓。

【传】盗者孰谓？谓阳虎也。阳虎者，曷为者也？季氏之宰也[1]。季氏之宰，则微者也，恶乎得国宝而窃之？阳虎专季氏，季氏专鲁国。阳虎拘季孙[2]，孟氏与叔孙氏迭而食之。睋而锓其板[3]，曰："某月某日，将杀我于蒲圃。力能救我，则于是。"至乎日，若时而出。临南者，阳虎之出也[4]，御之。于其乘焉，季孙谓临南曰："以季氏之世世有子[5]，子可以不免我死乎？"临南曰："有力不足，臣何敢不勉。"阳越者，阳虎之从弟也，为右[6]。诸阳之从者，车数十乘。至于孟衢[7]，临南投策而坠之[8]，阳越下取策，临南駷马[9]，而由乎孟氏。阳虎从而射之，矢著于庄门[10]。然而甲起于琴如[11]。弑不成，却反舍于郊，皆说然息[12]。或曰："弑千乘之主而不克，舍此可乎？"阳虎曰："夫孺子得国而已，如丈夫何？"睋而曰："彼哉！彼哉！趣驾[13]！"既驾，公敛处父帅师而至，慬然后得免[14]，自是走之晋。宝者何？璋判白[15]。弓绣质[16]。龟青纯[17]。

【注释】

①季氏之宰也：阳虎为季氏的家宰。

②阳虎拘季孙：何休云："季氏逐昭公之后，取其宝玉，藏于其家。阳虎拘季孙，夺其宝玉。"

③睋：阮校以为当作"俄"。俄，须臾之间。锓(qīn)其板：用指甲在食器板上刻字。

④阳虎之出也：姊妹之子曰出。临南为阳虎姊妹之子。

⑤以季氏之世世有子：何休云："言我季氏累世有女以为臣。"

⑥为右：车右。此处阳虎的堂弟阳越作为车右，实为看管季孙。

⑦孟衢：孟孙氏庄园前四通八达的大道。

⑧策：马鞭。

⑨竦(sǒng)马：挚动马嚼子使马快跑。

⑩矢著于庄门：庄门，孟氏所入门名。即刚闭门，箭就射到门上，几乎射中了季氏。

⑪甲：甲士，此指下文公敛处父率领的军队，即孟孙氏、叔孙氏之救兵。

⑫说然：犹"脱然"，舒迟之意。

⑬趣驾：趣，因促。即赶紧驾驭马车速行。

⑭慬(jǐn)：同"仅"，仅仅，只是。

⑮璋判白：判，半也。璋为玉器，半珪曰璋。案礼制，将珪分为两半，白色的部分藏于天子，青色的部分藏于诸侯。璋判白，即指白色的半珪。鲁国得用白璋者，因鲁国得用王礼，可以郊天，故天子赐以白璋。阳虎实窃取五玉(珪、璧、琮、璜、璋)，此处独举璋者，因璋是郊天所用，最为尊贵。

⑯弓绣质：绣，五彩绘画。质，弓弣，即中央握手处。

⑰龟青纯：纯，边缘也。龟青纯，即裙边是青色的龟，古人认为千岁之龟，裙边是青色的，明于吉凶。

【译文】

【经】盗偷去了宝玉、大弓。

【传】盗指的是谁？是阳虎。阳虎是什么人？是季氏的家宰。季氏的家宰，则是地位卑贱的人，为何能够偷窃国宝？阳虎专季氏之政，季氏专鲁国之政。阳虎拘禁了季孙，孟孙、叔孙两家轮流给季孙送饭，不久，季孙在食器的板上刻道："某月某日，将在蒲圃杀我，如有能力救我，当在那时。"到了那天那个时辰，他们出来了。临南，是阳虎姊妹之子，为季孙驾车。在上车的时候，季孙对临南说："看在我季氏累世以你为家臣的恩情上，你可以不免我于死乎？"临南说："力虽然不足，臣何敢不勉力为之？"阳越，是阳虎的堂弟，作为季氏的车右。诸多阳氏的随从们，车有十乘。行至孟衢，临南故意将马鞭掉在地上，阳越下车取马鞭。临南掣动马爵子，马飞驰而走，向孟孙家奔去。阳虎从后面追着射他，庄门刚关闭，箭便射到了门上。然而孟孙、叔孙的救兵，正从琴如杀来。阳虎弑杀季孙未成，退却舍止在郊外，军队都休息下来。有人说："弑杀千乘之主而未能成功，在此地舍止无所依傍，这样可以吗？"阳虎说："季孙小儿仅能把持国政，能把大丈夫怎样？"不一会儿，说："那边！那边！赶快驾车！"刚刚起驾，公敛处父帅师赶到，阳虎仅仅身免于难，自此逃亡晋国。国宝是什么？是白色的璋玉，弨上绘有五色花纹的大弓，青色裙边的龟。

【经】九年，春，王正月。

【译文】

【经】九年，春，王正月。

【经】夏，四月，戊申，郑伯囆卒。

【译文】

【经】夏，四月，戊申，郑伯囆去世了。

【经】得宝玉、大弓。

【传】何以书？国宝也，丧之书，得之书[1]。

【注释】

①丧之书，得之书：此处是微辞，表面意思是，因为贵重的缘故，所以丧失国宝要记录，得到国宝要记录。实际意思是，国宝是周公初封时，天子赏赐之物，子孙当永保，遗失国宝是失信于天子，为大罪，当被诛绝；而得到国宝，则罪行可免。

【译文】

【经】得到宝玉、大弓。

【传】为何记录此事？因为这些是国宝。丧失国宝要记录，得到国宝要记录。

【经】六月，葬郑献公。

【译文】

【经】六月，安葬郑献公。

【经】秋，齐侯、卫侯次于五氏[1]。

【注释】

①齐侯、卫侯次于五氏：五氏，为鲁国之地。齐侯、卫侯欲伐击鲁国，驻扎在五氏，未能真正伐击鲁国，便被击退。《春秋》善鲁国能早退强敌，故书齐侯、卫侯之止次。可参庄公十年“夏，齐师、宋师次于郎。公败宋师于乘丘”条。

【译文】

【经】秋，齐侯、卫侯止次在五氏。

【经】秦伯卒。

【经】冬，葬秦哀公。

【译文】

【经】秦伯去世了。

【经】冬，安葬秦哀公。

【经】十年，春，王三月，及齐平。

【译文】

【经】十年，春，王三月，与齐国和解。

【经】夏，公会齐侯于颊谷。公至自颊谷①。

【注释】

①公至自颊谷：何休云：“颊谷之会，齐侯作侏儒之乐，欲以执定公。孔子曰：‘匹夫而荧惑于诸侯者，诛。’于是诛侏儒，侏儒首足异

处。齐侯大惧，曲节从教。得意，故致也。”

【译文】

【经】夏，公于齐侯在颊谷相会。公从颊谷归国。

【经】晋赵鞅帅师围卫。

【译文】

【经】晋赵鞅帅师包围了卫国都城。

【经】齐人来归运、讙、龟、阴田[①]。

【传】齐人曷为来归运、讙、龟、阴田？孔子行乎季孙，三月不违[②]，齐人为是来归之[③]。

【注释】

①运、讙、龟、阴田：桓公元年传云：“邑多田少称邑，田多邑少称田。”据何休之意，运田、讙田、龟田、阴田，本为鲁国之地，后被齐国侵夺，此处前来归还。

②孔子行乎季孙，三月不违：何休云：“孔子仕鲁，政事行乎季孙，三月之中，不见违，过是违之也。”此处鲁国失守先祖之封地，此四邑已与鲁国断绝，孔子不欲受，而定公贪利受之。此即三月之外有违之事。刘逢禄云：“反侵地者，正齐人欲沮挠鲁政，即归女乐之几，受女乐为大恶，不可言也。”

③齐人为是来归之：何休云：“齐侯自颊谷会归，谓晏子曰：‘寡人获过于鲁侯，如之何？’晏子曰：‘君子谢过以质，小人谢过以文。齐尝侵鲁四邑，请皆还之。’”

【译文】

【经】齐人来归还运田、讙田、龟田、阴田。

【传】齐人为何来归还运田、讙田、龟田、阴田？孔子在季孙政权下任职，三月没有违背孔子的政见，因此齐人来归还田地。

【经】叔孙州仇、仲孙何忌帅师围郈①。

【经】秋，叔孙州仇、仲孙何忌帅师围费②。

【注释】

①郈：郈为叔孙氏私邑。

②费：费为季孙氏私邑。此处围郈、围费者，因叔孙、季孙的家臣，据邑反叛。

【译文】

【经】叔孙州仇、仲孙何忌帅师包围郈邑。

【经】秋，叔孙州仇、仲孙何忌帅师包围费邑。

【经】宋乐世心出奔曹。

【译文】

【经】宋乐世心出奔到了曹国。

【经】宋公子池出奔陈。

【译文】

【经】宋公子池出奔到了陈国。

【经】冬，齐侯、卫侯、郑游遬会于鞌。

【译文】

【经】冬，齐侯、卫侯、郑游遬在鞌地相会。

【经】叔孙州仇如齐。

【译文】

【经】叔孙州仇出使去了齐国。

【经】宋公之弟辰暨宋仲佗、石弫出奔陈[1]。

【注释】

①宋公之弟辰暨宋仲佗、石弫（kōu）出奔陈：宋公之弟辰，为宋公的同母弟。此处仲佗欲帅国人离去，而上文之乐世心、公子池及此处的石弫皆从之，危及国家，故言“宋仲佗”。又案《春秋》之例，书“暨”表示被动，则此处是仲佗胁迫辰出奔。

【译文】

【经】宋公同母弟臣暨宋仲佗、石弫出奔去了陈国。

【经】十有一年，春，宋公之弟辰及仲佗、石弫、公子池自陈入于萧以叛[1]。

【注释】

①宋公之弟辰及仲佗：案《春秋》之例，书“及”表示主动的意思。之

前辰出奔，是受仲佗胁迫，此处盘据萧邑叛国，则是主动为之。母弟为至亲，至亲之人，汲汲于叛国，则辰有大恶。

【译文】

【经】十有一年，春，宋公之弟辰及仲佗、石弧、公子池从陈进入萧邑，反叛宋国。

【经】夏，四月。

【译文】

【经】夏，四月。

【经】秋，宋乐世心自曹入于萧。

【译文】

【经】秋，宋乐世心从曹国进入萧邑。

【经】冬，及郑平。

【译文】

【经】冬，与郑国和解。

【经】叔还如郑莅盟。

【译文】

【经】叔还去郑国结盟。

【经】十有二年，春，薛伯定卒。

【经】夏，葬薛襄公。

【译文】

【经】十二年，春，薛伯定去世了。

【经】夏，安葬薛襄公。

【经】叔孙州仇帅师堕郈。

【经】卫公孟彄帅师伐曹。

【经】季孙斯、仲孙何忌帅师堕费。

【传】曷为帅师堕郈，帅师堕费？孔子行乎季孙，三月不违，曰："家不藏甲，邑无百雉之城①。"于是帅师堕郈，帅师堕费。雉者何？五板而堵，五堵而雉，百雉而城。

【注释】

①家不藏甲，邑无百雉之城：家，指大夫之家。邑，指大夫私邑。甲，兵甲。雉，计算城墙规模的单位，案下文，八尺曰板，五板曰堵，五堵曰雉，百雉之城，则有两万尺。何休云："礼，天子千雉，盖受百雉之城十；伯七十雉，子、男五十雉。"此处叔孙、季孙两家的私邑却有百雉，又藏有兵甲，故郈、费两邑经常出现邑宰反叛的情况，如定公十年"叔孙州仇、仲孙何忌帅师围郈。叔孙州仇、仲孙何忌帅师围费"。孔子因势利导，提出恢复古制的主张，说服叔孙、季孙两家堕郈、费。

【译文】

【经】叔孙州仇帅师毁坏了郈邑城墙。

【经】卫公孟彄帅师伐击曹国。

【经】季孙斯、仲孙何忌帅师毁坏了费邑城墙。

【传】为何帅师毁坏郈邑城墙？为何帅师毁坏费邑城墙？孔子在季孙政权下任职，三月没有违背孔子的政见，孔子说："大夫之家不藏兵甲，不能有百雉规模的私邑。"于是帅师毁坏了郈邑城墙，帅师毁坏了费邑城墙。雉是什么？五板为一堵，五堵为一雉，百雉筑就一城。

【经】秋，大雩。

【译文】

【经】秋，举行大雩祭。

【经】冬，十月，癸亥，公会晋侯盟于黄。

【译文】

【经】冬，十月，癸亥，公与齐侯在黄地结盟。

【经】十有一月，丙寅，朔，日有食之。

【译文】

【经】十一月，丙寅，朔日，发生了日食。

【经】公至自黄。

【译文】

【经】公从黄地归国。

【经】十有二月，公围成[①]。公至自围成[②]。

【注释】

①公围成：成为仲孙氏私邑。据《左传》，定公堕郈、费之后，欲堕成而仲孙氏不肯，故公率军围成。

②公至自围成：案公致之例，用于公出国会盟或用兵，言公从某地归国。包围成邑，是在境内用兵，本不应有致文。何休云："天子不亲征下士，诸侯不亲征叛邑，公亲围成，不能服，不能以一国为家，甚危，若从他国来，故危录之。"

【译文】

【经】十二月，公包围成邑。公从围成之役归国。

【经】十有三年，春，齐侯、卫侯次于垂瑕。

【译文】

【经】十三年，春，齐侯、卫侯止次在垂瑕。

【经】夏，筑蛇渊囿。

【译文】

【经】夏，筑造蛇渊囿。

【经】大蒐于比蒲。

【译文】

【经】在比蒲行大蒐之礼。

【经】卫公孟彄帅师伐曹。

【译文】

【经】卫公孟彄帅师伐击曹国。

【经】秋，晋赵鞅入于晋阳以叛[①]。

【经】冬，晋荀寅及士吉射入于朝歌以叛[②]。

【经】晋赵鞅归于晋。

【传】此叛也，其言归何[③]？以地正国也[④]。其以地正国奈何？晋赵鞅取晋阳之甲，以逐荀寅与士吉射。荀寅与士吉射者，曷为者也？君侧之恶人也。此逐君侧之恶人，曷为以叛言之？无君命也[⑤]。

【注释】

①晋阳：赵鞅的私邑。

②朝歌：荀寅、士吉射的私邑。

③此叛也，其言归何：案《春秋》之例，书"归"表明出入无恶。而上文言赵鞅叛国，则出入皆恶。两者矛盾，故而发问。

④以地正国也：地，指赵鞅的封地。国，晋国都城。此处指赵鞅用封地井田之兵，诛讨君侧的恶人。

⑤无君命也：何休云："无君命者，操兵乡国，故初谓之叛；后知其意，欲逐君侧之恶人，故录其释兵，书归赦之，君子诛意不诛事。"之所以先书叛，是正君臣之大防。

【译文】

【经】秋，晋赵鞅进入晋阳反叛。

【经】冬，晋荀寅及士吉射进入朝歌反叛。

【经】晋赵鞅回归晋国。

【传】上文言赵鞅叛国,此处书“归”是为何?因为赵鞅是以地正国。赵鞅以地正国是怎么回事?晋赵鞅调集晋阳邑的甲士,来驱逐荀寅、士吉射。荀寅与士吉射是什么人?是国君身边的恶人。这里是驱逐国君身边的恶人,为先用叛国之辞言之?因为赵鞅未得君命。

【经】薛弑其君比。

【译文】

【经】薛国弑杀了他们的国君比。

【经】十有四年,春,卫公叔戍来奔。

【译文】

【经】十四年,春,卫公叔戍来投奔鲁国。

【经】晋赵阳出奔宋①。

【注释】

①晋赵阳:“晋”字,《穀梁》与《公羊》同,《左传》作“卫”。

【译文】

【经】晋赵阳出奔去了宋国。

【经】三月①,辛巳,楚公子结、陈公子佗人帅师灭顿,以顿子牄归②。

【注释】

①三月："三"，阮本误作"二"，今据余仁仲本《春秋公羊解诂》改正。

②以顿子牄(qiāng)归：此处未明言带回楚国还是陈国。之所以如此，是以灭国为重，以责顿子不死位为重。若言归楚，不足以轻陈国灭人之罪；若言归陈，亦不足以轻楚国之罪。

【译文】

【经】三月，辛巳，楚公子结、陈公子佗人帅师灭亡了顿国，将顿子牄俘虏了回去。

【经】夏，卫北宫结来奔。

【译文】

【经】夏，卫北宫结来投奔鲁国。

【经】五月①，於越败吴于醉李。

【经】吴子光卒②。

【注释】

①五月：何休云："月者，为下(吴子光)卒出。"

②吴子光：即吴王阖闾。

【译文】

【经】五月，於越在醉李击败了吴国。

【经】吴子光去世了。

【经】公会齐侯、卫侯于坚。公至自会。

【译文】

【经】公与齐侯、卫侯在坚地相会。公从坚之会归国。

【经】秋，齐侯、宋公会于洮。

【译文】

【经】秋，齐侯、宋公在洮地相会。

【经】天王使石尚来归脤。

【传】石尚者何？天子之士也[①]。脤者何？俎实也[②]。腥曰脤，熟曰燔。

【注释】

①天子之士也：案名例，天子上士称名氏，故知石尚是天子之士。

②俎实也：俎，载牲体之器，形似几。实，俎肉。生肉称脤，熟肉称燔。案礼制，诸侯朝见天子，在天子宗庙中助祭，然后天子馈赠俎实。此处鲁定公并未助祭，天子却遣石尚馈赠俎实，失礼，故书而讥之。

【译文】

【经】天王派遣石尚来馈赠脤。

【传】石尚是什么人？是天子的士。脤是什么？是用俎承载的祭肉。生肉称为脤，熟肉称为燔。

【经】卫世子蒯聩出奔宋[①]。

【注释】

①卫世子蒯聩出奔宋：此处卫世子蒯聩，因小小无道之事，被卫灵公驱逐，出奔宋国。何休以为："子虽见逐，无去父之义。"徐彦以为，此处卫灵公与蒯聩都不对。卫灵公逐子，是无恩；蒯聩去国，失为子之义。

【译文】

【经】卫世子蒯聩出奔去了宋国。

【经】卫公孟彄出奔郑。

【译文】

【经】卫公孟彄出奔去了郑国。

【经】宋公之弟辰自萧来奔。

【译文】

【经】宋公同母弟辰从萧邑前来投奔鲁国。

【经】大蒐于比蒲[①]。

【注释】

①大蒐于比蒲：案礼制，大蒐礼五年举行一次，上次行大蒐礼在定公十一年，至此未满五年，过于频繁，故《春秋》书而讥之。

【译文】

【经】在比蒲行大蒐礼。

【经】邾娄子来会公[①]。

【注释】

①邾娄子来会公:此处是邾娄子在鲁国都城会见鲁定公,这是失礼的行为。案礼制,会礼是两国国君将要朝见天子,先在间隙之地相会。若在都城相见,当行朝礼,朝礼当受于庙。

【译文】

【经】邾娄子来会见公。

【经】城莒父及霄[①]。

【注释】

①城莒父及霄:案《春秋》编年,四时具然后为年,若一时无事,当书首时。此年未书"冬"。何休以为,是年冬,齐国见鲁国任用孔子,政化大行,故以女乐馈赠鲁国。鲁定公听从季桓子之言,接受了女乐,三日不朝,孔子便离开了鲁国。此处去"冬",是为鲁国避讳受女乐之事。

【译文】

【经】修筑莒父邑以及霄邑。

【经】十有五年,春,王正月,邾娄子来朝。

【译文】

【经】十五年,春,王正月,邾娄子来鲁国朝见。

【经】鼷鼠食郊牛,牛死,改卜牛[1]。

【传】曷为不言其所食?漫也[2]。

【注释】

①鼷鼠食郊牛,牛死,改卜牛:鼷鼠,鼠名,小而有剧毒。郊牛、卜牛,参见宣公“三年,春,王正月,郊牛之口伤,改卜牛。牛死,乃不郊,犹三望”条注释。

②漫也:漫,遍食其身。讥刺鲁国养牲不谨敬。

【译文】

【经】鼷鼠咬了郊牛,牛死了,改用卜牛(作为郊牛)。

【传】为何不说鼷鼠咬了哪个部位?因为郊牛被咬得遍体鳞伤。

【经】二月,辛丑,楚子灭胡,以胡子豹归。

【译文】

【经】二月,辛丑,楚子灭亡了胡国,将胡子豹俘虏了回去。

【经】夏,五月,辛亥,郊。

【传】曷为以夏五月郊[1]?三卜之运也[2]。

【注释】

①曷为以夏五月郊:案礼制,鲁国之郊祭当占卜周历的一月、二月、三月,此处在五月行郊祭,不合礼制,故而发问。

②三卜之运也:三卜,即案礼制占卜一、二、三月,是否可行郊祭。运,转也。即春季三个月份,占卜均不吉,转而占卜夏季三个月份。《春秋》书之者,因屡次占卜,是对神灵的亵渎。

【译文】

【经】夏，五月，辛亥，举行郊天之祭。

【传】为何在五月行郊祭？是因春三月占卜不吉，转而占卜夏三月。

【经】壬申，公薨于高寝。

【译文】

【经】壬申，公在高寝薨没。

【经】郑轩达帅师伐宋。

【译文】

【经】正轩达帅师伐击宋国。

【经】齐侯、卫侯次于籧篨[1]。

【注释】

①齐侯、卫侯次于籧篨(qú chú)：籧篨，为鲁国之地。齐侯、卫侯欲伐击鲁国，驻扎在籧篨，未能真正伐击鲁国，便被击退。《春秋》善鲁国能早退强敌，故书齐侯、卫侯之止次。可参庄公十年“夏，齐师、宋师次于郎。公败宋师于乘丘”条。

【译文】

【经】齐侯、卫侯止次在籧篨。

【经】邾娄子来奔丧。

【传】其言来奔丧何？奔丧，非礼也①。

【注释】

①奔丧，非礼也：何休云："礼：天子崩，诸侯奔丧会葬；诸侯薨，有服者奔丧，无服者会葬。邾娄与鲁无服，故以非礼书。"

【译文】

【经】邾娄子来奔丧。

【传】经言"来奔丧"是为何？邾娄子于鲁无服而来奔丧，是非礼的。

【经】秋，七月，壬申，姒氏卒①。

【传】姒氏者何？哀公之母也。何以不称夫人？哀未君也②。

【注释】

①姒(sì)氏：鲁定公之妾，杞女，鲁哀公之生母。

②哀未君也：案"一年不二君"之义，嗣君逾年即位。哀公未君，则姒氏不得援引"母以子贵"之例，卒不得书"夫人姒氏卒"，葬不得书"葬我小君定姒"。

【译文】

【经】秋，七月，壬申，姒氏去世了。

【传】姒氏是什么人？是鲁哀公的母亲。为何不称之为"夫人"？因为哀公此时未即君位。

【经】八月，庚辰，朔，日有食之。

【译文】

【经】八月,庚辰,朔日,发生了日食。

【经】九月,滕子来会葬。

【译文】

【经】九月,滕子前来会葬。

【经】丁巳,葬我君定公,雨不克葬。戊午,日下昃[①],乃克葬。

【注释】

①昃:日西也。

【译文】

【经】丁巳,安葬我们的国君定公,下雨,不能下葬。戊午,日落西斜时,才能下葬。

【经】辛巳,葬定姒。

【传】定姒何以书葬?未逾年之君也,有子则庙,庙则书葬[①]。

【注释】

①未逾年之君也,有子则庙,庙则书葬:参见庄公三十二年“冬,十月,乙未,子般卒”条。此处定姒之书葬,比照未逾年君书葬之例。因鲁哀公逾年便即位为君,能以子恩录之,故此时定姒虽未

为夫人，仍旧书其葬，只是不用“小君”之称号。

【译文】

【经】辛巳，安葬定姒。

【传】定姒为何书葬？比照未逾年之君，有子则立庙，立庙则书葬。

【经】冬，城漆。

【译文】

【经】冬，修筑漆邑。

哀公第十二

【题解】

哀公为定公之子，名蒋，其母为定姒，哀公于公元前494年即位，在位二十八年。《春秋》止于哀公十四年，《春秋公羊传》解释经文也止于该年，《春秋穀梁传》亦如此，相传是孔子编订《春秋》作为教材时于该年“绝笔”。哀公十六年(前479)，孔子去世，《左传》所载十四年到十六年《春秋》经文或为孔门弟子编订增添，因《左传》所载的哀公十六年《春秋》经文有“夏四月乙丑，孔子卒”，显然不可能是孔子本人亲自编订，《左传》在哀公十六年后虽无经文，仍记事至哀公二十七年，并附哀公之子鲁悼公四年至十四年事。后世儒者多认同《春秋公羊传》与《春秋穀梁传》确为解释经文而作，对《左传》是否为解释《春秋》之作则多存疑，在此纪年差异处可得到部分佐证，由此引发的义理考据与“经史”关系争论，也成为中国思想史上的重大命题。

哀公篇主要的义理有：二年“晋赵鞅帅师纳卫世子蒯聩”、三年“齐国夏、卫石曼姑帅师围戚”条，见父子君臣之间的义理纠葛。六年“齐阳生入于齐”、“齐陈乞弑其君舍”条，见公子阳生、陈乞以谖弑君。十二年“孟子卒”条，见鲁昭公娶同姓之恶。十三年“公会晋侯及吴子于黄池”条，见“不与夷狄之主中国”之义。十四年“西狩获麟”，见孔子作《春秋》之旨。

【经】元年,春,王正月,公即位[①]。

【注释】

①公即位:公,鲁哀公,鲁定公之妾子,母为定姒。

【译文】

【经】元年,春,王正月,公即君位。

【经】楚子、陈侯、随侯、许男围蔡[①]。

【注释】

①许男:此处是许男戌,许男斯之子。案定公六年"春,王正月,癸亥,郑游遬帅师灭许,以许男斯归",则许国已灭,此处围蔡有许男者,是许男戌自复其国。案《春秋》之例,诛君之子不立,许男斯不能死位,被《春秋》诛绝,其子不得立为国君。而许男戌复国无恶文,因为定公六年书"灭许,以许男斯归",能推出这一点,不需再言。

【译文】

【经】楚子、陈侯、随侯、许男包围了蔡国都城。

【经】鼷鼠食郊牛,改卜牛。

【译文】

【经】鼷鼠咬了郊牛,改用卜牛作为郊牛。

【经】夏,四月,辛巳,郊。

【译文】

【经】夏，四月，辛巳，举行郊天之祭。

【经】秋，齐侯、卫侯伐晋。

【译文】

【经】秋，齐侯、卫侯伐击晋国。

【经】冬，仲孙何忌帅师伐邾娄。

【译文】

【经】冬，仲孙何忌帅师伐击邾娄国。

【经】二年，春，王二月，季孙斯、叔孙州仇、仲孙何忌帅师伐邾娄，取漷东田及沂西田。癸巳，叔孙州仇、仲孙何忌及邾娄子盟于句绎。

【译文】

【经】二年，春，王二月，季孙斯、叔孙州仇、仲孙何忌帅师伐击邾娄国，夺取了漷东田以及沂西田。癸巳，叔孙州仇、仲孙何忌与邾娄子在句绎结盟。

【经】夏，四月，丙子，卫侯元卒。

【译文】

【经】夏,四月,丙子,卫侯元去世了。

【经】滕子来朝。

【译文】

【经】滕子来鲁国朝见。

【经】晋赵鞅帅师纳卫世子蒯聩于戚[1]。

【传】戚者何?卫之邑也。曷为不言入于卫[2]?父有子,子不得有父也[3]。

【注释】

①晋赵鞅帅师纳卫世子蒯聩于戚:卫世子蒯聩,卫灵公之子。定公十四年,灵公驱逐蒯聩,立蒯聩之子辄为嗣。案何休之意,此处史实是晋国将蒯聩纳入卫国为君,卫出公辄出奔。戚,卫国靠近都城之邑。此处蒯聩事实上进入了卫都,经不书"于卫",而书"于戚"者,详下文。

②曷为不言入于卫:案《春秋》书"纳"之例,若纳成,当书"纳某人于某国",如僖公二十五年"楚子围陈,纳顿子于顿";若纳而未成,则不书"于某国",如庄公九年"公伐齐,纳纠"。此处晋人成功纳蒯聩,应书"晋赵鞅帅师纳卫世子蒯聩于卫",今却书"于戚",故而发问。

③父有子,子不得有父也:父,指卫灵公。子,指蒯聩。父有子,子不得有父,何休云:"明父得有子而废之,子不得有父之所有。"即卫灵公可以将蒯聩逐出,然而蒯聩被逐,则丧失了即位的资格,

不得享有父亲的国家。故《春秋》不书“于卫”，而书“于戚”，夺其国文。另一方面，案嗣君名例，君存称世子，君公称子某，此处卫灵公新卒，蒯聩不称“子蒯聩”，而称“世子蒯聩”，也表明他没有继嗣的资格。

【译文】

【经】晋赵鞅帅师将卫世子蒯聩拥纳在戚邑。

【传】戚是什么地方？是卫国的城邑。此处成功拥纳蒯聩为君，为何不言入于卫？父得有子而废之，子不得有父之所有。

【经】秋，八月，甲戌，晋赵鞅帅师及郑轩达帅师战于栗，郑师败绩。

【译文】

【经】秋，八月，甲戌，晋赵鞅帅师与郑轩达帅师，在栗地合战，郑师败绩。

【经】冬，十月，葬卫灵公。

【译文】

【经】冬，十月，安葬卫灵公。

【经】十有一月，蔡迁于州来①。

【注释】

①蔡迁于州来：州来，本为国名，昭公十三年，被吴所灭，而成了吴国的城邑。此处蔡国畏惧楚国，故将都城迁至州来。

【译文】

【经】十一月,蔡国将都城迁至州来。

【经】蔡杀其大夫公子驷。

【译文】

【经】蔡国杀了他的大夫公子驷。

【经】三年,春,齐国夏、卫石曼姑帅师围戚[①]。

【传】齐国夏曷为与卫石曼姑帅师围戚?伯讨也[②]。此其为伯讨奈何?曼姑受命乎灵公,而立辄,以曼姑之义,为固可以距之也。辄者,曷为者也?蒯聩之子也。然则曷为不立蒯聩,而立辄?蒯聩为无道,灵公逐蒯聩,而立辄。然则辄之义,可以立乎?曰:可。其可奈何?不以父命辞王父命[③],以王父命辞父命,是父之行乎子也。不以家事辞王事,以王事辞家事[④],是上之行乎下也。

【注释】

①齐国夏、卫石曼姑帅师围戚:上年蒯聩篡位,此处齐国夏、卫石曼姑讨伐蒯聩。据何休之意,上文蒯聩已经进入了卫国都城,因"父有子,子不得有父"之义,故不书入于卫,而书入于戚。此处书"围戚",是顺着上文讲的,实际上包围的是卫国都城。

②伯讨也:即蒯聩当被王法所讨。经书"齐国夏",是托齐国行伯讨之事。此处蒯聩与辄父子争国之事,涉及到尊尊与亲亲两条义理。从尊尊之义讲,卫灵公驱逐蒯聩,立辄为君,那么石曼姑依

灵公之命，可以拒蒯聩。从亲亲之恩讲，蒯聩是辄的父亲，子不得拒父，故辄不能命令石曼姑拒蒯聩。石曼姑只可以托于齐国之伯讨，方可拒之，故使齐国夏首兵。

③不以父命辞王父命：父，指蒯聩。王父，即祖父，指卫灵公。不以父命辞王父命，即不以蒯聩之命辞灵公之命，即辄不可让国于父。

④以王事辞家事：王事，指辄听从灵公之命，即位为君。家事，指辄念及蒯聩被废，不从灵公之命。从王法的角度讲，辄当即君位。值得注意的是，以王事辞家事，仅针对辄是否得立，以及石曼姑依灵公之命拒蒯聩二事。至于辄拒蒯聩，则另当别论。刘逢禄以为，辄依王法，当即君位，但不可传位于父；依父子之恩，则不当拒父；辄应该另立嗣君，再将蒯聩迎回奉养，如此则恩义两全。

【译文】

【经】三年，春，齐国夏、卫石曼姑帅师包围戚邑。

【传】齐国夏、卫石曼姑为何要帅师包围戚邑？这是伯讨。此处是伯讨，是怎么回事？曼姑受卫灵公之命，拥立辄为君，以曼姑的道义，固然可以拒绝蒯聩。辄是什么人？是蒯聩的儿子。然则为何不立蒯聩，而立辄为君？蒯聩所行无道，灵公驱逐蒯聩而立辄。然则按照道义，辄能够立为国君吗？回答说，可以。为何可以？不可因父命而推辞祖父之命，以祖父之命而推辞父命，是父命行乎子。不可以家事推辞王事，以王事推辞家事，是上命行乎下。

【经】夏，四月，甲午，地震。

【译文】

【经】夏，四月，甲午，发生了地震。

【经】五月，辛卯，桓宫、僖宫灾。

【传】此皆毁庙也[①]，其言灾何？复立也。曷为不言其复立？《春秋》见者不复见也[②]。何以不言及？敌也[③]。何以书？记灾也[④]。

【注释】

①此皆毁庙也：何休云："据礼：亲过高祖，则毁其庙。"

②《春秋》见者不复见也：此指桓公庙、僖公庙，是哀公复立的，又在哀公篇受灾，则善恶独在哀公，故不需记录复立之事，即可见哀公之失礼。

③敌也：相等。何休云："亲过高祖，亲疏适等。"

④记灾也：桓宫、僖宫不宜复立，故天降火灾。

【译文】

【经】五月，辛卯，桓宫、僖宫发生了火灾。这都是当毁之庙，经言有灾，是为何？复立了。为何不提及复立之事？《春秋》此处可见哀公失礼宗庙之罪，故不用提及复立之事。为何不言"及"字？因为桓公、僖公亲疏相等。为何记录此事？是记录灾害。

【经】季孙斯、叔孙州仇帅师城开阳。

【译文】

【经】季孙斯、叔孙州仇帅师修筑开阳。

【经】宋乐髡帅师伐曹。

【译文】

【经】宋乐髡帅师伐击曹国。

【经】秋，七月，丙子，季孙斯卒。

【译文】

【经】秋，七月，丙子，季孙斯去世了。

【经】蔡人放其大夫公孙猎于吴①。

【注释】

①蔡人放其大夫公孙猎于吴：案《春秋》之例，国君流放大夫称国，此处称“蔡人”，则是大夫相放。案名例，大夫称名氏，此处称人者，何休云：“恶大夫骄蹇作威相放，当诛，故贬。”

【译文】

【经】蔡人将他们的大夫公孙猎流放到了吴国。

【经】冬，十月，癸卯，秦伯卒。

【译文】

【经】冬，十月，癸卯，秦伯去世了。

【经】叔孙州仇、仲孙何忌帅师围邾娄。

【译文】

【经】叔孙州仇、仲孙何忌帅师包围了邾娄国都城。

【经】四年，春，王三月，庚戌，盗弑蔡侯申。

【传】弑君贱者穷诸人[1]，此其称盗以弑何？贱乎贱者也[2]。贱乎贱者孰谓？谓罪人也。

【注释】

①弑君贱者穷诸人：参见文公十六年"冬，十有一月，宋人弑其君处臼"条。

②贱乎贱者也：贱者指士，贱乎贱者，即比士地位更低的人，此处指罪人。何休云："罪人者，未加刑也。蔡侯近罪人，卒逢其祸，故以为人君深戒。"

【译文】

【经】四年，春，王三月，庚戌，盗弑杀了蔡侯申。

【传】弑杀君王，低贱的人（士）称人，这里称盗以弑，是为何？是比贱者还要低贱的人。比贱者还要低贱的人指谁？指罪人。

【经】蔡公孙辰出奔吴。

【译文】

【经】蔡公孙辰出奔到了吴国。

【经】葬秦惠公。

【译文】

【经】安葬秦惠公。

【经】宋人执小邾娄子。

【译文】

【经】宋人拘捕了小邾娄子。

【经】夏，蔡杀其大夫公孙归姓、公孙霍。

【译文】

【经】夏，蔡国杀了他的大夫公孙归姓、公孙霍。

【经】晋人执戎曼子赤归于楚。

【传】赤者何？戎曼子之名也。其言归于楚何？子北宫子曰："辟伯晋而京师楚也①。"

【注释】

①辟伯晋而京师楚也：伯晋，即以晋国为伯讨。京师楚，即以楚国为京师。辟伯晋而京师楚，是避免以晋国为伯讨，避免以楚国为京师。案《春秋》之例，诸侯有罪，则方伯讨之，将其带至京师，由天子定罪，如成公二十五年"晋侯执曹伯归于京师"，不书诸侯之名。此处晋侯拘捕了戎曼子，交与楚国问罪，若书"晋侯执戎曼子归于楚"，则与伯讨归于京师之文相似，是明言晋国背叛天子，附从夷狄，不可为训。故《春秋》书"晋侯执戎曼子赤归于楚"，好像是分成了两段，第一是"晋人执戎曼子"，第二是"赤归于楚"，好像是晋人拘捕了戎曼子，非伯执，又有个名叫赤的微者，回到了楚国，以此避免"伯晋而京师楚"的文辞。另一方面，讳文不没实，得知赤为戎曼子之名，又有"归于楚"之文，还是能够看出晋

国背叛天子，当被诛绝。

【译文】

【经】晋人拘捕了戎曼子赤归于楚国。

【传】赤是什么人？是戎曼子的名。经言赤归于楚是为何？子北宫子说：“是为了避免以晋国为伯讨，以楚国为京师的文辞。”

【经】城西郛。

【译文】

【经】修筑国都西部的外城。

【经】六月，辛丑，蒲社灾。

【传】蒲社者何？亡国之社也①。社者，封也②。其言灾何？亡国之社盖揜之，揜其上而柴其下③。蒲社灾，何以书？记灾也④。

【注释】

①亡国之社也：据何休与徐彦之意，蒲为古国名，在鲁国境内。天子灭蒲国，将其土地封给鲁国。蒲社即蒲国之社，故云“亡国之社”。

②社者，封也：即封土为社，象征土地神。

③揜（yǎn）其上而柴其下：遮盖封土的上部，在下部铺设柴木，使得蒲社不得与天地交通。

④记灾也：案礼制，天子以亡国之社赐予诸侯，是起警戒的作用，意在诸侯若不从王命，则会被灭。此处蒲社灾，表明诸侯背叛天子，王教灭绝了。

【译文】

【经】六月,辛丑,蒲社发生了火灾。

【传】蒲社是什么?是亡国之社。社,是封土以象土地神。经言蒲社发生火灾,是为何?亡国之社,大概是被遮掩的,掩盖封土的上部,在下部铺设木柴,所以会发生火灾。蒲社发生火灾,为何记录?是记录灾害。

【经】秋,八月,甲寅,滕子结卒。

【译文】

【经】秋,八月,甲寅,滕子结去世了。

【经】冬,十有二月,葬蔡昭公①。

【注释】

①葬蔡昭公:蔡昭公即蔡侯申。蔡侯申被罪人所杀,贼人得讨,故此处书葬。何休云:“不书讨贼者,明诸侯得专讨士以下也。”

【译文】

【经】冬,十二月,安葬蔡昭公。

【经】葬滕顷公。

【译文】

【经】安葬滕顷公。

【经】五年，春，城比。

【译文】

【经】五年，春，修筑比邑。

【经】夏，齐侯伐宋。

【译文】

【经】夏，齐侯伐击宋国。

【经】晋赵鞅帅师伐卫。

【译文】

【经】晋赵鞅帅师伐击卫国。

【经】秋，九月，癸酉，齐侯处臼卒。

【译文】

【经】秋，九月，癸酉，齐侯处臼去世了。

【经】冬，叔还如齐。

【经】闰月[①]，葬齐景公。

【传】闰不书[②]，此何以书？丧以闰数也[③]。丧曷为以闰数[④]？丧数略也[⑤]。

【注释】

①闰月：此为闰十二月。

②闰不书：《春秋》以闰月非常月，故例不书“闰月”，参见文公六年“闰月不告月，犹朝于庙”条。

③丧以闰数也：丧事中计算月份，将闰月算在其中。案礼制，诸侯五月而葬，齐景公卒于九月，至此闰十二月，刚好满五个月，故而书“闰月”。然而这是非礼的。据何休之意，丧事用月份计算的（指大功九月以下之丧），可以数闰月；以年计算的（期年、三年之丧），不可以数闰月。此处齐国臣子，当为景公服斩衰三年，故不可以将闰月算在里面，充五月而葬之数。此处《公羊传》云“丧以闰数”者，是借齐国非礼之事，说明大功以下之丧，是可以数闰的。

④丧曷为以闰数：此处指大功以下之丧。

⑤丧数略也：略，犹杀也。即大功以下之丧，较期年、三年之丧，恩情减杀，故数闰月。

【译文】

【经】冬，叔还去了齐国。

【经】闰月，安葬齐景公。

【传】《春秋》常例，不书闰月，此处为何书？因为居丧是用月份计算的，将闰月计算在内。为何要将闰月计算在内？因为居丧是以月份计算的，恩情减杀。

【经】六年，春，城邾娄葭①。

【注释】

①城邾娄葭：葭为邾娄之邑。此处书“城邾娄葭”，并非是为邾娄国

修筑葭邑，而是夺取了葭邑。何休云："不言取者，鲁数围取邾娄邑，邾娄未曾加非于鲁，而侮夺之不知足，有夷狄之行，故讳之，明恶甚。"

【译文】

【经】六年，春，修筑邾娄葭邑。

【经】晋赵鞅帅师伐鲜虞。

【译文】

【经】晋赵鞅帅师伐击鲜虞。

【经】吴伐陈。

【译文】

【经】吴国伐击陈国。

【经】夏，齐国夏及高张来奔。

【译文】

【经】夏，齐国夏及高张来投奔鲁国。

【经】叔还会吴于柤。

【译文】

【经】叔还在柤地与吴国相会。

【经】秋，七月，庚寅，楚子轸卒。

【译文】

【经】秋，七月，庚寅，楚子轸去世了。

【经】齐阳生入于齐①。

【经】齐陈乞弑其君舍。

【传】弑而立者，不以当国之辞言之②，此其以当国之辞言之何？谖也③。此其为谖奈何？景公谓陈乞曰："吾欲立舍，何如？"陈乞曰："所乐乎为君者，欲立之则立之，不欲立则不立。君如欲立之，则臣请立之④。"阳生谓陈乞曰："吾闻子盖将不欲立我也。"陈乞曰："夫千乘之主，将废正而立不正，必杀正者。吾不立子者，所以生子者也。走矣。"与之玉节而走之⑤。景公死而舍立，陈乞使人迎阳生于诸其家⑥。除景公之丧，诸大夫皆在朝，陈乞曰："常之母有鱼、菽之祭⑦，愿诸大夫之化我也⑧。"诸大夫皆曰："诺。"于是皆之陈乞之家。坐，陈乞曰："吾有所为甲，请以示焉。"诸大夫皆曰："诺。"于是使力士举巨囊而至于中霤⑨。诸大夫见之，皆色然而骇。开之，则闯然公子阳生也⑩。陈乞曰："此君也已。"诸大夫不得已，皆逡巡，北面再拜稽首，而君之尔。自是往弑舍。

【注释】

①齐阳生入于齐：阳生，即公子阳生，为齐景公之子。景公还有一子，名舍。依礼制，公子阳生当立为嗣，景公却立舍为君。此处

阳生进入齐国，篡夺了君位，故以当国之辞"齐阳生"称之。

②弑而立者，不以当国之辞言之：弑而立，即弑君自立。当国之辞，即"齐阳生"之文。依《春秋》之例，弑君自立者，称名氏以弑，如文公十四年"齐公子商人弑其君舍"。此处本应书"公子阳生"，却书"齐阳生"，故而下文发问。

③谖：诈也。

④臣请立之：何休云："陈乞欲拒言不可，恐景公杀阳生。"

⑤与之玉节而走之：玉节，信物。何休云："析玉与阳生，留其半，为后当迎之，合以为信，防称矫也。"

⑥于诸：置也，齐人语。

⑦常之母有鱼、菽之祭：常，陈乞之子。常之母，即陈乞的妻子，齐地以妇人主持祭祀，不好意思说自己的妻子，而说常之母。菽，大豆。案礼制，鱼、菽为庶人之祭品。陈乞言鱼、菽之祭，是谦逊，表示薄陋无所有。

⑧化我：行不以宾主之礼曰化。陈乞言化我，亦是谦逊，表示"欲以薄陋余福共宴饮"。

⑨中霤(liù)：屋室正中处。远古穴居，在穴顶开洞取明，雨水从洞口滴下，故称中霤。

⑩闯然：出头貌。

【译文】

【经】齐阳生进入了齐国。

【经】齐陈乞弑杀了他的国君舍。

【传】弑君自立者，《春秋》不以当国之辞称之，此处为何以当国之辞称阳生？因为阳生使诈。此处阳生使诈是怎么回事？齐景公对陈乞说："我想立舍为君，怎么样？"陈乞说："作君王快乐的地方，就是想立谁为国君就立谁，不想立谁就不立。您如果想立舍，请允许臣拥立他。"阳生对陈乞说："听说你大概是不想拥立我当国君了。"陈乞说："千乘之主，将要废正立不正，必先杀死正嗣。我不拥立你，是为了保全你的性命，快逃吧。”把玉节交给了阳生，而使之逃离。齐景公去世，舍立为国君，陈乞派人找回阳生，安置在家中。除去景公之丧，诸大夫都在朝堂之上，陈乞说：“常的母亲有鱼、菽之祭，愿诸大夫赏光至我家宴饮。”诸大夫都说：“允诺。”于是都到了陈乞家里。坐下后，陈乞说：“我打制了一副铠甲，请展示给大家。”诸大夫都说：“允诺。”于是派力士扛了一个巨囊到中霤。诸大夫见了，都面有惊骇之色。打开，则公子阳生钻了出来。陈乞说：“这才是国君。”诸大夫不得已，都向后退却，朝北再拜稽首，而以阳生为君。于是前去弑杀舍。

【经】冬，仲孙何忌帅师伐邾娄。

【译文】

【经】冬，仲孙何忌帅师伐击邾娄国。

【经】宋向巢帅师伐曹。

【译文】

【经】宋向巢帅师伐击曹国。

【经】七年，春，宋皇瑗帅师侵郑。

【译文】

【经】七年，春，宋皇瑗帅师侵责郑国。

【经】晋魏曼多帅师侵卫。

【译文】

【经】晋魏曼多帅师侵责卫国。

【经】夏,公会吴于鄫。

【译文】

【经】夏,公在鄫邑与吴国相见。

【经】秋,公伐邾娄。八月,己酉,入邾娄,以邾娄子益来。

【传】入不言伐[1],此其言伐何?内辞也,若使他人然[2]。邾娄子益何以名?绝[3]。曷为绝之?获也。曷为不言其获?内大恶讳也。

【注释】

①入不言伐:案《春秋》之例,书"入",表明攻入国都但不占有;书"伐",表明进入国境伐击之。用兵之意,"入"深于"伐",《春秋》常例,举重者言之,故云"入不言伐"。依此例,则可竟书"秋,八月,己酉,公入邾娄,以邾娄子益来",不需言"公伐邾娄"。

②若使他人然:案擅获诸侯是大恶,故《春秋》为鲁哀公避讳。经书"伐"又书"入",好像哀公仅是伐击邾娄国,而"入邾娄,以邾娄子益来"非哀公所为,而是另有他人。然则《春秋》讳文不没实,若真是他人所为,当书"以邾娄子益归",今书"以来",则实为哀公所为。

③绝:诛绝。案礼制,国君当死社稷,被生擒,则当诛绝。

【译文】

【经】秋，公伐击邾娄国。八月，己酉，攻入邾娄国都城，将邾娄子益带来。

【传】《春秋》之例，言“入”则不言“伐”，此处言“伐”是为何？是为鲁国避讳的文辞，好像“入邾娄，以邾娄子益来”是他人所为。邾娄子益为何称名？是诛绝他。为何诛绝他？因为他被生擒。为何不书俘获（邾娄子）？是为鲁国避讳擅获诸侯之恶。

【经】宋人围曹。

【译文】

【经】宋人包围了曹国都城。

【经】冬，郑驷弘帅师救曹。

【译文】

【经】冬，郑驷弘帅师救援曹国。

【经】八年，春，王正月，宋公入曹，以曹伯阳归。

【传】曹伯阳何以名？绝。曷为绝之？灭也[1]。曷为不言其灭？讳同姓之灭也[2]。何讳乎同姓之灭？力能救之而不救也[3]。

【注释】

①灭也：案《春秋》之义，国灭君死之，正也。此处曹国被灭，曹伯不

能死位，故诛绝之，书其名。

②讳同姓之灭也：曹与鲁，皆为姬姓之国。同姓之国，皆为先祖支体，见死不救，则有大恶，故《春秋》为鲁国避讳。

③力能救之而不救也：何休云："力能获邾娄，而不救曹，故责之。"

【译文】

【经】八年，春，王正月，宋公攻入曹国都城，将曹伯阳俘虏了回去。

【传】为何书曹伯阳之名？是诛绝他。为何诛绝他？因为曹国被灭了。为何不言曹国被灭？是避讳同姓之国被灭。为何避讳同姓之国被灭？鲁国有力量救援曹国，却不救援。

【经】吴伐我①。

【注释】

①吴伐我：案《春秋》之例，外国伐击鲁国，当言所伐之鄙疆，如文公十七年"齐侯伐我西鄙"。此处未言鄙疆，实际是包围了鲁国都城。

【译文】

【经】吴国伐击我国。

【经】夏，齐人取讙及僤。

【传】外取邑不书①，此何以书？所以赂齐也。曷为赂齐？为以邾娄子益来也②。

【经】归邾娄子益于邾娄③。

【注释】

①外取邑不书：案《春秋》之例，外国夺取鲁国城邑，不书"取"字，而

是书伐又书围，如襄公十七年“齐侯伐我北鄙，围洮”。

②为以邾娄子益来也：即上文俘获邾娄子益。案邾娄为齐之与国，鲁国恐齐国震怒，故贿赂齐国。若直书其事，则鲁国有畏齐之耻，故避讳而言齐国夺取二邑。

③归邾娄子益于邾娄：何休云：“获归不书，此书者，善鲁能悔过归之。嫌解邾娄子益无罪，书故复名之。”

【译文】

【经】夏，齐人夺取了讙及僤。

【传】外国夺取鲁国城邑，例不书“取”？此处为何书？讙及僤是用来贿赂齐国的。为何贿赂齐国？是因为之前鲁国俘获了邾娄子益，并将其带回国内。

【经】将邾娄子益放回邾娄国。

【经】秋，七月。

【译文】

【经】秋，七月。

【经】冬，十有二月，癸亥，杞伯过卒。

【译文】

【经】冬，十有二月，癸亥，杞伯过去世了。

【经】齐人归讙及僤①。

【注释】

①齐人归讙及僤：鲁国释放了邾娄子益，故齐国归还了讙及僤。《春秋》书此，善鲁国能悔过。

【译文】

【经】齐人来归还讙及僤。

【经】九年，春，王二月，葬杞僖公。

【译文】

【经】九年，春，王二月，安葬杞僖公。

【经】宋皇瑗帅师取郑师于雍丘。

【传】其言取之何？易也。其易奈何？诈之也[①]。

【注释】

①诈之也：何休云："诈谓陷阱奇伏之类。兵者，为征不义，不为苟胜而已。"

【译文】

【经】宋皇瑗帅师取郑师于雍丘。

【传】经言"取郑师"是为何？表明容易。容易是为何？是使诈得胜。

【经】夏，楚人伐陈。

【译文】

【经】夏，楚人伐击陈国。

【经】秋，宋公伐郑。

【译文】

【经】秋，宋公伐击郑国。

【经】冬，十月。

【译文】

【经】冬，十月。

【经】十年，春，王二月，邾娄子益来奔。

【译文】

【经】十年，春，王二月，邾娄子益来投奔鲁国。

【经】公会吴伐齐。

【译文】

【经】公会同吴国伐击齐国。

【经】三月，戊戌，齐侯阳生卒。

【译文】

【经】三月，戊戌，齐侯阳生去世了。

【经】夏，宋人伐郑。

【译文】

【经】夏，宋人伐击郑国。

【经】晋赵鞅帅师侵齐。

【译文】

【经】晋赵鞅帅师侵责齐国。

【经】五月，公至自伐齐。

【译文】

【经】五月，公从伐齐之役归国。

【经】葬齐悼公。

【译文】

【经】安葬齐悼公。

【经】卫公孟彄自齐归于卫。

【译文】

【经】卫公孟彄从齐国回归到卫国。

【经】薛伯寅卒。

【经】秋，葬薛惠公。

【译文】

【经】薛伯寅去世了。

【经】秋，安葬薛惠公。

【经】冬，楚公子结帅师伐陈。吴救陈。

【译文】

【经】冬，楚公子结帅师伐击陈国。吴国救援陈国。

【经】十有一年，春，齐国书帅师伐我。

【译文】

【经】十一年，春，齐国书帅师伐击我国。

【经】夏，陈袁颇出奔郑。

【译文】

【经】夏，陈袁颇出奔到郑国。

【经】五月，公会吴伐齐。

【经】甲戌，齐国书帅师，及吴战于艾陵，齐师败绩，获齐国书。

【译文】

【经】五月，公会同吴国伐击齐国。

【经】甲戌，齐国书帅师，与吴国在艾陵合战，齐师败绩，齐国书被俘。

【经】秋，七月，辛酉，滕子虞母卒。

【经】冬，十有一月，葬滕隐公。

【译文】

【经】秋，七月，辛酉，滕子虞母去世了。

【经】冬，十有一月，安葬滕隐公。

【经】卫世叔齐出奔宋。

【译文】

【经】卫世叔齐出奔到了宋国。

【经】十有二年，春，用田赋。

【传】何以书？讥。何讥尔？讥始用田赋也①。

【注释】

①讥始用田赋也：田，井田。田赋，是以一井为单位，收取军赋。案古制，民众所负担的，有田税与军赋。共耕公田，以公田所出为田税。若有武事，则另行收取军赋。此处用田赋，是在没有武事时，照样收取军赋，使之成为常制，加重了民众的负担，故为《春

秋》所讥。

【译文】

【经】十二年,春,用田赋。

【传】为何记录此事?是讥刺。讥刺什么?讥刺开始收取田赋作为常制。

【经】夏,五月,甲辰,孟子卒。

【传】孟子者何?昭公之夫人也。其称孟子何①?讳娶同姓②,盖吴女也。

【注释】

①其称孟子何:案《春秋》之例,夫人去世,当书“夫人某氏卒”,此处却书“孟子卒”,故而发问。

②讳娶同姓:案礼制,同姓不婚,同姓为婚,是乱人伦,与禽兽无别,是为大恶。孟子为吴女,吴为姬姓之国。若案夫人之例书卒,当书“夫人姬氏卒”,如此则显言昭公之大恶,故《春秋》避讳而书“孟子卒”。何休云:“不称夫人,不言薨,不书葬者,深讳之。”

【译文】

【经】夏,五月,甲辰,孟子去世了。

【传】孟子是什么人?是鲁昭公的夫人。称她为孟子,是为何?是避讳娶同姓之女为夫人,孟子大概是吴女。

【经】公会吴于橐皋。

【译文】

【经】公与吴国在橐皋相会。

【经】秋，公会卫侯、宋皇瑗于运。

【译文】

【经】秋，公与卫侯、宋皇瑗在运地相会。

【经】宋向巢帅师伐郑。

【译文】

【经】宋向巢帅师伐击郑国。

【经】冬，十有二月，螺。

【传】何以书？记异也。何异尔？不时也。

【译文】

【经】冬，十二月，发生了蝗灾。

【传】为何记录此事？是记录异象。有何奇异之处？不合时令。

【经】十有三年，春，郑轩达帅师，取宋师于嵒。

【传】其言取之何？易也。其易奈何？诈反也①。

【注释】

①诈反也：反，犹报也。哀公九年“宋皇瑗帅师取郑师于雍丘”，是行诈取胜。此处郑轩达亦行诈胜宋师，故云“诈反也”。

【译文】

【经】十三年，春，郑轩达帅师，取宋师于嵒。

【译文】

【经】於越攻入了吴国都城。

【经】秋，公至自会①。

【注释】

①公至自会：案《春秋》之例，公出与二国以上会盟，得意致会，不得意不致。上黄池之会，是吴国强会诸侯，鲁君与会，则有耻辱，不得意可知。此处致会者，因上文以天下诸侯尽被吴子所会，来减轻鲁哀公的罪恶，故此处顺遂讳文，作得意之辞。

【译文】

【经】秋，公从黄池之会归国。

【经】晋魏多帅师侵卫。

【传】此晋魏曼多也，曷为谓之晋魏多？讥二名①，二名，非礼也。

【注释】

①讥二名：参见定公六年冬"仲孙忌帅师围运"条。彼处是讥鲁国之二名，此处是讥外诸侯之二名，何休云："复就晋见者，明先自正，而后正人，正人当先正大，以帅小。"

【译文】

【经】晋魏多帅师侵责卫国。

【传】这里是晋魏曼多，为何称之为魏多？是讥刺二字为名。二字为名，是非礼的。

【经】葬许元公。

【译文】

【经】安葬许元公。

【经】九月，蠓。

【译文】

【经】九月，发生了蝗灾。

【经】冬，十有一月，有星孛于东方。

【传】孛者何？彗星也。其言于东方何？见于旦也[①]。何以书？记异也。

【注释】

①见于旦也：何休云："旦者，日方出时，宿不复见，故言东方，知为旦。"

【译文】

【经】冬，十一月，有星孛出现在东方。

【传】孛是什么？是彗星。经言"于东方"是为何？表明彗星在日出时出现。为何记录此事？是记录异象。

【经】盗杀陈夏弫夫。

【译文】

【经】盗杀了陈夏弫夫。

【经】十有二月，螺。

【译文】

【经】十二月，发生了蝗灾。

【经】十有四年，春，西狩获麟。

【传】何以书？记异也。何异尔？非中国之兽也。然则孰狩之？薪采者也[①]。薪采者，则微者也，曷为以狩言之[②]？大之也。曷为大之？为获麟大之也。曷为为获麟大之？麟者，仁兽也[③]，有王者则至，无王者则不至。有以告者曰："有麕而角者。"孔子曰："孰为来哉！孰为来哉[④]！"反袂拭面，涕沾袍[⑤]。颜渊死，子曰："噫，天丧予。"子路死，子曰："噫，天祝予[⑥]。"西狩获麟，孔子曰："吾道穷矣[⑦]。"《春秋》何以始乎隐[⑧]？祖之所逮闻也[⑨]。所见异辞，所闻异辞，所传闻异辞[⑩]。何以终乎哀十四年[⑪]？曰：备矣[⑫]。君子曷为为《春秋》？拨乱世[⑬]，反诸正，莫近诸《春秋》。则未知其为是与？其诸君子乐道尧舜之道与[⑭]？末不亦乐乎尧舜之知君子也[⑮]？制《春秋》之义，以俟后圣。以君子之为，亦有乐乎此也。

【注释】

①薪采者也：庶人打柴者。

②曷为以狩言之：案礼制，天子、诸侯方能言"狩"。

③仁兽也：何休云："（麟）状如麕，一角而戴肉，设武备而不为害，所以为仁也。"

④孰为来哉:麟本当在太平盛世出现,而春秋时代,天下散乱,麟不当至,故孔子云:“孰为来哉!”

⑤反袂(mèi)拭面,涕沾袍:袂,袖子。袍,衣前襟。

⑥天祝予:祝,断也。何休云:“天生颜渊、子路,为夫子辅佐,皆死者,天将亡夫子之证。”

⑦吾道穷矣:何休云:“麟者,太平之符,圣人之类。时得麟而死,此亦天告夫子将没之征,故云尔。”

⑧《春秋》何以始乎隐:西狩获麟,孔子知“吾道穷矣”,故作《春秋》,寄托王道理想,供后王取法。此处问《春秋》为何以鲁隐公作为开端。

⑨祖之所逮闻也:鲁隐公当孔子祖父之时代,期间的事情,孔子祖父能听闻到,孔子能听祖父转述其事,故以隐公作为开端。

⑩所见异辞,所闻异辞,所传闻异辞:参见隐公元年“冬,十有二月,公子益师卒”条。

⑪何以终乎哀十四年:鲁哀公在位不止十四年,故问为何《春秋》止于哀公十四年。

⑫备矣:王法已备。何休云:“人道浃,王道备。必止于麟者,欲见拨乱功成于麟,犹尧、舜之隆,凤皇来仪。”

⑬拨:治也。

⑭则未知其为是与?其诸君子乐道尧舜之道与:为,作也。此处是猜测孔子作《春秋》的本意,是为了拨乱世反诸正,还是乐述尧舜之道。

⑮末不亦乐乎尧舜之知君子也:末不亦乐乎后世有德如尧舜之圣王,知孔子制作之意。末,徐彦疏以为指孔子。

【译文】

【经】十四年,春,在西边狩猎,猎获了麒麟。

【传】为何记录此事?是记录异象。有何奇异之处?麒麟不是中国的兽类。那么是谁猎获了麒麟？是打柴的人。打柴的人，是卑微之人，为何用“狩”字？是张大此事。为何张大此事？因为捕获了麒麟，所以张大此事。为何因获麟而张大此事？麒麟是仁德之兽，有王者才出现，没有王者就不出现。有人告诉孔子：“猎获了像麕而有角的动物。”孔子说：“为何要来啊！为何要来！”翻起衣袖拭面，泪水濡湿了衣襟。颜渊死的时候，孔子说：“哎！上天丧灭我啊！”子路死的时候，孔子说：“哎！上天断绝我啊！”西边狩猎，猎获麒麟，孔子说：“我的道穷尽了！”《春秋》为何从鲁隐公开始？因为这是孔子的祖父能够听闻的时代。孔子作《春秋》，对于自己亲身经历的时代、听闻的时代、辗转听闻的时代，用的文辞是不一样的。《春秋》为何终止于鲁哀公十四年？说：因为完备了。君子为何要作《春秋》？治理乱世，使之回归正道，没有比作《春秋》更近便的了。不知孔子制作《春秋》是为了治理乱世，回归正道？还是因为乐意申述尧舜之道？莫非夫子也乐意看到后世有尧舜之德的王者，知孔子制作之意？孔子制作《春秋》之大义，等待后世之圣王用之。孔子所以作《春秋》，亦乐此《春秋》之道，可以永远被后世取法。